salzburg

salzburger land, salzkammergut

Walter M. Weiss

Senkrechtstarter

Wassermangel, Dürre oder gar Feuersbrünste sind in Salzburg zum Glück Fremdwörter. In Zeiten, in denen der Klimawandel das Vegetationskleid der Erde vielerorts versengt, leuchtet die Natur im ›Kleinen Paradies‹ weiterhin sattgrün, ein Resultat des berühmten Schnürlregens, den aus dem Westen stauende Wolkenfronten hier so häufig über dem Bergland ausgießen. Für Naturliebhaber wohltuend: 40 % des Landes sind bewaldet. Und von der landwirtschaftlichen Nutzfläche (15 %) wird schon fast die Hälfte von Biobauern bestellt. Nebeneffekt der charmanten Kleinteiligkeit: Sie schmeichelt auch dem Auge urlaubender Wanderer und – siehe Foto – der Hobbyflieger.

Überflieger

Amadeus, Amadeus
Mozarts Wohn- und Geburtshaus

Getreidegasse
Shopping-Paradies

The Sound of Music

Gegenwartskunst auf Schritt und Tritt

Domviertel
Barocke Symphonie

St. Peter
Europas älteste Gaststätte

Festung Hohensalzburg
Von Katzen, Stieren und unbeugsamen Erzbischöfen

Coole Höhlenabenteuer
Saalachtal

Höchster Wasserfall des Kontinents
Krimml

Saalbach-Hinterglemm
Ski till you drop

Kaprun
Hier staut sich's ganz mächtig

Großglocknerstraße
Österreichs höchster Gipfel: What a view!

Salzburg, Salzburger Land und Salzkammergut — das »kleine Paradies« der Alpenrepublik. Mal eben drüberfliegen, vom sanftwelligen Flachgau über die so anmutige Landeshauptstadt bis ins Hochgebirge.

Sanfthügelige Seenidylle
Flachgau

Mondsee
Dirndl, Loden, Lederhosen

Gmunden
Sommerfrische wie anno dazumal

Salzburg
Salzburger Festspiele – Spektakel für Jedermann

Wo das Weiße Rößl wiehert
Wolfgangsee

Bad Ischl
K. u. k-Operette, aber nicht nur

Untersberg
Wo Kaiser Rotbart schläft

Hallein
An der salzigen Wiege des Wohlstands

Altaussee
Literarische Spurensuche am dunkelblauen Tintenfass

Abtenau
Unterwegs durch wilde Wässer

Salzbergwerk Hallstatt
Auf dem Hosenboden in die Unterwelt

Werfen
Die größte Eishöhle der Welt & eine Burg wie aus dem Bilderbuch

Wagrain-Flachau
Snow Space Salzburg – grenzenlose Pistenwelt

Nationalpark Hohe Tauern
Natur pur: im Reich von Bartgeier, Steinbock und Murmeltier

Bad Gastein
Heilende Quellen im Manhattan der Alpen

Tamsweg
Sonnenterrasse für Erholungssucher

Querfeldein

Fundstücke — zwischen Salzkammergut, Mozartstadt und Hohen Tauern, Wald- und Wiesenidyllen, majestätischen Gipfelwelten und Festspielglanz.

Barocke Pracht

Auf den weiträumigen Plätzen rund um den Dom spürt und sieht man die Quintessenz der Salzachstadt. Von grandiosen Kirchen und Palästen umstellt, von Touristen und Fiakern bevölkert sowie von Autos befreit, waren und sind sie Schauplatz vieler Feste und Feierlichkeiten, allen voran der legendäre »Jedermann«. Eine urbane Traumkulisse die Hugo von Hofmannsthal völlig zu Recht als das »Herz vom Herzen Europas« bezeichnete.

Sommerfrische-Feeling

Sobald es heiß zu werden droht, strömen sie von Wien, Linz, München und auch weiter weg herbei, die stressgeplagten Städter, schlagen an den Ufern des Wolfgang-, Mond- oder Attersees, des Grundl- oder Hallstättersees ihr Quartier auf und genießen, wandernd, schwimmend, Operetten- und auch schrägeren Klängen lauschend, die Kühle und Prachtnatur des Salzkammerguts.

Kaffeehäuser

Das Wiener Monopol wankt. Auch an der Salzach laden die behaglichen ›öffentlichen Wohnzimmer‹ zur Einkehr: Man denke nur an das Tomaselli oder Basar, aber auch das Fürst, Mozart oder Café am Kai.

Wen bei all dem Stadtgetriebe zwischendurch die Sehnsucht nach Natur packt: In Salzburg ist der Weg hinaus ins Grüne außergewöhnlich kurz. So nah wie idyllisch sind, abgesehen von dem ganz zentralen Mönchs- und dem Kapuzinerberg, der Leopoldskroner Weiher, der Schlosspark von Aigen und, besonders populär, die 2,5 km lange Fußgänger-Allee nach Hellbrunn und der dortige Schlosspark.

Grenzen austesten

Golfen, Reiten, Gipfel stürmen oder Segel setzen, im Kajak oder Raftingboot durch gischtende Gewässer, per Mountainbike downhill sausen oder im Hochseil- und Klettergarten der Schwerkraft eine lange Nase drehen … Sportive Zeitgenossen plagt hierzulande die Qual der Wahl, ganz besonders die Skifahrer: Regionen wie Saalbach-Hinterglemm und Snow Space Salzburg, der Raum Flachau-Wagrain-St. Johann, gelten unter Wintersportlern zu Recht als Pistenparadiese von Weltrang.

Prost Mahlzeit!
Vom Salzburger Nockerl bis zum fangfrischen Saibling, vom Fleischkrapfen und Stinkerknödel bis zum Hoargneistnidei: Zwischen Edelrestaurant im Festspielbezirk und Uferlokal am Salzkammergutsee, rustikalem Dorfwirtshaus und uriger Almhütte können Sie lustvoll auf kulinarische Spurensuche gehen. Genießen Sie auch die vielen vor Ort gebrauten und gebrannten Biere und Schnäpse.

Ein Konzert- oder Opernabend in der Felsenreitschule oder im Großen Festspielhaus weitet die Seele.

Untertauchen

Sollte es Ihnen ober Tag einmal zu heiß sein oder zu viel regnen: Im Salzburger Land lässt es sich vielerorts auf spannende Weise untertauchen. An Bord von Grubenbahnen und auf dem Hosenboden rutschend, erkunden Sie die viele Jahrhunderte alten Salzbergwerke von Hallein, Hallstatt und Altaussee. In Werfen und am Dachstein warten grandiose Eishöhlen. Vielerorts entlang Saalach und Salzach, auch an Großarlbach, Lammer und Gasteiner Ache beispielsweise kann man spektakulären Schluchten und Klammen bequem auf den Grund gehen. Und wen in Salzburg die Sommerhitze einmal drückt, der lässt sich im Hellbrunner Schlosspark von den Wasserautomaten besprenkeln.

Ein klassisches Wiener Kaffeehaus an der Salzach: das Bazar

Inhalt

2 *Senkrechtstarter*
4 *Überflieger*
6 *Querfeldein*

Vor Ort Stadt Salzburg

Zentrale Altstadt 14

16 Alter Markt
17 Residenzplatz
21 Dom
22 Tour *Das DomQuartier – im Epizentrum einstiger Macht*
26 Um die Franziskanerkirche
27 Universitätsplatz
28 Tour *Das älteste Kloster im deutschsprachigen Raum*
32 Tour *Gegenwartskunst auf Schritt und Tritt*
37 Der westlichste Zipfel der Altstadt
38 Getreidegasse und Mozarts Geburtshaus
39 Judengasse
40 Waagplatz
40 Mozartplatz
41 Kaiviertel
42 Nonntal
46 Durchs Nonntal nach Hellbrunn

Rechtes Salzachufer 58

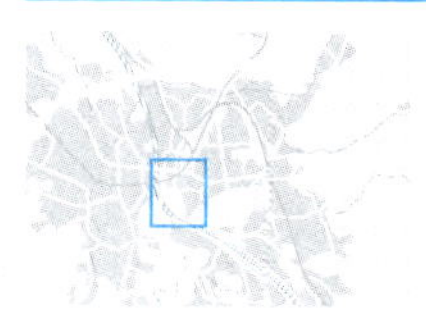

60 Schloss Mirabell
65 Rund um den Makartplatz
66 Tour *Auf Mozarts Spuren am rechten Salzachufer*
69 Unterwegs zur Linzer Gasse
70 Lieblingsort *Sebastiansfriedhof*
71 Zwischen Kapuzinerberg und Salzach

Hohensalzburg, Mönchsberg und nahe Umgebung 80

82 Festung Hohensalzburg
85 Über den Mönchsberg
89 Lieblingsort *M32 am Mönchsberg*
90 Tour *Große Meister lassen grüßen*
95 Mülln
95 Ausflugsziele in der Umgebung
96 Schloss Klessheim
97 Untersberg
100 Tour *Ein aussichtsreicher Tag auf Salzburgs Hausberg im Osten*

Vor Ort Salzburger Land und Salzkammergut

Der Flachgau 104

107 Söllheim und Seekirchen
107 Wallersee und Umgebung
108 Tour *Wo »Des Teufels General« entstand*
112 Tour *Auf Tuchfühlung mit dem idyllischen Hügel- und Seenland*
113 Mattsee und Stift Mattsee
115 Obertrumer See
117 Benediktinerabtei Michaelbeuern
117 Oberndorf und Arnsdorf

Das Salzkammergut 120

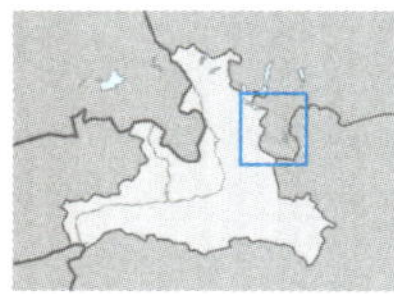

122 Fuschlsee
124 Tour *Den kleinsten großen Salzkammergutsee erkunden*
126 Wolfgangsee
127 Tour *Traumhafte Aussichten auf historischem Boden*
128 Lieblingsort *Auf den Schafberggipfel*
132 Bad Ischl
135 Mondsee
138 Attersee
140 Gmunden und der Traunsee
144 Hallstätter See
148 Ausseerland
150 Tour *Torberg, Brahms & Co.*
155 Lieblingsort *Die Seewiese am Altausseer See*

Die wildromantische Mondlandschaft des Steinernen Meers erwandern – Seite 169

Tennengau, Pongau und Lungau 156

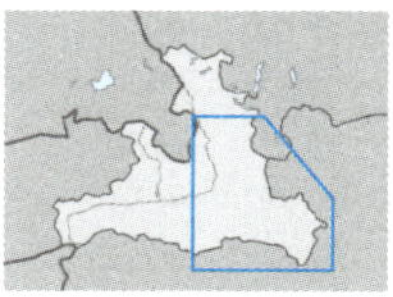

158 Der Tennengau
158 Hallein
166 Der Pongau
166 Werfener Eisriesenwelt
177 Bad Gastein
183 Der Lungau
189 Lieblingsort *Ein Spaziergang um den Prebersee*

Der Pinzgau 190

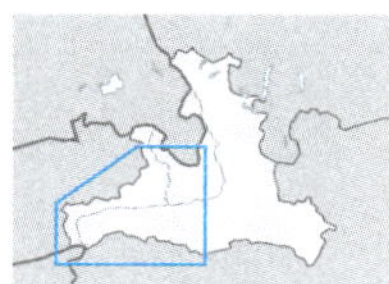

192 Oberes Salzachtal und Quertäler

194 *Tour Ins Tal der Geier*

196 *Lieblingsort Rauriser Urwald*

197 Fuschertal mit Großglockner-Hochalpenstraße

198 *Tour Am Klondike in den Hohen Tauern*

202 *Tour Den höchsten Gipfeln so nah*

206 *Tour Powerhouse der Hohen Tauern*

210 *Lieblingsort Krimmler Achental*

212 Krimmler Wasserfälle

213 Saalachtal und Quertäler

Das Kleingedruckte

220 Reiseinfos von A bis Z

Immer was zu gucken beim alljährlichen Almabtrieb – *Seite 209*

Die Salzburger Tracht, mal super fein, mal modisch, erlebt eine Renaissance – *Seite 279*

Das Magazin

244 *Daten und Fakten*

246 *Stadt, Land, Fluss*

249 *Dynamische Drehscheibe*

252 *Etwas für Jedermann*

256 *Salzburgs Genius Loci*

259 *Die Geschichte des Salzburger Salzes*

261 *Wolf Dietrich und Salome*

265 *Reise durch Zeit & Raum*

270 *Sound of Music*

273 *Von Kokoschka bis Ropac*

276 *Das zählt*

278 *Dirndl, Loden, Lederhosen*

282 *Zukunftsmodell für die Alpen*

286 *Hält Leib und Seele zusammen*

---

290 *Register*

295 *Autor & Impressum*

296 *Offene Fragen*

Vor Stadt

Ort
Salzburg

Zentrale Altstadt

Das Herz des einstigen Fürsterzbistums — gleicht einer barocken Symphonie aus Stein und zählt zu den anmutigsten Stadtlandschaften der Welt.

Seite 21

Dom 

Das spirituelle Herz der Stadt bildet mit dem gleichnamigen Platz ein barockes Gesamtkunstwerk, das Max Reinhardt nicht ohne Grund zur Kulisse für den »Jedermann« erkor.

Seite 38

Getreidegasse/ Mozarts Geburtshaus

Altstadt-Shoppingmeile Nr. 1 und wegen der historischen Fassaden, Zunftschilder und Durchhäuser ein Augenschmaus obendrein. Hinter der Nr. 9 verbirgt sich das Geburtshaus Mozarts.

Eine Melange im Café Fürst ist ein Muss für Stadtflaneure.

Seite 46

Schloss Hellbrunn 

Endpunkt eines sehr schönen Spaziergangs: das wegen seiner Wasserspiele, des Zoos und Parks viel besuchte Lustschloss von Fürsterzbischof Markus Sittikus.

Seite 55

Schiffsrundfahrt

Salzburgs Altstadt, dieses urbane Gesamtkunstwerk, vom Fluss aus an sich vorbeiziehen sehen – ein Ausflug an Bord des Panorama-Schiffs ›Amadeus‹ macht's möglich. Zur Auswahl stehen eine Basistour und eine Tour hinaus nach Hellbrunn.

Seite 28

St. Peter

Der vor über 13 Jahrhunderten gegründete Stiftskomplex bildet Salzburgs geistige und kulturelle Keimzelle und lädt zu einer stimmungsvollen Zeitreise.

Seite 27

Kollegienkirche

Ein Meisterwerk des Barockarchitekten Johann Bernhard Fischer von Erlach – mit seiner elegant gebauchten Fassade stilbildend für den süddeutschen Raum.

Seite 22

DomQuartier

Seit wenigen Jahren erst ist ein Rundgang um den Domplatz in der ›oberen Etage‹ möglich. Er präsentiert Architektur, Kunst- und Herrschaftsgeschichte in einzigartigem Zusammenspiel und neue, imposante Ausblicke auf die Stadt.

Seite 32

Gegenwartskunst

Zwölf Künstler von Weltruf haben für den öffentlichen Raum Installationen geschaffen – Stationen für einen spannenden City-Rundgang.

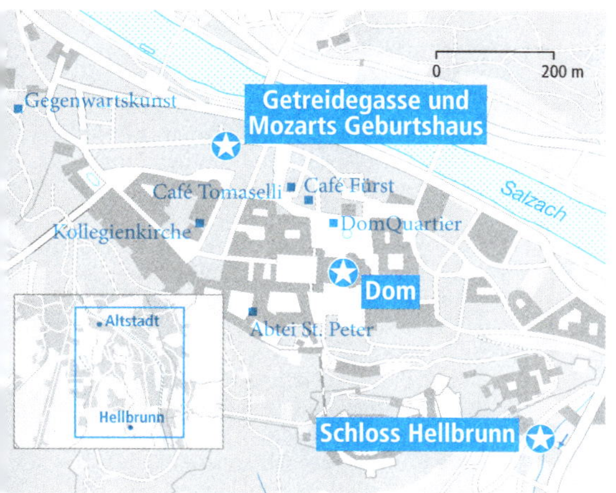

Café Tomaselli, der Platzhirsch unter Salzburgs Edelcafés bietet beste Lage, hohen Promi-Faktor und ein exzellentes Mehlspeisensortiment.

»Ist der Je-, ist der Je-, ist der Jedermann da? Jedes Jah' is' der Jedermann da! Komm, Mr. Jedermann, geh' ma bisserl sterb' än – wenn auch dagegen sin' die Hofmannsthal'schen Erb'n …« Helmut Qualtingers »Jedermann-Rock«

Salzburgs Herz am linken Salzachufer

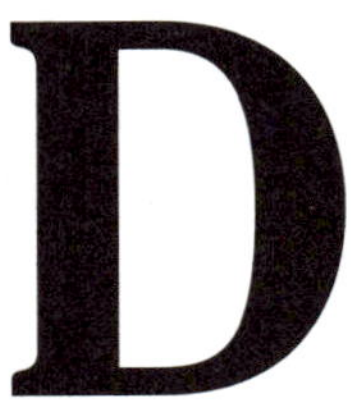

Das barocke Stadtkunstwerk zwischen Mönchsberg und linkem Salzachufer hat in puncto Harmonie und Anmut nördlich der Alpen nicht seinesgleichen. Die weiten Plätze und engen, aus dem Mittelalter verbliebenen Passagen lassen bis heute Einheimische und Touristen gleichermaßen ins Schwärmen geraten.

Dieser Spaziergang führt vom Herzen der Altstadt zunächst in weitem Bogen über Residenz-, Universitäts- und Karajanplatz in deren westlichen Teil und durch Gries- und Getreidegasse zum Ausgangspunkt, dem Alten Markt, zurück. Hernach geht es ostwärts über Waag- und Mozartplatz, durch das Kaiviertel hinüber ins Nonntal. Gleichsam die ›Zielgerade‹ bildet die Hellbrunner Allee, der entlang man hinaus bis zum gleichnamigen Schloss spaziert.

Alter Markt

Warum nicht mit Melange und Kuchen im legendären, fast 300 Jahre alten **Café Tomaselli** 6 beginnen? Am besten – so man einen Stuhl ergattert – auf der Terrasse im ersten Stock, denn von dort oben genießt man einen besonders schönen Blick auf den Alten Markt, auf die pastellfarbenen, fein stuckierten Fassaden seiner schmalen, vielgeschossigen Patrizierhäuser und auf den **Marktbrunnen.** Das Marmorbecken samt filigranem Spiralgitter stammt aus der Zeit um 1586, die Statue zu Ehren des hl. Florian, Schutzpatron gegen Feuersbrünste, wurde jedoch erst im Rokoko (1734) vollendet. Ist man mit Kalorien fürs Erste versorgt, empfiehlt es sich, den Alten Markt genauer unter die Lupe zu nehmen. Er ist – verglichen mit den riesigen Plätzen rund um den Dom – ein heiteres, gemütliches Geviert. Vom 16. Jh., als sich der Waagplatz für diese Zwecke als zu klein erwies, bis weit ins 20. Jh., als ihm der nahe gelegene Universitätsplatz den Rang ablief, hielt man hier den Hauptmarkt ab.

Das Haus Nr. 10 a schmückt sich mit dem Prädikat **kleinstes Haus der Stadt.** Nebenan erinnert eine Tafel an einem Torbogen daran, dass hier Mozarts Witwe Constanze mit ihrem zweiten Mann, Georg Nikolaus von Nissen, wohnte. Ein besonderes Juwel ist die **Fürsterzbischöfliche Hofapotheke** 1 (Nr. 6), deren Inventar aus originalgeschnitzten Rokoko-Vertäfelungen, Rezepturtischen, bauchigen Schubladenregalen und Porzellangefäßen besteht.

Residenzplatz

Vom Alten Markt gelangt man, vorbei an der altehrwürdigen meteorologischen Station (rechts) und dem ehemaligen Wohnhaus des Barockmalers Johann Michael Rottmayr (Eckhaus links), mit wenigen Schritten auf den Residenzplatz – den zentralen Freiraum der sog. Fürstenstadt. Er ist ein Resultat der radikalen Stadtumgestaltung durch Erzbischof Wolf Dietrich und diente ursprünglich vorwiegend den geistlichen Herrschern als Plattform für ihre Machtdemonstrationen in Form höfisch-eleganter Festzüge und militärischer Defilees. Doch zwischenzeitlich haben ihn die Bürger längst in Besitz genommen. Hier lauschen sie in der Vorweihnachtszeit den Adventsbläsern, kaufen ihre Christbäume und zu Ostern ihre Palmzweige. Die Fiakerkutscher nutzen ihn als günstigen Parkplatz, die Fremdenführer als unverfehlbaren Treffpunkt. Und am Vorabend der offiziellen Eröffnung der Festspiele führen hier alljährlich etwa 80 in Trachten gekleidete Paare unter Anwesenheit des Staatspräsidenten den feierlich-zeremoniellen Fackeltanz auf.

Begrenzt wird der Platz im Norden von der kleinen, um 1770 erbauten Michaelskirche. An ihrer Stelle stand schon vor dem Jahr 800 eine Pfalzkapelle der bayrischen Herzöge, die nach dem Brand der Franziskanerkirche im Jahre 1167 provisorisch auch den Bürgern als Stadtpfarrkirche zur Verfügung stand. Vis-à-vis erhebt sich die mächtige Längsseite des Doms. Die östliche Flanke des Platzes nimmt die unter Wolf Dietrich entstandene **Neue Residenz ❷** ein, die gegenüberliegende der weitläufige Komplex der **Alten Residenz/DomQuartier ❸** (Letzteres wird en détail in der Tour ab S. 22 beschrieben).

In der Platzmitte steht der **Residenzbrunnen,** eine frühbarocke, 1658 von Erzbischof Guidobald Graf von Thun bei Tommaso di Garona in Auftrag gegebene kühne Komposition aus Rössern, Athleten, Delfinen und einem Triton, aus dessen Schale in fast 15 m Höhe mehrere

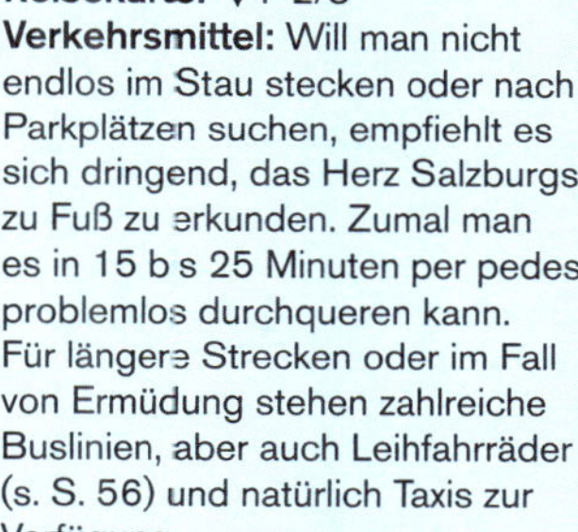

O

ORIENTIERUNG

Reisekarte: F 2/3
Verkehrsmittel: Will man nicht endlos im Stau stecken oder nach Parkplätzen suchen, empfiehlt es sich dringend, das Herz Salzburgs zu Fuß zu erkunden. Zumal man es in 15 bis 25 Minuten per pedes problemlos durchqueren kann. Für längere Strecken oder im Fall von Ermüdung stehen zahlreiche Buslinien, aber auch Leihfahrräder (s. S. 56) und natürlich Taxis zur Verfügung.
Praktisch für unterwegs: Nur ein paar Gehminuten östlich des Ausgangspunktes für diesen Rundgang, am Mozartplatz Nr. 5, hat die städtische Tourist-Information ihren Hauptsitz. Hier erhält man gratis Stadtpläne sowie alle Arten von Broschüren und Auskünften (in der Hochsaison tgl. 9–18, sonst 9–17 Uhr).
Zeitrahmen: Absolviert man diesen Rundgang in seiner kompletten Länge, muss man einen ganzen Tag einplanen und tunlichst ausgeruht sein. Wer die diversen Museen in aller Ausführlichkeit besichtigen und zu Fuß bis nach Hellbrunn hinaus wandern will, sollte sich die Gesamtstrecke wohl besser in zwei Etappen aufteilen – eine erste für die zentrale Altstadt vom Alten Markt bis zurück auf ebendiesen, und eine zweite für den östlichen Bereich und den Gang durch das Nonntal Richtung Süden.

Altstadt

Ansehen

1 Fürsterzbischöfliche Hofapotheke
2 Neue Residenz
3 Alte Residenz / DomQuartier
4 Dom
5 Franziskanerkirche
6 Ritzerbogen
7 Kollegienkirche
8 Universität
9 Museum der Moderne Rupertinum
10 Furtwänglerpark
11 Erzabtei St. Peter
12 Hofmarstallschwemme
13 Spielzeug Museum
14 Haus der Natur
15 Markuskirche
16 Rathaus
17 Mozarts Geburtshaus
18 Trakl-Haus
19 Romanischer Keller
20 Weihnachtsmuseum
21 Mozart-Denkmal
22 Kapitelhaus
23 Kapitelschwemme
24 Kajetanerkirche
25 Stift Nonnberg
26 Erhardkirche
27 – 34 s. Karte S. 44

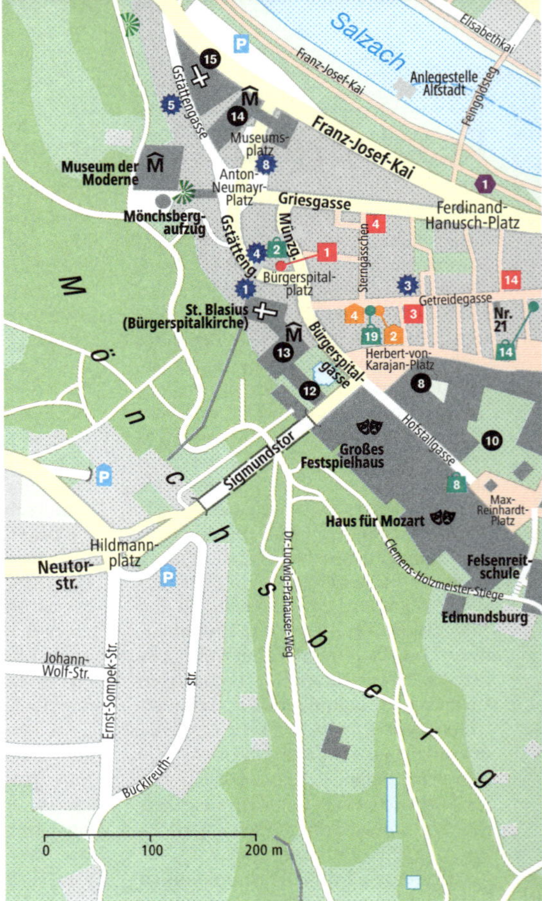

Schlafen

1 Altstadt Radisson Blu SAS
2 Goldener Hirsch
3 Hotel Goldgasse
4 Blaue Gans
5 Am Dom
6 Weisse Taube
7 Elefant
8 – 12 s. Karte S. 44

Essen

1 Afro Café
2 The Green Garden
3 Balkan-Grill
4 Braumeister
5 Resch & Lieblich
6 Café Tomaselli
7 Fasties
8 s. Karte S. 44
9 Indigo
10 K+K Restaurant am Waagplatz
11 Kaffee-Alchemie
12 Konditorei Schatz
13 s. Karte S. 44
14 Mozart
15 Zwettler's
16, 17 s. Karte S. 44

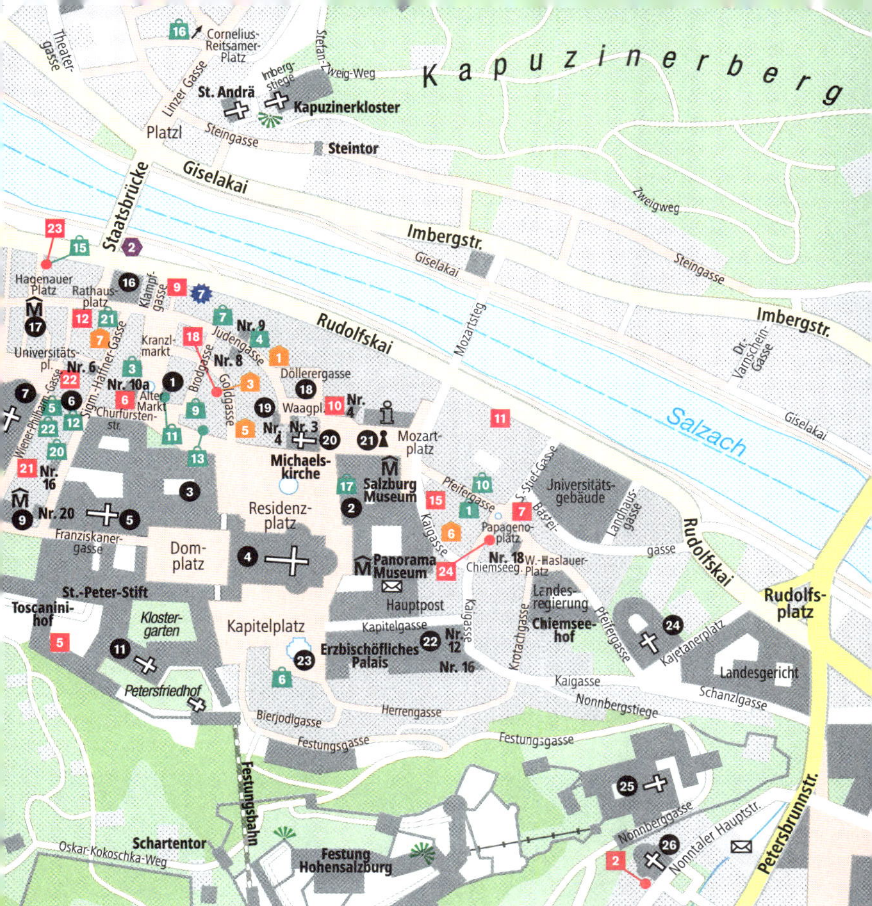

18 Goldgasse
19, 20 s. Karte S. 44
21 Triangel
22 Zipfers Bierhaus
23 Zum Eulenspiegel
24 Zirkelwirt

Einkaufen

1 Alvera
2 Atelier 4
3 Augarten
4 Betty Barclay
5 Deco Art
6 Dombuchhandlung
7 Easter/Christmas
8 Festspielshop
9 Fürst
10 Haderer
11 Holzermayr
12 Höllrigl
13 Jahn-Markl
14 Azwanger
15 Kaslöchl
16 Pia Antonia
17 Salzburger Heimatwerk
18 The Living Store
19 Sporer
20 Welz
21 Windsor
22 Zuckerlwerkstatt

Bewegen

1 Citybike
2 aVelo Rent

Fortsetzung s. S. 20

Altstadt Fortsetzung von Seite 19

Ausgehen

1 Adventserenaden
2 s. Karte S. 44
3 Bollicine
4 Half Moon
5 Murphy's Law
6 s. Karte S. 44
7 Shamrock
8 Szene Salzburg / Republic

Wasserfontänen sprühen. Die kolossale, nach dem Vorbild des Tritonenbrunnen in Rom geschaffene Anlage aus rosa- und gelbfarbenem Marmor strahlt nach aufwendiger Renovierung seit einigen Jahren wieder in neuem alten Glanz.

Neue Residenz

An der östlichen Seite des Residenzplatzes ließ sich Wolf Dietrich 1588–1602 ein pompöses Gästehaus errichten, das er in der Folge zumindest vorübergehend auch selbst bewohnte. Die Prunkräume der anfänglich vierflügeligen, später mehrfach umgestalteten und erweiterten **Neuen Residenz** ❷ nutzte die Landesregierung lange Jahre zu Repräsentationszwecken.

Heute beherbergen sie das **Salzburg Museum,** das seit seiner Eröffnung 2007 für seine famose Gestaltung völlig zu Recht mit Preisen überhäuft wurde. Hier kann man nun dessen immense Bestände zur Stadt- und Landesgeschichte bewundern. Präsentiert finden sich all die Schätze auf sehr moderne, ebenso eigenwillige Weise. So hat man etwa den Spiegelsaal als »Schatzkammer Archäologie

Barocke Inszenierung: der Residenzbrunnen

und Mittelalter« adaptiert, mit »18 Kostbarkeiten aus drei Jahrtausenden« – vom Kammhelm und Bergbaugerät aus der Bronzezeit über die berühmte keltische Schnabelkanne vom Dürrnberg, aus dem La Tène bis zum Münzschatz und zu Marienaltären aus der Spätgotik. Ebenfalls im zweiten Obergeschoss wird in einem Dutzend Sälen dem »**Mythos Salzburg**«, wie ihn Künstler und Wissenschaftler der Romantik und später vor allem Tourismuswerber prägten, auf den Grund gegangen. Im Abschnitt »Salzburg persönlich« werden (regelmäßig wechselnd) herausragende Salzburger von einst und heute biografisch beleuchtet. Wechselausstellungen sind die Säulenhalle zu ebener Erde und die große Kunsthalle unter dem Innenhof vorbehalten. Im Gottfried-Salzmann-Saal im dritten Obergeschoss wird dauerhaft eine freilich immer wieder wechselnde Auswahl der wunderbar zarten Aquarelle seines Namenspatrons, eines 1943 in Saalfelden geborenen, längst international renommierten Malers gezeigt (Besichtigung nur n. V., T 0662 62 08 08-722).

Mozartplatz 1, Di–So 9–17 Uhr Führung bei ermäßigtem Eintritt, T 0662 62 08 08-700, www.salzburgmuseum.at, 10 €

Dom

Wandert man vom Residenzplatz südwärts, gelangt man durch die von Giovanni Antonio Dario 1658–63 errichteten Bögen des **Doms ❹**, an der bronzenen Bischofsstatue von Giacomo Manzù vorbei, auf den **Domplatz** – eine barocke Platzanlage par excellence. Wer hier, im Schatten der monumentalen Mariensäule (ein Werk der Brüder Hagenauer; 1766–71) auch nur kurze Zeit verweilt und die Theatralik des Ortes auf sich wirken lässt, versteht vollkommen, weshalb Max Reinhardt im August 1920 ausgerechnet die gewaltige Fassade des Doms als Kulisse für die Premiere von Hofmannsthals »Jedermann« wählte. Seither kommen Sommer für Sommer Aberhunderte von Gästen aus aller Welt, um hier das Spektakel vom Leben und Sterben des reichen Mannes zu verfolgen.

März–Okt., Dez. Mo–Sa 8–18, Aug. 8–19, Nov., Jan./Feb. 8–17, So, Fei erst ab 13 Uhr, Eintritt frei; Führungen: ca. 90 Min., 5 €, Termin-Info: T 0662 80 47-66 40

Baugeschichte

Wer die Baugeschichte des Salzburger Doms, immerhin der ältesten Bischofskirche des heutigen Österreich, erkunden will, sollte unterhalb der nördlichen Dombögen hinab in das **Domgrabungsmuseum** steigen. Dort, unter der Chorkrypta des bestehenden Baus, haben Archäologen bis 1974 nach den Fundamenten seiner Vorgänger gesucht. Sie fanden Reste sowohl der ersten, dreischiffigen Basilika, die Bischof Virgil 774 an dieser Stelle weihte, als auch des 1181 nach einer Brandkatastrophe von Konrad III. veranlassten fünfschiffigen Baus. (2009 schuf übrigens der französische Künstler Christian Boltanski in der eigens wiederhergestellten Krypta seine »Vanitas«-Installation; s. S. 35.

Nebenbei wurde im Zuge der Grabungen auch bewiesen, dass Virgil seinen Dom inmitten des römischen Municipiums errichtet hatte. Denn in unmittelbarer Nachbarschaft haben die Wissenschaftler auch Reste römischer Häuser aus dem 1. Jh. n. Chr. samt Warmluftheizungen und Mosaikböden freigelegt.

Der heutige Dom entstand 1614–28, also im Frühbarock. Erste, offenbar allzu kolossale Pläne hatte in Wolf Dietrichs Auftrag der berühmte Architekt, Städteplaner und Palladio-Schüler Vincenzo Scamozzi vorgelegt. Sie sahen ein 139 m langes, fast 100 m breites Gotteshaus vor.

TOUR
Das DomQuartier – im Epizentrum einstiger Macht

Residenz, Dom und St. Peter

Dom und Residenz fungierten für viele Jahrhunderte als Schaltzentralen der Salzburger Fürsterzbischöfe. Nun kann man diesen Komplex im Herzen der Altstadt erstmals im Rahmen eines Rundgangs in seiner Gesamtheit erleben. Dabei durchwandert man barocke Prunkräume und lernt opulente Kunstsammlungen kennen.

In den 15 zu besichtigenden Prachträumen erwarten Besucher auch an den Decken vielerlei Überraschungen; im Bild: das 1689 von J. M. Rottmayr gemalte Fresko im Carabinierisaal.

180 Säle und Räume, um drei Höfe gruppiert: das ist die **Alte Residenz/DomQuartier ❸**. Das heutige Erscheinungsbild der ehemals erzbischöflichen Palastanlage, deren Ursprünge vermutlich bis etwa 1120 zurückreichen, ist das Ergebnis zahlreicher Um- und Zubauten zwischen dem späten 16. und späten 18. Jh. Den Anfang machte Wolf Dietrich. Er, dem

Infos

Cityplan: s. S. 18

Zeit: 2–3 Std.

Start: Residenzplatz Westseite, Eingang Alte Residenz

Öffnungszeiten: Mi–Mo 10–17 Uhr, T 0662 80 42 21 09, www.domquartier.at bzw. www.residenz galerie.at, 13 €

der mittelalterliche Bischofssitz nicht repräsentativ und wohl auch nicht italienisch genug erschien, veranlasste den Bau des Südtraktes, der Verbindung zur Franziskanerkirche, sowie der drei Flügel rund um den nördlich gelegenen, als Lustgarten konzipierten Hof, die sog. Dietrichsruh. Der Bau des Haupttrakts am Alten Markt und Residenzplatz wurde unter Markus Sittikus begonnen, jedoch erst in der Ära Paris Lodrons fertiggestellt und unter Guidobald Thun 1660 um ein Stockwerk erhöht. Hieronymus Colloredo schließlich, Salzburgs letzter Erzbischof, ließ den Toskanatrakt errichten.

Räume für Hochkarätiges

Vom Residenzplatz kommend, betritt man an dessen Westseite durch ein von Doppelsäulen gerahmtes, mit dem Wappenaufsatz des Fürsten Harrach bekröntes Portal den Ehrenhof. An dessen Herkulesbrunnen vorbei und die eindrucksvolle Reihe toskanischer Pilaster entlang, erreicht man linker Hand über eine ehemals bereitbare Treppe den nach Wolf Dietrichs Leibgarde benannten **Carabinierisaal** im zweiten Stock. Unter den gewaltigen Deckenfresken von J. M. Rottmayr fanden einst Theateraufführungen und rauschende Feste statt.

Hier beginnt nunmehr der offizielle Rundgang, diese »Tour de Baroque«, durch das insgesamt 15 000 m² große DomQuartier. Zunächst nimmt man den **Prunkräumen** die Parade ab: Der Rittersaal mit seinem fulminanten Deckengemälde (Szenen aus dem Leben Alexanders des Großen), das Konferenz- alias Ratszimmer, die Antecamera, der Audienzsaal mit seinen kostbaren Tapisserien aus Brüssel, die privaten Gemächer, Schreibkabinett, Arbeits- und Schlafzimmer, weitere Gesellschaftsräume … Sie alle bergen trotz der wiederholten Plünderungen nach der Säkularisation immer noch einzigartige Kunstschätze. An ihrer Renovierung und hochbarocken Neugestaltung im Auftrag Erzbischofs Franz Anton Harrach (1710–14) waren übrigens neben Rottmayr, unter der Gesamtleitung von Baumeister Johann Lukas von Hildebrandt, Größen wie der Stuckateur Alberto Camesina und die Maler Martino Altomonte und Antonio Beduzzi beteiligt.

Im DomQuartier gibt es neben regelmäßigen Konzerten zur ambulanten Begleitung auch eine Musik-App (Download unter: www.domquartier.at).

Alte Meister und liturgische Schätze

Den nächsten Bereich bildet, im Geschoss darüber, die **Residenzgalerie (1).** Sie präsentiert in elf Räumen über 200 Gemälde, u. a. von Ruysdael, Rubens, Rembrandt, Jan Breughel, Tiepolo und österreichischen Barock- und Biedermeiermalern wie Rottmayr, Troger und Maulbertsch, Daffinger und Amerling, und wirft so repräsentative Schlaglichter auf die europäische Malerei des 16. bis 19. Jh.

Nun führt der Rundgang über den nördlichen Dombogen, wo man von der **Terrasse (2)** einen grandiosen Blick hinab auf Residenz- und Domplatz und hinauf zur Festung genießt (bei Regen geschlossen), dann gelangt man einen Stock tiefer durch einen eleganten Gang in das Gotteshaus. Im Dom, genauer: im **Nordoratorium (3)**, sind die Schätze der Sammlung Rossacher ausgestellt – Skizzen und Bozzetti für Wand- und Deckenfresken, Altarbilder, Plastiken u. v. m. –, die lange Jahre im Barockmuseum im Mirabellgarten beheimatet waren.

Nach dem Blick von der **Orgelempore (4)** hinab in das mächtige Kirchenschiff und auf das kaum minder imposante Musikinstrument (das 1703 entstand und aus über 4000 Pfeifen sowie 58 Registern besteht), folgt, auf der Empore vis-à-vis, das **Dommuseum (5)**. Dieses ist dort bereits seit den 1970er-Jahren untergebracht und birgt Kostbarkeiten aus der über 1000-jährigen Domgeschichte – Kelche, Monstranzen, Bischofsstäbe, Mitren und Chormäntel, aber neben all den Goldschmiedearbeiten, Textilien und liturgischen Geräten auch Gemälde und Skulpturen von der Gotik bis zum Barock, die aus dem Dom und anderen Pfarreien der Erzdiözese stammen. Ältestes und wichtigstes Exponat ist das sog. Rupertuskreuz, das in die Zeit des hl. Virgil um 700/750 datiert.

Nächste Station ist die **Kunst- und Wunderkammer (6)** im südlichen Dombogen, die Erzbischof Guidobald Graf von Thun und sein Nachfolger, Max Gandolf Graf Kuenburg, dort in der zweiten Hälfte des 17. Jh. eingerichtet haben. Solche Sammlungen von Naturalien und Artefakten, Raritäten und Kuriositäten erfreuten sich bis in die Barockzeit großer Beliebtheit. Jene der Salzburger Herrscher hat sich mit ihrem Marmorfußboden, den Stuckdecken und den vergitterten Schränken als eine

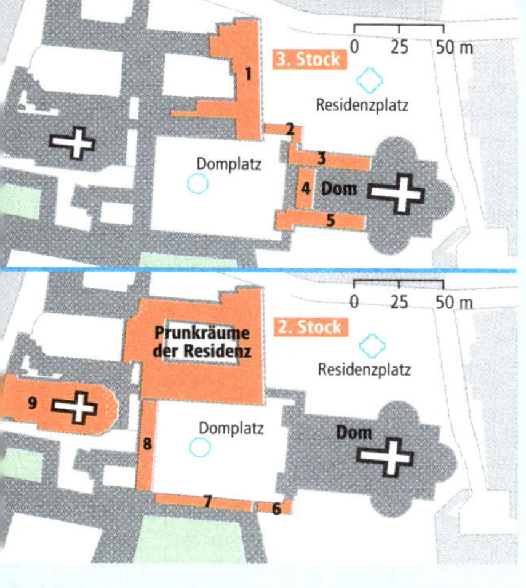

der wenigen in Europa ihre originale Atmosphäre bis heute bewahrt. Nach Salzburgs Säkularisierung (1803) wurden zwar viele der Exponate außer Landes gebracht. Mit der Gründung des Dommuseums 1974 trachtete man jedoch, die ursprünglichen Bestände zu rekonstruieren. Zu bestaunen sind geschnittener Bergkristall, Türmchen aus Elfenbein, ein Narwalzahn, exotische Tiere, wissenschaftliche Instrumente und ein bemalter Himmelsglobus.

Unmittelbar im Anschluss durchschreitet man die sog. **Lange Galerie (7)**. In ihr hingen ursprünglich die Gemälde der Erzbischöfe. Nun zeigt die Erzabtei St. Peter, deren Klosteranlage direkt an den Komplex angrenzt, in Anknüpfung an diese Tradition ihre, mehrheitlich eigens für die Abtei gemalten, Bilder. Auf der rechten Seite des 70 m langen Ganges geben Fenster den Blick auf den Domplatz frei.

Durch ein mächtiges Portal (beachtenswert: die beiden versilberten Prunkvasen des Gegenwartskünstlers Gerold Tusch) gelangt man in den Wallistrakt, der nunmehr neu das **Museum St. Peter (8)** beherbergt. Hier präsentiert die Erzabtei eine Auswahl der schönsten Exponate ihrer Kunstsammlung – jenes insgesamt rund 40 000 Objekte umfassenden Schatzes, der ja in napoleonischer Zeit der Säkularisierung und somit Zerteilung entgangen ist. Aus der Vielzahl wertvoller Messkelche, Münzen, Kreuze, Andachtsbilder etc. ragt als ältestes Stück das Rupertuspastorale hervor, ein Abtstab aus dem 11./12. Jh. Die Dauerausstellung spürt aber auch den Verbindungen der Komponisten Johann Michael Haydn und Wolfgang Amadeus Mozart zu St. Peter nach. In einem weiteren Raum wird in Wort und Bild die Geschichte dieses ältesten – seit 696 bestehenden – Klosters im deutschsprachigen Raum dokumentiert.

Zu guter Letzt gewährt der Rundgang noch einen Blick in den berühmten gotischen Chor der **Franziskanerkirche (9)**, ehe er, je nach Ausdauer und Wissbegier der Besucher, nach zwei, drei oder vier Stunden am Ausgangspunkt, dem Carabinierisaal, endet.

Die Gasse Sigmund Haffner erinnert an einen reichen Kaufmann und Wohltäter, dem Mozart u. a. die gleichnamige Symphonie widmete.

Verwirklicht wurden schließlich die – moderateren – Entwürfe Santino Solaris. Dieser übte in den Jahren 1612–46 das Amt des Hofbaumeisters aus und schuf u. a. Schloss Hellbrunn, die alte Universität samt Aula, Teile der Residenz und jenseits der Salzach den Lodronschen Primogeniturpalast sowie das Loretokloster. Auch versah er die Kirche von St. Peter mit Gewölbe und Kuppel und erweiterte die städtischen Bastionen, Mauer- und Toranlagen.

Für sein Hauptwerk, den Dom, ließ Solaris sich von italienischen Kirchenbauten inspirieren. Dementsprechend gestaltete er die Vorderfront als **grandiose Schaufassade** aus hellem Untersberger Marmor, mit zwei viergeschossigen, 79 m hohen Türmen und allerlei Figuren auf Balustrade und Giebel. Neben den drei Eingangsarkaden platzierten seine Nachfolger Statuen der beiden Landespatrone Rupert und Virgil (jeweils mit Bischofsstab) sowie der Apostel Petrus (mit Schlüssel) und Paulus (mit Schwert).

Domgrabungsmuseum: Juli/Aug. 9–17 Uhr, sonst auf Anfrage, T 0662 62 08 08-723, 3,50 €, T im Juli/Aug.: 0662 84 52 95

Innenraum des Doms

Der Innenraum präsentiert sich – im Gegensatz zu der dämmrigen Vorhalle – beeindruckend hell und von ausgewogenen Proportionen. Mancher Besucher mag die hier herrschende Atmosphäre als ein wenig kalt empfinden. Doch an der grandiosen Raumwirkung des 99 m langen, tonnengewölbten Langhauses, des 68 m langen Querhauses und der lichtdurchfluteten achteckigen Vierungskuppel lässt sich nicht deuteln.

Unter den **Ausstattungsstücken** ragen das Taufbecken (1321, von Meister Heinrich), die kostbaren Werke diverser deutscher Barockmaler auf den Altären der Seitenkapellen sowie der üppige, wunderbar plastische Stuck (um 1630, von Giuseppe Bassarino) heraus. Die **Deckenfresken** folgen einem christologischen Programm, das auch die Motive der Altarbilder miteinbezieht und so kompliziert ist, dass wir seine Erläuterung getrost der kunsthistorischen Fachliteratur überlassen wollen.

Um die Franziskanerkirche

Vom Domplatz erreicht man durch die Pfeilerhalle den Kapitelplatz. Von ihm führt rechter Hand ein Durchgang auf den **Friedhof St. Peter.** Er ist ein viel fotografierter, weil überaus malerischer Teil von Salzburgs geistiger Keimzelle, der **Erzabtei St. Peter** ⓫ (die ausführliche Beschreibung der Anlage s. Tour S. 28).

Lässt man St. Peter jedoch links liegen – oder hat es bereits zuvor erkundet –, wandert man vom Domplatz direkt nach Westen und gelangt durch die Pfeilerhalle in die Franziskanergasse. Wenig später steht man, rechts um die Ecke, vor dem Eingang zu einem der stilgeschichtlich interessantesten Gebäude der Stadt – der **Franziskanerkirche** ❺. Wie die Chronik des Doms verzeichnet auch jene dieses Gotteshauses einen Vorgängerbau aus dem 8. Jh. und dessen Zerstörung im Jahr 1167, als Friedrich I. Barbarossa die Stadt in Flammen aufgehen ließ (s. S. 266).

Franziskanerkirche

Das mystisch-düstere Langhaus, das man durch das Westportal betritt, ist ein Überbleibsel des spätromanischen Folgebaus, der bereits 1223 neu geweiht werden konnte. Es steht in überaus reizvollem Kontrast zu dem angrenzenden gotischen, lichtdurchfluteten **Hallenchor.** Dieser, ein Werk des Meisters Hanns von Burghausen (vollendet von dessen Schüler Stephan Krumenauer), stammt aus der ersten Hälfte des 15. Jh. und besticht durch seine fünf schlanken, schier endlosen Säulen und das imposante Sternrippengewölbe.

In seiner Mitte prangt der 1709 nach Plänen Johann Bernhard Fischer von Erlachs errichtete **Hochaltar.** Dessen hochbarockes Gewölk sowie die Putten und Gnadenstrahlen bilden einen dramatischen Rahmen für die kostbare spätgotische Marienfigur – den einzig noch vorhandenen Rest des 1495–98 von dem Südtiroler Meister Michael Pacher geschnitzten Vorgängeraltars.

Der Kranz von Seitenkapellen entstand im Lauf des 17. Jh., das wie eine Hausfassade wirkende Oratorium – ein Zubau zur Residenz – auf Geheiß Wolf Dietrichs im Jahr 1606.

Auf zwei Details sei noch hingewiesen: auf die schöne **Marmorkanzel** mit dem sympathischen Löwen aus dem 12. Jh. an ihrem Fuß und auf die am Westportal knapp über dem Boden sichtbare **Schwurhand,** die einst Verfolgten signalisierte, dass hier eine Asylkirche Schutz gewährte.

Sigmund-Haffner-Gasse, tgl. 6.30–19.30 Uhr, Eintritt frei

Sigmund-Haffner-Gasse

Die Sigmund-Haffner-Gasse, deren Name an jenen reichen Kaufmann, Bürgermeister und Wohltäter erinnert, der im Haus Nr. 6 wohnte und dessen Familie zu Ehren Mozart die »Haffner-Symphonie« und früher schon die »Haffner-Serenade« komponierte, hält noch weitere Sehenswürdigkeiten bereit. Nr. 20 etwa, das sog. **Kapellhaus**, diente bis Anfang des 20. Jh. als Wohn- und Unterrichtsstätte für die Domkapellknaben, Salzburgs Antwort auf die Wiener Sängerknaben. Die Nr. 16 trägt der nach seinem einstigen Besitzer Matthäus Lang von Wellenburg benannte **Langenhof,** eines der ganz wenigen Adelspalais in dieser vom Klerus beherrschten Stadt. Die hier beheimatete **Galerie Welz** 21 spielt übrigens in der örtlichen Kunstszene eine Schlüsselrolle (s. S. 273). In Nr. 6 lebte nicht nur Bürgermeister Haffner, sondern aller Wahrscheinlichkeit nach auch Salome Alt, die Geliebte Wolf Dietrichs, dem sie 15 Kinder gebar, bevor sie ins Schloss Mirabell übersiedelte.

Vis-à-vis findet sich die 1594 (!) gegründete **Buchhandlung Eduard Höllrigl** 12, Österreichs älteste.

Universitätsplatz

Gleich neben der Buchhandlung führt der sog. **Ritzerbogen** ❻ hinaus auf den verblüffend weiten **Universitätsplatz.** Diesen beherrscht die strahlend weiße Front der **Kollegienkirche** ❼, ein Meis-

TOUR
Das älteste Kloster im deutschsprachigen Raum

St. Peter – Friedhof, Kirche, Katakomben und mehr

Der **Stiftskomplex** ⓫ zu Füßen des Mönchsbergs bildet Salzburgs geistige und kulturelle Keimzelle. Nicht alles ist zugänglich, besichtigen kann man u. a. die hochromanische Stiftskirche, den romantischen Friedhof, die Katakomben und die vermutlich älteste Gaststätte Europas.

Die lexikalischen Eckdaten sind rasch angeführt: Benediktiner-Erzabtei, ältestes noch bestehendes Kloster im deutschen Sprachraum; um 696 vom hl. Rupert gegründet, der vermutlich eine bestehende Mönchsgemeinschaft erneuerte sowie Kloster und Peterskirche errichtete. St. Peter, dessen Äbte auch (Erz-)Bischöfe von Salzburg waren, wurde zur Keimzelle der Salzburger Kirche und Träger der Slawenmission, Seelsorge und hervorragender Kultur.

Weitaus schwieriger ist es allerdings, die spezielle Atmosphäre zu vermitteln, die in diesem zwischen Dom und Franziskanerkirche, Festspielhaus und Mönchsberg eingezwängten Gebäudekomplex herrscht.

Im Schatten des Mönchsbergs

»Ringsum ist Felseneinsamkeit,
Des Todes bleiche Blumen schauern
Auf Gräbern, die im Dunkel trauern
Doch diese Trauer hat kein Leid.
Der Himmel lächelt still herab
In diesen traumverschlossenen Garten,
Wo stille Pilger seiner warten.
Es wacht das Kreuz auf jedem Grab.«

Das überschwängliche Barockinterieur der Stiftskirche St. Peter lädt zu einer Wallfahrt der Sinne.

Georg Trakls lyrische Worte sind die passende Einstimmung, wenn man vom Kapitelplatz kommend auf den berühmten **Friedhof von St. Peter (1)** zugeht. Linker Hand passiert man den Mühlenbrunnen und die **Stiftsbäckerei (2)**, in der sich die Salzburger frühmorgens nach wie vor gerne das köstliche, im Holzofen aus Natursauerteig gebackene St.-Peterer-Brot holen. Dann erreicht man den mit unzähligen schmiedeeisernen Kreuzen bestandenen Gottesacker, in der Mitte die spätgotische, innen und außen von Grabplatten geschmückte Margarethenkapelle.

Die Architekten Santino Solari und Clemens Holzmeister sind hier begraben, Opernsänger Richard Mayr, Bildhauer Josef Thorak, die Brüder Hagenauer und, in der sog. Kommunegruft an der südwestlichen Friedhofsecke, Michael Haydn und Mozarts Schwester Nannerl. Von dieser Gruft, deren Seitenwände mit einem sechsteiligen, um 1660 von unbekannter Meisterhand geschaffenen Totentanz-Zyklus bedeckt sind, gelangt man über eine steile Treppe in die Gertraudenkapelle. Nur acht Jahre nach seiner Ermordung (1170) Thomas Becket, dem Erzbischof von Canterbury, geweiht, weist sie noch Freskenreste aus der Entstehungszeit auf.

Über einige Dutzend weitere, in den Konglomeratstein getriebene Stufen erreicht man die Maximuskapelle. Ihr legendäres, von einem Bogen überspanntes Märtyrergrab wird von Experten neuerdings zwar bloß für eine Opfernische gehalten. Doch dass in den insgesamt drei, trotz ihrer Lage hoch über den Altstadtdächern ›Katakomben‹ genannten **Höhlenkapellen (3)** schon im 3. und 4. Jh. Frühchristen Unterschlupf fanden und Messen abhielten, gilt als historisch ziemlich gesichert.

Abenteuer: Den 800 Jahre alten Almkanal, der am Osteingang des Petersfriedhofes zutage tritt, kann man durchwandern. Infos: www.stiftsarm.at bzw. www.almkanal.at

Die älteste Institution der Stadt Salzburg

Der Westteil des Friedhofs wird von der **Stiftskirche St. Peter (4)** begrenzt. Dieses in den Jahren 1125–47 erbaute Herzstück des Klosterbezirks ist die einzige erhaltene

Infos

Cityplan: s. S. 18

Zeit: reine Besichtigung 1–2 Std.

Start: Südwestecke vom Kapitelplatz

Infos: T 0662 84 45 76, www.stift-stpeter.at; Konzerte/Messen: www.stiftsmusik.at.

Bibliotheksbesichtigung: Infos unter T 0662 84 45 76-58. Stiftskirche: ganzjährig 8–20 Uhr; Friedhof: 6.30–20, winters bis 18 Uhr; Katakomben: Mai–Sept. tgl. 10–12.30, 13–18, Okt.–April bis 17 Uhr, 2 €; Klosterladen: Mo–Fr 10–18, Jan.–März 10–17, Sa 10–16 Uhr; Stiftsbäckerei: Mo/Di, Do/Fr 7–17, Sa 7–13 Uhr; Stiftskulinarium (ehem. Stiftskeller): T 0662 84 12 68-0, Mo–Fr 12–23, Küche 12–14.30, 17.30–21.15, Sa/So ab 10 Uhr; Konzerte: Kammermusik – Johann Michael Haydn und sein Kreis, auch Hammerklavierfestival, T 0664 482 05 08, www.michaelhaydn.com

hochromanische Basilika in der Stadt. Die Bausubstanz ihres Turmes reicht bis in die Zeit um 850 zurück. Die Vierungskuppel hingegen stammt unübersehbar aus dem Barock. Und der Turmhelm ist lupenreines Rokoko. Das durch ein fantastisch gearbeitetes Schmiedeeisengitter (von Philipp Hinterseer) versperrbare Kircheninnere wurde zwei Mal barockisiert. In dem hohen, mit Stuck, Fresken, Gemälden, Grabsteinen und Epitaphen reichlich ausstaffierten, dreischiffigen Raum verdienen die über zwei Dutzend Altarbilder von Martin Johann Schmidt, genannt Kremser Schmidt, und seinen Helfern besondere Beachtung. Außerdem befinden sich in dem 1444 im südlichen, dem rechten, Seitenschiff geschaffenen Felsengrab – so nimmt man an – die Gebeine des hl. Rupert.

Musikalische Genüsse

Das angrenzende Klostergebäude samt Konventhof und Kreuzgang ist Klausur und deshalb nicht zugänglich. Sehr wohl zu besichtigen ist jedoch **Jakob Adlhardts kolossales Kruzifix (5)**, das zur Zeit seiner Entstehung, 1925, großes Aufsehen erregte und in der Eingangshalle des Kollegs St. Benedikt hängt (Zugang im Westtrakt des Kolleghofs, beim eisernen Gittertor läuten; kleine Spende erwünscht).

Ein Juwel ist die **Bibliothek (6)** des Stifts, die älteste Österreichs. Unter ihren 800 Handschriften ist die wertvollste das Verbrüderungsbuch, das 784 von Bischof Virgil angelegt wurde. Sie umfasst neben mittlerweile 100 000 Bänden auch Sonderbestände an Inkunabeln, frühen Drucken, Grafiken, Landkarten, Andachtsbildchen. Eine spezielle Kostbarkeit stellt der aus dem Jahr 1180 stammende »Auferstehungshymnus« dar. Er ist in der sog. Neumenschrift verfasst, einer Vorläuferin der von uns heute verwendeten Notenschrift.

Willkommen in Europas ältester Gaststätte

Letzte Station der kleinen Exkursion durch die Abtei ist der **Äußere Stiftshof (7)**, jenes zentrale, trapezförmige Geviert, dessen Mitte ein sechseckiger, marmorner Fischkalter, der Petersbrunnen, ziert. In seiner südöstlichen Ecke befindet sich der Eingang zum Stiftskeller St. Peter, der schon Anfang des 9. Jh. in Urkunden Erwähnung fand und neuerdings **Stiftskulinarium (8)** heißt.

terwerk Johann Bernhard Fischer von Erlachs. Ihre ungewöhnliche Fassade mit dem stark gebauchten Mittelteil, dessen diademartiger Bekrönung und den zwei seltsam gekappten Seitentürmen erwies sich als stilbildend für die barocke Sakralarchitektur im gesamten süddeutschen Raum.

Das Innere mit seiner mächtigen Kuppel ist von enormer Höhe, Helligkeit und Klarheit und würde wohl nicht so übertrieben streng wirken, hätte Johann Michael Rottmayr die ursprünglich von ihm geplanten Gewölbe- und Kuppelfresken tatsächlich gemalt. Es dient dank seiner hervorragenden Akustik immer wieder, vor allem den Festspielen, als Schauplatz für hochkarätige Konzerte (tgl. 7 Uhr bis zum Einbruch der Dämmerung, Eintritt frei). Zu Füßen der 1694–1707 erbauten Kirche, in der Hugo von Hofmannsthal 1922 sein von Calderón inspiriertes und von Reinhardt inszeniertes »Salzburger Großes Welttheater« uraufführte, halten die Landwirte der Umgebung den malerischen **Grünmarkt** ab.

Die gegenüberliegende, mit zierlichen Rokoko-Ornamenten versehene Fassade gehört einem der meistgeknipsten Häuser der Stadt: dem Geburtshaus von Wolfgang Amadeus Mozart (s. S. 39). In ihm erblickte der Komponist am 27. Januar 1756 das Licht der Welt. Auch das Haus rechts vom Ritzerbogen hat einen engen Bezug zur Familie Mozart; in ihm starb des Genies Schwester, Nannerl.

In der Nordwestecke des Platzes, über einem Mauerbogen des sog. **Schatz-Durchhauses,** bezeugt eine Tafel, dass hier in einem der winzigen Läden der deutsche Sozialistenführer August Bebel gearbeitet hat.

Universität

Einige Anmerkungen noch zur **Universität ❽:** Sie wurde – weil zuvor die von Kaiser und Papst erforderlichen Privilegien fehlten – erst 1625 gegründet, erfreute sich freilich bald eines exzellenten Rufs und beachtlichen Zulaufs. In den Wirren der napoleonischen Zeit wurde die salzburgische Hohe Schule auf Geheiß der bayrischen Herrscher aufgelöst. Erst 1962, nach langen Wehen, erstand sie als Alma Mater Paridiana wieder auf.

Das alte Studiengebäude aus dem frühen 17. Jh., jener trapezfömige Komplex, der das riesige Areal westlich der Kollegienkirche bis zum Sigmundsplatz und zur Hofstallgasse ausfüllt, beherbergt heute noch die Universitätsbibliothek und die imposante Aula Academica.

Museum der Moderne

Am Ende der Wiener-Philharmoniker-Gasse steht linker Hand das **Museum der Moderne Rupertinum ❾.** Der heute mit goldenen keramischen »Zungenbärten« von Friedensreich Hundertwasser versehene Bau wurde bereits 1350 urkundlich erwähnt und diente später lange Zeit als ›Collegium‹ zur Ausbildung von Priesterzöglingen. Seit 1983 birgt es die reich bestückte **Graphische Sammlung** von Salzburgs Museum für Moderne Kunst Rupertinum (s. Magazin S. 273).

Wiener-Philharmoniker-Gasse 9, T 0662 842 22 20, www.museumdermoderne.at, Di–So (zu Festspielzeiten auch Mo) 10–18, Mi bis 20 Uhr, nur in Kombination mit dem Museum der Moderne Mönchsberg, s. S. 88, 13 €

Unterwegs zum Furtwänglerpark

Vor dem Rupertinum öffnet sich der Max-Reinhardt-Platz. Geradeaus führt ein Durchgang in den schmalen, düsteren **Toscaninihof,** wo im Hochsommer häufig Theaterkulissen auf- und abgeladen werden. Rechts hinter dem Brunnen mit dem das Stadtwappen tragenden »Wilden Mann«, einer alten Sagenfigur, liegt der ehemalige Botanische Garten, heute **Furtwänglerpark ❿** genannt; auf

TOUR
Gegenwartskunst auf Schritt und Tritt

Ein Spaziergang auf dem »Walk of Modern Art«

Die Stadt der Erzbischöfe, Festspiele und Musik ist seit alters auch für die bildenden Künste ein fruchtbares Feld. Im Rahmen von »Kunstprojekt Salzburg« lädt sie jedes Jahr einen Künstler von Weltrang ein, für den öffentlichen Raum ein dreidimensionales Werk zu schaffen. So mutiert die Altstadt allmählich zu einem spannenden Objekt- und Skulpturenpark, der den Betrachter mit ungewohnten Sichtweisen konfrontiert.

Infos

Cityplan: s. S. 18

Zeit: ca. 2 Std.

Start: nach Belieben; bei dieser Beschreibung auf dem Ursulinenplatz

Planung: nicht erforderlich, das Gros der Kunstwerke ist ganzjährig frei zugänglich (Ausnahmen im Text erläutert). Das Kunstprojekt Krauthügel zeigt jedes Jahr eine temporäre Ausstellung auf der öffentlichen, 80 000 m² großen Grünfläche unterhalb der Festung Hohensalzburg. Außerdem lohnt der **Würth Skulpturen Garten im Schloss Arenberg (14)**, Arenbergstr. 8–10, tgl. 8–18 Uhr bei freiem Eintritt. Informationen allgemein und aktuell unter: www.salzburgfoundation.at

Namhafte Künstler für den öffentlichen Raum

Der »Walk of Modern Art«, den die Salzburg Foundation nach dem Millenniumswechsel in Kooperation mit der Stiftung für Kunst und Kultur e. V. in Bonn initiiert hat, um das Welterbe der Altstadt weiterzuentwickeln, kennt keinen definierten Start- oder Endpunkt. Er bietet denjenigen, die zwischen Mönchsberg und Mirabellgarten zu einem Termin eilen, ihr Hotel suchen oder ziellos flanieren, an markanten Punkten im öffentlichen Raum Gelegenheit, sich aus dem Strom des Alltagsgetriebes für ein paar meditative Momente gleichsam auf eine Insel, auf sich selbst zurückzuziehen. Und er lädt ein zur (Selbst-)Kritik.

Will man nacheinander sämtlichen 13 Objekten die Parade abnehmen, kann man beispielsweise am Ursulinenplatz beginnen.

Metaphorisches rund um Mozart

Sehr persönlich ist die **Hommage à Mozart (1)**, die der deutsche Maler und Bildhauer Markus Lüpertz 2005 auf dem Ursulinenplatz hinterließ. Sein 3 m hoher, unbekleideter Torso aus Bronze ist weiblich und alles andere als unversehrt – ein skulpturales Gegenstück zu Fischer von Erlachs hochbarocker Markuskirche. Und

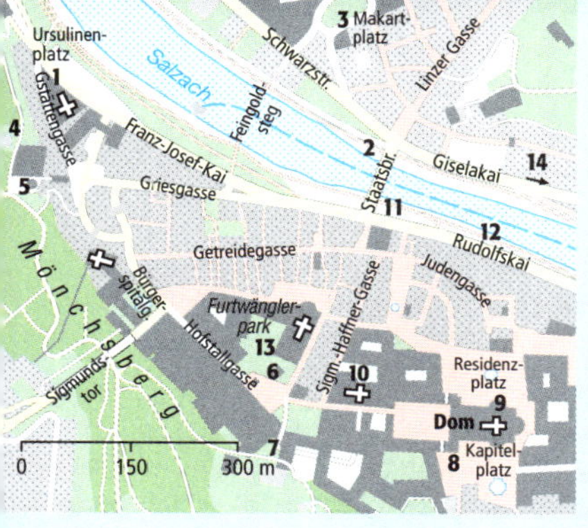

1 Hommage à Mozart
2 Spirit of Mozart
3 Caldera
4 Ziffern im Wald
5 Sky-Space
6 A.E.I.O.U.
7 Frau im Fels
8 Sphaera
9 Vanitas
10 Awilda
11 Beyond Recall
12 Connection
13 Gurken
14 Würth Skulpturen Garten

ein Gleichnis für das Wagnis von Kunst und die Bedrohung, der sie zu allen Zeiten ausgesetzt ist?

Als bisher einzige Frau unter den Teilnehmern am Projekt schuf die aus Serbien stammende Performance- und Videokünstlerin Marina Abramovic 2004 mit **Spirit of Mozart (2)** am rechten Salzachufer eine »interaktive Skulptur«. Gleich an der von Autos umtosten Staatsbrücke laden acht stählerne Stühle Passanten dazu ein, Platz zu nehmen und sich vorzustellen, auf dem in unmittelbarer Nähe installierten 15 m hoch himmelwärts ragenden Stuhl zu thronen und so für einige meditative Momente zumindest die angebliche, schon von Mozart beklagte Engstirnigkeit Salzburgs zu überwinden.

Am selben Ufer, am Makartplatz, steht seit 2008 Anthony Craggs 5 m hohe Skulptur aus patinierter Bronze: **Caldera (3)**. Der sein Leben lang von vulkanischen Formen faszinierte Engländer versteht sein Kunstwerk, dessen Struktur an erstarrte Lava erinnert, als energiegeladene »mentale Landschaft«, durch die der – heute weitgehend vom Verkehr beherrschte – historische Platz im Spannungsfeld zwischen Landestheater und Luxushotel, Mozart-Wohnhaus und Dreifaltigkeitskirche seine »vitalen emotionalen Vibrationen« wiedererlangt.

Reine Gedanken und himmlisches Licht

Am Mönchsberg baute der Italiener Mario Merz, prominenter Vertreter der arte povera, 2003 sein Werk **Ziffern im Wald (4)**. Der 7 m hohe, aus zwölf gebogenen Edelstahlrohren gebildete Iglu liegt in der Senke neben dem Wasserturm, halb hinter Bäumen versteckt. Auf den Stahlbögen sitzen 21 Neonziffern, die nachts über der Stadt leuchten. Merz greift mit ihnen das Zahlensystem des mittelalterlichen Mathematikers Fibonacci auf, der darin den Gradmesser für die Geschwindigkeit sich fortpflanzender Kräfte erkannte – eine Luftkuppel aus Stahlbögen also als Metapher für den reinen Gedanken, und aus ihr sprießend Ziffern-›Blätter‹ im Sinne eines ewigen, unendlichen Werdens.

Wenige Gehminuten entfernt, ebenfalls am Mönchsberg nahe dem Museum der Moderne, entstand 2006 James Turrells Kunstprojekt **Sky-Space (5)**. Der für seine Lichtinstallationen berühmte Amerikaner schuf einen begehbaren Zylinder aus Naturstein, der entlang der strahlend weißen Innenwände Sitzflächen bereithält und nach oben hin offen ist. Statt eines Daches erblickt der Betrachter über sich das Schauspiel des Himmelslichts. Die unterschiedliche Sonneneinstrahlung und Wolkenbildungen sorgen für stetig wechselnde Eindrücke, die Turell mittels farblich changierendem Kunstlicht aus der umlaufenden Volute noch zu intensivieren versteht. Besonders eindrucksvoll ist das Lichtspiel übrigens bei Sonnenuntergang (Di–So 10–18, Sommer bis 20 Uhr, zur Festspielzeit tgl.). Den Schlüssel für den Pavillon erhält man im benachbarten Restaurant M32 (s. S. 89).

Zeit und Wissen

Anfangs heftig umstritten war Anselm Kiefers Beitrag zum Kunstprojekt: **A.E.I.O.U. (6)** nannte er seinen begehbaren Kubus, mit dem die Salzburg Foundation 2002 erstmals öffentlich in Erscheinung trat – in Anlehnung an jenes enigmatische Kürzel (»Alles Erdreich ist Österreich untertan«), mit dem Kaiser Friedrich III. vor gut 500 Jahren Österreichs imperiale Ansprüche propagiert hat. Er stand zunächst mitten im Furtwänglerpark auf Grünland, was heftige Bürgerproteste, Schmier- und Sprühaktionen inklusive, hervorrief. Inzwischen hat man das äußerlich karge Kunsthaus um 40 m versetzt, die Aufregung hat sich gelegt. Die nachdrückliche Wirkung der beiden aufeinander bezogenen Werke im Inneren jedoch ist ungebrochen: Die Stellage mit den 60 bleiernen Büchern, aus denen Zweige eines marokkanischen Dornbuschs wachsen, will als Hinweis auf die Geschichte des Wissens und ihrer Wirkmacht verstanden sein. Der Zugriff ist möglich, verursacht jedoch oft blutige Hände.

Das Gemälde vis-à-vis zeigt zum Trocknen ausgelegte Lehmziegel, eine Anspielung auf die Keilschrift der Sumerer, und ist zum Teil mit Stacheldraht überspannt. Beigesellt ist ihm die Strophe eines an die Flüchtigkeit und das Nomadische unseres Daseins gemahnenden Gedichts von Ingeborg Bachmann: »Wach im Zigeunerlager und wach im Wüstenzelt, es rinnt uns der Sand aus den Haaren, dein und mein Alter und

Stephan Balkenhols Mann wacht seit 2007 vom Scheitelpunkt der goldenen »Sphaera« über den Kapitelplatz.

das Alter der Welt misst man nicht nach den Jahren.« (April–Okt. tgl. 16–21, Nov.–März 14–19 Uhr).

Fehlen inhaltlicher Eindeutigkeit

Erst auf den zweiten Blick entdeckt man am Eingang zur Mönchsberggarage im Toscaninihof Stephan Balkenhols **Frau im Fels (7)**. Diese ist freilich nur eine Hälfte des 2007 entstandenen Kunstwerks des deutschen Bildhauers. Südlich des Doms, auf dem Kapitelplatz, erhebt sich seine zweite Arbeit, **Sphaera (8)**. Die 5 m hohe Goldkugel mit dem schwarzbehosten Mann obendrauf ist bereits zum integralen – und viel fotografierten – Bestandteil des Stadtbildes geworden. Die weibliche Figur, nahezu verborgen in steinerner Nische, die männliche, prominent auf golden gleißendem Grund positioniert – beide jedoch Einsame, allein und unbeteiligt wirkend. Ihre Deutung bleibt dem Betrachter überlassen.

Schattenspiel an historischem Ort

Nächste Station unserer Kunstroute ist der Dom – genauer gesagt: dessen Chorkrypta. Die Installation, die der französische Künstler Christian Boltanski dort 2009 schuf, ist von besonderer Subtilität: **Vanitas (9)**, eine Art moderner Totentanz, besteht aus einer Wand, an der zwölf skizzenhafte, feingliedrige Figuren aus Metallblech befestigt sind. Von Kerzen angeleuchtet, werfen sie gespenstisch tanzende Schatten, während in der Apsis der Schemen eines Todesengels langsam seine Kreise zieht. Dazu ertönt im Raum die beständige Wiederholung einer automatischen Zeitansage. Bevor Boltanskis Arbeit hier ihren Raum fand, war dieses Grabgewölbe des spätromanischen, im späten 12. Jh. erbauten Vorgängerbaus des heutigen Barockdoms übrigens unzugänglich. Besichtigt man seine Installation, taucht man also auch in neu zu entdeckende Tiefen der mittelalterlichen Stadt und kann deren spezielle spirituelle Kraft erspüren (Öffnungszeiten s. S. 21).

Finale nach zehn Jahren

Jüngste Stationen des Objekte-Defilees sind die 2010 von dem Spanier Jaume Plensa in der »Dietrichsruh« im Toskana-Trakt der Universität errichtete **Skulptur Awilda (10)** sowie jene drei im Herbst 2011 zeitgleich enthüllten Werke, die den Abschluss des auf insgesamt zehn Jahre anberaumten Kunstprojekts markieren und deren Auswahl als Hommage an das Gastgeberland verstanden sein will.

Als da sind: **Beyond Recall (11)**, eine aus vier semitransparenten, mit neonleuchtenden Schriftzügen versehenen Spiegelkuben bestehende ›Intervention‹ an den vier Köpfen der Staatsbrücke, mit denen die für ihre Lichtinstallationen bekannte Künstlerin Brigitte Kowanz an jene Kriegsgefangenen und Zwangsarbeiter erinnert, die 1941–45 die Brücke über die Salzach bauen mussten; Manfred Wakolbingers 11 m lange, innen verspiegelte Skulptur am Rudolfskai, die den Titel **Connection (12)** trägt; und, last but not least, Erwin Wurms schrullige, direkt aus dem Asphalt des Furtwänglerparks wachsende und wohl bei allen Passanten ein humorvolles Augenzwinkern evozierende **Gurken (13)** …

Kunsterlebnis via Smartphone

Im Rahmen des Projekts »komm hör kunst« hat die Kulturabteilung des Landes Salzburg für ausgewählte Kunstwerke im öffentlichen Raum QR-Codes generiert. Mithilfe entsprechender Apps können damit Audiofiles zum jeweiligen Werk samt Verlinkung auf Google Maps geladen werden. Zu hören sind: Erklärungen zum Objekt, zur Biografie seines Schöpfers sowie Kurzinterviews mit Kunstkennern (www.salzburg.gv.at/themen/kultur/kulturfoerderungen/bildendekunst/komm-hoer-kunst).

seiner von Hecken, exotischen Gewächsen und nachts zudem von Lichtbändern umrahmten Rasenfläche stehen Österreichs ältestes Schiller-Denkmal sowie Erwin Wurms Gurken-Installation (s. S. 36). Etwas seitlich erhebt sich jener mit dem Akronym A.E.I.O.U. betitelte Pavillon, den Anselm Kiefer 2002 im Rahmen des Kunstprojekts Salzburg (s. S. 32) errichtete. Sehenswert ist außerdem, ein wenig abseits, auch der hübsche kleine Skulpturenpark.

Der westlichste Zipfel der Altstadt

Vis-à-vis erstreckt sich der allerheiligste **Festspielbezirk** (ausführlich ab S. 90). Durch seine zentrale Achse, die Hofstallgasse, gelangt man zum **Neu- oder Sigmundstor,** dem von den Brüdern Hagenauer gestalteten Portal jenes 123 m langen und 12 m breiten Tunnels, den man bereits in der Barockzeit durch den Mönchsberg geschlagen hat. Nun erblickt man rechter Hand die **Hofmarstallschwemme ⓬,** von den Einheimischen kurz ›Pferdeschwemme‹ genannt. Sie entstand 1694/95 nach Plänen Johann Bernhard Fischer von Erlachs. In ihren Bassins wurden einst die Pferde der Erzbischöfe gewaschen. Später diente sie als Kulisse für eine Schlüsselszene im Filmklassiker »Sound of Music«. Die dynamische Rossbändigergruppe ist ein Werk Michael B. Mandls.

Spielzeug Museum

Unmittelbar neben der Hofmarstallschwemme betritt man den schönen Renaissancehof des ehemaligen Bürgerspitals, in dem heute das **Spielzeug Museum ⓭** untergebracht ist. Hier, inmitten unzähliger Papierbühnen, Teddys, Modelleisenbahnen, Zinnfiguren, Baukästen und Puppenhäuser, unternimmt man auf 800 m² eine vergnügliche Zeitreise in die eigene und die Kindheit der Großeltern. Außerdem gibt's die schönsten Exemplare der **historischen Musikinstrumentensammlung** aus vier Jahrhunderten zu bestaunen.

Bürgerspitalgasse 2, T 0662 620 80 83 00, www.salzburgmuseum.at, Di–So 9–17 Uhr, 5 €, Kinder 2 €

Haus der Natur

Keine 200 m weiter, nach der schlichten gotischen Blasius- oder Bürgerspitalkirche, folgt auf dem Museumsplatz linkerseits (etwas zurückversetzt, in den Räumen des ehemaligen Ursulinenklosters) das **Haus der Natur ⓮.** Das äußerst originelle naturgeschichtliche Museum ist erstaunlich umfangreich. Höhepunkte sind hier die Weltraumhalle, das neue Science Center mit seinen 80 Experimentierstationen, der große Reptilienzoo und die Aquarienanlage mit 40 Schaubecken.

Museumsplatz 5, T 0662 84 26 53, www.hausdernatur.at, tgl. 9–17 Uhr, 9,50 €

Markuskirche

Ein Abstecher führt durch Gstättentor und Gstättengasse zur **Markuskirche ⓯,** einem interessanten Barockbau, für dessen sonderbar keilförmigen Grundriss J. B. Fischer von Erlach seinerzeit eine ebenso ungewöhnliche wie geniale architektonische Lösung fand, indem er die beiden Türme einfach seitlich an den Längsfassaden zurückversetzte.

Neben dem Turm in der Gstättengasse erinnert eine Inschrift an den spektakulären Bergsturz vom 16. Juli 1669, als sich eine mehrere hundert Meter lange Felswand vom Mönchsberg löste und 13 Häuser, die alte St.-Markus-Kirche sowie über 200 Menschen unter sich begrub. Seit damals klopfen alljährlich im Frühsommer die sog. Bergputzer, an Seilen baumelnd und einander altertümliche Kommandos zurufend, das brüchige Felskonglomerat auf lose Gesteinsbrocken ab.

Tgl. 9–18 Uhr

Getreidegasse und Mozarts Geburtshaus 

Über den Weg, auf dem man kam, geht es – vorbei an der Griesgasse – wieder zurück bis zur Getreidegasse. Viel ist über Authentizität und Kulissenhaftigkeit dieser Renommiermeile der Salzburger Altstadt diskutiert und geschrieben worden. Tatsache ist, dass sich allen Bausünden und Menschenmassen zum Trotz in und an ihren mittelalterlichen Gemäuern – das älteste Haus (Nr. 21) geht immerhin auf das Jahr 1258 zurück – noch etliches Echtes und Entdeckenswertes bewahrt hat. Seien es die malerischen **Zunftzeichen,** aus Schmiedeeisen und mit Gold belegt, oder die **Durchhäuser,** Vorläufer der modernen Passagen, durch die sich der Weg in die Griesgasse und ›hinunter zum Wasser‹ oder auf den Universitäts- bzw. Sigmundsplatz bequem abkürzen lässt.

Auch altehrwürdige Herbergen haben sich erhalten, allen voran natürlich der berühmte **Goldene Hirsch** 2 (Nr. 37), in dem sich zur Festspielzeit allabendlich der Jetset zu treffen pflegt. Das uhrturmbekrönte **Rathaus** 16 am östlichen Ende spiegelt in seiner äußerlichen Bescheidenheit die frühere po-

Zunftschilder und historische Gebäude – die Getreidegasse ist ein Fest für die Augen

litische Machtlosigkeit des Bürgertums gegenüber den geistlichen Herrschern der Stadt wider.

Etliche **Gedenktafeln** schmücken die Fassaden der Getreidegasse. Vis-à-vis dem Rathaus etwa markiert eine das Wohn- und Sterbehaus Heinrich Ignaz Franz Bibers, des berühmten Komponisten und Hofkapellmeisters (1644–1704). Und am Eckhaus Getreidegasse/Hagenauerplatz 1 erinnert eine Tafel an den Dirigenten, Organisten und Komponisten Sigismund von Neukomm (1778–1858).

Mozarts Geburtshaus

Zweifellos den größten Ruhm genießt Haus Nr. 9 – das **Geburtshaus Mozarts** ⓱, in dem seine Familie ab 1747 lange 26 Jahre wohnte. Es präsentiert – abgesehen natürlich vom Genius Loci – zahlreiche Dokumente aus ›Wolferls‹ Kindheit, etwa seine Kindergeige, sein Hammerklavier und Klavichord oder wertvolle Gemälde wie das bekannte Ölbild von Joseph Lange, das den Wunderknaben am Klavier sitzend zeigt.

Im ersten Stock präsentiert die Stiftung Mozarteum jährlich wechselnde Sonderausstellungen zum Thema Mozart. Die Dauerschau »Mozart auf dem Theater« im Stock darüber illustriert anhand von Dioramen und Bühnenmodellen die Rezeptionsgeschichte seiner Opern. Zwei weitere Abteilungen behandeln die Aspekte »Alltag eines Wunderkindes« und »Die Mozarts – eine Familie stellt sich vor«. In seiner Gesamtheit vermittelt das nach seinem Eigentümer, dem Spezereiwarenhändler und Freund der Mozarts, Johann Lorenz Hagenauer benannte Haus auch anschaulich, in welch beengten Verhältnissen selbst besser gestellte Bürger Mitte des 18. Jh. zu leben hatten.

Getreidegasse 9, T 0662 84 43 13 75, www.mozarteum.at, tgl. 9–17.30, Juli/Aug. 8.30–19 Uhr, 13,50 €, Kombikarte mit Wohnhaus am Makartplatz 20 €

FÜR LYRIKFREUNDE

In dem mittelalterlich-verwinkelten **Trakl-Haus** ⓲ (auch Schaffner-Haus, Waagplatz 1a) wurde am 3. Februar 1887 der expressionistische Dichter Georg Trakl geboren. In einer Gedenkstätte im ersten Stock erinnern Autografen, Fotos und persönliche Gegenstände sowie eine audiovisuelle Schau an das früh verstorbene Genie (www.traklhaus.at, Di–Fr 14–18, Sa 10–13 Uhr, Eintritt frei).

Judengasse

Wo der erste Teil des Rundgangs begann und endete, beginnt auch der zweite: auf dem Alten Markt. Doch diesmal verlassen wir ihn an seinem nördlichen Ende und biegen nach rechts in die Judengasse ein. Diese düstere, krumme Häuserschlucht war im Mittelalter die Heimat von Salzburgs jüdischer Gemeinde. Hier hatte sie ihre Schule und, wo heute das **Hotel Altstadt Radisson Blu SAS** 1 (Nr. 15) steht, ihre Synagoge. Hier traf sie auch der Bannstrahl der christlichen Mitbürger: Denn ob Pestepidemie oder Wirtschaftskrise – auch an der Salzach mussten die Juden oft als Sündenböcke herhalten. Seit dem Pogrom von 1348 hatten sie als angebliche Brunnenvergifter und Hostienschänder einen ›gehörnten Hut‹ zu tragen. 1404 starben viele von ihnen auf dem Scheiterhaufen. Und 1498 schließlich verwies Erzbischof Leonhard von Keutschach den Rest von ihnen »für ewige Zeiten« aus der Stadt.

Freundlichere Erinnerungen aus jüngerer Vergangenheit weckt das **Gasthaus Zum Mohren** (Nr. 9), ging doch darin die Familie Mozart ein und

G

GLOCKENKONZERT

Ein barockes Open-Air-Konzert kann genießen, wer sich pünktlich um 7, 11 oder 18 Uhr vor dem Turm an der Ecke zwischen Mozart- und Residenzplatz einfindet. Denn da gibt das legendäre, 1695 von dem Antwerpener Gießer Melchior de Haze hergestellte, aus 35 Glocken bestehende Glockenspiel seine über 50 Musikstücke, darunter etliche Bearbeitungen von Vater und Sohn Mozart sowie Johann Michael Haydn, zum Besten (regelmäßig Führungen Ende März–Ende Okt. Do 17.30, Fr 10.30 Uhr, 4,50 €; Auskünfte: T 0662 62 08 08-722).

aus. Und auf Nr. 8 verbrachte, wie eine **Gedenktafel** verrät, Franz Schubert im August 1825 eine Nacht.

Waagplatz

Im Osten mündet die Judengasse auf den **Waagplatz,** das Zentrum des Alltagslebens im frühmittelalterlichen Salzburg. Die städtische Waage, von der sein heutiger Name rührt, wurde hier zwar erst im 17. Jh. installiert (Haus Nr. 3). Doch als Markt, vor allem für Getreide, wurde der Waagplatz urkundlich erstmals schon um 996 genannt – zu einer Zeit, als die angrenzende Michaelskirche, Salzburgs erste Pfarrkirche, bereits rund 200 Jahre alt war.

Ein interessantes Relikt aus dieser frühen Ära findet sich im heutigen Veranstaltungsraum der Hypobank (Haus Nr. 4): Der von zwei kräftigen Säulen gestützte **Romanische Keller** ⓳ (während der Veranstaltungn Mo–Fr 14–18 Uhr), über dem sich aller Wahrscheinlichkeit nach in der Epoche Friedrichs I. Barbarossa (1152–90) der Palas der Kaiserpfalz erhob.

Der Vorgänger des heutigen Hauses Nr. 1 diente im frühen 14. Jh. als Rat- und Gerichtshaus; später war darin jene Stadttrinkstube untergebracht, in der Hans Sachs sein Preislied auf Salzburg verfasste. Das allererste Gerichtshaus freilich ist mitsamt der Schranne, dem steinernen Thing-Tisch, schon für das 12. Jh. belegt. Es nahm den Platz des heutigen Hauses Mozartplatz Nr. 2 ein.

Mozartplatz

Weiter östlich schließt an den Waagplatz der weite, annähernd rechteckige Mozartplatz an. Er verdankt seine Existenz Wolf Dietrichs Befehl von 1588, einen Großteil des mittelalterlichen Häuserlabyrinths zwischen Dom und Kai abzureißen. Kurz danach entstand das sog. **Antretter-Haus** (Nr. 4), ein Prachtexemplar von einem Bürgerdomizil, in das sich ein Blick zu werfen lohnt: u. a. des Türportals mit seinen Rokoko-Türbeschlägen, des vornehm mit Eichenholz gepflasterten Durchgangs und des bezaubernden Innenhofs mit seiner hübschen Hauskapelle wegen.

Eine sehr sehenswerte Attraktion bildet das **Weihnachtsmuseum** ⓴ in dem Gebäude an der Westseite des Platzes (Nr. 2). Es ist das Ergebnis jahrzehntelanger privater Sammelleidenschaft und präsentiert, in elf Themenbereiche vom 1. Advent bis Silvester gegliedert und regelmäßig durch temporäre Sonderschauen ergänzt, Tausende kunsthandwerklich hochwertige Brauchtumsobjekte und Weihnachtsschmuck aus der Zeit von 1840 bis 1940 (ganzjährig Mi–So, Juli, Aug., Dez. tgl. 10–18 Uhr, 6 €, www.salzburger-weihnachtsmuseum.at).

An der äußersten Nordostecke des Mozartplatzes hält der sogenannte **Zaun des Anstoßes** die Erinnerung an die Mitte der 1980er-Jahre gestartete – und letztlich erfolgreiche – Bürgerinitiative gegen die WAA, die atomare Wiederaufbereitungsanlage in Wackersdorf, wach. Diese sollte zwar im Nachbarland Bayern stehen, allerdings fanden im Sommer 1986, medienwirksam am Rande der Festspiele, auch in Salzburg Demonstrationen dagegen statt.

Keinesfalls ignorieren sollte man auch das **Mozart-Denkmal** 21 in der Platzmitte: Nicht zeitlos heiter, sondern als gestrenger Titan – so blickt Salzburgs größter und längst auch devisenträchtigster Sohn überlebensgroß auf den Platz herab. Das Modell für die Bronze stammt von dem Münchner Ludwig Schwanthaler. Bei der Enthüllung 1842 waren die beiden Söhne Mozarts anwesend (seine Witwe Constanze war wenige Monate zuvor gestorben). Sigismund von Neukomm schwang den Taktstock, Franz Grillparzer steuerte ein Lobgedicht bei.

Kurz zuvor war beim Ausheben des Fundaments für den Denkmalsockel ein Fußbodenmosaik einer römischen Villa ans Licht gebracht worden. Die Inschrift, die es trug, mutet wie ein Motto für die ganze Stadt an: »Hic habitat felicitas«, so stand zu lesen, »nihil intret mali« – »Hier wohnt das Glück, nichts Böses trete ein«.

Kaiviertel

Die Südseite des Mozartplatzes nimmt das **Residenz-Neugebäude** 2 ein, in dem das überaus reichhaltige, ergo sehenswerte **Salzburg Museum** untergebracht ist (S. 20). An seiner Ostseite führt der Weg durch die Kaigasse in das Viertel gleichen Namens. Nach ca. 100 m zweigt links ein Gässchen zum **Papagenoplatz** ab (Bronzebrunnen von Hilde Heger, 1960).

An der Ecke zur Pfeifergasse hat nach wie vor der berühmte **Zirkelwirt** 24 seine Pforten geöffnet – zu Zeiten Mozarts ein beliebter Treffpunkt für Freimaurer, heute hingegen vornehmlich für Studenten und deren Lehrer. Weiter östlich in der Pfeifergasse, die übrigens – nomen est omen – einst Sitz der Hofmusikanten und Stadtpfeifer war, stößt man auf den **Chiemseehof**, jenen (leider nicht öffentlich zugänglichen) prunkvoll ausgestatteten Palastkomplex, der bis Anfang des 19. Jh. den Bischöfen des Bistums Chiemsee als Stadtresidenz diente und seit 1861 die Salzburger Landesregierung und den Landtag beherbergt. Wenige Schritte entfernt, auf Nr. 18, wohnte der Komponist und Orgelvirtuose Paul Hofhaimer (1459–1537) und schräg vis-à-vis der geniale Arzt Paracelsus.

Aber zurück in die Kaigasse: Ihre rechte, westliche Seite ist gesäumt von etlichen Kanonikalhöfen, den Palästen für die Angehörigen des Domkapitels. Besonders schöne und mustergültig renovierte Exemplare sind das ehemalige **Rentmeisterstöckl** mit romantischem Arkadenhof (Nr. 16) und die ehemalige **Domdechantei** (Nr. 12), deren Hof der 1957 von Toni Schneider-Manzell geformte Trakl-Brunnen schmückt.

Ein Charakteristikum des Kaiviertels sind die reichen archäologischen Funde aus der Blütezeit Iuvavums. So ruht etwa der Häuserblock an jener Ecke, an der die Kaigasse nach Osten abknickt, auf den Fundamenten eines riesigen, den Gottheiten Hygieia und Asklepios geweihten Tempels. Im dort befindlichen ehemaligen **Mozartkino** kann man ein Stück der 2000 Jahre alten Grundmauern in natura bewundern. Das zugehörige Hotel bauten im 14. Jh. Reichenhaller Mönchsherren als Klosterherberge.

Abstecher zum Kapitelplatz

Von hier empfiehlt sich ein Abstecher durch die **Kapitelgasse** Richtung Westen. Dabei passiert man das im Jahr 1602 errichtete ehemalige **Kapitelhaus ㉒**, an dem besonders die kleine Sala terrena im Innenhof sowie die 24 Wappen der Domherren beachtenswert sind, die Wolf Dietrich als Bauherr rechts und links über dem Portal anbringen ließ. Sein Nachbarhaus (Nr. 2), die **Erzbischöfliche Residenz,** ging aus der Zusammenlegung zweier alter Kanonikalhöfe hervor und wurde 1864 als Sitz der Salzburger Bischöfe adaptiert.

Der weitläufige Kapitelplatz, zu dem sich die Gasse im Anschluss öffnet, ist ein weiteres Resultat von Wolf Dietrichs städtebaulicher Radikalkur. Sein Zentrum bildet die **Kapitelschwemme ㉓**, eine von Weidenbäumen gesäumte Brunnenanlage, die ursprünglich auch dem Baden von Pferden diente. Franz Anton Danreiter schuf sie 1732 im Auftrag Erzbischof Leopold Freiherr von Firmians. Die Neptun-Skulptur samt Meeresrössern stammt von Josef Anton Pfaffinger.

Ein amüsantes Detail am Rande: Der aus dem Eckhaus Kai-/Kapitelgasse hervorragende Erker hatte nicht, wie anzunehmen, rein dekorative, sondern handfeste politische Funktion. Von ihm aus ließ sich nämlich praktischerweise der Personenverkehr im Regierungsviertel kontrollieren.

Kajetanerkirche

Zweigt man von der Kaigasse bei der ersten Möglichkeit nach rechts ab, steht man in der Herrengasse, dem seit Jahrhunderten bis zum heutigen Tage angestammten Revier der ›gelüstigen Fräulein‹. Geht man aber gerade weiter, steht man nach ein paar Schritten auf dem Kajetanerplatz vor der breiten, eher an einen Palast denn einen Sakralbau erinnernden Fassade der **Kajetanerkirche ㉔.** Sie wurde 1684–1700 von Johann Caspar Zuccalli im Auftrag des Theatiner-Ordens erbaut, ist dessen Patron, dem hl. Kajetan, geweiht und ein echtes Kind des Barock – von der ovalen, freskenverzierten Kuppel bis zu der (für Touristen allerdings nur für 1 Std. pro Woche begehbaren, vom linken Eingangsportal himmelwärts führenden) ›Heiligen Stiege‹. Die gesamte malerische Ausstattung stammt von Paul Troger. Einzige Ausnahme: J. M. Rottmayrs Darstellung der »Heiligen Sippe« auf dem linken Seitenaltar.

Der Vorraum bis zum Eingangsgitter ist tagsüber von 6 bis 19 Uhr immer, das gesamte Kircheninnere inkl. Scala Santa (Heilige Stiege) jedoch nur Sa 11–12 Uhr zugänglich

Nonntal

Stift Nonnberg

Vom Kajetanerplatz erreicht man nach kurzem Anstieg über die Nonnbergstiege eine kulturelle Urzelle Salzburgs: **Stift Nonnberg ㉕.** Schon um 700 hat der hl. Rupert hier, auf dem östlichen Ausläufer des Festungsberges, ein Damenstift gegründet und als erste Äbtissin seine Nichte Erentrudis eingesetzt. Von diesem Zeitpunkt an ist die den Benediktinerinnen unterstehende Abtei ohne Unterbrechung bis zum heutigen Tage bewohnt und bewirtschaftet worden. Dies brachte ihr den superlativischen Titel des »ältesten noch bestehenden Frauenklosters im deutschsprachigen Raum« ein und machte sie gewissermaßen zum weiblichen Gegenstück von St. Peter. Der ursprünglichen Kirche war schon um das Jahr 1000 eine romanische nachgefolgt, die allerdings Anfang des 15. Jh. abbrannte.

Der heutige gotische Bau entstand 1463–71. An romanischen Resten sind lediglich Tympanon und Türsturz im

S

SCHLOSS UND PARK AIGEN

Ein Spaziergang durch die weitläufige, Anfang des 18. Jh. geschaffene und heute verfallene Parkanlage des Schlosses Aigen mit ihrem alten Baumbestand, den Schluchten, Denkmälern, Grotten, Höhlen, Wasserfällen und Aussichtspunkten versetzt den Besucher in eine vergessene Welt (F 3, Schwarzenbergpromenade 37, gleichnamiges Restaurant: www.schloss-aigen.at).

spätgotischen Südportal geblieben. Im **Kircheninneren** sind das Grab der hl. Erentrudis (in der von 18 Säulen bestandenen Krypta), das originale Glasfenster hinter dem Hochaltar sowie mehrere schöne gotische Altäre hervorzuheben. Eine besondere Kostbarkeit stellen die romanischen Fresken unter dem Nonnenchor dar; sie wurden um 1140 geschaffen und erinnern an byzantinische Vorbilder, wie sie etwa in Aquileia oder Venedig zu finden sind.

Nicht entgehen lassen sollte man sich darüber hinaus die **Johanneskapelle.** Sie ist von der Klosterpforte über eine Stiege zu erreichen und birgt einen prachtvollen gotischen Flügelaltar aus dem Jahre 1498, der dem Umfeld von Veit Stoß zugeschrieben wird. (Die Pförtnerin – bitte an der Tür läuten! – händigt auf Anfrage gerne den Schlüssel aus.)

Tgl. von 7 Uhr bis Einbruch der Dunkelheit, im Sommer bis 19 Uhr (Änderungen möglich!)

Erhardkirche

Von der Nonnberggasse führt der Weg durch die schmale Erhard- oder Brunnhausgasse in die Nonntaler Hauptstraße hinab zur **Erhardkirche** 26. Der dem Schutzheiligen der Kranken geweihte Bau entstand 1685–89 anstelle einer gotischen, wegen Baufälligkeit abgerissenen Kapelle (Architekt war Johann Caspar Zuccalli). Das Zentrum ihres reich stuckierten Inneren bildet ein die Wunderheilung einer Blinden darstellendes Hochaltarbild Rottmayrs.

Tgl. 8–19 Uhr

Abstecher zu Schloss Leopoldskron

Bevor man nun vom Nonntal gemütlich Richtung Süden Hellbrunn entgegenwandert, sei noch ein Abstecher zu **Schloss Leopoldskron** 27 empfohlen. Es wurde 1736–44 auf einem überaus idyllischen Flecken Erde zwischen Festung und Untersberg erbaut. Im Laufe des folgenden

Schön am See gelegen und innen ganz Rokoko: Schloss Leopoldskron

Von Nonntal nach Hellbrunn

Ansehen
1 – 26 s. Karte S. 18
27 Schloss Leopoldskron
28 Salzburger Kunstverein
29 Wasserschloss Freisaal
30 Landschloss Frohnburg
31 Schlösschen Emsburg
32 Schlösschen Emslieb
33 Schloss Hellbrunn
34 Monatsschlössl und Zoo

Schlafen
1 – 7 s. Karte S. 18
8 Freisaal
9 Überfuhr
10 Gasthaus Hinterbrühl
11 Jugend- und Familiengästehaus Salzburg
12 JH Eduard-Heinrich-Haus

Essen
1 – 7 s. Karte S. 18
8 Hölle
9 – 12 s. Karte S. 18
13 Xaver
14, 15 s. Karte S. 18
16 Prosecco
17 Raschhofers Rossbräu
18 s. Karte S. 18
19 Paradoxon
20 Der Tortenmacher
21 – 24 s. Karte S. 18

Einkaufen
1 – 22 s. Karte S. 18

Bewegen
1 – 2 s. Karte S. 18

Ausgehen
1 s. Karte S. 18
2 Arge Kultur
3 – 5 s. Karte S. 18
6 Schauspielhaus
7, 8 s. Karte S. 18

Jahrhunderts erlebte das ursprünglich im lupenreinen Rokoko erbaute, später aber klassizistisch umgestaltete Schloss einen turbulenten Besitzerwechsel, ehe es 1918 von Max Reinhardt, dem großen Theatermann und Mitbegründer der Festspiele, gekauft wurde. Reinhardt machte Schloss Leopoldskron für 20 Jahre zum Treffpunkt der internationalen Kunstszene, bevor er 1938 enteignet wurde und in die USA emigrierte.

Heute ist die Anlage im Besitz des Salzburg Seminars, einer US-amerikanischen, weltweit agierenden gemeinnützigen Bildungsinstitution, die den internationalen Dialog zu globalen Themen fördert. Sie umfasst neben Büros, Konferenzräumen und einer prunkvollen Bibliothek im nahe gelegenen **Meierhof** (s. S. 48) auch mehrere Dutzend Gästezimmer, die ihre Bewohner zum Betreten des Areals berechtigen. Ein Spaziergang um den **Leopoldskroner Weiher** lohnt!

Leopoldskronstr. 56, T 0662 839 83-0, www.schloss-leopoldskron.com

Salzburger Kunstverein

Und noch ein lohnenswerter Abstecher: Der im Künstlerhaus beheimatete **Salzburger Kunstverein** 28 betreibt nicht nur den größten Ausstellungsraum der Stadt, in dem regelmäßig und frei zugänglich internationale Gegenwartskunst präsentiert wird. Er veranstaltet auch eine Fülle begleitender, stets anregender Vorträge, Symposien, Performances, Workshops etc.

Hellbrunner Str. 3, Künstlerhaus, T 0662 84 22 94 27, www.salzburger-kunstverein.at, Ausstellungen: Di–So 12–19 Uhr, Büro: Mo–Fr 9–13 Uhr

Kapuzinerberg
ALTSTADT
Mozart-Steg
Residenz-platz
Dompl.
Dom
Kapitel-pl.
Mönchsberg
Giselakai
Bürglstein 451 m
PARSCH
Bürglsteinstr.
Karolinen-br.
28
Schanzlg.
10
Hohensalzburg
Josef-Preis-Allee
2
11
Hellbrunner Str.
Aignerstr.
AIGEN
Ignatz-Rieder-Kai
Franz-Hinterholzer-Kai
6
19
Brunnhausgasse
Sinnhubstr.
Erzabt-Klotz-Str.
8
Akademiestr.
Freisaalweg
NONNTAL
9
Überfuhrstr.
Salzach
Fürstenallee
Nonntaler Hauptstr.
27
Alpenstr.
29
Leopoldskroner Weiher
Hofhaymer Allee
17
Friedensstr.
16
THUMEGGER BEZIRK
20
KLEINGMAIN
Ignatz-Rieder-Kai
Egger-Lienz-Gasse
8
12
GNEIS
Eduard-Heinrich-Str.
GLAS
Kommunal-
Friedhof
Dr.-Adolf-Altmann-Str.
Morzger Str.
Hellbrunner Allee
Jakob-Hacksteiner-Weg
Gneiser Str.
Frohnburgweg
30
Alpenstr.
13
MORZG
Bechtesgadner Straße
Schloss Aigen
31
Hellbrunner Str.
OBERDOSSEN
Hellbrunner Allee
32
Fürstenweg
Morzger Str.
33
Schloss-park
HELLBRUNN
Salzach
Alpenstr.
Keltenallee
Hellbrunner Str.
34
Hellbrunner Berg
Zoo Eingang
0
500
1000 m

Farbenrausch: Der Festsaal von Schloss Hellbrunn ist an den Wänden und der gewölbten Decke mit allegorischen Darstellungen reich bemalt.

Durchs Nonntal nach Hellbrunn

Den geruhsamen, wenn auch ein wenig Kondition erfordernden Abschluss dieses Rundgangs bildet der gut einstündige Spaziergang über den Freisaalweg und die für den Autoverkehr gesperrte Hellbrunner Allee zum gleichnamigen Lustschloss mit seiner berühmten Parkanlage. Dabei passiert man eine Reihe entzückender Schlösschen, die sich freilich allesamt in Privatbesitz befinden und deshalb nur von außen zu besichtigen sind. Als da sind, von Norden nach Süden: das manieristische **Wasserschloss Freisaal** 29 (im Kern aus dem Jahre 1392, umgebaut 1549), das heute als Studentenheim genutzte barocke **Landschloss Frohnburg** 30 (um 1672) sowie die **Schlösschen Emsburg** 31 und **Emslieb** 32 (beide 1618, also frühbarock). Sehr besuchenswert ist auch das **Gwandhaus** (s. S. 280).

Die bequeme Alternative zum Spaziergang bietet die Anfahrt vom Stadtzentrum direkt vor das Schloss mit der Buslinie 25 oder per Schiff und Shuttlebus, s. Orientierung S. 17

Schloss Hellbrunn

Am Ende der schnurgeraden, von uralten Bäumen bestandenen Allee erhebt sich die ›villa suburbana‹ von Fürsterzbischof Markus Sittikus, **Schloss Hellbrunn** 33.

In den Jahren 1612–15 wahrscheinlich von Santino Solari, dem italienischen Schöpfer des neuen Domes, erbaut, stellt sie ein Musterbeispiel für ein manieristisch-frühbarockes Lustschloss dar. Die damals vor allem in Italien zwischen Renaissance und Barock beliebte Verfremdung der Realität mit den Mitteln der Kunst manifestiert sich im Inneren des Schlosses deutlich. Bilder von Fantasie- und Fabelwesen, fernöstliche Tapeten, illusionistische Architekturmalerei und Fresken zeitgenössischer Festgesellschaften zieren den Festsaal, die Fürsten- und das Musikzimmer.

Seine Steigerung hat der Manierismus in den Wasserspielen erfahren. Hier stößt man allerorten auf Grotten, Teiche, Brunnen, fantasievolle Skulpturen und raffinierte Wasserautomaten. Hauptattraktionen sind der legendäre Steinerne Tisch, an dem der Erzbischof seine Gäste mittels versteckter Leitungen nass spritzen ließ (und auch heutige Besucher noch manche feuchtfröhliche Überraschung erleben), sowie das sog. Mechanische Theater – eine Mitte des 18. Jh. geschaffene Miniaturstadt, deren über 200 mit Wasserkraft betriebene Figuren die damaligen Berufe und Stände darstellen.

Der Schlosspark mitsamt seiner Umgebung ist aber auch ein kostbares, teilweise völlig naturbelassenes Biotop. Das 60 ha große Erholungsgebiet lädt zum Entspannen und Flanieren. Sportler finden hier sommers Fitnessparcours, Routen zum Joggen und Nordic Walking. Auf einer riesigen Spielwiese und dem schönsten Spielplatz der Stadt können sich Jung und Alt austoben. Winters stehen gespurte Loipen zur Verfügung. Für Speis und Trank sorgt ganzjährig das **Schlossgasthaus.**

T 0662 82 03 72-0, www.hellbrunn.at, April, Okt./Nov. 9–17.30, Mai/Juni, Sept. 9–18.30, Juli/Aug. 9–19 Uhr, Juli/Aug. zusätzlich Abendführungen mit Wasserspielen um 19, 20, 21 Uhr, 13,50 €

Monatsschlössl und Zoo

Außerdem näherer Beachtung wert sind das auf dem Hellbrunner Berg thronende **Monatsschlössl 34**, das seit den 1920er-Jahren das **Volkskundemuseum** beherbergt, das am östlichen Abhang in den Fels gemeißelte **Steinerne Theater,** welches als eines der ältesten Naturtheater Europas gilt, und der nahe **Tierpark 34**.

Ein Hinweis als Postscriptum für Verehrer Herbert von Karajans: Die vis-à-vis dem Zooeingang in der Morzger Straße mitten auf der Wiese stehende Villa war einst das Domizil des Maestrissimo. Auf dem Friedhof der angrenzenden Gemeinde Anif, in der übrigens Nachfolger Riccardo Muti residiert, fand der Begründer der Osterfestspiele und Pfingstkonzerte 1989 seine letzte Ruhe.

Volkskundemuseum: www.salzburgmuseum.at, Ende März–Anf. Nov. tgl. 10–17.30 Uhr, 3,50 €, Zoo: Anif, Anifer Landstr. 1, T 0662 82 01 76, www.salzburgzoo.at, tgl. ab 9 Uhr bis Einbruch der Dunkelheit, 12,50 €

Schlafen

Fünf Sterne mit langer Geschichte

1 **Hotel Altstadt Radisson Blu SAS:** Ein Hoteljuwel, dessen Wurzeln bis ins Jahr 1377 zurückreichen, denkmalgeschützt, mit verglastem Innenhof und überaus stilvoll möblierten Zimmern, die, je nach Wahl, auf Salzach, Kapuzinerkloster, Festung oder Altstadtgässchen blicken. Ideal für betuchte Romantiker, die Topservice und historische Aura schätzen.

Rudolfskai 28/Judengasse 15, T 0662 84 85 71-0, www.radissonblu.de, €€€

Legendäre Luxusadresse

2 **Goldener Hirsch:** Führendes Haus mit knapp 450-jähriger Hotelgeschichte

in zentralster Lage für traditionsbewusste Festspiel- und andere Besucher, exquisit mit musealen Möbeln und Accessoires ausgestattet, vorzüglich geführt, mit zeitgemäßem Komfort und zwei vortrefflichen Restaurants, die, wie auch die renommierte Bar, zu den In-Treffs der Festspielschickeria zählt.

Getreidegasse 37, T 066280 84-0, www.goldenerhirsch.com, €€€

Generalsaniertes Traditionshaus

3 **Hotel Goldgasse:** Oase der Ruhe im Altstadttrubel. Gepflegte Behaglichkeit im Landhausstil, gute Mittelklasse-Ausstattung, sehr liebenswürdige Betreuung. Schmackhafte Speisen genießt man unterm Deckengewölbe im gemütlichen Restaurant (Salzburger Nockerl probieren!)

Goldgasse 10, T 0662 84 56 22, www.hotelgoldgasse.at, €€€

Arthotel in alten Mauern

4 **Blaue Gans:** Ältestes Gasthaus der Stadt mit über 650-jähriger Tradition im Herzen des Welterbebezirks und vor nicht allzu langer Zeit zum »bewohnbaren Kunstwerk« mit Designzimmern in mittelalterlicher Mauerhülle um- und ausgebaut. An der Gestaltung maßgeblich beteiligt: heimische Gegenwartskünstler. Lieblingsabsteige für lifestylebewusste Individualisten.

Getreidegasse 41–43, T 0662 84 24 91, www.blauegans.at, €€€

Aristokratisches Logis

27 **Leopoldskron:** Das ›Geburtshaus‹ der Salzburger Festspiele, in dem viele Szenen des Filmwelterfolgs »Sound of Music« (s. S. 270) gedreht wurden, liegt südlich der Festung Hohensalzburg am Ufer eines kleinen idyllischen Weihers. Das Rokokoschloss umfasst elf, teilweise für Selbstversorger mit Küche ausgestattete Suiten, der benachbarte **Meierhof** 55 klassisch möblierte Gästezimmer sowie eine Cafébar mit Terrasse und Relaxing-Lounge.

Leopoldskronstr. 56–58, T 0662 839 83-0, www.schloss-leopoldskron.com, Meierhof und Schlosssuiten €€€

Designerschick in bester Lage

5 **Am Dom:** 4-Sterne-Boutiquehotel, untergebracht in einem über 800 Jahre alten Altstadthaus im barocken Zentrum gleich neben der Residenz. 15 mit schlichter Eleganz individuell gestaltete Zimmer, sehr persönliche Führung.

Goldgasse 17, T 0662 84 27 65, www.hotelamdom.at, €€–€€€

Geschichtsträchtiger geht's kaum

6 **Weisse Taube:** Behagliche Altsalzburger Atmosphäre 1 Gehmin. östlich des Doms. Das Haus datiert in das Jahr 1365 und bietet einen sympathischen 3-Sterne-Standard in Service und Preis.

Kaigasse 9, T 0662 84 24 04, www.weissetaube.at, €€

Gehobene Gastlichkeit

7 **Elefant:** Gutbürgerliches Haus in denkbar zentraler Lage, das seit 500 (!) Jahren als Beherbergungsbetrieb fungiert, komplett renoviert, sehr modern ausgestattet, zugleich sehr gemütlich; mit hauseigenem Spezialitätenrestaurant und, im Kellergewölbe, gutem Italiener.

Sigmund-Haffner-Gasse 4, T 0662 84 33 97, www.elefant.at, €€

Im Grünen mit Festungsblick

8 **Freisaal:** Sympathischer Familienbetrieb im Nonntal, 3 Gehmin. von der Altstadt, hauseigener Garten mit Terrasse und Liegewiese, Fahrradverleih, direkte Busverbindung zum Hauptbahnhof.

Erzabt-Klotz-Str. 19/Wäschergasse 1, T 0681 20 17 09 87, www.pensionfreisaal.at, €€

Sympathisch und gemütlich

9 **Überfuhr:** Neo-rustikaler Boutique-Gasthof in ruhiger, verkehrsgüns-

tiger Lage im südöstl. Stadtteil Aigen. Gutes Restaurant mit behaglicher Stube und schattigem Kastaniengarten direkt am Fluss (Mi–Do ab 17, Fr–So, Fei 12–21.30 Uhr)

Ignaz-Rieder-Kai 43, T 0662 23 10 94, www.ueberfuhr.at, €€

Behaglich und kostengünstig

10 **Gasthaus Hinterbrühl:** Traditionsreiches Gasthaus im Herzen der Altstadt, recht einfache, aber für Kostenbewusste empfehlenswerte Adresse; frisch renoviert; Gastbetrieb mit gutbürgerlicher Küche (Mo–Fr 11.30–22 Uhr).

Schanzlgasse 12, T 0662 84 43 27, www.gasthaus-hinterbruehl.at, €

Viel Platz im Grünen

11 **Jugend- und Familiengästehaus Salzburg:** 450 Betten in Doppel-, Drei-, Vier- und Mehrbettzimmern, z. T. mit Du/WC, vor wenigen Jahren renoviert, in günstiger Grünlage am Ostrand der Altstadt, ganzjährig, mit Internetcafé, Waschmaschinen, Restaurant, Spiele- und Radverleih, Parkplatz; für Rollstuhlbenutzer geeignet.

Josef-Preis-Allee 18, T 0570 838 00, www.jufa.at (stark gestaffelte Preise), €€

Mit gutem Grund frequentiert

12 **Jugendherberge Eduard-Heinrich-Haus:** 136 Betten, ganzjährig, Waschmaschine, Internetcafé, großer Garten und Terrasse, Park- und Grillplatz, per Stadtbus in wenigen Minuten von der Altstadt erreichbar.

Eduard-Heinrich-Str. 2, T 0662 62 59 76, www.hostel-ehh.at, mit Jugendherbergsausweis ab 32 €/Pers., €

Essen

Buntes Afrika am Fuß des Mönchsbergs

1 **Afro Café:** Farbenfröhlicher Konzeptimport aus Südafrika. Authentisch-originelle Küchenkreationen, von Maissuppe über Straußensteak bis Baramundifilets auf Zitronengrasschaum, guter Kaffee; beschwingte Atmosphäre.

Bürgerspitalplatz 5, T 0662 84 48 88, www.afrocafe.at, Mo–Do 9–20 Uhr, Fr/Sa und zur Festspielzeit länger, Mo–Fr mittags: 2-gängiger Afro-Lunch, €

Köstlichkeiten ohne Fleisch

2 **The Green Garden:** »Willkommen im Garten der fleischlosen Gelüste«, lautet der Slogan von Salzburgs erster Adresse in Sachen vegetarisch und vegan. In ihrem sympathischen Lokal in der Nonntaler Hauptstraße serviert die junge Besitzerin Julia Platzer fleischlose Köstlichkeiten auf höchstem kulinarischem Niveau. Die Atmosphäre in dem Restaurant ist locker, jugendlich und hip, ein Besuch jedes Mal wieder ein schönes Erlebnis. Unbedingt reservieren!

Nonntaler Hauptstr. 16, T 0662 84 12 01, www.thegreengarden.at, Di–Sa 12–14, 17.30–21 Uhr, Fei geschl., €€

Mini-Fensterlokal als Kulttreff

3 **Balkan-Grill:** Stehimbiss mit viel Lokalkolorit und Kultstatus; Bosnas (Schweinswürstel mit Zwiebeln, Petersilie, Senf und einer Würzmischung in einer Semmel) und andere heiße Würstel in Hülle und Fülle, dazu Bier und süße Snacks.

Getreidegasse 33, Durchhaus, T 0662 66 18 35, tgl. 11–18.30 Uhr, €

600 Jahre alte Biertankstelle

4 **Braumeister:** Ältestes Bierpub der Stadt, Teil des zwei Gastgärten sowie ein Dutzend Säle und Stuben unfassenden Sternbräus; eine enorme Vielfalt an Gerstensäften und eine reichhaltige Speisekarte erwarten den Gast, Mi Studententag. Direkt benachbart ist die **Trattoria La Stella,** eine Qualitätsadresse für Fisch- und Fleischspezialitäten, Paste und Pizze (aus dem Holzofen) à la italiana.

Braumeister: Griesgasse 23–25, T 0662 84 21 40, www.sternbrau.com, tgl. 9–24 Uhr; La Stella: T 0662 84 21 40-79, www.lastella-salzburg.at, tgl. 11.30–23 Uhr, beide €–€€

Authentisches für zwischendurch

5 **Resch & Lieblich:** Unmittelbar neben dem Zugang zur Altstadtgarage duckt sich das gemütliche Gasthaus in den Schatten des Mönchsberges. Der denkbar zentralen Lage zum Trotz isst man hier unprätentiöse Hausmannskost zu sehr moderaten Preisen; beispielsweise Gulasch, Blunzengröstl oder das legendäre Bierlipperl, ein mit warmen Speckwürfeln bestreutes Liptauerbrot. Und vom schattigen Gastgarten aus kann man zu der weiblichen Statuette hinaufgrüßen, die Bildhauer Stephan Balkenhol unterhalb der Edmundsburg in einer Felsnische platziert hat.

Toscaninihof 1a, T 0699 10 42 34 20, Mo 12–22, Mi–Fr 16–22, Sa 11–1 Uhr, €

Platzhirsch unter Salzburgs Edelcafés

6 **Café Tomaselli:** Etliche der Kaffeehäuser in Salzburg-Stadt stehen, was die Gediegenheit ihres Ambientes, die Köstlichkeit ihrer Süßspeisen und ihre soziale Funktion als öffentliches Wohnzimmer betrifft, ihren weltberühmten Namensvettern in Wien um nichts nach. Zu den traditionsreichsten Adressen gehört das Tomaselli. Es besticht durch beste Lage, hohen Promi-Faktor, exzellentes Mehlspeisen- und Zeitungssortiment sowie eine Terrasse, auf der sich sommers wie auf einem Bühnenbalkon über dem Altstadtgetriebe thronen lässt.

Alter Markt 9, T 0662 84 44 88-0, www.tomaselli.at, Mo–Sa 7–19, So 8–19, Festspielzeit tgl. bis 22 Uhr, €€

Italienische Häppchen

7 **Fasties:** Sympathische Kalorientankstelle für den guten, schnellen Snack *all'italiana,* werktags tgl. Tagesgerichte, meistens Pasta, um 6 €, beeindruckende Tramezzini-Auswahl, Antipasti, auch frische Croissants, Illy-Kaffee, angenehmer Schanigarten.

Pfeifergasse 3, T 0662 84 47 74, Mo–Fr 9–21, Sa 9–17, warme Küche ab 11 Uhr, €

Herzhaftes in schickem Rustikal-Stil

8 **Hölle:** Für Qualität und große Portionen bekanntes Traditionslokal südlich der Altstadt nahe dem Kommunalfriedhof und dem Leopoldskroner Weiher, häufig Spezialitätenwochen, stets Klassiker wie Schweinebraten, Wiener Schnitzel, Saftgulasch; zugehörig: komfortables 4-Sterne-Hotel.

Dr.-Adolf-Altmann-Str. 2, T 0662 82 07 60, www.hoelle.at, Mo–Sa 7–23 (Küche 11–21.30), So 8–21.30 (11–20.30) Uhr, €€

Hochwertiges Fastfood

9 **Indigo:** Hochwertiges Feel-good-Food, vom Sushi über Salate, Suppen, Nudeln mit knackigem Gemüse bis zu Thai Currys, alles auch als Take-away.

Rudolfskai 8, T 0662 84 34 80, www.myindigo.com, Mo–Sa 11–22, So 12–21 Uhr, €

Gutbürgerlich tafeln

10 **K+K Restaurant am Waagplatz:** Einer der traditionsreichsten Treffpunkte in der Stadt; gediegene Gaststuben, über vier Stockwerke verteilt, einheimische und internationale Spezialitäten.

Waagplatz 2, T 0662 84 21 56, www.kollerkoller.com, Brasserie Waagstube im Erdgeschoss tgl. 12–22 Uhr mit durchgehend warmer Küche, Restaurant im 1. Stock tgl. 12–14.30, 18–22 Uhr, März–Okt. schöner Gastgarten, €€–€€€

Für Coffeecionados

11 **Kaffee-Alchemie:** Das etwas andere Café, klein, charmant, mit feiner Auswahl an Snacks, Kuchen, Torten, vor allem aber großer Vielfalt an Röstkaffees in Topqualität und fair gehandelt.

Rudolfskai 38, T 0681 20 17 31 43, Mo–Fr 7.30–18, Sa/So 9–18 Uhr, €

Für Schleckermäuler

12 Konditorei Schatz: 1850 in einem gotischen Gewölbe etabliert, hat dieses Süßzahn-Paradies mit seinen Blümchentapeten und weißen Stilmöbeln etwas von einer Puppenstube. In ihren Vitrinen bieten Erich Winkler, seines Zeichens Doyen Salzburgischer Konditorkunst, und Gattin Helene Köstlichkeiten wie Kaffee-Eclaires, Biskuitrouladen, Kirschröllchen, Himbeer-Soufflés, Kardinalschnitten, Indianer, Papagenotorte u. v. m. an – allesamt wahrlich ganz unwiderstehliche Versuchungen.

Getreidegasse 3, Durchhaus, T 0662 84 27 92, www.schatz-konditorei.at, Mo–Fr 9–18, Sa 8–17 Uhr, So, Fei geschl., €

Sympathisches Bistro

13 Xaver: Entspannte Atmosphäre, ausgezeichnete Küche, gute Drinks sowie herrliche Mittagsmenüs zu einem Top-Preis!

Alpenstr. 107, Shopping Arena, T 0662 26 57 23, www.xaver-salzburg.at, Mo–Sa 8.30–23.30 Uhr, Fei geschl., €–€€

Ein Café wie im Bilderbuch

14 Mozart: Eines der ältesten und traditionsreichsten Kaffeehäuser mit typisch österreichischer Imbissküche und Mehlspeisen.

Getreidegasse 22, T 0662 84 39 58, www.cafemozartsalzburg.at, Mo–Sa 8–21, So ab 9 Uhr, Tagesmenü, kleine Speisen wie Würstel mit Senf oder Schinken-Käse-Omelette, €

Bodenständig

15 Zwettler's: Die Standardkarte mit Klassikern Marke Gulasch, Schnitzel, Krautfleckerl und Spinatknödel bildet den kulinarischen Kern. Drumherum gibt es saisonale Schmankerlkarten und wech-

Salzburger Nockerln: Ab in den Rost, circa acht Minuten goldgelb backen und dann sofort servieren – sonst fallen sie zusammen.

selnde Tagesgerichte. Das Ambiente: rustikal, kleiner Schanigarten.

Kaigasse 3, T 0662 27 40 18, www.zwettlers.com, tgl. 11–24, Küche durchgehend bis 22 Uhr, €

Gediegen mit italienischem Touch

16 **Prosecco:** Edel-Treffpunkt mit hohem Promi-Faktor im Nonntal, also Gehdistanz zur Altstadt; Ossobuco, Paste, Vongole, auch Salzburgisches, im Sommer schöner Garten.

Nonntaler Hauptstr. 55, T 0662 83 40 17, Mo–Fr 11.30–14, 18–24, Sa 18–24 Uhr, €€

Anzapft is'

17 **Raschhofers Rossbräu:** Selbstgebrautes Bier und österreichische Schmankerl, Suppen, Würste und Wirtshausklassiker wie Schnitzel, Gulasch oder Kaspressknödel in gemütlicher Atmosphäre. Wunderschöner Gastgarten.

Alpenstr. 48, Zentrum Herrnau, T 0662 62 64 44, www.rossbraeu.at, Mo–Sa 11.30–24, So, Fei 11–22 Uhr, €, Zusatzbonus: Gratisparken ab 18 Uhr sowie Sa, So, Fei ganztags

Gediegener Gasthof

18 **Goldgasse:** Rustikaler Landhauschic trifft feine Regionalküche: Hier kredenzt man, von Gault Millau mit einer Haube belohnt, Klassiker à la Backhendl, Schnitzel oder Saibling in modern-trendiger Interpretation. Und stets mit saisonal-frischen Produkten zubereitet.

Goldgasse 10, T 84 82 00, www.gasthofgoldgasse.at, tgl. 7–23, warme Küche bis 22 Uhr, €€–€€€

Kulinarische Experimentierwerkstatt

19 **Paradoxon:** Bunte kulinarische Experimente auf höchstem Niveau im traumhaft gelegenen Lokal im Salzburger Nonntal.

Zugallistraße 7, T 0664 161 61 91 www.restaurant-paradoxon.com, Do–So 18–23, Sa/So zusätzl. Brunch 10–14 Uhr (Do–So tagsüber zeitweise auch Take-away), €€€

Feinspitztreff mit fürstlichem Ambiente

33 **Schlossgasthaus Hellbrunn:** Die kleine, aber exzellente Speisenauswahl, kredenzt in gediegenen Sälen, der Orangerie oder im Gastgarten, zeugt von kreativem Raffinement.

Fürstenweg 37, T 0662 82 56 08, www.taste-gassner.com, Di–So 9.30–18, Juli/Aug. bis 22, Adventszeit Mi–So 9–22 Uhr, €€

Küsschen mit Nüsschen

20 **Der Tortenmacher:** Ein gemütliches Café, in dem köstliche Mehlspeisen serviert werden. Weithin gerühmt werden auch die mit gerösteten Piemont-Haselnüssen zubereiteten Baiser-Busserln alias Baci von ›Tortenmacher‹ Herbert Wagenleitner.

Nonntaler Hauptstr. 90, T 0662 82 09 60, www.dertortenmacher.at, Do–Sa 8.30–16, So, Fei 10–16 Uhr, €

Gehoben und umweltbewusst speisen

21 **Triangel:** Regionale Spezialitäten von Haussulz und Rindsuppe bis Maishendl, Kasnocken und Tauernlammbraten, alles auf Basis von Bioprodukten aus regionaler Herstellung; gemütlich-gepflegt, sehr persönlicher Service.

Wiener-Philharmonikergasse 7, T 0664 250 95 73, www.triangel-salzburg.co.at, Di–Sa 11.30–24 Uhr, €€

Gehobene Hausmannskost ohne Schnickschnack

22 **Zipfers Bierhaus:** Alt-Salzburger Gasthaus in über 700-jährigem Gemäuer mit herrlichem Bier. Der Koch sprüht nicht vor Fantasie, produziert jedoch tadellose Traditionskost, die man wahlweise in der gemütlichen Bierstube, dem gutbürgerlichen Restaurant oder im Kräutergast-

garten serviert bekommt, gelegentlich Vernissagen und Kabarettabende.

Universitätsplatz 19, T 0662 84 07 45, www.zipfer-bierhaus.at, Di–Fr 11–23, Sa 10–23 Uhr, €€

Weinbar/Restaurant gegenüber von Mozarts Geburtshaus

23 **Zum Eulenspiegel:** Die behaglichen Holzstuben mit ihrem antiquarischen Mobiliar, den offenen Kaminen und vielen geschichtsträchtigen Accessoires atmen den Geist von 500 Jahren; das Speisen- und Weinangebot kennzeichnet Raffinement und Kreativität.

Hagenauerplatz 2, T 0662 84 31 80, www.zum-eulenspiegel.at, Do–Di 13–22 Uhr, Spezialitäten: Pfandl- und Fischgerichte, €€–€€€

Beliebt bei Studenten

24 **Zirkelwirt:** s. S. 41

Pfeifergasse 14, T 0662 84 27 96, www.zumzirkelwirt.at, tgl. 11–22.30 Uhr, €

Einkaufen

Weitere Bezugsquellen für qualitätvolle Trachtenkleidung, traditionelles Schuhwerk und Accessoires auf S. 280.

Feinkost & exklusives Kunsthandwerk

1 **Alvera:** Eigenproduktion an leckeren Aufstrichen und italienischen Süßspeisen von Panna Cotta und Kuchen bis Tiramisu, außerdem exklusive Weine, Prosecchi, Aceto Balsamico, Käse und eine Auswahl an Ölen. Wer mag, verkostet die Produkte gleich vor Ort im angeschlossenen Bistro.

Pfeifergasse 8, T 0676 728 34 65, www.alvera-montemio.at, Bistro: Do–Mo 12–20 Uhr

Originelle Goldschmiedearbeiten

2 **Atelier 4:** Feiner, zeitgenössischer Schmuck aus eigener Werkstatt und den Ateliers anderer innovativer Designer; dazu werden Uhren der Marken Nomos, Glashütte und Meistersinger angeboten.

Münzgasse 1, T 0662 844 29 87, www.atelier4.at

Filigranes, von Hand bemalt

3 **Augarten:** Ableger der prominenten, 300 Jahre alten Porzellanmanufaktur aus Wien.

Alter Markt 11, T 0662 84 07 14, www.augarten.at

Schicke Kleidung für Sie

4 **Betty Barclay:** Trendige Freizeit- und Businesswear sowie elegante Abend-Outfits, die Frauenherzen höher schlagen lassen.

Judengasse 9, T 0662 84 01 00, www.bettybarclay.com

Schmuck von 1900 bis 1950

5 **Deco Art:** Kostbare Einzelstücke internationaler Modeschmuckdesigner aus der ersten Hälfte des 20. Jh. sowie – viel preiswerter – Bakelit- und Strassschmuck aus jener Zeit, präsentiert in einem gemütlichen Ambiente.

Wiener-Philharmoniker-Gasse 1, T 0662 84 17 52, www.deco-art.at

Wo Katholiken schmökern

6 **Dombuchhandlung:** Gut sortierte Fundgrube für Leseratten mit Sortimentschwerpunkt Theologie, Psychologie, Kinder- und Jugendbücher, außerdem ausgewählte Devotionalien.

Kapitelplatz 6, T 0662 84 21 48, www.home-salzburg.com

Festliches Dekor

7 **Easter/Christmas:** Kurios ist diese gigantische Auswahl an Weihnachts- und Osterschmuck für daheim, Kugeln und Sterne, Hasen, Küken und natürlich bemalte Eier, durchaus von Qualität, dabei sehr preisgünstig.

Judengasse 11, www.christmas-easter-store.at, Mo–Fr 9–20, Sa 9–18, So, Fei 10–18 Uhr

GARANTIERT PLASTIKFREI

Willkommen an der zentralen Adresse für authentisches Kunsthandwerk, deren genossenschaftlich organisierte Betreiber sich seit Generationen als Kulturinstitution und Ausstellungsveranstalter auch um die Pflege der Volkskultur – von Trachtenwesen und Brauchtum bis Musik, Tanz und Lied – verdient machen. Im Stammgeschäft des **Salzburger Heimatwerks** 17 auf dem Residenzplatz finden Sie u. a. Handdrucke, Handgewebtes, Seiden, exklusive Wohnaccessoires, original Salzburger Glocken, Holzspielzeug und viele andere außergewöhnliche, größtenteils in der eigenen Werkstatt hergestellte Geschenkideen, dazu einschlägige Bücher und Tonträger. Angeschlossen ist eine kleine, aber feine Maßschneiderei. Neue Residenz, Unterm Glockenspiel, T 0662 84 41 10, www.salzburgerheimatwerk.at, Mo–Fr 10–18, Sa bis 17 Uhr.

Zum Vorfreuen und Nachträumen

8 **Festspielshop:** CDs, Poster, Bücher, Fotos u. v. m. zum Thema Festspiele.

Hofstallgasse 1, T 0662 84 77 76, www.salzburgerfestspiele.at, Ende März–Ende Sept.

Köstliche Kugeln

9 **Fürst:** Die Wiege eines kulinarischen Klassikers: In der gemütlichen Konditorei vis-à-vis der Residenz erblickte anno 1890 die original Salzburger Mozartkugel das Licht der Welt. Die Köstlichkeit aus Nugat und Schokolade um einen grünen Pistazien-Marzipan-Kern wird hier noch heute manuell fabriziert und in das charakteristisch blau-silberne Stanniolpapier gewickelt – als Souvenir oder zur Direktverkostung vor Ort …

Brodgasse 13, T 0662 84 37 59, www.original-mozartkugel.com, Mo–Sa zur Festspielzeit 8–22, sonst nur bis 19, So jew. 10–17 Uhr

Handarbeit zum Wohl der Füße

10 **Haderer:** Traditionsreiche Werkstätte für feine Maßschuhe. Spezialität: die »handzwiegenähten« Haferlschuhe.

Pfeifergasse 3, T 0662 84 14 73

Sündhaft Süßes

11 **Holzermayr:** Ein Paradies für Schleckermäuler: feinste Schokoladen, Bonbons und Frischrahmpralinen.

Alter Markt 7, T 0662 84 23 65, www.holzermayr.at

Platzhirsch in der Altstadt

12 **Höllrigl:** Österreichs älteste Buchhandlung, gegründet 1594, mit bestens sortierter Literatur- und Fachbuchabteilung.

Sigmund-Haffner-Gasse 10, T 0662 841 14 60, www.buchhandlung-frick.at

Stilechtes, ein Leben lang

13 **Jahn-Markl:** Mit 600 Jahren Salzburgs älteste Gerberei, bis heute bekannt für Bekleidung aus Wild- und Ziegenleder, Leinen und Loden, aber auch Taschen, Gürtel, Hemden, Blusen etc.; auch Maßanfertigungen.

Residenzplatz 3, T 0662 84 26 10, www.jahn-markl.at

Gourmetparadies

14 **Azwanger:** Ältestes, liebenswert-nostalgisches Delikatessengeschäft (von 1656) mit erlesenen Weinen und Spirituosen, Konfitüren, Honig- und Essigsorten, handgeschöpften Schokoladen u. v. m.

Getreidegasse 15, T 0662 84 33 94, www.azwanger.at, Mo–Sa 10–18, So, Fei 12–17 Uhr

Alles Käse

15 **Kaslöchl:** 120–150 Käsesorten zum Degustieren und Kaufen hinter nostalgischer Holzfassade.

Hagenauerplatz 2, T 0662 84 41 00, www.kasloechl.at

Topmarken im Großformat

16 **Pia Antonia:** Trendmode 42 plus! Farbenprächtige Modelle, lohnt sich auch für ›Big Sizes‹.

Linzer Gasse 38, T 0662 88 25 08, www.pia antonia.at

Duftende Mitbringsel

17 **Salzburger Heimatwerk:** s. Kasten S. 54.

Schöner Wohnen

18 **The Living Store:** Krimskrams, Postkarten und kreative Deko-Ideen. Im Living Store gibt es alles rund ums Wohlfühlen in den eigenen vier Wänden!

Kaigasse 36–38, T 0662 62 14 04, www.thelivingstore.at

Edle Tropfen

19 **Sporer:** Spitzenweine und Spirituosen von Winzern und Brennern aus dem In- und Ausland.

Getreidegasse 39, T 0662 84 54 31, www.sporer.at

Ein Galerie-Klassiker

20 **Welz:** Seit mehr als 100 Jahren ein Mekka für bildende Kunst der Moderne: Grafiken, Gemälde, Holzschnitte usw. lokaler und internationaler Künstler des 20. und 21. Jh., dazu hochkarätige Kunstbücher und regelmäßig Ausstellungen.

Sigmund-Haffner-Gasse 16, T 0662 84 17 71, www.galerie-welz.at

Lässig-elegante Fashion

21 **Windsor:** Edler Shop mit Designermode, Schmuck und Accessoires.

Sigmund-Haffner-Gasse 9, T 0662 84 16 36, www.windsor.ch

Zuckersüß

22 **Zuckerlwerkstatt:** Kleine Bonbons in bunten Farben und allen Geschmacksrichtungen. Hinter einem Fenster kann man den Zuckerbäckern bei der Arbeit zusehen.

Wiener-Philharmoniker-Gasse 3, T 0662 84 05 05, www.zuckerlwerkstatt.at

Bewegen

Experimentelles für Kids

14 **Haus der Natur:** Im Science Center können Jung und Alt den Geheimnissen von Technik und Naturwissenschaft anhand spannender Experimente interaktiv nachspüren: ob im begehbaren Geigenkörper die Musik oder mit der eigenen ›Flügelhand‹ den Auftrieb beim Fliegen spüren, ob eigenhändig elektrischen Strom erzeugen oder sich per Hebebühne durch den Raum bewegen. Mehr als 80 Stationen auf drei Etagen versprechen Kurzweil und Erkenntnis pur. Und natürlich verdient auch das zugehörige, 7000 m^2 große Museum mit seinen unzähligen At-

SCHIFFSRUNDFAHRTEN

Als stimmungsvolle Ergänzung zum Besichtigungsgang bietet sich an, die Stadt an Bord des Panorama-Schiffs ›Amadeus Salzburg‹ von der Salzach aus zu genießen. Die Fahrt beginnt am Feingoldsteg und führt 8 km weit in gemächlicher, ca. 40-minütiger Fahrt flussaufwärts und wieder retour (Tour I). Tour II führt einige Minuten weiter bis zur Anlegestelle Hellbrunn, von wo ein Shuttlebus die Passagiere in nur 4 Min. zum berühmten Barockschloss bringt (Anf. April–Ende Okt., Auskünfte und Reservierung: T 0662 82 58 58, www.salzburg highlights.com; witterungs- oder wasserstandsbedingte Einschränkungen möglich).

traktionen eine ausführliche Begehung. Details s. S. 37.

Sightseeing auf zwei Rädern

Salzburg per Fahrrad: Folgende Verleihfirmen bieten in der Innenstadt bei Schönwetter ihre Drahtesel an: **Citybike** 1, Ferdinand-Hanusch-Platz, Hotline T 0810 500 500, www.citybikesalzburg.at – kommunales Verleihsystem mit einmaliger Anmeldegebühr (1 €) und Passwort, Rückgabemöglichkeit tgl. 24 Std.; **aVeloRent** 2, Staatsbrücke/Franz-Josef-Kai (Juni–Sept.), T 0676 435 59 50, www.avelosalzburg.com, April–Juni, Sept./Okt. 9.30–18, Juli/Aug. 9–19 Uhr; Shop und Werkstatt: Willibald-Hauthaler-Str. 10, Mo–Fr 9–12.30, 14–18, Sa 9–12.30 Uhr.

Ausgehen

Das Flaggschiff der Kunststadt

Salzburger Festspiele: s. S. 252.

Kammermusik

1 **Adventserenaden:** Klassische und Volksmusik sowie Lesungen im stimmungsvollen Gotischen Saal der Kirche St. Blasius neben der Pferdeschwemme.

Bürgerspitalplatz 2, T 0662 43 68 70, www.adventserenaden.at; Information und Buchung unter obiger Telefonnummer sowie in allen Kartenbüros und Hotels

Anspruchsvolle Off-Szene

2 **Arge Kultur:** Hochwertige, engagierte Kleinkunst in den Bereichen Sprechtheater, Kabarett, Choreografie, experimentelle Musik.

Josef-Preis-Allee 16, T 0662 87 87 84-0, www.argekultur.at

Traditionsadresse, stark verjüngt

4 **Blaue Gans:** Einfach »urban abtauchen« in der Bar des Arthotel Blaue Gans. Im Lederfauteuil, bei Jazzmusik und guten Getränken erholt man sich von der Alltagshektik, schöner, als mediterrane Oase gestalteter Gastgarten.

Getreidegasse 41–43, T 0662 842 49 10, www.blauegans.at, Mo–Sa 12–1 Uhr

Cocktail-Paradies

3 **Bollicine:** Salzburgs beste Cocktailbar ist ganz im Stil der Speakeasy-Lokale der 1920er-Jahre gehalten. Großartige Drinks und beste Beratung inklusive!

Getreidegasse 34, T 0664 241 63 11, Di–Do 17–24, Fr 16–24, Sa 15–24 Uhr

Anregend zum Abtanzen

4 **Half Moon:** Qualitätvoller House, Lounge und Disco Sound abseits des Mainstream, gute Tanzmöglichkeit mit weitläufigen Chill-out-Areas.

Gstättengasse 4, www.halfmoon.at, Fr–Sa 20–ca. 5 Uhr

Die ganze Stadt ist eine Bühne: Hier agiert Sophie von Kessel im »Jedermann« als Buhlschaft auf dem Domplatz.

Bewährtes für Romantiker

Mozart Dinner Concerts: Mozartmelodien, gespielt von Interpreten im historischen Kostüm, dazu ein mehrgängiges Candle-Light-Dinner nach Rezepten des 17./18. Jh. im Barocksaal von Stift St. Peter (11).

St. Peter, Büro: Bucklreuthstr. 3a, T 0662 82 86 95, www.skg.co.at

Die Grüne Insel an der Salzach

5 **Murphy's Law:** Klassisches Irish Pub mit exzellenter Auswahl an Whiskys und Bieren, dazu gibt es traditionelle Speisen, garniert mit guter Musik, Candle-Light-Dinner und ganztägig »irisches Frühstück«.

Gstättengasse 33, T 0650 842 88 24, tgl. 14–2 Uhr

Ihr Kinderlein kommet

17 **Salzburger Heimatwerk:** Vom Salzburger Heimatwerk wird alljährlich das berühmte, 1946 von Tobi Reiser begründete Salzburger Adventsingen im Großen Festspielhaus für rund 36 000 Besucher inszeniert.

Infos/Tickets im Kartenbüro am Residenzplatz 9, T 0662 84 31 82, www.salzburgeradventsingen.at

Innovatives Sprechtheater

6 **Schauspielhaus:** Österreichs größtes freies Ensembletheater bespielt jeweils von September bis Anfang Juli täglich zwei Säle mit Stücken unterschiedlicher Provenienz, von Antike über Klassik bis experimentelle Moderne, von Tragödie bis Komödie.

Erzabt-Klotz-Str. 22, T 0662 80 85 85, www.schauspielhaus-salzburg.at

Wo der Whisky fließt

7 **Shamrock:** Pionier und bis heute Platzhirsch unter den örtlichen Irish Pubs. Kellergewölbe, in dem täglich Livemusik für ein vorwiegend junges Publikum geboten wird.

Rudolfskai 12, T 0662 84 16 10, www.shamrocksalzburg.com, Di–Sa 12–4, So/Mo 12–2 Uhr

KARTENBÜROS

Neubaur Tickets: Europapark, Europastr. 1, T 0662 84 51 10, www.neubaur.at.
Panorama Tours & Travel GmbH: Hubert-Sattler-Gasse 1, T 0662 883 21 10, www.panoramatours.com.
Raiffeisen Ticketservice Salzburg: Serviceschalter, Schwarzstr. 13–15, T 0662 88 86 17 21, www.raiffeisen-club.at/sbg.
Ticket Shop & Salzburg Hotel Service: Getreidegasse 5, T 0662 82 58 58-16, www.salzburg-ticketshop.at, www.mozartfestival.at.
Kartenbüro in der Theatergasse: Schwarzstr. 16, T 0662 87 15 12-222, www.salzburger-landestheater.at.

Hotspot der Kreativität

8 **Szene Salzburg/Republic:** Performance, Avantgardetheater, Neue Medien – schon mehr als 30 Jahre bildet die »Szene Salzburg« von Juli bis August den quicklebendigen Kontrapunkt zum arrivierten Kulturbetrieb Salzburgs. Viele spätere Stars der Festspiele – von Robert Wilson bis hin zu Robert Lepage – wurden erstmals von der »Szene« an die Salzach geladen. Und im Rahmen von Rock-'n'-Roll-Projekten traten schon Großkaliber wie Lou Reed, Neil Young, Bob Dylan, Patti Smith und Laurie Anderson auf. Angeschlossen ist ein urbaner In-Treff mit feiner Kulinarik, guten Drinks und kosmopolitischer Stimmung bis in den frühen Morgen.

Anton-Neumayr-Platz 2, T 0662 84 34 48, www.szene-salzburg.net; Café: Mo–Do 11–24, Fr/Sa 11–2 Uhr

Rechtes Salzachufer

Mit Geschichte und Kunst gesättigt — das ist auch die Gegend um Schloss Mirabell und den Makartplatz. Lustvoll shoppen lässt es sich in der Linzer Gasse. Und in der Steingasse wogt bis frühmorgens das Nightlife.

Seite 66

Auf Mozarts Spuren

Wo der geniale Sohn der Stadt wohnte und als Kind spielte, wo er die »Zauberflöte« komponierte, Gattin und Vater bestattete und seine Werke bis heute zu erleben sind – ein biografischer Rundgang zwischen Mirabellgarten und Kapuzinerberg.

Seite 64

Garten und Schloss Mirabell

Die Barockanlage, die Wolf Dietrich für seine geliebte Salome schaffen ließ, lädt zum Lustwandeln und eröffnet einen Postkartenblick auf Altstadt und Festung.

Der Blick von der Hettwer Bastei auf die Altstadt ist famos.

Seite 68, 70, 71

Sebastiansfriedhof

Auf dem 500 Jahre alten, wunderschönen Gottesacker kann man Salzburgs Geistesgeschichte, darunter Paracelsus und die Familie von Mozart, die Reverenz erweisen. Ein Höhepunkt: das Wolf-Dietrich-Mausoleum.

Seite 72

Kapuzinerberg

Und noch ein Stadtpanorama wie aus dem Bilderbuch: diesmal von dem waldigen Höhenrücken über dem Salzach-Nordufer. Kein Wunder, dass Stefan Zweig dort oben wohnte.

Seite 69

Shopping in der Linzer Gasse

Es muss nicht immer die Getreidegasse sein. Auch hier warten viele geschmackvolle Traditionsläden auf Souvenirsucher mit Stil.

Seite 72

Lokaltour durch die Steingasse

Trinken, schlemmen und schwatzen, wo sich Salzburg noch mittelalterlich gibt – an der Wiege der örtlichen Beisl- und Barkultur.

Seite 75

Café Bazar

Das Café ist eines der klassischen Kaffeehäuser nach Wiener Vorbild. Holztäfelungen, livrierte Ober, ein gutes Zeitungssortiment, eine schöne Terrasse am Fluss … Auf keinen Fall versäumen die leckeren Mehlspeisen.

Seite 65

Marionettentheater

Entzückende Unterhaltung für Jung und Alt bei Opernaufführungen en miniature.

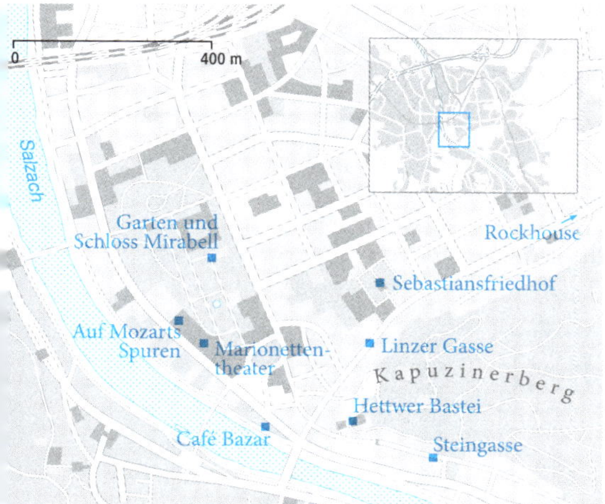

Salzburg kann auch Blues, Rock und Western: im legendären Rockhouse.

»Ich hoffe nicht, dass es nötig ist zu sagen, dass mir an Salzburg sehr wenig und am Erzbischof gar nichts gelegen ist und ich auf beides scheiße.« Wolfgang Amadeus Mozart

Zwischen Mirabellgarten und Kapuzinerberg

E

Ein ausgedehnter Bummel von Schloss Mirabell durch den gleichnamigen Garten, vorbei an Mozarteum, Marionetten- und Landestheater zu Mozarts Wohnhaus, durch die Linzer Gasse zum Wolf Dietrich Mausoleum auf dem Sebastiansfriedhof, auf den Kapuzinerberg und zu dessen Füßen durch die Steingasse und Arenbergstraße: Der nördlich des Flusses gelegene Teil des historischen Salzburg wartet mit ganz eigenen Reizen auf. Mit seinen renommierten Theatern und Konzerthäusern, den schönen Kirchen, Grünanlagen und vielfältigen Einkaufsmöglichkeiten verdient er eingehende Betrachtung.

O

ORIENTIERUNG

Reisekarte: F 2/3
Ausgangspunkt: Der hier vorgeschlagene Rundgang beginnt im Garten von Schloss Mirabell, den man von der Altstadt in gut zehnminütigem Fußmarsch oder mit mehreren öffentlichen Buslinien vom Mirabellplatz bzw. der Schwarzstraße aus bequem erreicht. Er folgt dem nördlichen Flussufer in östlicher Richtung. Charakteristisch für diese Route sind neben der Häufung an Mozartgedenkstätten und Kulturtempeln die vielfältigen Einkaufsmöglichkeiten, namentlich in der Linzer Gasse.
Zeitrahmen: Für den rund 1,5 km langen Fußweg ist – ein, zwei Rastpausen sowie die Besichtigung der Sehenswürdigkeiten am Weg eingerechnet – etwa ein halber Tag einzuplanen. Unbedingt sollte man gegen Ende dieser Tour über die Imbergstiege zur sog. Kanzel auf der Hettwerbastei hochsteigen und den Ausblick auf Altstadt und Fluss genießen.

Schloss Mirabell

Schlossgarten

Der Blick vom **Mirabellgarten** ❶ Richtung Altstadt gehört zu den Parademotiven, die auf Ansichtskarten die Kunde von Salzburgs umwerfender Schönheit in alle Welt tragen. Am Horizont die Festung Hohensalzburg, davor die Kuppeln des Doms, das blumenübersäte Gartenparterre und links die prachtvolle Fassade von Schloss Mirabell – ein stimmungsvollerer Auftakt für einen mehrstündigen Spaziergang durch die

Geschenkt! Das ursprüngliche Schloss Mirabell war ein Präsent Wolf Dietrichs an seine geliebte Salome.

Stadtviertel am rechten Flussufer lässt sich kaum denken.

Sieht man sich auf dem **Rosenhügel** – so heißt die kleine Erhebung über der ehemaligen Basteimauer im Westteil des Parks – näher um, kann man etliche interessante Details entdecken: eine ›Tänzerin‹ des italienischen Bildhauers Giacomo Manzù etwa oder gleich daneben eine große, 300 Jahre alte Volière, die der Stadt heute als **Ausstellungsort für nichtkommerzielle Gegenwartskunst** dient (Mo–Fr 14–18, Sa/So 11–15 Uhr, Eintritt frei). Weiter nördlich erstreckt sich der **Kurpark** mit dem neu gestalteten Paracelsus Bad und Kurhaus, dem Salzburg Congress und dem von Josef Thorak geschaffenen Denkmal für Paracelsus, der ab 1538 seine letzten Lebensjahre hier an der Salzach verbrachte. Rechter Hand verbirgt sich hinter einem kleinen Labyrinth das zwischen 1704 und 1718 angelegte **Heckentheater,** übrigens eines der ältesten nördlich der Alpen. Das Naturtheater bietet Jahr für Jahr im Sommer die Kulisse für Aufführungen von Volksmusik, Laienschauspielen und anderem Brauchtumprogramm.

Im angrenzenden **Zwerglgarten** stößt man auf insgesamt 15 steinerne Zwergenfiguren – groteske, missgestaltete Kreaturen, die Erzbischof Harrach um 1715, einer makabren Mode seiner Zeit folgend, aus Marmor meißeln ließ.

Über eine elegant geschwungene Freitreppe steigt man vom Rosenhügel in das **Kleine Parterre** hinab (in dessen Zentrum: der Pegasusbrunnen). Den Mittelpunkt des dahinter gelegenen **Großen Parterres** bildet der Springbrunnen mit vier Skulpturengruppen. Sie wurden um 1690 von Ottavio Mosto geschaffen und symbolisieren die Naturelemente Erde, Feuer, Wasser, Luft.

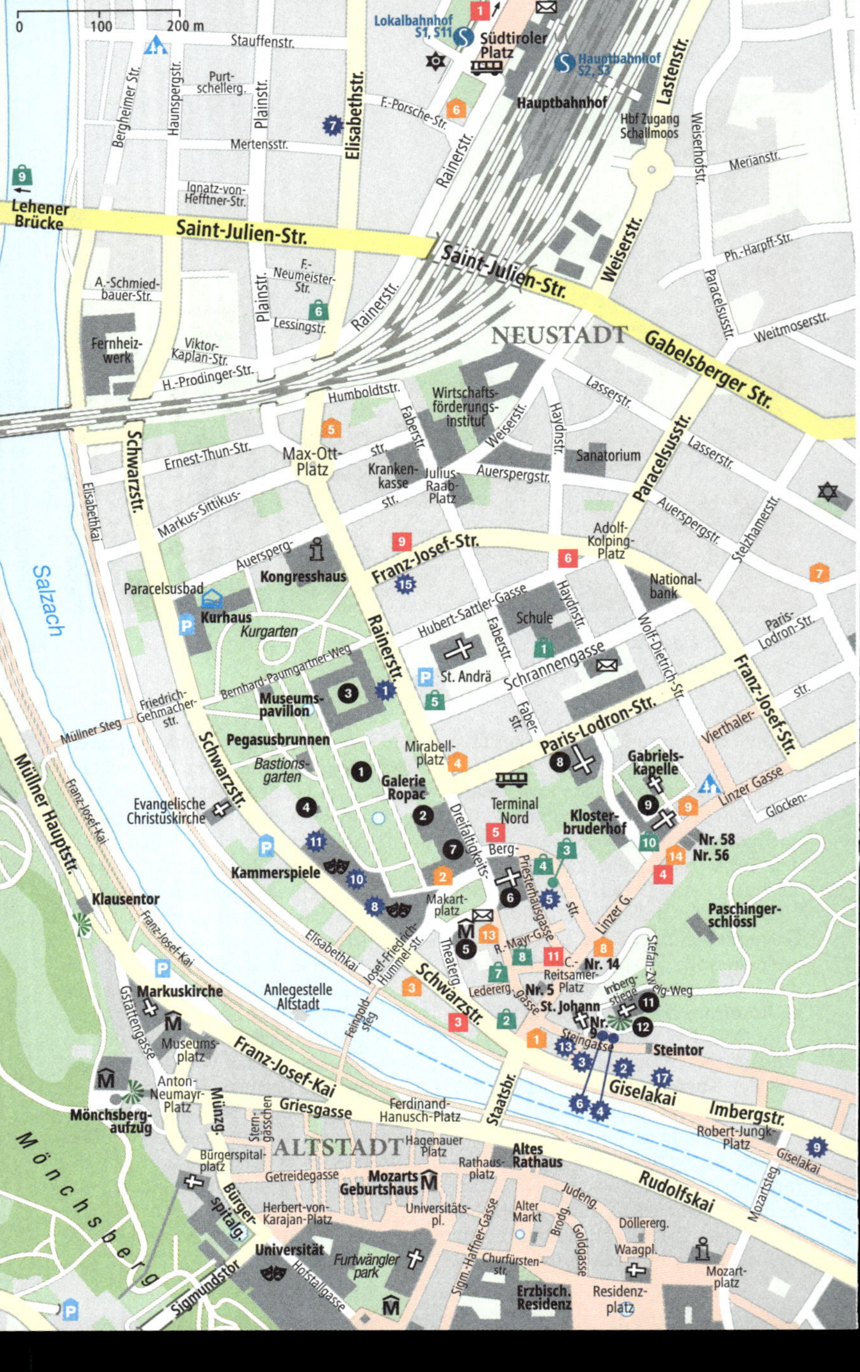

0
100
200 m
Stauffenstr.
Lokalbahnhof S1, S11
Südtiroler Platz
Hauptbahnhof S2, S3
Hauptbahnhof
Hbf Zugang Schallmoos
Lastenstr.
Weiserhofstr.
Merianstr.
Bergheimer Str.
Haunspergstr.
Purtschellerg.
Plainstr.
Elisabethstr.
F.-Porsche-Str.
Mertensstr.
Rainerstr.
Ignatz-von-Hefftner-Str.
Lehener Brücke
Saint-Julien-Str.
Weiserstr.
Ph.-Harpff-Str.
Paracelsusstr.
A.-Schmied-bauer-Str.
F.-Neumeister-Str.
Lessingstr.
Fernheizwerk
Viktor-Kaplan-Str.
H.-Prodinger-Str.
NEUSTADT
Gabelsberger Str.
Weitmoserstr.
Humboldtstr.
Wirtschafts-förderungs-institut
Faberstr.
Haydnstr.
Lasserstr.
Schwarzstr.
Ernest-Thun-Str.
Max-Ott-Platz
Krankenkasse
Julius-Raab-Platz
Auerspergstr.
Sanatorium
Elisabethkai
Markus-Sittikus-Str.
Franz-Josef-Str.
Adolf-Kolping-Platz
Stelzhamerstr.
Salzach
Paracelsusbad
Kongresshaus
Nationalbank
Kurhaus
Kurgarten
Hubert-Sattler-Gasse
Schule
Wolf-Dietrich-Str.
Paris-Lodron-Str.
Bernhard-Paumgartner-Weg
St. Andrä
Schrannengasse
Museumspavillon
Friedrich-Gehmacher-Str.
Müllner Steg
Pegasusbrunnen
Mirabellplatz
Paris-Lodron-Str.
Vierthaler-Str.
Gabrielskapelle
Müllner Hauptstr.
Bastionsgarten
Galerie Ropac
Franz-Josef-Kai
Evangelische Christuskirche
Terminal Nord
Klosterbruderhof
Linzer Gasse
Glocken-
Dreifaltigkeitsg.
Berg-
Nr. 58
Nr. 56
Kammerspiele
Priesterhausgasse
Klausentor
Makartplatz
Linzer G.
Paschingerschlössl
R.-Mayr-G.
Nr. 14
Stefan-Zweig-Weg
Theaterg.
C.-Reitsamer-Platz
Josef-Friedrich-Hummel-Str.
Ledererg.
Nr. 5
Imbergstiege
Markuskirche
Anlegestelle Altstadt
St. Johann
Nr. 9
Steingasse
Steintor
Gstättengasse
Feingoldsteg
Museumsplatz
Franz-Josef-Kai
Anton-Neumayr-Platz
Staatsbr.
Giselakai
Imbergstr.
Mönchsbergaufzug
Münzg.
Sterngässchen
Griesgasse
Ferdinand-Hanusch-Platz
Robert-Jungk-Platz
Mönchsberg
Bürgerspitalplatz
ALTSTADT
Hagenauer Platz
Altes Rathaus
Rathausplatz
Rudolfskai
Getreidegasse
Mozarts Geburtshaus
Judeng.
Mozartsteg
Bürgerspitalg.
Herbert-von-Karajan-Platz
Universitätspl.
Alter Markt
Brodg.
Goldgasse
Döllererg.
Universität
Furtwängler park
Sigm.-Haffner-Gasse
Churfürstenstr.
Waagpl.
Mozartplatz
Sigmundstor
Hofstallgasse
Erzbisch. Residenz
Residenzplatz

Rechtes Salzachufer

Sehenswert

1. Mirabellgarten
2. Orangerie
3. Schloss Mirabell
4. Zauberflötenhäuschen
5. Wohnhaus Mozarts
6. Dreifaltigkeitskirche
7. Altes Borromäum
8. Loretokirche
9. Sebastianskirche und -friedhof
10. Periscope
11. Kapuzinerkloster
12. Hettwer Bastei
13. Robinighof
14. Pfarrkirche zum kostbaren Blut

Schlafen

1. Hotel Stein
2. Bristol
3. Sacher Salzburg
4. Hotel am Mirabellplatz
5. Hotel Imlauer
6. Europa Austria Trend
7. Auersperg
8. Stadtkrug
9. Amadeus
10. Jedermann
11. Goldenes Theater Hotel
12. Bergland
13. arte vida
14. Junger Fuchs

Essen

1. Auerhahn
2. Beccofino
3. Café Bazar
4. BioBurgerMeister
5. Hibiskus
6. Pescheria Backi
7. Die Pâtissière
8. Taj Mahal
9. The Heart of Joy Café
10. Die Weisse
11. Gablerbräu

Einkaufen

1. Dorotheum
2. Einfach Schön
3. Fürstin Marwar
4. Die Cabreras
5. Café-Konditorei Fürst
6. Motzko
7. Schliesselberger
8. Schubert
9. Spiceworld
10. Via Venty

Ausgehen

1. Bellini's
2. Daimler's
3. Salzburger Filmkulturzentrum Das Kino
4. Fridrich
5. Havana
6. Pepe
7. Jazzit
8. Salzburger Landestheater
9. Monkeys

Fortsetzung s. S. 64

Rechtes Salzachufer Fortsetzung von Seite 63

10 Marionettentheater
11 Mozarteum
12 Rockhouse
13 Darwin's
14 Sudwerk
15 Toihaus
16 Urban-Keller
17 Watzmann Clubcafé und Eisbar

Die im Osten an den Park grenzende **Orangerie** ❷ beherbergte seit 1973 das Salzburger Barockmuseum. Dieses ist 2012 in das Salzburg Museum in der Neuen Residenz eingegliedert worden. Es birgt u. a. jene Originalentwürfe, nach denen der Hofgärtner Franz Anton Danreiter um 1730 den gesamten Park nach französischem Vorbild umgestaltete. 2025 soll übrigens in dem um 1725 erbauten Palmenhaus das **Sattler-Panorama,** ein zwischenzeitlich im Depot eingelagertes Rundgemälde samt Weltkulturerbe-Besucherzentrum einziehen. Einen Steinwurf entfernt steht die **Kast-Villa,** in der 1840 Österreichs großer Gründerzeit-Maler Hans Makart geboren wurde und heute die renommierte **Kunstgalerie Ropac** (www.ropac.net, Di–Fr 10–18, Sa 10–14 Uhr, s. S. 275) ihren Sitz hat.

S

SCHLOSSKONZERTE IM MARMORSAAL

Im prunkvollen Rahmen des Marmorsaals in **Schloss Mirabell** ❸ finden fast jeden Abend qualitätvolle Kammermusikkonzerte statt. Tickets ab 34 €, auch in Kombination mit anschließendem Dinner im Restaurant des nahen Sheraton-Hotels bzw. im Stiegl-Bräu (Information/ Kauf: T 0662 90 47 00, www.schlosskonzerte-salzburg.at) bzw. an Konzerttagen 18–20 Uhr an der Abendkasse im Schloss.

Schloss Mirabell

Das **Schloss** ❸ selbst, ein ziemlich nüchterner vierflügeliger Bau, in dem heute die Büros des Bürgermeisters und der Stadtregierung untergebracht sind, stammt größtenteils aus dem frühen 19. Jh. Auf seinem Platz ließ Wolf Dietrich im Jahre 1606 für seine Gefährtin Salome Alt ein Lustschloss, Altenau, errichten (vgl. S. 261) – »ain schöns, groß, geviert, herrliches gepeü, wie ein Schloß oder Vestung, mit ainem wolgezierten, von Plech gedeckten, glanzeten Thurm, und inwendig, auch außenherumb, mit schönen Gärten von allerlai Kreutlwerch, Paumbgewächs und Früchten geziert und versehen«. Sein Nachfolger Markus Sittikus taufte es in Mirabell um, und Erzbischof Harrach ließ es 1721–27 von Architekturgenie Johann Lukas von Hildebrandt völlig umgestalten. Das Ergebnis ist eine geschlossene Barockanlage mitsamt beigefügtem Turm und einer Sala terrena.

Beim verheerenden Stadtbrand von 1818 wurde das Schloss schwer beschädigt. Es wurde in dem damals üblichen klassizistischen Stil wieder aufgebaut. Aus dem 18. Jh. so gut wie unverändert erhalten geblieben sind bis heute die Hof- und Gartenfassade sowie drei prachtvolle, in der Regel öffentlich zugängliche Innenräume: die **Schlosskapelle**, das elegant geschwungene **Treppenhaus** mit seinem reichen Stuckdekor, dem Marmorgeländer und den Skulpturen des Barockbildhauers Georg Raphael Donner sowie der **Marmorsaal,** in dem vor allem im Frühjahr und Sommer regelmäßig Konzerte und fast im Stundentakt Trauungen abgehalten werden.

Marmorsaal: Mo, Mi/Do ca. 8–16, Di, Fr 13–16 Uhr (außer bei Sonderveranstaltungen), Eintritt frei, Barockstiege: tgl. ca. 8–18 Uhr; Garten: 6 Uhr bis Dämmerung; alle: frei zugänglich

Rund um den Makartplatz

Salzburger Landestheater

Durchwandert man den Park mit seinen Buchsbaumspalieren und Blumenrabatten, den Marmorvasen und von Statuen antiker Götter bekrönten Balustraden Richtung Süden, steht man wenig später auf dem Makartplatz.

Das Gebäude zur Rechten mit dem metallenen, halbrunden Dach ist das **Salzburger Landestheater** 8. Es wurde 1892/93 vom Wiener Architekten-Duo Fellner & Helmer erbaut, und zwar anstelle des alten Paris Lodronschen Ballhauses, in dem anfänglich dem alten Ballspiel Pallone gefrönt wurde (daher der Name) und später das fürsterzbischöfliche Hoftheater untergebracht war. Heute garantiert es als Drei-Sparten-Haus zeitgemäße Bühnenkunst auf hohem Niveau.

Programm und Kartenverkauf unter www.salzburger-landestheater.at, T 0662 87 15 12-222

Marionettentheater

Gleich um die Ecke, in der Schwarzstraße, liegt das vor allem für seine Puppeninszenierungen von Mozartopern weltberühmte, 1913 von Anton Aicher gegründete **Salzburger Marionettentheater** 10 (s. Tipp rechts).

Die Schwarzstraße trägt übrigens den Namen jenes Karl Freiherr von

OPER EN MINIATURE

Ein Abend im **Salzburger Marionettentheater** 10: Ob eine Mozartoper (u. a. »Zauberflöte«, »Don Giovanni«, »Figaros Hochzeit« oder »Entführung aus dem Serail«), Rossinis »Barbier« oder Tschaikowskis »Nussknacker« – die fantasievollen Inszenierungen garantieren das ganze Jahr über einen bezaubernden Abend (Information und Vorbestellungen: 5020 Salzburg, Schwarzstr. 24, T 0662 87 24 06, www.marionetten.at).

Schwarz (1817–98), der als überaus erfolgreicher Bauunternehmer bei zahlreichen Bahnbauten der Monarchie mitmischte. Später hatte er auch maßgeblichen planerischen und finanziellen Anteil an der Salzachregulierung und der Salzburger Stadterweiterung und ließ außerdem in den Jahren 1863–66 das vis-à-vis gelegene Luxushotel Österreichischer Hof alias Hotel Sacher errichten.

Infos, Programm und Kartenverkauf s. Kasten oben

Mozarteum und Zauberflötenhäuschen

Ebenfalls in der Schwarzstraße findet sich der 1910–14 nach Plänen Richard Berndls errichtete Jugendstilbau des **Mozarteums** 11. Gleich dahinter, im Bastionsgarten steht das **Zauberflötenhäuschen** 4 (s. S. 67).

Programm und Kartenverkauf unter www.mozarteum.at, T 0662 87 31 54

Mozart-Wohnhaus

An der Ostseite des Platzes steht das, nach einer einst hier untergebrachten Tanzschule, auch »Tanzmeisterhaus« genannte **Wohnhaus Mozarts** 5.

Makartplatz 8, s. Tour S. 66

TOUR
Auf Mozarts Spuren am rechten Salzachufer

Wohnhaus – Mozarteum – Mirabell – St. Sebastian

Auf den Spuren der »vollkommensten Erscheinung musikalischer Begabung« wandelnd, lernt man neben mehreren Brennpunkten der örtlichen Musikgeschichte auch einige malerische Winkel des nordufrigen Stadtkerns kennen. Und mancherorts kann man gar – teils live, teils von Tonträgern – Kompositionen des Maestrissimo lauschen.

Standesgemäß wohnen

Ausgangspunkt für diesen melodienbeschwingten Rundgang ist das von der linksufrigen Altstadt über Staatsbrücke oder Feingoldsteg in wenigen Gehminuten erreichbare ehemalige **Wohnhaus der Mozarts** ❺. In das einstöckige, lang gestreckte Gebäude an der Ostseite des heutigen Makartplatzes war die Musikerfamilie 1773, nach der Rückkehr von ihrer letzten Italienreise, aus der engen Getreidegasse übergesiedelt. Hier, im sog. Tanzmeisterhaus, bewohnten die Mozarts eine geräumige Acht-Zimmer-Wohnung. Im zugehörigen großen Tanzmeistersaal hießen sie regelmäßig ihre Freunde zum Musizieren willkommen. Und Vater Leopold stellte hier regelmäßig Klaviere aus, die er von auswärtigen Instrumentenbauern zum Verkauf übernommen hatte.

Wolfgang Amadeus wohnte im Tanzmeisterhaus bis 1780. Er brachte hier über 150 Kompositionen zu Papier, darunter die Oper »Il re pastore« sowie Teile von »La finta giardiniera« und »Idomeneo«. Nachdem 1944 beim allerersten Angriff der Alliierten zwei Drittel des Gebäudes zerbombt worden waren, füllte jahrzehntelang ein hässlicher Büroklotz die entstandene Lücke. Mitte der 1990er-Jahre wurde das Gebäude unter Leitung der Stiftung Mozarteum und mit massiver Finanzhilfe einer japanischen Versicherung in seiner ursprünglichen Form vollständig rekonstruiert.

In der ehemals Mozart'schen Wohnung im ersten Stock dokumentiert ein Muse-

Infos

Cityplan: s. S. 63

Zeit: ca. 3 Std.
Start: Mozart-Wohnhaus an der Ostseite des Makartplatzes

Mozart-Wohnhaus ❺: Makartplatz 8, T 0662 742 27-40, tgl. 9–17.30, Juli/Aug. 8.30–19 Uhr, 12 € (Kombiticket mit Mozarts Geburtshaus 18,50 €);
Sebastiansfriedhof ❾: tgl. 9–18 Uhr bzw. Einbruch der Dunkelheit
Konzerte auf Schloss Mirabell ❸: www.schloss-konzerte-salzburg.at (s. auch Kasten S. 64)
Landestheater 8: www.salzburger-landestheater.at (s. auch S. 65)
Mozarteum 11 & **Marionettentheater** 10: www.marionetten.at (s. auch S. 65)

um u. a. anhand von Schriftstücken und Bildern, Möbeln und Requisiten Leben, Werk, Reisen und Umfeld des Komponisten. Den Abschluss bildet eine Multivisionsshow zu »Mozart und Salzburg«.

Mozart auf Opern-, Puppen- und Konzertbühnen
Live auf der Bühne kann man Mozart-Opern gelegentlich direkt gegenüber, im **Landestheater** 8, erleben. In einem Seitenflügel des im Jahr 1893 nach Plänen des auf dem gesamten Gebiet der k. u. k. Monarchie überaus umtriebigen Architektenduos Ferdinand Fellner und Hermann Helmer errichteten Theaterbaus ist das weltberühmte **Marionettentheater** 10 beheimatet. Es wurde 1913 vom akademischen Bildhauer Anton Aicher mit einer Aufführung von »Bastien und Bastienne« ins Leben gerufen und zeigt, mittlerweile in dritter Generation von der Gründerfamilie geführt, u. a. die großen, kompletten Mozart-Opern (s. auch S. 65). Unmittelbar daneben, ebenfalls in der Schwarzstraße, steht das 1914 eröffnete **Mozarteum** 11. Der von Architekt Richard Berndl im Stil des Münchner Späthistorismus gestaltete Bau ist Sitz der gleichnamigen, 1880 schon gegründeten Internationalen Stiftung, also gleichsam der Nabel der weltweiten Mozart-Forschung. Weiter beherbergt er Unterrichtsräume der Hochschule für Musik und darstellenden Kunst Mozarteum und, im westlichen Trakt, einen 800 Personen fassenden Konzertsaal. Die Bronzeplastik im Eingangsbereich stammt von Edmund von Hellmer und stellt »Mozart als Apollon Musagète« dar. Architektonisches Schmuckstück des Hauses ist im ersten Stock die ganz im Jugendstil gestaltete Stiftungsbibliothek, die neben einer speziellen Biblioteca Mozartiana mit circa 30 000 Titeln zahlreiche Musik- und Briefautografe der Familie Mozart, Erst- und Frühdrucke sowie zeitgenössische Kopien von Werken Wolfgang Amadeus' und anderer Tondichter des 18. und 19. Jh. umfasst. Im Bastionsgarten hinter dem Mozarteum steht das legendäre **Zauberflötenhäuschen** ❹, in dem Mozart angeblich 1791 seine letzte Oper komponierte. Emanuel Schikaneder, der Librettist und Prinzipal des Freihaustheaters soll den Komponisten wegen akuter Zeitnot wenige Wochen vor der Premiere darin sogar eingesperrt haben. Auch wird berichtet, Mozart habe sich in dem hölzernen Pavillon mit Sängern und Sängerinnen getroffen, um einzelne Stellen zu probieren.

Freilich ist das Häuschen nur sommers im Rahmen von Konzertveranstaltungen im Großen Saal zu besichtigen.

Wo der Meister konzertierte

Drei Schauplätze, an denen Mozart einst musizierte, stehen als Nächstes an: zuerst **Schloss Mirabell** ❸, das man durch den gleichnamigen, wunderschönen Barockgarten spazierend erreicht (Eingang hinter dem Landestheater). In seinem Marmorsaal, wo heute übers Jahr mehr als 300 Kammerkonzerte stattfinden, lieferten einst Wolfgang und Nannerl vor dem Fürsterzbischof Beweise ihrer stupenden Fingerfertigkeit und Musikalität. Am Mirabellplatz (Nr. 1) erhebt sich das **Alte Borromäum** ❼. In diesem nach außen hin ziemlich abweisend wirkenden Komplex – auch Lodronscher Primogeniturpalast genannt – sowie in dem 2006 von Architekt Robert Rechenbauer erbauten Trakt ist heute die von Studierenden aus aller Welt frequentierte Kunsthochschule untergebracht. Zu ihren Stiftern zählen u. a. Carl Orff, Ernst Krenek, Paul Hindemith und Wilhelm Backhaus. Eine Verbeugung gebührt Mozart auch in der nahen **Dreifaltigkeitskirche** ❻, auf dessen Orgel er, als Knirps noch, unter väterlicher Anleitung gespielt haben soll.

Von Grabstätten und Kindheitserinnerungen

Zuletzt wandert man die Linzer Straße stadtauswärts auf den **Sebastiansfriedhof** ❾ (Eingang um die Ecke der zugehörigen Kirche). Im Rasenkarree der nach italienischem Vorbild von Arkadenbögen umschlossenen Campo-Santo-Anlage fanden, nahe dem ovalen Mausoleum Erzbischofs Raitenau, etliche Mitglieder der Familie Mozart ihre letzte Ruhe. So 1755 des Meisters Großmutter mütterlicherseits, Eva Rosina Pertl; 1798 Genoveva Weber, die Tante seiner Gattin Constanze und Mutter Carl Maria von Webers; 1805 Nannerls erste Tochter; 1826 Georg Nikolaus Nissen, Constanzes zweiter Mann; und, für Spurensucher wohl am wichtigsten, 1842 Constanze selbst, sowie, bereits 1787, Vater Leopold Mozart.

Mit der im Robinighof wohnhaften Händlerfamilie gleichen Namens pflegten die Mozarts freundschaftlichen Umgang. Der kleine Wolferl war gern gesehener Spielgefährte ihrer Kinder. In späteren Jahren wurde in dem hübschen Anwesen auch oft gemeinsam musiziert.

Für einen heiteren Abschluss sorgt ein knapp 15-minütiger Spaziergang Richtung Nordosten über die verlängerte Linzer Gasse, die Schallmooser Hauptstraße. An deren Ecke zur Robinigstraße steht der bis heute mit einer prächtigen Rokokofassade verzierte **Robinighof** ⓭.

Dreifaltigkeitskirche

Die Stirnseite des Makartplatzes wird von der **Dreifaltigkeitskirche** ❻ und den zu beiden Seiten anschließenden Konviktsgebäuden beherrscht. Diese Klosterkirche mit ihrer ungewöhnlichen konkaven Fassade war der erste Sakralbau (1694–1702) des großen Barockarchitekten Johann Bernhard Fischer von Erlachs in Salzburg. In ihrem Inneren besonders beachtenswert ist das **Kuppelfresko »Krönung Mariae«** von Johann Michael Rottmayr.

Mo–Sa 6.30–18.30, So 8–18.30 Uhr, während des Gottesdienstes keine Besichtigungsmöglichkeit

Altes Borromäum

Folgt man der Dreifaltigkeitsgasse nach links, ist mit wenigen Schritten das nach seinem Erbauer auch ›Lodronscher Primogeniturpalast‹ getaufte **Alte Borromäum** ❼ erreicht. Hier, am Mirabellplatz 1, hat seit 2006 nach einer Generalsanierung sowie Um- und Neubauten die **Universität Mozarteum** ihr Hauptgebäude.

Unterwegs zur Linzer Gasse

Rechter Hand, durch die Paris-Lodron-Straße, gelangt man zur **Loretokirche** ❽ (tgl. 6–19.30 Uhr). Diese einzige noch bedeutsame Wallfahrtskirche innerhalb der Stadt wurde 1633–48 für Nonnen des Klarissenordens, die im Dreißigjährigen Krieg vor den Schweden hatten flüchten müssen, erbaut. Auf dem rechten Seitenaltar wird das populäre **»Gnadenreiche Loretokindl«** aufbewahrt – eine 11 cm hohe, prächtig gewandete und natürlich Wunder wirkende Jesusstatuette aus Elfenbein.

Dort, wo die enge Berggasse in die Linzer Gasse mündet, unter dem heutigen **Centralkinohaus,** wurden 1944 bei Aufräumungsarbeiten umfangreiche Römerfunde zutage gefördert – Münzen, Werkzeuge, Keramik und Schmuck, vor allem aber diverse Architekturteile. Letztere ließen Archäologen folgern, es handle sich dabei um die Reste jener frühchristlichen Basilika, die Eugippius in seiner berühmten, 511 vollendeten Lebensgeschichte des auch in *Iuvavum* (= Salzburg) tätigen hl. Severin erwähnt hat. Auch wenn diese Theorie umstritten ist: Fest steht, dass sich an dieser Stelle in spätrömischer Zeit ein dreischiffiges, rund 17 m breites und 29 m langes Bauwerk erhob.

Historische Bausubstanz in der Linzer Gasse

Womit wir in der Linzer Gasse gelandet wären, diesem als malerische Einkaufsstraße sträflich unterschätzten Gegenstück zur hoch gepriesenen Getreidegasse. Sie diente in alter Zeit als Poststraße Richtung Norden und ließ sich durch insgesamt vier Tore, deren letztes erst 1894 geschleift wurde, versperren. Der Brandkatastrophe von 1818 fiel ein Teil ihrer Bausubstanz zum Opfer. Auch der Zweite Weltkrieg schlug schwere Wunden. Trotzdem sind manche ihrer Häuser über 600 Jahre alt und dementsprechend geschichtsträchtig.

In Haus Nr. 5, der heutigen **Engel-Apotheke,** absolvierte der Lyriker Georg Trakl sein Praktikum (und geriet dabei vermutlich erstmals in Kontakt mit Drogen, die ihm später zum Verhängnis wurden). Im **Gablerbräu** 11 (Nr. 9) verbrachte der spätere Opernstar Richard Mayr als Wirtssohn seine Jugend.

Am Eckhaus zum Platzl stand bis Mitte des 19. Jh. die altehrwürdige St.-Andrä-Kirche. Schräg gegenüber, am **Haus mit dem Hutsalon,** erinnert eine Tafel daran, dass hier 1540/41 Paracelsus wohnte.

Lieblingsort

Eine Oase der (ewigen) Ruhe

Wann immer mir im Getriebe rund um Dom und Getreidegasse der Sinn nach einer kleinen Verschnaufpause steht, schlendere ich über die Staatsbrücke und durch die Linzer Gasse zum **Sebastiansfriedhof** ❾. Reiseführer rühmen bei seiner Erwähnung die Gabrielskapelle und weisen auf das Grab der Mozarts und das von Paracelsus hin (vgl. S. 71). Mich verzaubert jedoch vor allem die Anlage in ihrer Gesamtheit. Wie aus der Zeit gefallen liegt sie da – ein Campo Santo nach italienischem Vorbild, grün, von uralten Bäumen beschattet und unendlich still. Jedes Mal von Neuem ein Erlebnis ist's, den Gräbern in den Arkadengängen die Parade abzunehmen – diesen Stätten großbürgerlicher Selbstdarstellung, famos in ihrer künstlerischen Ausgestaltung mit all den Putten, Wappen, Epitaphen, Reliefs, und zugleich rührend in ihrem eitlen Bestreben, noch über den Tod hinaus zu imponieren.

Und schlussendlich kommt der **Bruderhof** (Nr. 39), der seit dem 15. Jh. als gemeinnütziges Siechen- und Armenspital und später, bis Ende der 1990er-Jahre, als Feuerwehrzentrale diente. Aus der Vielzahl schöner und traditionsreicher Läden ragen, um nur einige zu nennen, der **Musikladen Salzburg** (Nr. 58) oder **Zur Küchenfee** (Nr. 56) heraus.

Sebastianskirche und -friedhof

Den beachtlichsten Baukomplex bildet freilich die benachbarte **Sebastianskirche** ❾ samt ihrem **Friedhof.** An der heutigen Kirche, die erst 1749 errichtet wurde und beim Brand von 1818 große Teile ihrer Einrichtung samt ihrem Gewölbefresko von Paul Troger verlor, sind eigentlich nur der hübsche Zwiebelhelm und das Marmorportal sowie im Inneren das Eisengitter von Philipp Hinterseer erwähnenswert.

Umso bedeutsamer ist der Gottesacker nebenan. Es handelt sich um einen 89 x 78 m großen, von einem Arkadengang mit Grüften umgebenen Campo Santo – wohl die einzige solche geometrische, von einem Arkadengang mit Grüften umgebene Friedhofsanlage außerhalb Italiens (s. auch Lieblingsort S. 70). Er wurde 1511 angelegt, 1595–1600 von Wolf Dietrich grundlegend umgestaltet und birgt u. a. die Gräber von Mozarts Gattin Constanze und dessen Vater Leopold (s. S. 68). In der Vorhalle zur Kirche, sie ist über die Südwestecke des Friedhofs zu erreichen, liegt ein Genie der frühen Neuzeit begraben. »Des Philippus Theophrastus Paracelsus«, tut eine Schriftenplatte auf dem obeliskenförmigen Grabmal kund, »der durch die Alchemie einen so großen Ruhm in der Welt erworben hat, Bildnis und Gebeine.«

Im Zentrum der Anlage steht die **Gabrielskapelle,** die sich Wolf Dietrich noch zu Lebzeiten in eigener Sache als Mausoleum errichten ließ. Sie wurde 1597–1603 nach Plänen Elia Castellos errichtet und ist ein beispielhaftes Werk aus der Spätrenaissance – ein schlichter, durch schlanke toskanische Pilaster gegliederter Rundtempel mit einem in edler Patina glänzenden Kupferhaubendach. Der Kapelleninnenraum übt dank seiner Verkleidung mit Abertausenden kleinen bunten quadratischen Wandfliesen eine zauberhafte Wirkung auf den Betrachter aus.

Interessant sind außerdem der Marmoraltar im ebenfalls verkachelten Altarraum und darüber das kassettengeschmückte Tonnengewölbe. Die zwei bronzenen Gedenktafeln rechts und links der Altarnische geben die Entstehungschronik der Anlage bzw. die Anweisungen des Bauherrn für sein Begräbnis wieder.

Gabrielskapelle: Mai–Okt. tgl. 9–18.30, Nov.–April nur bis 16 Uhr

Periscope

Für Kunstinteressierte auf jeden Fall einen Abstecher wert ist die Galerie **Periscope** ❿: Sie zeigt in ihrem kleinen Ausstellungsraum, der es sich an der viel befahrenen Einfahrtsstraße bequem gemacht hat, spannende zeitgenössische Arbeiten!

Sterneckstraße 10, T 0676 704 25 66, www.periscope.at, Mi–Fr 15–19 Uhr

Zwischen Kapuzinerberg und Salzach

Wandert man nun die Linzer Gasse zurück der Salzach entgegen, stößt man linker Hand, bei Nr. 14, auf ein mit einem Franziskus-Bildnis geschmücktes Portal. Dahinter führt ein schweißtreibend stei-

P

PFARRKIRCHE ZUM KOSTBAREN BLUT

Für Freunde zeitgenössischer Architektur empfiehlt sich ein Besuch der **Pfarrkirche zum kostbaren Blut** ⓮ in Parsch, einem wegweisenden Kirchenbau aus den Jahren 1955/56. Ihr Entwurf stammt von den Holzmeister-Schülern Wilhelm Holzbauer, Friedrich Kurrent und Johannes Spalt, die Ausstattung u. a. von Fritz Wotruba und Oskar Kokoschka (Stadtteil Parsch, Geißmayerstr. 6, tgl. 7.15–19.30 Uhr, erreichbar mit Buslinie 6 ab Staatsbrücke, Haltestelle Fadingerstraße).

ler Weg an insgesamt acht Kreuzwegstationen und Passionskapellen vorbei auf den Kapuzinerberg.

Oben vom Waldrand sieht man links das gelb getünchte **Paschingerschlössl,** in dem zwischen 1919 und 1934 Stefan Zweig wohnte und berühmte Gäste – von James Joyce und Thomas Mann bis H. G. Wells und Maurice Ravel – logierten. Rechts thront hoch über dem steilen Abfall zur Salzach hin das **Kapuzinerkloster** ⓫ (Mo–Sa 6–18, im Sommer bis 20, So 8–18 bzw. 20 Uhr) mit der den Ordensregeln entsprechend schlichten gleichnamigen Kirche (1599–1602). An der Südseite des Klosters gewährt die sog. Kanzel auf der **Hettwer Bastei** ⓬, eine an den Fels geschmiegte Aussichtsplattform, einen fantastischen Panoramablick auf Altstadt und Fluss.

Steingasse

Der Weg führt nun über einen steilen Treppenweg, vorbei an dem entzückenden **Barockkirchlein St. Johann am Imberg** (oder Imbergkirche; tgl. 8–19, winters bis 18.30 Uhr), hinab in die Steingasse. Wer noch nicht müde ist, sollte durch dieses enge Gässchen schlendern. Hier, wo vor der Salzachregulierung die Gerber, Weber und Färber ihre Ware bleichten, hat sich Salzburg ein Stück Mittelalter bewahrt. Delikatessen- und Antiquitätenläden, ein Bordell und vor allem Bars, wie etwa **Fridrich** 4, **Pepe** 6, **Darwin's** 13 oder, gleich um die Ecke, **Watzmann** 17 und **Daimler's** 2, sorgen für eine charmante, weil bohemienhafte Atmosphäre. Einen zusätzlichen belebenden Akzent setzt außerdem als ganzjähriger Cineastentreff das **Salzburger Filmkulturzentrum Das Kino** 3.

Eine Anmerkung noch zum **Haus Nr. 9:** In ihm wurde am 11. Dezember 1792 Joseph Mohr geboren, der später als Priester den Text für das Weihnachtslied »Stille Nacht, heilige Nacht« schuf. Ein Stück weiter empfiehlt sich ein Blick durch das Kanalgitter: In der düsteren Tiefe lässt sich nämlich ein Rest der alten Römerstraße erkennen – was beweist, dass die Gasse schon den Bürgern *Iuvavums* als Hauptausfallstraße Richtung Gebirge diente.

Schlafen

Styling-Husarenstück

1 **Stein:** Ein 600 Jahre altes Bürgerhaus direkt an der Salzach, im Innern aufpoliert zu einem Juwel zeitgenössischen Designs – mit extravagant-bunten Möbeln und vielerlei originellen Details im 1950er-Jahre-Stil. Und dann noch der Altstadtblick von den flussseitigen Zimmern! Der wird nur durch das phänomenale Panorama von der Steinterrasse auf dem Dach, das neuerdings als Gourmetrestaurant geführt wird, getoppt. Geboten wird vorzüglicher 4-Sterne-Komfort – kein Wunder, dass sich Trendsetter aus aller Welt die Klinke in die Hand geben.

Giselakai 3–5, T 0662 874 34 60, www.hotelstein.at; Restaurant: T 0662 87 72 77, www.steinterrasse.com, Fr/Sa 7–1, So–Do 7–24 Uhr, €€€

Der Rolls-Royce unter Salzburgs Hotels

2 **Bristol:** Hochelegantes Haus, das 1892 als erstes in der Stadt über Elektrizität verfügte, vis-à-vis dem einstigen Wohnhaus der Mozarts. Sehr geräumige, nahezu museal möblierte Zimmer, sehr individueller Service, 1a-Restaurant und -Bar. Im Gebäude untergebracht sind Juwelier, Coiffeur, Optiker, eine Bank und mehrere Boutiquen.

Makartplatz 4, T 0662 873 55 70, www.bristol-salzburg.at, €€€

5-Sterne-Renommieradresse

3 **Sacher Salzburg:** Ableger des weltberühmten Wiener Stammhauses, äußerst stattlicher Bau in prominenter Lage direkt am rechten Salzachufer, antiquarisch-kostbar ausgestattet, modernster Komfort dank Generalrenovierung; unbedingt probieren: die legendäre Schokotorte im hauseigenen plüschigen Café.

Schwarzstr. 5–7, T 0662 88 97 70, www.sacher.com, €€€

Gediegen und zeitgemäß

4 **Hotel am Mirabellplatz:** Geschmackvolles Boutique-Hotel im 360 Jahre alten Gemäuer einer ehemaligen erzbischöflichen Residenz, vis-à-vis von Schloss Mirabell, modern ausgestattet inkl. Chill-out-Lounge.

Mirabellplatz 8, T 0662 88 16 88, www.hotelammirabellplatz-salzburg.com, €€

Traumhafte Aussichten

5 **Hotel Imlauer:** In bester Lage zwischen Bahnhof und Mirabellplatz befindet sich das eigentümergeführte Hotel Imlauer. Highlight des eleganten Hauses ist die Dachterrassen-Bar, auf der groß-

Der Feingoldsteg, viel begangene Verbindung zwischen Makartplatz und Franz-Josef-Kai, hält dem Gewicht der Abertausenden Liebesschlösser problemlos stand.

artige Drinks, aber auch Speisen serviert werden. Im Keller zünftiges Wirtshaus (Pitterkeller).
Rainerstraße 6, T 0662 88 97 80, https://imlauer.com, €€

Nicht nur für Zugreisende

6 **Europa Austria Trend:** Modernes, 14-stöckiges Vier-Sterne-Haus direkt vis-à-vis dem Hauptbahnhof, funktionelles, elegantes Ambiente, aus den oberen Etagen hat man einen schönen Fernblick.
Rainerstr. 31, T 0662 88 99 30, www.austria-trend.at, €€

Schick und charmant

7 **Auersperg:** Kleines, feines Stadthotel in zentraler Lage am rechten Salzachufer, bestehend aus dem Haupthaus und der benachbarten, revitalisierten Villa mit insgesamt 55 Zimmern, sehr familiär geführt und bis ins Detail liebevoll in altneuem Stilmix gestaltet, großzügiges Frühstücksbuffet, schöne Bar, Wintergarten, Dachterrasse mit Wellnessbereich.
Auerspergstr. 61, T 0662 88 94 40, www.auersperg.at, €€€

Traditionspflege meets Moderne

8 **Stadtkrug:** Am Fuß des Kapuzinerberges in der Fußgängerzone, also ruhig gelegenes Komforthotel, das manch Festspielprominenz seit alters als Refugium fernab des ›Adabei‹-Trubels schätzt, familiäre Leitung, hübscher Dachgarten.
Linzer Gasse 20, T 0662 87 35 45, www.stadtkrug.at, €€€

Mittelklasse in der Einkaufsstraße

9 **Amadeus:** Denkmalgeschütztes, zentral und doch ruhig, unmittelbar neben der Sebastianskirche gelegenes Haus in Familienbesitz mit fast 500-jähriger Geschichte, gemütlich, Zimmer individuell eingerichtet und teils mit Antiquitäten ausgestattet.
Linzer Gasse 43–45, T 0662 87 14 01, www.hotelamadeus.at, €€–€€€

Zen auf Salzburgisch

10 **Jedermann:** Inhabergeführtes Nichtraucherhotel in Gründerzeithaus, das modernes Designerinterieur mit historischen Elementen verbindet, gelegen im Andräviertel, einer beliebten, weil ruhigen Wohngegend, behagliche Lounge mit Sofas und Kachelofen, Winter- und sonniger Innenhofgarten.
Rupertgasse 25, T 0662 873 24 10, www.hotel-jedermann.com, €€

Moderner 3-Sterne-Komfort

11 **Goldenes Theater Hotel:**. Gehobenes Mittelklassehaus am Fuße des Kapuzinerberg, up to date in Ausstattung und Service, Terrassencafé und Restaurant Barcarole, Sauna mit Solarium.
Schallmooser Hauptstr. 13, T 0662 88 16 81, www.goldenestheaterhotelsalzburg.com, €€

Frischer Esprit

12 **Bergland:** Sehr persönlich geführtes Haus mit 18 freundlich-hellen Zimmern, stilvoller Mix aus Tradition und Moderne, netter Aufenthaltsraum, Gartenterrasse, opulentes Bio-Frühstücksbuffet, günstiges Preis-Leistungs-Verhältnis.
Rupertgasse 15, T 0662 872 31 80, www.berglandhotel.at, €€

Schickes Boutique-Guesthouse

13 **arte vida:** Originelles Wohngefühl in exotischem Design mit maghrebinisch-asiatischem Mix, großzügige, helle und farbenfrohe Zimmer, Suiten und Appartements mit sehr persönlicher Atmosphäre, Café-Bar, marokkanischer Sofa-Salon, schöner Garten, Gemeinschaftsküche zur Gästenutzung, Urban Ashram (Wellnessraum) für Yoga, Massage und Therapie, kleiner Kunsthandwerksbasar, beste Innenstadtlage um die Ecke von Mirabellgarten und Mozarteum. Fazit: für trendige Globetrotter one of »the places to be«.
Dreifaltigkeitsgasse 9, T 0662 87 31 85, www.artevida.at, €€

Praktikabel und zentral

14 **Junger Fuchs:** Einfach, aber nett geführt, sauber und ausgesprochen preiswert, nur wenige Gehminuten von Altstadt und Fluss entfernt.

Linzer Gasse 54, T 0662 87 54 96, www.jungerfuchs.at, €

Essen

Geheimtipp für Feinschmecker in Bahnhofsnähe

1 **Auerhahn:** Regionale Hausmannskost plus Leckeres der italienischen und neuen österreichischen Küche in ansprechendem Ambiente, von Hirschkalb, Wildhase, Kalbsrücken und Fasanenbrust bis Seezunge, Jakobsmuschel und Räucherlachs. Besondere Spezialität sind die flaumigen Topfenknödel! Auch angenehmes Hotel.

Bahnhofstr. 15, T 0662 45 10 52, www.auerhahn-salzburg.at, Mi–Sa (Festspielzeit auch Di) 11.30–14.30, 18–23, So 11.30–14.30 Uhr, Küche bis 13.30 bzw. 20.30 Uhr, €€–€€€

Italiener am Eck

2 **Beccofino:** Unprätentiöse, aber tadellose Ristorante-Pizzeria, die Italophilen das Wasser im Munde zusammenlaufen lässt: Paste und Pizze, Fleisch- und Fischgerichte, tgl. ein Mittagsmenü und Do Mittagsbuffet, dazu leckere Antipasti, Dolci, Vini und Caffè.

Rupertgasse 7, T 0662 87 98 78, www.ristorante-beccofino.at, Mo, Mi–Fr 11–14, 17–23 Uhr, Di, Sa, So, Fei nur abends, €€

Gediegene Kaffeehauskultur

3 **Café Bazar:** Rechts der Salzach direkt am Fluss gelegen, bietet dieses großbürgerliche Café klassische Kaffeespezialitäten, hausgemachte Torten, Strudel, kleine feine Speisen und ganztägig Frühstück sowie, sommers von seiner Terrasse, einen fantastischen Blick auf die Stadt.

Schwarzstr. 3, T 0662 87 42 78, www.cafe-bazar.at, Mo–Sa 7.30–19.30, So, Fei 9–18, Juli/Aug. tgl. 7.30–24 Uhr, günstige Mittagsmenüs, €€

Grünes Fast Food

4 **BioBurgerMeister:** Österreichs erster Bio-Burger-Laden mit über einem Dutzend pikanter Hamburger-Versionen, für Vegetarier wie Carnivoren gleichermaßen.

Linzer Gasse 54, T 0662 26 51 01, www.bioburgermeister.com, Di–Sa 17–20 Uhr, €

Koreanische Köstlichkeiten

5 **Hibiskus:** Authentisch koreanische Küche in freundlichem Flair.

Bergstr. 20, T 0662 42 44 25, www.koreaskueche.at, tgl. 11.30–22.30 Uhr, €–€€

Geheimtipp für Freunde von Geschupptem

6 **Pescheria Backi:** An der Theke seiner Fischhandlung auf dem ›kleinen Grünmarkt‹ im Andräviertel bietet Signore Backi täglich frisches Süß- und Salzwassergetier an – und brät es auf Wunsch, mit Salz, Pfeffer und Knoblauch versetzt, auch gleich, auf dass man es mit Gemüse und einem Gläschen Wein im winzigen Gastbereich sogleich verzehre.

Franz-Josef-Str. 16b, T 0662 87 97 78, www.pescheria-backi.com, Mo–Fr 11–15, 18–24 Uhr, Sa nur abends, €€

Süßes Märchen

7 **Die Pâtissière:** Kleines, aber feines Konditorei-Juwel mit vier Tischchen, an denen man bei Kaffee oder Tee unwiderstehliche Kuchen, Torten und Strudel verzehrt. Spezialtipp: die Orangen-Trüffel- und diverse Mohntorten.

Imbergstr. 45, T 0664 522 29 35, www.die-patissiere.at, Di–Sa 10–18 Uhr, €€

Authentisch, gut & vegetarisch

8 **Taj Mahal:** Kein Wunder, dass bei diesem gemütlich-gediegenen Inder häufig kaum ein Tisch zu kriegen ist: Hier pflegt man die Kochkunst aus diversen Regionen des Subkontinents mit fein abgestimmten Zutaten, Gewürzen und Kräutern; große Vielfalt an vegetarischen Spezialitäten (Kofta, Korma, Masala ...), wenngleich man auch feine Fisch- und Fleischgerichte serviert.

Bayerhamerstr. 13/Ecke Lasserstr., T 0662 88 20 10, www.restaurant-tajmahal.com, Di–Fr 11.30–14, 17.30–22, Sa–Mo 17–22 Uhr, €€, Mittagsmenü ab 8,50 €

Heilsam und inspiriert

9 **The Heart of Joy Café:** Vom Geist des berühmten Meditationsmeisters Sri Chinmoy inspirierter kulinarischer Treffpunkt für Vegetarier und Veganer mit indischem Touch, große Auswahl an leckeren Drinks, Salaten, Sandwiches, Bagels, Omelettes, Kuchen, alles aus Bio- und Fairtrade-Produkten. Sonnige Open-Air-Tische.

Franz-Josef-Str. 3, T 0662 89 07 73, www.heartofjoy.at, Mo–Do 8–19, Fr–So 8–20.30 Uhr (365 Tage im Jahr), €

Traditionell-kultig

10 **Die Weisse:** Brauwirtshaus im rustikalen Schick mit hausgebrauten Bierspezialitäten und origineller Küche (Weißwurstgröstl, Biersuppe, Saurer Teller, aber auch Spanferkel, Mastochsenfleisch, Seefische u. v. m.). Außerdem empfehlenswert: als Zutaten zur obligaten Weißwurst die Senfspezialitäten, aus der Bäckerei die Laugenbrezen, Dampfstangerl etc. sowie, hinterher, die exzellenten klaren Brände, der ›Nusserne‹ und der ›Weissbierlikör‹.

Rupertgasse 10, T 0662 87 22 46, www.dieweisse.at, Mo–Sa 10–24 Uhr, Küche durchgehend bis 23 Uhr, €–€€

500 Jahre Brauereitradition

11 **Gablerbräu:** Das gastronomische Herz der rechten Altstadt. Klassische österreichische Küche in weitläufigen Stuben, im Sommer großer Schanigarten in der neu gestalteten Flaniermeile Cornelius-Reitsamer-Platz mit mediterran anmutendem Flair und »Wasserspielen«.

Linzer Gasse 9, T 0662 889 65, www.gablerbrau.at, tgl. 12–22.30 Uhr, €€

Einkaufen

Schatztruhe

1 **Dorotheum:** Filiale des berühmten Auktionshauses aus Wien und Treffpunkt für Sammler und Kunstliebhaber (auch Freiverkauf!).

Schrannengasse 7, T 0662 871 67 10, www.dorotheum.at/sbg

Up to date mit Stil

2 **Einfach Schön:** Aktuelle Modetrends für jedes Alter und jeden Typ, dazu abgestimmt Schuhe, Taschen u. v. m.

Schwarzstr. 4, T 0664 63 01 87, www.einfachschoen.cc

Schmeichelweiche Begegnung von Ost und West

3 **Fürstin Marwar:** Hochwertigster Kaschmir und Seide, handbestickt und nach alter Tradition verarbeitet.

Bergstr. 11, T 0676 664 90 57

Mexiko in Salzburg

4 **Die Cabreras:** Kulinarischer Concept-Store mit pikanten Quiches, Salsa, Quesadillas u. v. m. zum Vor-Ort-Genießen oder Mitnehmen. Überdies gibt es authentisches Kunsthandwerk, Körbe, Keramik, Spielzeug etc. aus Mittelamerika.

Priesterhausgasse 20, T 0699 10 88 65 55, www.diecabreras.com

Authentisch Süßes

5 **Café-Konditorei Fürst:** An der Wiege der Original Salzburger Mozartkugeln mit Nougat und Schokolade über Pistazi-

Dauerhafte Traditionspflege: die »Krachlederne«, hier mit Gamsbockschnalle

en-Marzipan-Kern; zudem feine Kuchen, Torten, Kaffee und Tee.
Mirabellplatz 5, T 0662 88 10 77, www.original-mozartkugel.com

Großes Sortiment

6 **Motzko:** Gut bestückter Buchladen, Abteilung Reisebücher 2 Gehminuten entfernt in der Rainerstraße/Bahnhofspromenade.
Elisabethstr. 1, T 0662 88 33 11, www.motzko.at

Elegantes in Leder

7 **Schliesselberger:** Reisegepäck, Akten- und Schultaschen, Handschuhe, Felle, Pelze, Schmuckkassetten u. v. m in schönem historischen Ambiente.
Lederergasse 5, T 0662 87 31 82, www.lederhaus.at

Zeitlose Eleganz

8 **Schubert:** Spezialgeschäft für Herrenwäsche – edle Hemden, Krawatten, bequeme Wäsche und Pyjamas.
Dreifaltigkeitsgasse 8, T 0662 87 44 11, www.schubert-hemden.at

Das Salz des Lebens

9 **Spiceworld:** Ein solcher Spezialitätenladen lohnt auch die Fahrt an den nordwestlichen Stadtrand: 400 Salze, Gewürze, Pfeffer usw. füllen hier die Regale, darunter so kreative Mischungen wie Tomaten-, Safran-, Knoblauch-Vanille- oder Grünes-Meerrettich-Salz, aber auch Spezialsalz für Fisch- und Lammgerichte.
Europastr. 1, T 0662 89 09 19, www.spiceworld.at, Mo–Do 8–19.30, Fr 8–21, Sa 8–18 Uhr

Wohlfühl-Mode für Sie

10 **Via Venty:** Damen-Markenbekleidung in fließenden Formen, exklusiv, tragbar, feminin; kompetente Beratung.
Linzer Gasse 41, T 0662 87 20 82

Ausgehen

Kaffeebar mit südlichem Flair

1 **Bellini's:** Dolce Vita all' italiana vom Latte Macchiato am Morgen über das Mittags-Tramezzini und den Aperol Spritz zur blauen Stunde bis zum Glas Chianti oder Grappa nach Feierabend. Pluspunkt im Sommer ist der gemütliche Garten vor der Tür.
Mirabellplatz 4, T 0662 87 13 85, Mo–Sa 8–23, So 11–19.30 Uhr

Nightlife-Klassiker

2 **Daimler's:** Der ideale Ort für ein ausschweifendes Schlemmerfest mit typisch salzburgischer Kost, aber auch ofenfrischen Pizzen und Baguettes sowie traumhaftem Altstadtblick, Tanzmöglichkeit, Chill-Zone im ersten Stock.

Giselakai 17, T 0662 87 39 67, www.meindaimlers.at, Dinner: Mi–So ab 18, Bar: Mi–So ab 20, jeweils bis ca. 24 Uhr

Zelluloidkunst

3 Salzburger Filmkulturzentrum Das Kino: Hier wird Film-Liebhabern ein anspruchsvolles Cineasten-Programm geboten mit Schwerpunktthemen, Retrospektiven, Kinderkino etc.

Giselakai 11, T 0662 87 31 00 15, www.daskino.at

Feine Tropfen

4 Fridrich: Stilvoll eingerichtete, in den Fels geschlagene Café-Imbissbar mit neuer Terrasse, gepflegter Musik und exzellent sortiertem Weinkeller mit österreichischen Edeltropfen.

Steingasse 15, T 0676 375 64 21, www.fridrich-bar.at, bei sommerlichem Wetter Do–So 18–1 Uhr

Sprungbrett für (Klein-)Künstler

5 Havana: Gut sortierte Cocktailbar mit Kleinbühne für gelegentliche Liederabende oder Theateraufführungen. Di Ladies' Night, Mi Studententag, Do Cocktailtag.

Priesterhausgasse 14, T 0662 287 00 92, www.havana.at, tgl. 17–ca. 2 Uhr

Cocktails bis zum Abwinken

6 Pepe: Beliebte Adresse in der mittelalterlichen Steingasse für alle Cocktailfans. Abends stets gut besucht.

Steingasse 3, T 0662 87 36 62, www.pepe-cocktailbar.at, Mi–Sa 19–4 Uhr

Like in New York

7 Jazzit: Stimmungsvolle Cocktailbar mit schönem Gastgarten, gute Küche, mehrmals wöchentl. anspruchsvoller Live-Jazz, jeden Di Jamsession, Mi Homebase.

Elisabethstr. 11, T 0662 88 32 64, Di–Sa ab 18 Uhr, www.jazzit.at

Im Marionettentheater wird zu Aufnahmen renommierter Orchester und Sänger das Repertoire einer großen Oper en miniature gepflegt.

Auf höchstem Niveau

8 **Salzburger Landestheater:** Die führende Sprechbühne der Stadt, ganzjährig sind auch Opern, Operetten und Ballettabende im breiten Repertoire der facettenreichen Bühne.

Schwarzstr. 22, T 0662 871 51 22 22, www.salzburger-landestheater.at

In-Treff am Salzachufer

9 **Monkeys:** An der Salzach gelegen, lädt die trendig gestylte Bar mit behaglichen Sitzecken, gedämpftem Licht und grooviger Musik zum entspannten Loungen ein. Im Sommer: Gastgarten mit Altstadtblick.

Imbergstraße 2a, T 0662 87 66 52, www.monkeys-salzburg.at, So–Do 11.30–1, Fr/Sa bis 2 Uhr

Hohe Kunst des Puppenspiels

10 **Marionettentheater:** Schauspiel, Märchen, Musical, vor allem aber Große Oper im Miniaturformat, s. S. 65.

Mozart & More

11 **Mozarteum:** Wo die Lordsiegelbewahrer der Mozartforschung, nämlich die internationale Stiftung gleichen Namens, ihren Sitz hat, finden alljährlich auch die Mozart-Woche (Ende Jan.) sowie gut drei Dutzend hochkarätig besetzte Konzerte statt. Und zwar im Großen, 800 Personen fassenden Konzertsaal oder im intimeren Wiener Saal vor maximal 200 Zuhörern.

Schwarzstr. 26, Kartenbüro: Mozart-Wohnhaus, Theatergasse 2, Postfach 156, T 0662 87 31 54, www.mozarteum.at

Fetzige Rhythmen und Kleinkunst

12 **Rockhouse:** Jazz oder Blues, Heavy Metal oder Hip-Hop, dargeboten von lokalen und Weltstars. Kleinveranstaltungen regelmäßig auch in der zugehörigen futuristisch-funkigen Bar. Im selben Gebäude beheimatet: Salzburg Experimental Academy of Dance (SEAD, T 0662 62 46 35, www.sead.at).

Schallmooser Hauptstr. 46, T 0662 884 91 40, www.rockhouse.at, Bar: Mo–Do 17–1, Fr/Sa 17–2 Uhr

Festliche Kammermusik

3 **Schlosskonzerte in Mirabell:** s. S. 64.

Cocktail-Evolution

13 **Darwin's:** Sympathische Cocktailbar, in der klassische Drinks in neuen Varianten serviert werden. Ideal gelegen für einen Start in den Salzburger Abend. Sehr freundliches Personal!

Steingasse 1, Fr, Sa 9–2, So–Do 9–24 Uhr

Biertankstelle mit Discotouch

14 **Sudwerk:** Weißbierbar mit Kultstatus. Gerstensaft aus der eigenen Brauerei, aber auch Weine, Cocktails und hippe Musik, nicht selten live oder vom DJ.

Rupertgasse 10, T 0662 87 22 46, www.dieweisse.at, Mo–Sa (außer Fei) 17–24 Uhr

Theatralische Überraschungen

15 **Toihaus:** Der Benjamin unter den städtischen Bühnen zeigt hauptsächlich Theater für Kinder, Erstaufführungen und Experimentelles, Bearbeitungen klassischer Stoffe sowie Performancereihen.

Franz-Josef-Str. 4, T 0662 87 44 39, www.toihaus.at

Traditional

16 **Urban-Keller:** Ein beliebter Treffpunkt für Jazzfans, um namhaften Einzelinterpreten und auch (Big) Bands aus dem In- und Ausland zu lauschen.

Schallmooser Hauptstr. 50, T 0662 87 08 94, www.jazzclub-life.at, 20.30–ca. 24 Uhr

Clubcafé & Eisbar

17 **Watzmann Clubcafé und Eisbar:** Viel Spaß, gute Stimmung und leckere Cocktails in Kultbar, Lounge und sommers auch im Garten bei Gefrorenem.

Giselakai 17 a, T 0660 434 40 42, www.cultbar.at, tgl. 19–mind. 4 Uhr

Hohensalzburg, Mönchsberg und nahe Umgebung

Humboldt hatte Recht — das Panorama von der nach ihm benannten Felsterrasse zählt zu den schönsten auf dieser Erde.

Seite 82

Festung Hohensalzburg ✪

Salzburgs weithin sichtbares Wahrzeichen ist ein Juwel gotischer Festungsarchitektur – eine mittelalterliche Burg wie aus dem Bilderbuch voller erlesener Ausstattungsstücke. Äußerst lohnend: der Rundblick über die Stadt von der Aussichtsplattform auf dem Reckturm.

Seite 96

Hangar-7 am Airport

Spektakuläres Museum für historisches Fluggerät, ergänzt durch Erlebnis-Gastronomie auf internationalem Top-Niveau.

Der Salzburger Stier ist kein Tier, sondern ein Kleinkunstpreis.

Eintauchen

Seite 88

Museum der Moderne Mönchsberg

Ein Hort der Gegenwartskunst in unüberbietbar prächtiger Lage, dessen Betreiber regelmäßig spannende Themenschauen inszenieren. Und als Sahnehäubchen gibt's auf der Panoramaterrasse Kaffee und Kuchen.

Seite 95, 98

Augustiner Bräu

Wo man seit fast 400 Jahren würzigen Gerstensaft braut, berauscht man sich an uriger Biergarten-Atmosphäre oder sitzt in den nicht minder stimmungsvollen Bräustuben.

Seite 96

Freilichtmuseum von Großgmain

Bäuerliche Originalarchitektur aus fünf Jahrhunderten, authentisch wieder aufgebaut auf einem 50 ha großen Gelände.

Seite 100

Gaisberg-Rundwanderweg und Panoramastraße

Ein 360-Grad-Rundblick belohnt denjenigen, der sich auf den Weg zum Gaisberg macht.

Seite 90

Durch den Festspielbezirk

Haus für Mozart, Festspielhaus und Felsenreitschule – ein Lokalaugenschein auf den Spuren von Clemens Holzmeister und Herbert von Karajan im ›Allerheiligsten‹ der mitteleuropäischen Hochkultur.

Seite 96

Casino

Rien ne va plus! In Salzburg lässt sich das Glück in besonders prunkvollem Rahmen versuchen – im Barockambiente von Schloss Klessheim.

Ein kleines Kulturjuwel am Ostrand des Mönchsberges: das Museum Wasser.Spiegel.

»In Salzburg brachte ich einige der glücklichsten Stunden meines Lebens zu. Ich wäre auch gerne in der schönen Stadt geblieben; aber als Jude wäre ich nie zur Stellung eines Richters befördert worden.« Th. Herzl

Über den Dächern der Altstadt

S

Salzburgs weithin sichtbares Wahrzeichen, die Festung, beherrscht dank eines auf Traditionen bedachten Bebauungsplans bis heute die Silhouette der Altstadt. Nach der ausführlichen Besichtigung Hohensalzburgs weist dieses Kapitel den Weg zu einem Spaziergang durch die fast völlig vom Autoverkehr befreiten Wälder des Mönchsbergs. Dabei eröffnen sich mehrmals wunderschöne Panoramablicke auf das malerisch verschachtelte Dächermeer zu beiden Seiten der Salzach. Nach dem Abstieg per pedes in den Stadtteil Mülln stehen Ausflüge nach Kleßheim, Großgmain und auf den Untersberg auf dem Programm.

ORIENTIERUNG

O

Reisekarte: F 2/3
Aufstieg auf die Festung:
Man erreicht die Festung vom Kapitelplatz aus zu Fuß oder mit der Festungsbahn (www.festungsbahn.at, Betrieb: Okt.–April 9–17, Mai/Juni, Sept. 8.30–20.30, Juli/Aug. 8.30–21.30 Uhr, Bahn inkl. Besichtigung 16,60 €).
Aufstieg auf den Mönchsberg:
Auf den Mönchsberg gelangt man zu Fuß vom der Hohenfestung über den Kokoschka-Weg oder, vom Festspielbezirk aus, über die Stiege im Toscaninihof. Bequemer ist die Fahrt mit dem **Mönchsbergaufzug** (Talstation in der Gstättengasse 13, Betriebszeiten: Di–So 8–21, Mo 8–19, Juli/Aug. tgl. 8–21 Uhr, einf. Fahrt 2,80 €, Berg- & Talfahrt 4,10 €, Kinder, Senioren ermäßigt, 1 x gratis mit Salzburg Card).

Festung Hohensalzburg

Es gibt prinzipiell zwei Möglichkeiten, den 119 m hohen Dolomitstock, auf dem die **Festung Hohensalzburg** ❶ thront, zu erklimmen: zu Fuß (in ca. 30 Min.) oder – bequemer – mit der Festungsbahn. In beiden Fällen empfiehlt sich als Ausgangspunkt der südlich des Doms gelegene Kapitelplatz. Nirgendwo sonst hat man das Ziel der ›Bergtour‹, die Burg, so prächtig und mächtig vor Augen. Der Weg führt am Eingang zum Petersfriedhof und der alten Mühle (rechts) vorbei in die Festungsgasse, direkt auf die

Talstation der Standseilbahn ❷ zu. Wanderer nehmen von hier entweder die steile, gleich links vom Stationsgebäude beginnende Treppe in Angriff oder folgen der deutlich flacheren Festungsgasse.

T 0662 84 24 30 11, www.salzburg-burgen.at, Jan.–April, Okt.–Dez. tgl. 9.30–17, Adventswochenenden, Ostern bis 18, Mai–Sept tgl. 9–19, z. T. 20 Uhr; Festungsbahn: s. Infobox; FestungsCARD: alle Eintritte inkl. Berg- und Talfahrt 16,90 €

Aufstieg

Beide Fußwege münden kurz vor dem ersten Sperr-, dem sog. **Lodronbogen,** ineinander. Weitere Stationen beim Aufstieg sind der zweite Sperr- oder **Keutschachbogen (24,** s. Plan S. 84), dann, nachdem man am Fuße der gewaltigen Mauer der Kuenburg-Bastei auf einer Brücke den Schlossgraben überquert hat, der dritte Sperrbogen mit dem **Unteren Trompeterturm (9).** Zwischen **Mesner- und Schmied-Stöckl (10),** rechts, und dem Schlangengang, links, erreicht man schließlich die **Höllenpforte (3)** und damit den Äußeren Burghof. Der schmale, steile Schienenstrang, der hier endet, gehört zum sog. **Reißzug**, einem über 300 m langen Materialaufzug, den Leonhard von Keutschach im Jahre 1504 (!) vom Nonnberg quer durch die Befestigungsanlagen anlegen ließ.

Wer mit der Festungsbahn ankommt, die übrigens bis 1960 mit Wasser (das man am Berg in die Waggons füllte) betrieben wurde, betritt die Burganlage auf der genau gegenüberliegenden Seite. Indem man die Treppe an der Außenwand des **Glockenturmes (17)** emporsteigt und den Verteidigungsgang durchquert, gelangt man in den **Alten Schlosshof** und weiter durch den Feuergang an drei alten Kanonen und einem Ziehbrunnen vorbei in den **Äußeren Burghof**.

Die leise Erschöpfung und die steinerne Rundbank im Schatten der riesigen 400-jährigen Linde legen eine kurze Rast nahe. Während der Blick über all die Zeug- und Arbeitshäuser, Türme und Getreidespeicher schweift, über die hübsch vergitterte **Zisterne** (1539) und das **Leonhard-von-Keutschach-Denkmal** Hans Valkenauers (1515; an der Südfront der **St.-Georgs-Kirche (23)**), kann man sich in Ruhe die baugeschichtlichen Eckdaten dieser Bilderbuchburg einzuprägen versuchen.

Geschichte

Die Errichtung eines ersten hölzernen Kastells hatte bereits Erzbischof Gebhard im Jahre 1077, mitten im Investiturstreit, veranlasst. Im 12. und 13. Jh. folgten ein steinerner Palas und der äußere Mauerring. Ihre heutige Gestalt erhielt die Anlage in mehreren Ausbaustufen. So schuf etwa Burkhart von Weißpriach um 1465 die großen Rundtürme. Leonhard von Keutschach fügte zusätzliche Basteien sowie die innere Ringmauer hinzu und verwandelte den Hohen Stock in eine schmucke spätgotische Residenz. Weitere Basteien, Bögen, Türme und Gänge folgten. Als furioses Finale verzeichnet die Bauchronik die 1681 entstandene Kuenburgbastei.

Die gesamte, eine Baufläche von 14 000 m^2 umfassende Burg diente bis 1945 ausschließlich als Kaserne. Bis 1860 war Zivilisten der Zutritt ausnahmslos verboten. 1870 ließ man Touristen herein. 1893 wurde die Zahnradbahn erbaut. In den ersten Jahren nach dem letzten Krieg dienten die Gemäuer als Flüchtlingsunterkünfte. 1953 übergab die Republik Österreich das Bauwerk für 99 Jahre dem Land zur Verwaltung. Noch im gleichen Jahr zog dann die Schule des Sehens (s. S. 273) ein, die hier alljährlich zur Festspielzeit im Rahmen der Internationalen Sommerakademie für Bildende Kunst nach wie vor viel besuchte Kur-

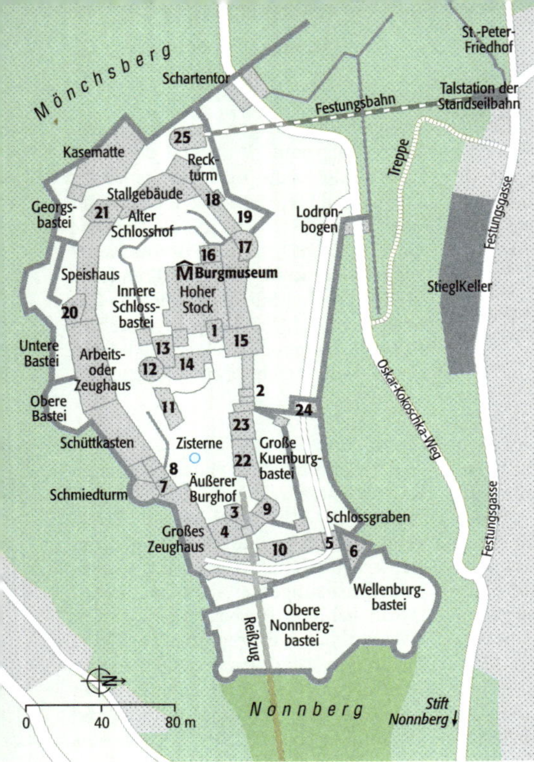

1 Leonardskapelle
2 Beichtvaterstöckl
3 Höllenpforte
4 Ehemalige Vizekommandeurswohnung

Festung Hohensalzburg

5 Bürgermeistertor, Fallgatter und Wolfsgrube
6 Bürgermeisterturm
7 Schleuderpforte
8 Büchsenmacherstöckl
9 Trompeterturm
10 Mesner- und Schmiedstöckl
11 Kaplanstöckl
12 Kuchelturm
13 Pfisterei
14 Schulhaus
15 Stockhaus
16 Feuerturm
17 Glockenturm
18 Verteidigungsgang
19 Große Hasengrabenbastionen
20 Geierturm und Bastei
21 Hasenturm
22 Reißzuggebäude
23 Georgskirche
24 Keutschachbogen
25 Bergstation der Standseilbahn

se abhält. Anfang der 90er-Jahre – die jährliche Besucherzahl lag längst bei über 1 Mio. – begann man damit, die felsgraue Außenfassade der gesamten Burg nach und nach mit einem weißen Kalk-Sand-Gemisch neu zu tünchen. Seither beherrscht sie wieder, wie ursprünglich im Mittelalter, strahlend hell und machthaberisch die Kulisse der Stadt. 2016 schenkte die Republik Österreich schließlich dem Land Salzburg sein Wahrzeichen für alle Zeiten.

Führung durch die Festung Hohensalzburg

Ausgeruht und mit Daten gefüttert, sollte man nun, ausgestattet mit einem Audioguide, unbedingt eine Führung durch die Festung unternehmen. Sie dauert ungefähr 90 Min., macht ausschließlich mit frei nicht zugänglichen Räumen bekannt und umfasst auch das **Festungs-**, das **Rainer-Regiments-** und das **Marionettenmuseum.** Der Rundgang beginnt im **Stallgebäude.** Hier hängen, in Öl verewigt, jene 17 Erzbischöfe, die im Laufe der Jahrhunderte zum Ausbau der Burg beigetragen haben. Außerdem gibt es sieben Burgmodelle zu sehen, die verschiedene Entstehungsphasen widerspiegeln.

Der Rundgang führt anschließend in den **Reckturm** mit der Gerichtsstube, dem Burgverlies und weiter über eine Wendeltreppe auf die **Aussichtsplattform,** von der man einen fulminanten Rundblick über die Stadt genießt. Durch den Wehrgang gelangt man zum sog. **Salzburger Stier,** einem Hornwerk, das angeblich um 1502 erbaut wurde und seinen Beinamen dem grellen F-Dur-Akkord verdankt, den es ursprünglich von sich gab. Es sollte die Bürger wecken sowie Gefahr und hohen Besuch ankündigen. Doch noch in der zweiten Hälfte des 16. Jh. baute man eine Walzenorgel ein, für die im Laufe der Zeit berühmte Komponisten wie etwa Paul Hofhaimer oder Leopold Mozart Stücke schrieben. Seit damals sendet das komplizierte Walzenwerk des Stieres zwischen Ostern und Allerheiligen dreimal täglich seine Melodien über die Stadt.

Das **Alte Schloss,** in dem man sich nun befindet, ist das zentrale Gebäude der Festung. Seine Hauptattraktionen sind die vor einigen Jahren aufwendig restaurierten Fürstenzimmer. Das erste, genannt **Schlafzimmer,** verfügt über eine wunderschöne Holzkassettendecke und reiches Rosettenwerk an den Wänden. Sein Zierrat wird freilich von jenem des folgenden, größeren Raumes, der **Goldenen Stube,** noch weit übertroffen. Deren verschlungene Rankengeflechte, die Wappen und Statuetten von Heiligen und ein prächtiger Plafond zeugen von unbändiger Fantasie. Einziges Inventar ist ein aus Ton modellierter, großer Kachelofen – ein über und über mit exotischen Pflanzen, Türmchen, Figuren und Wappen bedecktes Meisterwerk mittelalterlicher Hafnerarbeit.

Letzte Station auf dem Rundgang ist der angrenzende **Goldene Saal.** Er wird von vier massiven, gewundenen Säulen aus Adneter Marmor dominiert und von einem schier endlos langen, mit Wappen und Inschriften verzierten Balken überspannt. Abschließend sei noch ein Blick in die schöne, spätgotisch ausgestattete **Festungskirche (23)** empfohlen. Sie ist dem hl. Georg geweiht und birgt u. a. 13 sehenswerte, um 1502 entstandene Marmorreliefplatten, deren überlebensgroße Figuren Jesus und die Apostel darstellen.

Über den Mönchsberg

Wasser.Spiegel

Einen schönen Kontrapunkt zu so viel Militärgeschichte bietet ein Spaziergang über den sanft gewellten, bewaldeten Hügel des Mönchsbergs. Er beginnt beim Lodronbogen und führt, unter den Schienen der Festungsbahn hindurch, auf dem **Oskar-Kokoschka-Weg** Richtung Westen. Hier befindet sich, gegenüber der Vogelschautafel, der Eingang zum Hochbehälter. In diesem ist ein sehenswertes Wassermuseum, **Wasser.Spiegel** ❸ genannt, untergebracht. Es dokumentiert die Geschichte der Wasserversorgung sowie ihr heutiges Funktionieren, ist allerdings nur selten geöffnet.

Dr. Ludwig-Prähauser-Weg, T 0662 45 15 15 32 03, www.salzburg-ag.at/wasser/wasserspiegel/, Führung inkl. Videofilm Juni–Aug. Do–So 10–18, März–Mai, Sept./Okt. Fr–So 10–17, Nov.–Feb. 10–16 Uhr, 7 €, warme Kleidung mitnehmen!

Vom Bürgermeister-Loch bis zum Neutor

Wenig später passiert man das sog. **Bürgermeister-Loch** – eine Toröffnung im

Hohensalzburg, Mönchsberg, Mülln

Ansehen

1. Festung Hohensalzburg
2. Talstation der Standseilbahn
3. Wasser.Spiegel
4. Freyschlössl
5. Grasmayr-Villa
6. Kapellhausstöckl
7. Edmundsburg/Stefan Zweig Centre
8. Haus für Mozart
9. Felsen-/Sommerreitschule
10. Großes Festspielhaus
11. Museum der Moderne Mönchsberg
12. Johannesschlössl
13. Johannesspitalkirche
14. Müllner Kirche

Schlafen

1. Schloss Mönchstein
2. Hotel Neutor
3. Villa Ceconi
4. Naturfreundehaus Stadtalm

Essen

1. Augustiner Bräu
2. esszimmer
3. Buffet zur Richterhöhe
4. Krimpelstätter
5. Riedenburg
6. StieglKeller
7. M32

Fortsetzung s. S. 88

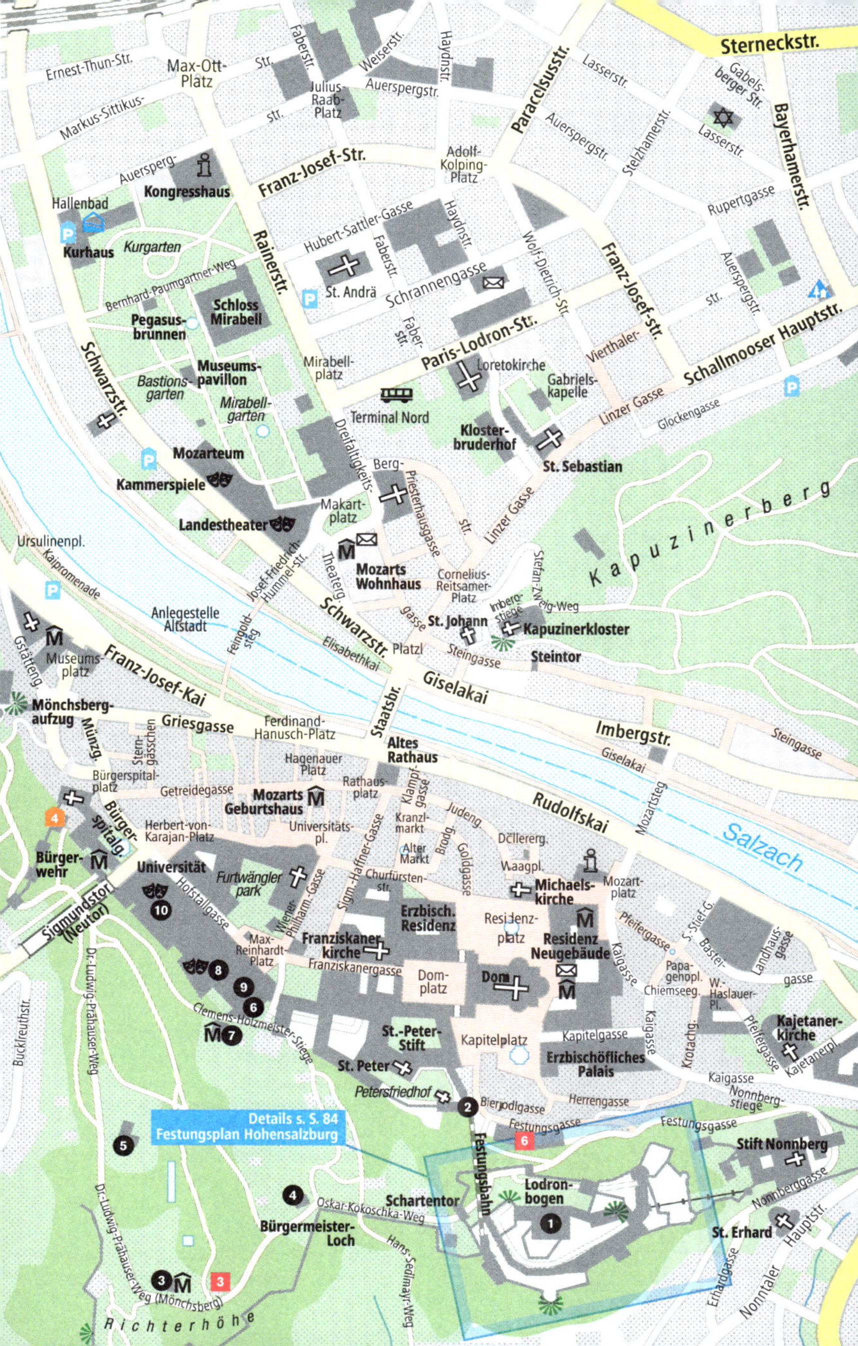

Sterneckstr.
Max-Ott-Platz
Ernest-Thun-Str.
Markus-Sittikus-Str.
Faberstr.
Weiserstr.
Haydnstr.
Julius-Raab-Platz
Auerspergstr.
Paracelsusstr.
Lasserstr.
Gabelsberger Str.
Bayerhamerstr.
Franz-Josef-Str.
Adolf-Kolping-Platz
Stelzhamerstr.
Kongresshaus
Hallenbad
Kurhaus
Kurgarten
Hubert-Sattler-Gasse
Rupertgasse
Rainerstr.
St. Andrä
Schrannengasse
Wolf-Dietrich-Str.
Bernhard-Paumgartner-Weg
Schloss Mirabell
Pegasusbrunnen
Paris-Lodron-Str.
Schallmooser Hauptstr.
Vierthaler-Str.
Schwarzstr.
Museumspavillon
Mirabellplatz
Loretokirche
Gabrielskapelle
Bastionsgarten
Mirabellgarten
Terminal Nord
Linzer Gasse
Glockengasse
Klosterbruderhof
St. Sebastian
Mozarteum
Kammerspiele
Dreifaltigkeitsgasse
Berg-
Priesterhausgasse
Kapuzinerberg
Landestheater
Makartplatz
Ursulinenpl.
Kaipromenade
Mozarts Wohnhaus
Theaterg.
Cornelius-Reitsamer-Platz
Stefan-Zweig-Weg
Josef-Friedrich-Hummel-Str.
Anlegestelle Altstadt
Feingoldsteg
Imbergstiege
St. Johann
Kapuzinerkloster
Steintor
Steingasse
Platzl
Elisabethkai
Museumsplatz
Gstätteng.
Franz-Josef-Kai
Giselakai
Mönchsbergaufzug
Griesgasse
Ferdinand-Hanusch-Platz
Staatsbr.
Altes Rathaus
Imbergstr.
Münzg.
Sterngässchen
Hagenauer Platz
Bürgerspitalplatz
Getreidegasse
Rathausplatz
Klampferergasse
Rudolfskai
Mozartsteg
Salzach
Mozarts Geburtshaus
Bürgerspitalg.
Herbert-von-Karajan-Platz
Universitätspl.
Kranzlmarkt
Judeng.
Dollererg.
Alter Markt
Brodg.
Goldgasse
Bürgerwehr
Universität
Furtwängler park
Sigm.-Haffner-Gasse
Churfürstenstr.
Waagpl.
Michaelskirche
Mozartplatz
Sigmundstor (Neutor)
Hofstallgasse
Wiener-Philharm.-Gasse
Erzbisch. Residenz
Residenzplatz
Residenz Neugebäude
Pfeifergasse
S.-Stief-G.
Basteigasse
Landhausgasse
Max-Reinhardt-Platz
Franziskanerkirche
Franziskanergasse
Domplatz
Dom
Kaigasse
Papagenopl.
Chiemseeg.
W.-Haslauer-Pl.
Dr.-Ludwig-Prähauser-Weg
Clemens-Holzmeister-Stiege
St.-Peter-Stift
Kapitelplatz
Kapitelgasse
Erzbischöfliches Palais
Krotachg.
Kajetanerkirche
Kajetanerpl.
Bucklreuthstr.
St. Peter
Petersfriedhof
Bierjodlgasse
Herrengasse
Nonnbergstiege
Details s. S. 84
Festungsplan Hohensalzburg
Festungsgasse
Festungsbahn
Stift Nonnberg
Schartentor
Lodronbogen
Nonnberggasse
Oskar-Kokoschka-Weg
Bürgermeister-Loch
St. Erhard
Hauptstr.
Hans-Sedlmayr-Weg
Erhardgasse
Nonntaler
Dr.-Ludwig-Prähauser-Weg (Mönchsberg)
Richterhöhe

Hohensalzburg, Mönchsberg, Mülln Fortsetzung von Seite 86

Einkaufen
1 Archides
2 Ploom
3 Ma Maison

Ausgehen
1 Literaturhaus

Wall zwischen Mönchs- und Festungsberg, die ihren Spitznamen einem Gemeindevorsteher aus dem 19. Jh. verdankt, der im südlich gelegenen Nonntal wohnte und, um seinen täglichen Weg ins Rathaus abzukürzen, in die von Paris Lodron im Dreißigjährigen Krieg errichtete Wehrmauer einfach eine Bresche schlagen ließ.

Den nächsten Wegabschnitt säumen das neogotisch umgestaltete **Freyschlössl** 4 mit seinem im Kern 600 Jahre alten ›roten‹ Turm, einem Wasserreservoir. Etwas abseits zur Linken die Aussichtswarte auf der nach dem Geografen und Alpinisten Eduard Richter (1847–1905) benannten Richterhöhe, der **Konstantinsturm,** in dessen Anbauten Anfang der 1980er-Jahre Peter Handke wohnte, und die **Grasmayr-Villa** 5. Letztere war in der ersten Hälfte des 20. Jh. Wohnsitz des aus einfachsten Verhältnissen stammenden Alois Grasmayr, der als Salzburgs Hotel-Tycoon in die Annalen einging und sich auch als Schriftsteller einen Namen machte.

Hart am Nordrand des Mönchsbergs, hoch über dem Festspielbezirk, thronen zwei markante Gebäude: das **Kapellhausstöckl** 6 und die **Edmundsburg** 7. Ersteres ist durch einen Lift und auch eine schier endlose Treppe mit dem darunter gelegenen Toscaninihof verbunden und beherbergt seit seiner Renovierung vor einigen Jahren das Pressebüro der Salzburger Festspiele. Letzteres wurde kurz vor 1700 als Sommersitz der Äbte von St. Peter erbaut, 150 Jahre später von Carolina Augusta, der Kaiserinwitwe, in eine Knabenwaisenanstalt umgewidmet und dient heute der Paris-Lodron-Universität als ›Haus für Europa‹. Es beherbergt ein Zentrum für Europäische Studien, das Salzburger Literaturarchiv und das **Stefan Zweig Centre** (s. S. 94).

Etwas weiter westlich überschreitet man das **Neutor.** Hier lassen sich im Fels noch deutlich Spuren aus der Mitte des 17. Jh. erkennen, als die Salzburger versuchten, den aus Nagelfluh, einem Geröllkonglomerat aus Kalkstein, Quarz, Gneis und Glimmerschiefer, bestehenden Mönchsberg aus wehrtechnischen Gründen in zwei Hälften zu schneiden.

Haus für Mozart, Felsenreitschule, Großes Festspielhaus

8 – 10 s. Tour S. 90

Museum der Moderne Mönchsberg

In den letzten Jahren war immer wieder im Gespräch, im Fels des Mönchsberges eine spektakuläre, von Stararchitekt Hans Hollein entworfene Filiale des New Yorker Guggenheim Museums zu installieren. Der kühne Plan ist von den zuständigen, allzu zögerlichen Politikern in Stadt und Land längst zerredet, aber auch durch die akuten Finanznöte des ›Guggenheim-Imperiums‹ vereitelt worden. Stattdessen hat man dort, wo lange Zeit das Casino auf die Altstadt hinabblickten, das **Museum der Moderne Mönchsberg** 11 eingerichtet. Benachbart ist ein Aussichtscafé, das **M32** 7 (s. S. 89).

In diesem prächtig gelegenen Bau finden in Zusammenarbeit mit dem Stamm-

Lieblingsort

Phänomenaler Altstadtblick – das M32

Keine Frage, dieses Café-Bar-Restaurant wäre auch anderswo, unten in der Stadt, ein Hit: elegante und trotzdem jugendliche Einrichtung, mittags ein gepflegter Business-Lunch, zur Teatime täglich frische Kuchen, bis spätabends feine Weine, Cocktails und Snacks, ein illustrer Gästemix … Was dieses Lokal jedoch himmelhoch über alle vergleichbaren erhebt, ist seine Lage. Hier am Mönchsberg, im **M32** 7, sieht man die Silhouette der Salzburger Altstadt mit Dom, Festung Hohensalzburg und dem Gaisberg in der Ferne. Ein emotionaler Kühlschrank, wen da nicht die Begeisterung packt! (Mönchsberg 32, T 0662 84 10 00, www.m32.at, Di–So 9–24 Uhr, Festspielzeit tgl., €€€).

TOUR
Große Meister lassen grüßen

Erkundungsgang durch den Festspielbezirk

Großes Festspielhaus, Haus für Mozart und Felsenreitschule bilden zusammen die Kernzone des Festspielbezirks. Hier einem Konzert oder Bühnenstück beizuwohnen, zählt zu den Höhepunkten jedes öster- oder sommerlichen Salzburg-Aufenthalts. Um den Geist, der das weltberühmte Kunstfestival beseelt, und die Infrastruktur, die sein Gelingen erst ermöglicht, zu verstehen, empfiehlt sich ein Rundgang durch die zentralen Veranstaltungsorte.

Das hätte sich Wolf Dietrich wohl in seinen kühnsten Träumen nicht erwartet: dass sich in dem monumentalen Gebäudekomplex, den er 1606 am Fuße der Mönchsbergwand als fürsterzbischöfliche Stallungen errichten ließ, dereinst die besten Musiker der Welt versammeln würden, um vor einem von weither angereisten Publikum ihrer Kunst zu frönen. Anfänglich hatte der Hofmarstall, wie der Name schon sagt, Pferde beherbergt. Gegen Ende des 17. Jh. hatte man ihn um zwei Reitschulen, je eine für Sommer und Winter, erweitert. Später diente er lange als Kavalleriekaserne, ehe 1925, mit dem Umbau einer um 1840 hinzugefügten Reithalle zur Bühne, erstmals die Musen in den riesigen Baukörper Einzug hielten.

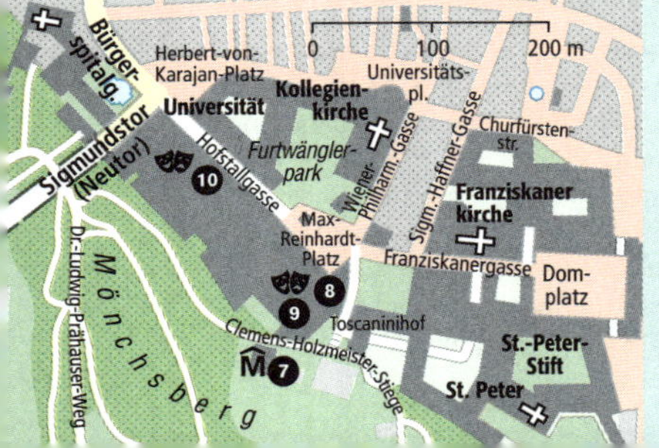

Das ›Allerheiligste‹ von außen inspiziert

Natürlich kann sich, wer diesen Brennpunkt des Salzburger Kunstgeschehens begutachten will, mit der Außenansicht begnügen. Er kann die Hofstallgasse entlangflanieren und die mehrteilige, gut

Infos

Cityplan: s. S. 86

Zeit: 60–90 Min.
Start: Eingangsbereich Haus für Mozart, Hofstallgasse 1
Führungen durch die Festspielhäuser: tgl. 14, Juli/Aug. auch 9.30 u. 15.30 Uhr, Erw. 7 €, Kinder 4 €; Infos: T 0662 84 90 97, www.salzburgerfestspiele.at;
Stefan Zweig Centre: Edmundsburg, Mönchsberg 2, Mo, Mi–Fr 14–16 Uhr, 5 €, Führungen: T 0662 80 44-76 41, www.stefan-zweig-zentrum.at
Infos zu den Festspielen: s. S. 255

200 m lange Fassade studieren – zunächst, ganz im Osten gegenüber dem Furtwänglerpark, die großflächig verglaste des Hauses für Mozart mit den von Josef Zenzmaier gestalteten Bronzereliefs und dem berühmten steinernen Maskenblock von Jakob Adlhart, der auf einem Podest unter dem weit auskragenden Vordach ruht. Westlich angrenzend sieht man – von den Fernseh- und Paparazzibildern des Prominentenpublikums wohl bekannt – die wuchtige Quadermauer des Großen Festspielhauses mit den sieben Bronzetoren. Und schließlich um die Ecke, zu Karajan-Platz und Sigmundstor hin, präsentiert sich die originale, von Johann Bernhard Fischer von Erlach gestaltete Barockfassade.

Der Eindruck ist beachtlich, gewiss. Doch wäre es schade, nicht auch das Innere dieses für die Jünger der Hochkultur allerheiligsten Bezirkes zu erkunden. Zwei Möglichkeiten dazu bestehen prinzipiell: Entweder man ersteht eine Karte für eine Aufführung der Festspiele. Dann kann man vor Beginn und in der Pause die Räumlichkeiten in aller Ruhe inspizieren. Oder man schließt sich einer der das ganze Jahr über (fast) täglich stattfindenden Führungen an.

Zum Gedenken an Mozart, Anton Faistauer und Karl Böhm

Willkommen im **Haus für Mozart** ❽. Ausgangspunkt für Rundgänge ist hier das **Faistauer-Foyer.** Die quadratische, mit rotem Marmor belegte Halle trägt den Namen des Salzburger Malers Anton Faistauer. Die Fresken, mit denen dieser 1926 die Wände schmückte, wurden von den Nazis als »entartet« verunglimpft, teilweise zerstört und der Rest abgenommen und, soweit erhalten, erst 1956 wieder angebracht. In sechs Themengruppen gegliedert, zeigen sie allegorische Figuren, Gestalten aus der antiken Sagenwelt, aber auch religiöse und theatralische Szenen wie etwa die Tischgesellschaft aus dem ersten Akt von Hofmannsthals »Jedermann«, Angesichts der Bildsequenz, die an die Erbauung des Hauses erinnert, scheint es angebracht, im Zeitraffer seine Entstehungsgeschichte Revue passieren zu lassen.

Es wurde Mitte der 1920er-Jahre nach Plänen Clemens Holzmeisters errichtet und später mehrfach umgebaut – so 1937, als man den Zuschauerraum um 180 Grad drehte, wodurch ein Bühnenhausanbau notwendig wurde. Ein erneuter Eingriff erfolgte zwei Jahre später, als nach Österreichs »Anschluss« an Hitler-Deutschland ein gewisser Benno von Arent, seines Zeichens »Reichsbühnenbildner«, alle »dekadente« Kunst entfernte und die Holzverkleidung durch eine goldverzierte Gipsdecke ersetzte. Seit dem letzten Umbau, dessen Ende 2006 mit einer von Nikolaus Harnoncourt geleiteten »Hochzeit des Figaro« gefeiert wurde, zählt das Haus knapp 1500 Sitz- und 85 Stehplätze.

Nächste Station auf dem Rundgang ist der zwischenzeitlich nach dem legendären Dirigenten (1894–1981) benannte **Karl-Böhm-Saal.** Er wurde 1662 auf Geheiß von Fürsterzbischof Guidobald Graf von Thun als Winterreitschule erbaut und ebenfalls von Clemens Holzmeister umgestaltet. Das Deckengemälde über dem 50 m langen, heute als Pausen- und Repräsentationsraum genutzten Saal schufen der Salzburger Hofmaler Johann Michael Rottmayr und dessen Schüler Christoph Lederwasch. Es zählt mit fast 600 m² zu den größten Fresken in Österreich und zeigt das sog. Türkenstechen, das für angehende Kavalleristen in der Barockzeit übliche Angriffstraining auf orientalisch anmutende Puppen. Sehenswert ist hier außerdem die Orpheus-Statue von Alfred Hrdlicka.

Als Blickfang im hohen und abends hell illuminierten **Hauptfoyer** des Hauses für Mozart, von dem aus nun auch die vorgelagerte Terrasse betretbar ist, fungiert der sog. Lichtcode Mozart: Durch eine 17 m hohe, vergoldete Lamellenwand funkelt das aus 58 000 Swarovski-Kristallen geformte Konterfei des Maestrissimo. Ebenfalls im Foyer lehnen die marmornen Tränentafeln (offiziell: »Hidden Tears«) des Schweizer Gegenwartskünstlers Not Vital. Und steigt man zur **SalzburgKulisse** hoch, der neuen Lounge auf dem Dach, blickt einem die frühere Festspielpräsidentin Helga Rabl-Stadler entgegen – von Xenia Hausner auf Leinwand gebannt. Die Gobelins der mit Birnholz verkleideten Wände der Lounge stammen von Anton Kolig, einem Zeitgenossen Faistauers.

Aus dem Berg gehauen

Als nächstes steht die berühmte Felsen- alias **Sommerreitschule** ❾ auf dem Besichtigungsprogramm:

Große Kunst im Großen Festspielhaus … und die Menschen strömen.

Sie wurde 1693 an jener Stelle, an der man zwei Generationen früher den Konglomeratfels für den Dombau gebrochen hatte, aus dem Mönchsberg gehauen und seinerzeit für Tierhatzen und Reitvorführungen genutzt. Bauherr war Erzbischof Johann Ernst Thun; die Baupläne stammten von J. B. Fischer von Erlach. Das Publikum fand damals in 96 dreigeschossig übereinander angelegten Arkaden Platz. Ab 1926 war das eindrucksvolle Geviert, das heute von einem zu öffnenden Dach und einer allfällige Regengeräusche dämpfenden Netzplane überspannt wird, im Rahmen der Festspiele Schauplatz von Theateraufführungen.

Als Erstes inszenierte damals Max Reinhardt Carlo Goldonis »Der Diener zweier Herren«. 1933 baute Holzmeister darin die legendäre Faust-Stadt für die Freiluftinszenierung des Goethe'schen Menschheitsdramas. 1948 verwandelte Herbert von Karajan, der langjährige Doyen der Festspiele, es erstmals in eine Opernbühne. 1970 bekam die Bühne der über 1400 Zuschauer fassenden Felsenreitschule eine 4 m tiefe Unterbühne eingezogen.

Eine Bühne der Superlative

Bleibt zu guter Letzt als zentrale Bühne des Festspielbezirks das **Große Festspielhaus ⑩**. Auch seine Pläne entwarf der dem gemäßigt modernen Stil der Nationalromantik zugezählte Clemens Holzmeister, der übrigens lange in der Türkei tätig und auch als Lehrer sehr einflussreich war. 1956 wurden sage und schreibe 55 000 m³ Fels aus der Mönchsbergswand abgetragen, um für das gewaltige Bühnenhaus Platz zu schaffen. Es gehört denn mit 100 m Breite auch zu den größten der Welt. Das Auditorium, das 2179 Besuchern Platz bietet, wurde 1960 mit Richard Strauss' »Rosenkavalier« eröffnet.

»Eine Menge bildender Kunst«

Ein Hauptaugenmerk jedes Rundgangs liegt naturgemäß auf den Kulissen. Speziell im Frühjahr bekommen Besucher oft Aufbauten zu Gesicht, die für die aktuellen

Inszenierungen vorbereitet werden. Viel Spannendes gibt es freilich auch über die Jahre permanent zu sehen: so im Eingangsbereich die beiden Plastiken aus Carraramarmor, »Musik« und »Theater«, von Wander Betoni und die vier großen Farbkreuze von Robert Longo, weiters die Gobelins »Orpheus und Euridike« von Oskar Kokoschka, an den Randstiegen die Keramikplastiken von Arno Lehmann und, über der Haupttreppe, die abstrakten Stuckornamente von Hilda Schmid-Jesser. Gleichfalls fix installiert sind die großflächige Wandmalerei des »Phantastischen Realisten« Wolfgang Hutter im Vorraum der linken Rangloge und natürlich der ›Eiserne Vorhang‹ des Wotruba-Schülers Rudolf Hoflehner. Von Letzterem stammt übrigens auch das stählerne »Zwölfton-Fries« hinter dem Buffet in der unteren Pausenhalle. Es ist als Huldigung an Anton von Webern gedacht und hält eine nette Überraschung bereit. Tastet man nämlich, ganz vorsichtig, versteht sich, nach den losen, im geometrischen Muster verborgenen Stäben, bringt man Teile des Frieses zum Klingen. Die sperrige Installation entpuppt sich als Klangkörper.

Erinnerung an Zweigs Salzburger Jahre

Eine Empfehlung noch postskriptum: Nach Ende des Rundgangs durch die Bühnenhäuser kann man natürlich, um den Eindruck zu komplettieren, auch weitere Schauplätze der Festspiele in der Nähe wie Domplatz, Kollegienkirche, Stiftskirche St. Peter oder Große Universitätsaula inspizieren. Wobei man diese teilweise ja wohl vom regulären Stadtrundgang ohnehin schon kennt. Unbedingt freilich sollte man außen, vom Toscaninihof, über die in Stein gemeißelte und in Beton gegossene Holzmeister-Stiege auf den Mönchsberg hochsteigen. Als Lohn warten oben ein traumhafter Panoramablick, eine waldige Grünoase zum Spazierengehen.

Und wer weiß, vielleicht reichen die Energien ja sogar noch zu einer Stippvisite in der **Edmundsburg** (s. auch S. 88). Dort ist das **Stefan Zweig Centre** ❼ untergebracht – ein Ort der Literatur und Wissenschaft, an dem regelmäßig mittels Vorträgen, Gesprächen, Lesungen und Tagungen, vor allem aber in einer Dauerausstellung mit Bildern und Dokumenten vom Leben und Werk des weltberühmten Autors erzählt wird.

haus Rupertinum thematische Ausstellungen zur Kunst des 20. und 21. Jh., aber auch Präsentationen der Sammlung und der österreichischen Fotogalerie statt. Zusatzschienen wie »Project Room« und »Transit« sollen das neue Museum zu einem Ort der lebendigen Kommunikation mit zeitgenössischen Künstlern machen.
Mönchsberg 32, T 0662 84 22 20-403, www.museumdermoderne. at, Di–So (zur Festspielzeit auch Mo) 10–18, Mi bis 20 Uhr, 8 €, nur kombiniert mit dem Rupertinum 13 €; Zugang auch über Lift, Talstation in der Gstättengasse (s. Orientierung S. 82)

Von der Bürgerwehr zum Johannesschlössl

Unser Spaziergang führt weiter an der Bürgerwehr, einer Wehranlage aus dem 15. Jh., vorbei zum **Schloss Mönchstein** 1. Das märchenhaft anmutende, in einem 2,5 ha großen Privatpark gelegene Gebäude wurde 1350 erstmals urkundlich erwähnt. Heute dient es betuchten Individualisten als exquisite 5-Sterne-Herberge.

Ein kleiner Umweg Richtung Süden macht noch mit dem **Johannesschlössl** 12 bekannt. Dieses war anfänglich Eigentum des Salzburger Münzmeisters, eines gewissen Georg Thenn, danach Sommersitz für Wolf Dietrich, Soldatenunterkunft, Zündholzfabrik und schließlich Wohnsitz des legendären, immens reichen russischen Obersts Basilius Paschkoff. Seit 1926 dient es – mit kurzen Unterbrechungen im Krieg – dem Orden der Pallottiner als Missionshaus.

Mülln

Der weitere Weg hinunter nach Mülln ist in ca. 20 Min. zu bewältigen. Bevor man sich freilich im berühmten **Augustiner Bräu** 1 vulgo Müllnerbräu den Tonkrug mit goldgelbem Märzen aus den traditionellen Holzfässern füllt oder sich im Traditionsgasthaus **Krimpelstätter** 4 eine wohlverdiente Stärkung gönnt, sollte man noch zwei Kirchen besuchen: zum einen die **Johannesspitalkirche** 13 (tgl. 7–19 Uhr) in der Müllner Hauptstraße, die nach den Plänen von niemand Geringerem als Johann Bernhard Fischer von Erlach entstand und mehrere Altarbilder von Johann Michael Rottmayr besitzt. Und zum anderen die **Müllner Kirche** 14 (sommers 8–19, winters nur bis 18 Uhr). Im Kern ein Bau aus dem 15. Jh. und in der Folge mehrfach erweitert, mag sie von außen unspektakulär erscheinen. Umso prächtiger ist ihr barockes Inneres mit seinem reichen Stuck, dem Hochaltar und den diversen Altarbildern von Rottmayr und Martin Johann Schmidt, dem Kremser Schmidt.

Ausflugsziele in der Umgebung

Basilika Maria Plain F 2

Die helle, doppeltürmige Kirche, von Hofbaumeister Giovanni Antonio Dario 1671–74 geschaffen, nimmt zusammen mit den hübschen, schindelgedeckten Wegkapellen des Kalvarienbergs unter den Salzburger Wallfahrtsorten eine führende Stellung ein. Das mag einerseits an ihrer überaus reichen Innenausstattung liegen, an der namhafte Künstler wie etwa Thomas Schwanthaler (Kreuzaltar), Christoph Lederwasch (Altar der hl. Sippe) und Martin Johann Schmidt, genannt Kremser Schmidt, (Wandmalereien über den Beichtstühlen) beteiligt waren. Zum anderen liegt es aber an dem in der Mitte des Hochaltars befindlichen Gnadenbild, dem eine spezielle Wundertätigkeit nachgesagt

FLUGZEUGE UND MEHR

Mit einer Attraktion der avantgardistischen Art wartet die Mozartstadt auf ihrem Flughafen auf: Der **Hangar-7** (F 3) dient einer von Dietrich Mateschitz, dem Begründer des ›Durstlöschkonzerns‹ Red Bull, zusammengetragenen hochkarätigen Sammlung historischer Flugzeuge als neues Zuhause. Der utopisch anmutende Glasbau ist Mo–Sa von 9 bis 22 Uhr frei zugänglich. Spitzengastronomie bietet das Restaurant **Ikarus** (Mo–Do 19–22, So 19–20, Fr–So auch 12–14 Uhr). Das Angebot runden Kunstausstellungen, ein Lounge-Café sowie zwei Bars ab (T 0662 21 97, www.hangar-7.com).

wird. Wohl nicht zufällig ist die Kirche bei den Salzburgern für Hochzeiten besonders beliebt. Mozarts der Muttergottes von Plain gewidmete »Krönungsmesse« wird hier traditionell alljährlich zu Mariä Himmelfahrt aufgeführt.

Tgl. 7–19 Uhr, Führungen n. V., T 0662 45 01 94, www.mariaplain.at

Schloss Klessheim F 2

Im Zwickel zwischen der Salzach und Freilassing, auf dem Gemeindegebiet von Wals-Siezenheim, erhebt sich Schloss Klessheim, das sich Erzbischof Johann Ernst Graf von Thun in den Jahren 1700–09 von Johann Bernhard Fischer von Erlach hat bauen lassen. Adolf Hitler missbrauchte den barocken Bau während des Krieges als ›Gästehaus des Führers‹ und plante, nach dem erwarteten Endsieg von hier aus den ›Weltfrieden‹ zu verkünden. Klessheim war früher Gästehaus der Landesregierung und immer wieder Schauplatz politischer Gipfelgespräche. Heute beherbergt ein Teil des Schlosses das **Salzburger Spielcasino,** ein anderer eine Hotelfachschule. Seine höchst wirkungsvolle Lage am Ende eines langen Rasen- und Blumenparterres wird neuerdings freilich leider massiv beeinträchtigt, da man ihm, im Zuge der Fußball-EM 2008, in der bis dahin völlig freien Sichtachse ein großes Stadion vorgesetzt hat.

Casino: T 0662 85 44 55-0, www.salzburg.casinos.at, tgl. 12–3 Uhr

Salzburger Freilichtmuseum von Großgmain F 3

Ein beeindruckendes Beispiel für mustergültige Pflege von Volkskultur bietet das Salzburger Freilichtmuseum von Großgmain. Dort hat man auf einer Fläche von 50 ha mehr als 40 historische Bauernhäuser und Hofanlagen aus fünf Jahrhunderten original wieder aufgebaut und mit authentischen Möbeln und Gerätschaften ausgestattet. Ziel ist es, das vom endgültigen Verschwinden bedrohte bäuerliche Alltagsleben für die Nachwelt zu dokumentieren.

Hasenweg (Zufahrt ab Autobahnkreuz Salzburg-West Richtung Großgmain), T 0662 85 00 11, www.freilichtmuseum.com, Mitte März–Mitte Okt. Di–So, Juli/Aug. auch Mo 9–18, Ende Okt.–Mitte Nov. 9–17 Uhr, 12 €

Puppen und Porzellanfiguren

Kürzlich erst am Walserberg eröffnet wurde die **Salzburger Puppenwelt:** Zu sehen sind mehr als 300 Puppen- und Porzellanfiguren.

Zollstr. 4 (Zufahrt über Autobahnabfahrt bzw. Raststation, Schildern zum Best Western Hotel folgen), T 0662 85 00 44, www.salzburger-puppenwelt.at, tgl. 10–18 Uhr bzw. gegen Voranmeldung, 7 €

Untersberg

F 3

Einen abschließenden grandiosen Blick auf Stadt und Umgebung genießt, wer von St. Leonhard bei Grödig mit der Seilbahn auf den Salzburger ›Hausberg‹, den sagenumwobenen Untersberg, fährt. Der Blick von der 1776 m hohen **Bergstation Geiereck** hinab auf die Mozartstadt und die bayerischen Seen ist eine Pracht.

Zudem bieten sich dort oben diverse Möglichkeiten für schöne Wanderungen, von denen freilich nicht wenige recht anstrengend sind und zudem Schwindelfreiheit sowie Trittsicherheit verlangen.

Viel begangen ist etwa die **Route zur Toni-Lenz-Hütte,** wo man die Schellenberger Eishöhle besichtigen kann (ca. 2 Std. ab Bergstation). Als Einkehrmöglichkeiten bieten sich das Bergrestaurant Hochalm und das Zeppezauerhaus an. Robustes Schuhwerk und wetterfeste Bekleidung sollte man nicht vergessen!

Seilbahn: Talstation in Gartenau bei Grödig, Dr. Ödlweg 2, T 06246 724 77, www.untersbergbahn.at, Juli–Sept. 8.30–17.30, März–Juni, Okt., Mi–Sa 8.30–17, Dez.–Feb. 9–16 Uhr im Halbstundentakt, Berg- und Talfahrt 28 €, Betriebssperre ca. zwei Wochen im April sowie Allerheiligen–Mitte Dez.

Schlafen

Hideaway über Altstadtdächern

1 **Schloss Mönchstein:** Fernab des Trubels und doch ganz zentral: Das einzige 5-Sterne-Schlosshotel der Stadt thront auf dem Mönchsberg inmitten eines romantischen, 14 ha großen Privatparks. Erlesenheit in Ausstattung und Service verstehen sich von selbst, dazu kommen eine erquickende Stille, eine 300 m² große Wellness-/Spa-Oase und, aus dem haubengekrönten Restaurant und den meisten Zimmern, ein Altstadt-Panoramablick.

Mönchsberg Park 26, T 0662 848 55 50, www.monchstein.at, €€€

In Schloss Klessheim, wo sich früher häufig bedeutende Staatslenker zu Gipfelgesprächen trafen, kann man heute sein Glück versuchen.

Charmantes Künstlerhotel

2 **Hotel Neutor:** Familiär und engagiert geführtes 4-Sterne-Haus, 3 Gehminuten von Festspielbezirk und Getreidegasse, sehr komfortabel, in frischen Farben gestaltet, beliebt bei Gastmusikern; bis 15 Uhr Langschläferservice mit reichhaltigem Frühstücksbuffet, kostenloser Wäscheservice. Das ganze Jahr über finden Vernissagen, Konzerte und Lesungen statt.

Neutorstr. 8, T 0662 84 41 54, www.neutor.com, €€

Moderne Gemütlichkeit

3 **Villa Ceconi:** Familienhotel, das zeitgenössisches Design und persönliche ›Wohnfühl‹-Atmosphäre bietet, 15 Geh- bzw. 5 Busmin. von der Altstadt entfernt.

Maxglaner Hauptstr. 28, T 0662 832 33 90, www.villaceconi.at, €€

Schlicht, aber naturnah

4 **Naturfreundehaus Stadtalm:** Gäste schätzen die tolle Lage und die preiswerte Übernachtungsmöglichkeit.

Mönchsberg 19 c (Mönchsberglift), T 0662 84 17 29, www.stadtalm.at, 26 Betten, p. P. mit Jugendherbergsausweis im Mehrbettzimmer 23 € inkl. Frühstück, €

Essen

Urig-bierselige Gemütlichkeit

1 **Augustiner Bräu:** 3000 Gäste haben in den vier holzgetäfelten Sälen und im Sommer im riesigen Garten auf insgesamt 5000 m^2 Platz. Brötchen, Leberkäs, Rettich, Wurst, Käse u. v. m. sowie natürlich der seit 1621 vor Ort gebraute Gerstensaft sorgen für das leibliche Wohl.

Lindhofstr. 7, T 0662 43 12 46, www.augustinerbier.at, Mo–Fr 15–23, Sa/So 14.30–23 Uhr, Buffetkost, Brathuhn, Brettljausen, €

Feinschmecker-Erlebniswelt

2 **esszimmer:** Ganz große Küche wird am Fuße des Müllner Hügels zelebriert. Haubenkoch Andreas Kaiblinger sorgt für kulinarische Höhenflüge, und das in entspannter Atmosphäre.

Müllner Hauptstraße 33, T 0662 87 08 99, www.esszimmer.com, Di–Sa 12–14, 18–22 Uhr, Mi nur abends, zur Festspielzeit tgl., €€€

Kulttreff für den kleinen Hunger

3 **Buffet zur Richterhöhe:** Ein gastronomisches Unikum ist diese Einrichtung in Form eines herrlich altmodischen Buffet-Kiosks mit acht Sitzplätzen unterm Dach und 60 im Garten, Imbisse à la heiße Würstchen oder Käse- und Speckbrot, dazu Kaffee, Kuchen und Eis.

Mönchsberg, T 0662 84 31 79, Mi–Mo sommers 11–21, winters bis 18 Uhr bzw. »nach Bedarf«, €

Typisch schmausen

4 **Krimpelstätter:** Tradition, heimelige Atmosphäre und herzliche Gastlichkeit werden hier großgeschrieben: In der urigen, 450 Jahre alten Holzstube und im schönen Garten des Augustiner Braugasthofs serviert man Spezialitäten der regionalen Küche. Dazu gibt's Bier Marke Eigenbrau, bevorzugte Sorten, je nach Saison: Märzen, Fasten- oder Bockbier.

Müllner Hauptstr. 31, T 0662 43 22 74, www.krimpelstaetter.at, Di–Sa (außer Fei) 11–23 (zur Festspielzeit tgl.), warme Küche 11–22, während der Festspielzeit bis 23 Uhr, €€

Gourmettreff

5 **Riedenburg:** Drei-Hauben-Küche in klassischem, holzgetäfeltem Rahmen. Hervorragende heimische Küche mit einem raffinierten Schuss große, weite Welt. Im Sommer: romantischer Holzpavillon und lauschiger Kastaniengarten.

Neutorstr. 31, T 0699 17 00 40 92, www.riedenburg.at, Di–Sa 11.30–14.30, 17.30–24 Uhr, €€€

Bier und Panorama

6 **StieglKeller:** Wer Zeit hat, stärke sich im hiesigen Terrassengarten mit ei-

nem Krügel Gerstensaft und berausche sich an dem fantastischen Stadtpanorama. Bei Schlechtwetter sitzt man in den Stuben und Sälen. Küchenklassiker sind im Sommer: Stelze, Schweinsripperl, Zwiebelrostbraten und pikanter Flammkuchen (auch vegetarisch).

Festungsgasse 10, T 0662 84 26 81, www.restaurant-stieglkeller.at, April, Mai, Juli–Dez. tgl. 11.30–22 Uhr, Juni Mo, Jan.–März Mo/Di geschl., €€

Phänomenales Panorama

7 **M32:** Ein urbanes, von Design-Maestro Matteo Thun entworfenes Ambiente mit farbenfrohem Mobiliar unter skurrilem Hirschgeweihluster (s. S. 89).

Einkaufen

Dekoruhren

1 **Archides:** Exklusive Zeitmesser in Österreichs erstem Fachgeschäft für mechanische Wohnraumuhren.

Firmianstr. 17A, T 0662 89 08 80, www.archides.at

Regionale Mode

2 **Ploom:** Dirndl, Accessoires und Taschen; auch als individuelle Einzelanfertigungen zu erwerben.

Ursulinenplatz 5, T 0662 89 05 97, www.ploom.at

Schickes für Küche und Tisch

3 **Ma Maison:** Porzellan, Besteck, Gläser, feine Accessoires, Kochmesser und -werkzeuge u. v. m.

Rainbergstr. 5, T 0662 84 25 66, www.ma-maison.at

Bewegen

Künstlerische Weiterbildung

Internationale Sommerakademie: Hier finden Kunstaffine ein reiches Betätigungsfeld. Diese 1953 von Oskar Kokoschka ins Leben gerufene »Schule des Sehens« bietet Jahr für Jahr fünf Wochen lang ein breit gefächertes Lehrprogramm. Namhafte Lehrer aus dem In- und Ausland unterrichten Klassen u. a. in Malerei, Zeichnung, Illustration, Architektur, Fotografie, Video, Skulptur, Grafik, Fluxus und Installation (s. a. S. 273).

Büro Michael-Pacher-Str. 27 (Postfach 18, 5010 Salzburg), T 0662 84 21 13; Bürokontakt Mitte Juli–Ende Aug. – auf der **Festung 1**, www.summeracademy.at

ERLEBNIS GEGENWARTS-ARCHITEKTUR

Spannende Begegnungen mit zeitgenössischer Baukunst bietet die **»Initiative Architektur«** – Ausstellungen, Diskussionen, einen Online-Architekturführer u. v. m. (Sinnhubstr. 3, T 0662 87 98 67, www.initiativearchitektur.at).

Ausgehen

Für Bücherfreunde

1 **Literaturhaus:** Der ideale Ort für literarisch Interessierte – mit jährlich rund 200 Lesungen, Diskussionen, Ausstellungen etc., mit Bibliothek/Mediathek und Literaturcafé (geöffnet bei Veranstaltungen).

Strubergasse 23, T 0662 42 24 11, www.literaturhaus-salzburg.at, erreichbar mit den Bussen 2, 7, 8 oder 24

Musikgenuss

1 **Festungskonzerte:** Kammerkonzerte gibt es hier in mittelalterlichem Ambiente zu hören, auch in Kombination mit einem Candlelight Dinner, sommers Mozart-Open-Air-Konzerte im Burghof.

Tickets: Getreidegasse 5, T 0662 82 58 58, www.salzburghighlights.at

TOUR
Ein aussichtsreicher Tag auf Salzburgs Hausberg im Osten

Gaisberg-Rundwanderweg/Panoramastraße

Infos

Reisekarte:
F/G 2/3

Dauer: ca. 1,5 Std.
Länge: 5,5 km
Detailauskunft:
T 0662 63 29 00,
www.salzburg-verkehr.at

Die umwerfendste Aussicht auf die Mozart-Stadt samt Flachgau und Tennengebirge verheißt eine Autofahrt beziehungsweise zünftige Wanderung auf den Gaisberg. Bald hinter der Stadtgrenze zweigt von der B 158 rechts die **Panoramastraße** auf den **Salzburger Hausberg** ab und führt 9 km weit bis auf den knapp 1300 m hohen Gipfel.

Eine erhebende Runde

Wer seine Kondition fördern möchte, parkt den Wagen beim **Berghotel Zistelalm** (hier Spielplatz für die Kleinen). Von dort kann man den Hausberg in einem besseren Spaziergang umwandern. Der **Gaisberg-Rundwanderweg** verläuft auf plus/minus 1000 m Seehöhe ohne nennenswerte Steigungen. Er ist bestens ausgeschildert und absolut familien-, ja kinderwagentauglich (dennoch empfiehlt sich robustes Schuhwerk). Im Uhrzeigersinn begangen, führt er zunächst ein wenig ansteigend auf einer **Forststraße** durch schattiges **Waldgelände,** das vereinzelt wunderschöne Blicke auf das Salzkammergut, namentlich **Nockstein** und **Wallersee,** freigibt.

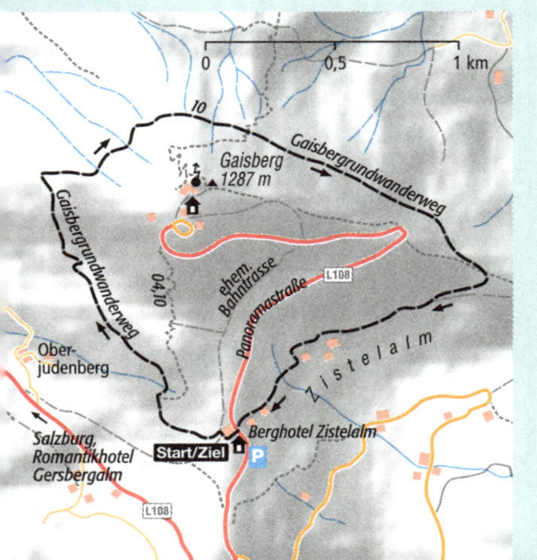

Fitness mit Weitsicht

Auf breitem Schotterweg leicht bergab, gelangt man auf die Westseite, wo sich ein prächtiges **Gebirgspanorama** – Tennengebirge, Hoher Göll, Watzmann, Untersberg – entfaltet. Nach kurzem, etwas steilerem Abstieg überquert man, kurz vor Wiedererreichen der **Zistelalm,**

Prachtvoller Blick vom Gaisberggipfel in die umliegende Bergwelt

entlang einer steilen Felswand einen 150 m langen **Holzsteg,** von dem aus man über die Baumwipfel hinweg einen grandiosen Blick auf Salzburg-Stadt und Umgebung genießt. Spätestens jetzt kann man bei entsprechenden Wetter- und Windverhältnissen auch die zahlreichen Gleitschirmflieger beobachten, die die am Gaisberg bekannt vorteilhafte Thermik nutzen, um sich beständig himmelwärts zu schrauben.

Motivierte Wanderer können im Anschluss noch über diverse Wege den **Gaisberggipfel** erklimmen. Es sind lediglich 150 Höhenmeter, deren Überwindung schließlich mit einem fulminanten 360-Grad-Rundblick belohnt wird.

Amüsanter Rückblick

Der höchste Punkt bietet aber auch gute Gelegenheit, über die frühe touristische Nutzung des Gaisbergs zu sinnieren: Immerhin war dieser Ausläufer der so genannten Osterhorngruppe am Ostrand des Salzburger Beckens schon im 18. Jh. ein beliebtes Wanderziel.

Bereits 1887 wurde er vom Ortsteil Parsch durch eine Zahnradbahn und 1929 durch eine Straße erschlossen, auf der bis in die späten Sechziger ein berühmtes Motorrad- und Automobilrennen stattfand. Bis Mitte der 1950er-Jahre stand nahe der Mitteregg-Alm eine Skisprungschanze. Und seit damals steht auf seinem Gipfelplateau ein Fernsehsender.

Infos

Einkehr: Romantikhotel Gersbergalm (T 0662 64 12 57, www.gersbergalm.at), Hotel Zistelalm (T 0662 64 10 67, www.zistelalm.at), Gasthaus Kohlmayr's Gaisbergspitz', T 0664 657 68 95, www.goas.at)

ÖPNV: Gaisbergbus Linie 151, im Sommer stdl., sonst mehrmals tgl. ab Mirabellplatz bzw. Obergnigl

Vor
Salzburger
Salzkamme

Ort
Land und
rgut

Der Flachgau

An der Wiege von »Stille Nacht« — salzachabwärts und im östlich angrenzenden Hügelland zeigt sich Salzburg von einer geradezu bukolischen Seite. Wellige Wiesen und Wälder, dazwischen badewarme Seen und barocke Kostbarkeiten.

Seite 108

Auf Zuckmayers Spuren

Eine Wanderung durch Henndorf am Wallersee, wo der Schöpfer des »Hauptmann von Köpenick« und von »Des Teufels General« vor seiner Flucht vor den Nazis Jahre »wie im Paradies« verbrachte. Mit Abstechern zu biografischen Örtlichkeiten und Begegnungen mit literarischen Zeitgenossen.

Seite 116

Hochseilpark Seeham

Sieben abenteuerliche Parcours in Höhen bis 35 m über dem Waldboden im sagenumwobenen Teufelsgraben.

In Mattsee war 1945 Ungarns Stephanskrone versteckt.

Seite 117

Kloster Michaelbeuern

Das Benediktinerstift blickt ebenfalls auf eine über 1200-jährige Geschichte zurück und ist u. a. für seine kostbaren Bibliotheksbestände und für den von Rottmayr und Guggenbichler gestalteten Hochaltar berühmt.

Seite 115

DiabelliSommer

Das noch junge Festival im Geburtsort des Komponisten Anton Diabelli mit vielfältigen, künstlerisch hochwertigen Konzerten im stimmungsvollen Ambiente von Schloss und Stift Mattsee.

Seite 112

Tannberg-Radrundweg

Durch ein herrlich bukolisches Hügelland führt diese einfache Radtour von Köstendorf über Lochen an den Mattsee und retour.

Seite 110

Gut Aiderbichl

Ein Hort für schutzbedürftige Tiere und Menschen, der Mitgefühl lehrt, Trost und Hilfe bietet und bereits von Abertausenden Menschen besucht wurde.

Seite 118

Stille-Nacht-Gedächtniskapelle in Oberndorf

Ein Lied erobert die Welt! Und das nur, weil die Orgel in der Oberndorfer Kirche kaputt war: Flugs komponierte der Hilfsgeistliche Joseph Mohr die berühmte Melodie für Gitarrenbegleitung.

Seite 113

Stift Mattsee

Das im wahrsten Wortsinn herausragendste Baudenkmal der Gegend ist mehr als 1240 Jahre alt und reich an Kunstschätzen.

Das Restaurant Pfefferschiff im Barockschloss Söllheim segelt auf höchstem Niveau durch die Gourmetwelten.

»Mit wem haben wir dort nicht herzliche Stunden verbracht, von der Terrasse hinausblickend in die friedliche Landschaft, ohne zu ahnen, dass gegenüber auf dem Berchtesgadener Berg der eine Mann saß, der all dies zerstören sollte?« Stefan Zweig

erleben

Das Seen- und Hügelland nördlich von Salzburg

D

Das wellige, von der Stadt Salzburg in wenigen Autominuten erreichbare Hügelland wartet mit barocken Kostbarkeiten wie etwa Stift Michaelbeuern, Mattsee und Maria Plain auf und ist von einer kaum zu überbietenden Idylle. Überzogen von sanft wogenden Wiesen, Wäldern und Feldern und durchsetzt von zahllosen Kunstdenkmälern und Bilderbuchdörfern, präsentiert sich dieser kleinste der fünf Salzburger Gaue – obwohl er zugleich deren am dichtesten besiedelter ist – als ideale und dennoch touristisch keineswegs überlaufene Urlaubsregion.

Das große Plus dieses sog. Salzburger Seenlandes sind, nomen est omen, seine vier romantischen Seen. Allesamt makellos sauber, relativ seicht und deshalb überdurchschnittlich warm, laden sie schon im Frühsommer und, wenn das Wetter stimmt, bis in den Frühherbst hinein zum Baden. Ihre Ufer sind über weite Strecken unverbaut, die Anrainergemeinden trotz tadelloser touristischer Infrastruktur auf angenehme Weise beschaulich und ›altmodisch‹ geblieben. Es gibt gepflegte Strandbäder mit Erlebnis-Spielplätzen, Surf- und Segelschulen, Verleihstellen für Ruder-, Tret-

ORIENTIERUNG

O

Reisekarte: F 2/3
Salzburger Seenland Tourismus: 5164 Seeham, Seeweg 1, T 06217 202 20, www.salzburger-seenland.at. Auskünfte und Informationsmaterial zu allen vier Seen und den 18 idyllischen Orten in der Region nördlicher Flachgau.
Anreise und Weiterkommen: Am schnellsten erreicht man den Flachgau von der Stadt Salzburg aus in nur 10–20 Min. im eigenen Auto, umweltfreundlicher mit Bahn- oder Postbus bzw. Lokalbahn (www.salzburg-verkehr.at). Besonders naturschonend und erlebnisreich ist man per Fahrrad unterwegs. Das Seenland ist das Fahrradland par excellence und bietet diverse beschilderte Radwege. Besonders lohnende Routen sind der Tannberg-Rundweg (ab/an Köstendorf), die Trumer Seenroute (ab/an Mattsee) und die Stille-Nacht-Route (ab/an Oberndorf). Infos im Tourismusbüro und auf den im Buchhandel und in Tourismusbetrieben erhältlichen Radwanderkarten.
Linienschifffahrt auf den Seen: Matt- und Obertrumersee, T 06217 54 32, www.steiner-nautic.at.

und Elektroboote, teilweise sogar kleine Ausflugsschiffe. Auch Rundwanderwege finden sich, Laufparcours, Gestüte zum Ausreiten und mancherorts frei zugängliche Uferstreifen.

Lärmige Events hingegen oder hochpreisige Schickeriazonen sucht man, wenn man sie denn sucht, vergebens. Und Motorboote sind aus Gründen des Umwelt- und Ohrenschutzes generell verbannt. Kurz: Wohlfühlen können sich an den Ufern des Obertrumer Sees, des Waller-, Matt- und Grabensees vor allem Familien und Individualisten, denen Naturbelassenheit und Ruhe mehr bedeuten als zeitgeistiges Remmidemmi oder technoider Freizeit-Schnickschnack.

Söllheim und Seekirchen

F/G 2

Verlässt man die Stadt Salzburg Richtung Nordosten auf der ehemaligen Römerstraße, der heutigen B 1, steht man schon nach wenigen Kilometern vor der ersten Attraktion – dem barocken Adelssitz von **Söllheim.** Schloss, Wirtschaftshof, Taverne – das von Wiesen gesäumte Gebäudeensemble ist, typisch für seine Entstehungszeit kurz vor 1700, in zartem Rosa und Weiß getüncht. Komplettiert wird es von einer dem hl. Antonius von Padua geweihten Kapelle, einem reizenden zylindrischen Bau über ovalem Grundriss mit hübschen Kuppelfresken.

Das nächste Barockjuwel harrt ganz in der Nähe der Bewunderer, in **Seekirchen** (bei Eugendorf links ab!). St. Peter, das ehemalige Kollegiatsstift, wurde zwar um 700 gegründet, doch Ende des 17. Jh. nach einem Brand im Auftrag Erzbischof Max Gandolfs – von Giovanni Antonio Dario – zum größten Teil neu erbaut. Aus seiner barocken Ausstattung sind besonders die vier von Wolfgang Hagenauer entworfenen Seitenaltäre hervorzuheben.

Essen

Kulinarisches Flaggschiff

Vigne Pfefferschiff: Tafeln im gediegenen Ambiente des vormaligen Kaplanstöckl von Schloss Söllheim; in der Küche dieses Gourmettempels zaubert Klaus Fleischhaker, der vielfach preis- und haubengekrönte Patron, im Keller lagert ein Spitzensortiment an Weinen. Gleich neben dem lauschigen Gastgarten steht die viel frequentierte Tauf- und Hochzeitskapelle.
Hallwang, Söllheim 3, T 0662 66 12 42, www.pfefferschiff.at, Di–Fr 18–23, Sa auch 12–14 Uhr, €€€

Infos

- **Bus:** Linie 131 ab Salzburg-Hbf., über Eugendorf gute halbe Stunde, im Halb- oder Stundentakt.
- **Bahn:** per Schnellbahn S2 ab Salzburg-Hbf, Richtung Straßwalchen, ca. 15 Min., im Halb- oder Stundentakt.

Wallersee und Umgebung

Der mit 6 km² größte See des Salzburger Seenlandes erweist sich als besonders idyllisch und naturbelassen. Weite Teile seines Nordufers gehören zum Wenger Moor und stehen, wie auch die vielen Schilfflächen rund um den See, unter strengem Naturschutz. Dementsprechend vielfältig und reich sind die Populationen an Vögeln und Fischen, an denen sich Hobbyornithologen und – mit

TOUR
Wo »Des Teufels General« entstand

Auf Carl Zuckmayers Spuren

Der Schöpfer der beiden Stücke »Hauptmann von Köpenick« und »Des Teufels General« ist für Henndorf am Wallersee, was Mozart für Salzburg ist. Sein »kleines Paradies« lässt sich auf eigene Faust oder im Rahmen eines geführten Spaziergangs erkunden.

Spurensuche

»Wo ist man daheim? Wo man geboren wurde oder wo man zu sterben wünscht? Damals glaubte ich es zu wissen – glaubte mit einer Stecknadel auf dem Globus den winzigen Punkt geographisch bestimmen zu können, der mir selbstgeschaffene, selbsterwählte Heimat war, und wo ich mein irdisches Dasein auszuleben hoffte.« Henndorf, jener Ort am Ufer des Wallersees, wo der Dichter Carl Zuckmayer von 1926 bis zu seinem erzwungenen Gang ins Exil 1938 lebte und den er später rückblickend derart schwärmerisch als »kleines Paradies« beschrieb, ist in der Tat von kaum zu überbietender Idylle.

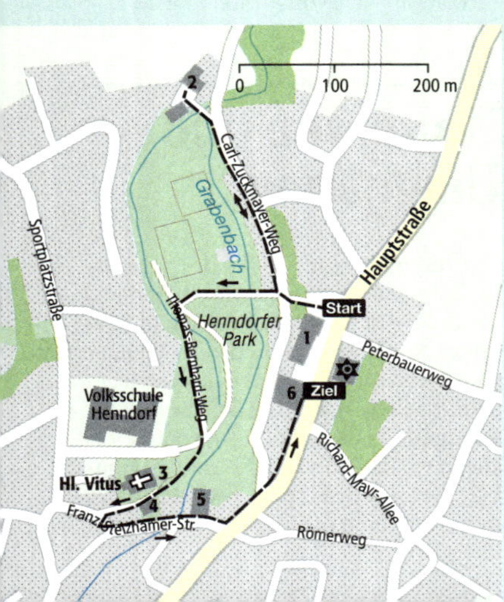

Die Spurensuche beginnt im **Gemeindeamt (1)**, wo ein Einführungsfilm zu Zuckmayer zu sehen ist. Von hier folgt man rechter Hand dem schmalen Fußweg zur **Wiesmühle (2).** Zuckmayer, 1896 unweit von Mainz geboren, hatte sich 1926 während eines Sommeraufenthalts in das entzückende Anwesen verliebt und es stante pede gekauft. Die Liste seiner

Infos

Reisekarte: G 1/2

Zeit: 2 Std. bis halber Tag

Planung: Fahrt mit dem Bus 130 von Salzburg-Hbf. aus gut 30 Min.

Infos: zum »Literarischen Spaziergang« und Zuckmayer-Erbe im Literaturhaus Henndorf, Franz-Stelzhamer-Str. 10, T 0660 79 66 054, www.literaturhaus-henndorf.at; Film/Führungen Mo–Fr n. V.; Henndorfer Tourismusverband, Hauptstr. 65, T 06214 60 11, www.henndorf-info.at; Caspar-Moser-Bräu, Hauptstr. 61, T 06214 206 14, tgl. 15–18 Uhr

Einkehr: Stelzhamer-Stube mit Zuckmayer-Jause, 14,50 € (Franz-Stelzhamer-Str. 8, T 06214 202 77, Mi/Do 15–24, Fr–So 9–24 Uhr); Lesetipps s. S. 231

Gäste – von Gerhart Hauptmann und Thomas Mann bis Franz Werfel und Stefan Zweig – umfasst die Crème de la crème der damaligen Dichterzunft. Äußerlich scheint sich kaum etwas verändert zu haben: ein von Geranien überfluteter Holzbalkon, ein üppiger Blumen- und Kräutergarten, der plätschernde Mühlbach … (Privatbesitz, nur bei Führungen zu besichtigen).

Begegnung mit ›Kollegen‹

Bachaufwärts spaziert man auf einem Weg, der nicht zufällig nach Thomas Bernhard benannt ist, zum **Friedhof (3).** An dessen Mauer erinnert gleich links vom Eingang eine Tafel an Herta Fabjan, geborene Bernhard – die Mutter Bernhards. Sein Großvater, der gleichfalls als Schriftsteller tätige Johannes Freumbichler, wurde neben der Kirche, im **Häusl an der Tagerlenden (4),** heute Franz-Stelzhamer-Str. 10, geboren. Hier ist heute der Verein Literaturhaus Henndorf untergebracht.

Ganz in der Nähe, an der Hauptstraße, erinnert ein Denkmal an den bekannten Mundartdichter und Schöpfer der oberösterreichischen Landeshymne Franz Stelzhamer, der bis zu seinem Tod 1874 in der nach ihm benannten Straße im ehemaligen **Schmiedhaus (5)** (Nr. 6) wohnte. Und wer nach der Lektüre seiner – allerdings spürbar aus der Zeit gefallenen – Gedichte und Novellen das Grab sehen will: Es steht auf dem Henndorfer Friedhof.

Zu Gast im Stammlokal

Als letzte Station wartet das berühmte **Caspar-Moser-Bräu (6).** Die Stube dieses 1699 erbauten, heute nur noch als Appartementhaus geführten Gasthofs (Hauptstr. 61) ist mit ihrer originalen Holztäfelung, dem Kachelofen und den vielen alten, zinnernen Bierkrügen das einzigartige Relikt einer längst verlorenen, urig-ländlichen Gemütlichkeit (nur geführt zu besichtigen). Wirklich berühmt ist diese ehemalige Poststation freilich dank ihres früheren Eigentümers Carl Mayr. Er machte seinen Brauhof zu einer Art Künstlerkolonie, in der Dichtergrößen wie Franz Theodor Csokor, Richard Billinger oder Ödön von Horvath freie Kost und Logis genossen. Sie alle gehörten zum sog. Wiesmühlenkreis, dessen kommunikatives Herz die Zuckmayers über ein Dutzend Jahre bildeten.

Der Wallersee ist mit 6 km² Wasserfläche der größte See des Salzburger Alpenvorlandes und auch deshalb ein populäres Segelrevier.

einer über die Fremdenverkehrsämter erhältlichen Fischerkarte – Angler erfreuen. Badefreuden genießen kann man am bequemsten in den Strandbädern der Anrainergemeinden Seekirchen, Henndorf und Neumarkt. Ebenso mit der nötigen Infrastruktur, vom Buffet bis zum Kinderspiel- und Beachvolleyballplatz, versehen ist der Strand im Seekirchener Ortsteil Zell. Wer's stiller liebt, mietet sich bei den Verleihern in den genannten Orten ein Boot und rudert für sich allein oder zu zweit hinaus auf den See (Adressen: Website des Seenland-Tourismus, s. S. 106).

Henndorf ⚲G 2

Im Hauptdorf **Henndorf,** wo vor dem Bau der Westautobahn (um 1960) jahrhundertelang die Fernreisenden zwischen Wien und Salzburg Stopp machten, lässt sich auf den Spuren des berühmten Dichters Carl Zuckmayer wandeln. Hauptstationen entlang dem beschilderten »Literarischen Spaziergang«: Wiesmühle, Friedhof, das im Jahr 2011 eröffnete Literaturhaus, Schmiedehaus und Caspar-Moser-Bräu (s. S. 109).

Gut Aiderbichl

Ebenfalls einen Besuch wert ist Gut Aiderbichl, ein längst überregional bekanntes »Symbol für Menschlichkeit und den Schutz der Schwächeren«. Dieser von Michael Aufhauser im Jahr 2000 gegründete Gnadenhof für Tiere ist ein Ort, an dem auch Menschen in Problemsituationen geholfen wird und wo der liebevolle Umgang mit den Schwächeren unter den Zwei- und Vierbeinern propagiert wird.

Henndorf, Berg 20, T 0662 62 53 95, www.gut-aiderbichl.com, Mi–So 9–18 Uhr, Führungen stdl., 12,50 €

Neumarkt G 1

Schul- und Verwaltungszentrum der Region ist Neumarkt am Wallersee. Bereits im 14. Jh. mit dem Marktrecht ausgestattet, bildet es seither auch einen wichtigen Warenumschlagplatz. Es verfügt über einen schönen, planmäßig angelegten Straßenplatz und, als kunsthistorische Besonderheit, eine in der Barockzeit vom Hof- und Dombaumeister Santino Solari entworfene Wehranlage für seine Pfarrkirche.

Am südlichen Ortsrand erhebt sich in beherrschender Lage auf einem Geländerücken **Schloss Sighartstein,** eine prächtige Barockanlage, die freilich, weil in Privatbesitz, nicht zu besichtigen ist.

Köstendorf, Straßwalchen und Irrsdorf G 1

Freunde des Barock werden auch in den Nachbargemeinden fündig: in **Köstendorf** etwa – für dessen Pfarrkirche Mariä Geburt Wolfgang und Johann Baptist Hagenauer 1769 einen prächtigen Hochaltar schufen –, in **Straßwalchen** – dessen gotische, später barock erweiterte Pfarrkirche das früheste nachweisbare Werk Meinrad Guggenbichlers birgt, einen Hochaltar von 1675 – und auch in **Irrsdorf,** wo Guggenbichler 1684–89 gleich drei Altäre hinterließ.

Heimatmuseum Köstendorf

Im ehemaligen »Kohbauernhaus«, können ursprüngliches Handwerk, Trachten, Fischerei-, Jagd- und landwirtschaftliche Geräte sowie religiöse Volkskunst besichtigt werden. Das Museum beherbergt einen typischen Tante-Emma-Laden, eine »Schönkammer« sowie die Josef-Mösl-Stube, die für Veranstaltungen genutzt wird. Die Dauerausstellung »Prof. Franz Braumann – sein Leben – seine Werke« zeigt das vielfältige Schaffen des Schriftstellers.

Museumstraße 2, T 06216 65 54, www.koestendorf.at, Juni–Sept. Sa 9–12 Uhr

Schlafen

Kinderfreundliches Ferienhotel

Herzog: Sympathisches Haus in Grün- und Ruhelage, Zimmer mit See- und Alpenpanorama, 5 Gehminuten vom Ort, mit Spielplatz und Streichelzoo.

5202 Neumarkt, Maierhofstr. 55, T 06216 45 19, www.ferienhotel-herzog.at, €–€€

Essen

Für Fisch- & Schneckenliebhaber

Winkler: Weithin berühmte Haubenküche »rund um den Fisch«; Spezialitäten: Kräuter- und Pfefferschnecken sowie heimisches Schuppengetier; schattiger Gastgarten mit Traumblick auf den Wallersee; zugehörig: familiäres Hotel mit eigenem Seestrand.

Neumarkt, Uferstr. 32, T 06216 52 70, www.seehotel.at, saisonabhängig variable Schließtage und Öffnungszeiten, €€–€€€

Bewegen

Öko-Erlebnis

WasserWunderWallersee: Am Ostufer des Wallersees finden Spaziergänger einen Erlebnis- und Experimentierpark für Jung und Alt.

Infos: Museum der Fronfeste, Neumarkt, T 06216 57 04, www.fronfeste.at, Di, Do, Fr 10–18, Mi 10–12 Uhr, www.neumarkt-info.at

Wo Kinderaugen leuchten

Erlebnispark Straßwalchen: Im »Fantasiana«, Österreichs größtem

TOUR
Auf Tuchfühlung mit dem idyllischen Hügel- und Seenland

Tannberg-Radrundweg

Infos

Reisekarte: G 1

Länge/Dauer: 26 km/1–1,5 Std. **Radverleih:** Wiesmayr, Pfongau 4, Neumarkt, T 0664 521 92 60; Gemeindeamt Lochen, Ringstr. 14, T 07745 82 55-0; Tourismusverband Seekirchen, Stiftsgasse 1, T 06212 40 35; **Anfahrt** per Bahn aus Salzburg bis Bahnhof Neumarkt-Köstendorf

Ausgangspunkt dieser durch herrlich bukolisches Hügelland führenden Tour, bei der 250 m Höhenunterschied zu überwinden sind, ist die Kirche in **Köstendorf,** nordwestlich von Neumarkt am Wallersee. Von hier aus geht es zunächst in nördlicher Richtung über Enharting nach **Lengau.** Sich links haltend gelangt man, vorbei an der Ortschaft Lochen, an den **Mattsee.** Die Ostseite des Sees passierend, fährt man an den drei **Egelseen** vorbei nach **Schleedorf** und schließlich über die **Fischachmühle** zurück zum Ausgangspunkt der Tour.

Der Radweg verläuft am Fuße bzw. auf halber Höhe des **Tannberges,** abseits der Hauptverkehrsstraßen, auf wenig befahrenen Land- und Gemeindestraßen oder auf bereits bestehenden Radwegen. Die Route ist familiengerecht, ohne allzu schwierige Anstiege und Abfahrten, angelegt. Ein Folder mit genauer Streckenführung sowie detaillierten Informationen zu den Sehenswürdigkeiten ist in den Tourismusbüros und Gemeinden entlang des Weges kostenlos erhältlich.

Alternativ oder ergänzend empfiehlt sich die ein wenig längere (41 km) und schweißtreibendere (Höhenunterschied: 500 m) **›Kräuter-Tour‹** rund um den nahen **Wallersee.** Sie führt, mit zahlreichen liebevoll gestalteten Zwischenstopps für Kräuterfans, von Seekirchen über Henndorf, Neumarkt, Straßwalchen und Kösten- und Schleedorf zurück an den Ausgangspunkt (weitere Details unter: www.salzburger-seenland.at).

Familien-, Märchen- und Erlebnispark, warten abenteuerliche Fahrten mit dem Piratenschiff, die bunte Schneckenbahn, die Safari-Flossfahrt zum Elefantenfelsen, eine Formel-1-Rennbahn, eine orientalische Stadt, ein 3-D-Kino und jede Menge Shows.

Straßwalchen, Märchenweg 1, T 06215 81 81, www.erlebnispark.at, Mitte April–Ende Okt. tgl. 10–18 Uhr, 90–120 cm Körpergröße 23 €, darüber 28 €

Mattsee und Stift Mattsee F 1

Stift Mattsee

Im wahrsten Wortsinn herausragendstes Kunstdenkmal der Gegend ist – nicht zuletzt dank seines mächtigen Turms, dem ›Goliath des Mattiggaus‹ – Stift Mattsee. Dieses heute älteste noch bestehende Weltpriesterstift Österreichs wurde um das Jahr 770 von Bayernherzog Tassilo III. als Benediktinerkloster gegründet. Die Hauptaufgabe seiner Mönche bestand in der Missionierung Ungarns. Anfang des 10. Jh. ging Mattsee in das Eigentum des Bistums Passau über, dem es, obwohl 100 Jahre später in ein Kollegiatsstift umgewandelt und 1398 an Salzburg verkauft, kirchlich bis 1807 unterstellt blieb.

Seine dem hl. Michael geweihte Kirche, eine dreischiffige **Pfeilerbasilika,** besitzt ein romanisches Langhaus, einen gotischen Chor und eine üppige barocke Innenausstattung (1700–20; Vorbild des Hochaltars war jener Lukas von Hildebrandts aus der Schlosskapelle Mirabell in Salzburg; Figuren der Seitenaltäre aus der Werkstatt Guggenbichlers). Auch der Turm ist barock – ein Werk Wolfgang Hagenauers (1766).

In dem Propsteigebäude neben dem schönen, über 500 Jahre alten Kreuzgang hat man 1977 anlässlich des 1200-jährigen Bestehens ein **Stiftsmuseum** eingerichtet. Unter feinen Stuckdecken präsentiert es allerlei liturgische Geräte, Statuen, Gemälde (u. a. von Johann Michael Rottmayr), eine umfangreiche **Bibliothek** und einen **Gedenkraum** für den Komponisten und Verleger Anton Diabelli, der 1781 im Ort geboren wurde.

Eine kleine Dokumentation erinnert an die aufsehenerregenden Ereignisse vom Sommer 1945. Damals waren Mitglieder der ungarischen Pfeilkreuzler-Regierung auf ihrer Flucht bis nach Mattsee gekommen und hatten hier den gesamten Kronschatz – darunter jene legendäre Stephanskrone, die später in die USA und erst 1978 wieder nach Budapest gelangen sollte – für einige Monate versteckt.

Stiftsplatz 1, T 06217 52 02, www.stiftmattsee.at, Kirche: tgl. ganztägig frei zugänglich, Stiftsmuseum: nur Juli/Aug., Mi, Fr/Sa 15–17 Uhr, 7 €, Führungen Juni–Aug. jew. 1. So im Monat um 11 Uhr oder nach Voranmeldung, T 0664 202 71 34

Mattsee

Besuchenswert ist Mattsee freilich nicht nur seiner Kunstschätze, sondern auch seiner besonders charmanten Lage wegen. Eingebettet zwischen dem steil aufragenden **Wartstein** und dem **Schlossberg,** der schon in der Jungsteinzeit eine Siedlung und im Mittelalter dann eine stattliche Burg trug, liegt es auf der schmalen Landzunge zwischen Matt- und Obertrumer See wie hingemalt – ein paradiesischer Flecken.

Spätestens wenn man nach ausführlicher Ortsbesichtigung in dem fast 800 Jahre alten Bräu-Gasthof Iglhauser einkehrt, um im schattigen Gastgarten am Seeufer

Der Mattsee ist eines der beliebtesten Ferienziele im Flachgau.

den Genüssen aus der haubenbekrönten Küche zu frönen, versteht man, weshalb manch einer Mattsee für das allerschönste Plätzchen im Flachgau hält. Zumal das gleichnamige Gewässer eine ganz besondere Beschaulichkeit verströmt.

Auf der Liegewiese des örtlichen, aus den 1920er-Jahren erhaltenen **Strandbads** mit der Seele zu baumeln, in der **Weyerbucht** sich mit der Kneippanlage auf Touren zu bringen oder an Bord des **Ausflugsbootes ›Seenland‹** sanft über die Wellen zu schaukeln – in solch einem Sommerfrischenambiente scheint die Zeit im besten Sinne stehen geblieben.

Als speziell familienfreundliches Ausflugsziel empfiehlt sich der **Naturberg Buchberg.** Ob wandern auf dem Kraftweg zu den Keltengräbern, zum Singerbründl oder auf dem Gipfelrundweg zur Aussichtsplattform, von wo der Blick auf 120 Berge, vom Traunstein bis zum Wilden Kaiser, schweift – für Kurzweil ist zu jeder Jahreszeit gesorgt (www.naturparke.at).

Meilensteine der Mobilität

Im Erlebnis-Museum **fahr(T)raum Mattsee** dreht sich alles um den österreichischen Visionär Ferdinand Porsche (1875–1951). Die Erlebniswelt verbindet Innovation mit Zeitgeschichte und präsentiert außergewöhnliche Exponate aus der Zeit ab 1900, organisiert Ausfahrten – und stellt einen Fahrsimulator. Spannend!

Passauerstr. 30, T 06217 592 32, www.fahrtraum.at, tgl. 10–17 Uhr

Zeitreise ins Frühmittelalter

Nur drei Gehminuten südlich des Stiftes entstand anlässlich der Landesausstellung zum Thema Kelten (1988) das **Bajuwarengehöft,** das aus Wohnhaus, Stallungen, Scheunen und Nebengebäuden besteht. Es veranschaulicht, wie in dieser Region um 500 bis 800 die *Baiowarii* lebten. Schautafeln liefern, auf Familien abgestimmt, Hintergrund-Infos. In der Natur- und Kultur-Werkstatt gibt es immer wieder Kurse, Workshops und Vorträge.

Weyerbucht, ganzjährig frei zugänglich; Infos und Führungen: T 06217 60 80

Schlafen, Essen

Tradition mit Stil

Schlosshotel Iglhauser: Gediegenes, mit viel Liebe zum Detail ausgestattetes Landhotel in fast 800 Jahre altem Gemäuer, am Fuß des Schlossberges auf einer Halbinsel, geräumige, stilvolle Doppelzimmer und Suiten, Top-Restaurant mit ausgezeichneter (Bio-)Küche und schönem Gastgarten am Seeufer, Wellnessbereich mit In- und Outdoor-Bad.

Schlossbergweg 4, T 06217 52 05, www.schlosshotel-igl.at, €€€; Restaurant: ganzjährig tgl. 12–14, 18–22 Uhr, Sept.–Juni So abend geschl., zur Festspielzeit durchgehend bis 1 Uhr früh, €€

Netter 3-Sterne-Gasthof

Fürst: 100 m vom See, mit geräumigen Zimmern und Familienappartements, eigenem Badestrand und Spielplatz; gute, bodenständige Küche.

Aug 1, T 0664 415 92 30, www.landgasthof-fuerst.at, €–€€, Küche: tgl. 9–22 Uhr, €

Essen

Gegen den kleinen Hunger

Schlosscafé: Das Kaffeehaus, in dem man auch kleine Speisen bekommt, besticht durch seine Traumlage, mit (Winter-) Garten direkt über dem See. Tgl. wechselnde Mittagsmenüs, besonders empfehlenswert: das tolle Frühstück.

Schlossberg 1, T 0660 236 13 40, www.schloss-cafe.at, Mi–So 9–18 Uhr, €–€€

Einkaufen

Kunst der Leichtigkeit

Papierart-Werkstatt: Kunsthandwerk aus Papier. Mai–Sept. Freitags Workshops.

Passauer Str. 13, T 0676 440 18 11, www.papierart.at, Atelier Di–Fr 14–18, Sa 9–13 Uhr oder auf Anfrage

Ausgehen

Gemütliches Pub

Vinothek im Kapitelwirt: In-Treff für ein junges und jung gebliebenes Publikum.

Marktplatz 7, T 06217 52 03, www.kapitelwirt.at, Mo, Do–Sa 10–14, 17–24, So, Fei 9.30–14 Uhr

Infos

- **Tourismusverband Mattsee:** 5163 Mattsee, Passauer Str. 30, T 06217 60 80, www.mattsee.co.at, Mo–Fr 10–12, 13–17 Uhr.
- **Bus:** Linie 120 ab Salzburg-Hbf. bzw. -Mirabellplatz, Mo–Fr alle halbe Stunde, Sa/So teilweise nur im Stundenrhythmus, Fahrzeit: ca. 45 Min.

Feiern

- **DiabelliSommer:** feinste Kammer- und Solistenkonzerte in Schloss, Schlosshof und Kirche von Mattsee, dem Geburtsort des Festivalpatrons Anton Diabelli (Juni–Sept.), Infos/Karten: T0664 586 75 17, www.diabellisommer.at.

Obertrumer See

F 1

Kaum minder idyllisch sind freilich die benachbarten Badeorte Seeham und Obertrum. Der Obertrumer See, an dessen Ufer sie liegen, ist mit knapp 5 km² der größte der drei Trumer Seen und, wie alle Gewässer der Region, von erstklassiger Wasserqualität. Er wird vom Flüsschen Mattig gespeist und ist über einen Kanal, durch den übrigens auch ein sympathisches Ausflugsboot auf seinen Rundfahrten pendelt, mit dem Mattsee verbunden.

Seeham und Obertrum am See

Am See laden zwei Strandbäder zum Plantschen, Schwimmen und süßen Nichtstun, und im unmittelbaren Umland zahlreiche Naturwanderwege zum konditionsfördernden Durchatmen. Und, apropos: Durch **Seeham** führt auch die Via nova, auf der ausdauernde Wanderer vom niederbayerischen Metten bis nach St. Wolfgang im Salzkammergut zu pilgern pflegen.

Obertrum, in dessen Heimatmuseum eine Sammlung von über 250 handgefertigten Porzellanpuppen Beachtung verdient, ist landesweit als Standort einer Edelbrauerei bekannt.

Freilichtmuseum Kugelmühle

Im Freilichtmuseum kann man noch ein Exemplar der früher im Salzburgischen verbreiteten Kugelmühlen bestaunen. In diesen wurden mithilfe des fließenden Wassers Steinkugeln verschiedener Größe geformt, die als Schiffsballast und Munition, später dann poliert auch als Kinderspielzeug und Reiseandenken Verwendung fanden.

Seeham, frei zugänglich, ganzjährig Führungen ab 10 Pers. n. V. bei Dr. Paul Herbst, T 0664 532 71 56, kugelmuehle@gmx.at

Haunsberg-Gipfel

Der Panoramablick vom 835 m hohen Waldrücken bei Obertrum über die Seen und Hügel des nördlichen Flachgaus begeistert! Einst stand auf dem Haunsberg die Kaiserbuche, das Wahrzeichen der Region, die einen Stammumfang von 5 m hatte und – wie eine Inschrift bezeugte – »am 28. Oktober 1779 in Anwesenheit von Joseph II.« gepflanzt wurde. Das monumentale Naturdenkmal musste allerdings nach einem Sturm im Jahr 2004 gefällt werden. Zur gemütlichen Einkehr empfiehlt sich das **Gasthaus Zur Kaiserbuche** (T 06219 751 80, Mi–So 11–19 Uhr, im Winter früherer Feierabend).

Schlafen, Essen

Absolute Grünlage

Hotel Walkner: Tadelloses Mittelklasse-Hotel in ruhiger Lage am Ortsrand, nur 5 Gehminuten vom See, Swimmingpool, diverse Sportmöglichkeiten, gutes Restaurant.

Seeham, Eisenharting 4, T 06217 55 50, www.hotel-walkner.at, €€, Restaurant: tgl. 11.30–13.30, 18–21 Uhr, saisonal So abends geschl., €€

Naturnah urlauben

Entenwirt: Sympathisches Ferienquartier, familiär geführt, in Seenähe und ruhiger Grünlage.

Seeham, Biodorf-Weg 11, T 06217 210 08, €

Sein eigenes Bier brauen

Trumer Privatbrauerei: Gerühmt für ihr Pils (s. S. 289).

Obertrum, Brauhausgasse 2, T 06219 741 10, www.trumer.at, Führungen Mai–Sept. jeden Di 16.30, Aug./Sept. auch Do 18 Uhr, 10,50 €

Bewegen

Abenteuer im Wald

Hochseilpark Seeham: Geboten werden sieben Parcours auf fünf Ebenen in Höhen von 2–35 m, mit Mega-Seilrutschen, Giant Swing- und Bungee Swing Station, Waldrodel, Skyski, Skybike und Skyboard.

Seeham, Teufelsgraben, T 06217 290 29, www.hochseilpark.at, saisonal gestaffelte Öffnungszeiten, an manchen Tagen nur für Gruppen (Auskunft am besten telef.)

Infos

- **Tourismusverband Obertrum:** 5162 Obertrum am See, Schulstr. 2, T 06219 63 07, www.trumerseenland.at, Mo–Fr 9–12, 14–18 Uhr, Sa nur vorm.
- **Tourismusverband Seeham:** 5164 Seeham, Dorf 12, T 06217 54 93, www.seeham-info.at, Nov.–März Do–Sa 10–13, April, Sept./Okt. Mo–Sa 9–13, Mai–Aug. tgl. 9–12, 14–17 Uhr.
- **Bus:** Linie 120 ab Salzburg-Hbf. bzw. Salzburg-Mirabellplatz, wochentags alle halbe Stunde, an Wochenenden im Stundenrhythmus, Fahrzeit: ca. 20 bzw. 35 Min.

Benediktinerabtei Michaelbeuern F 1

Die neben Mattsee zweite kunsthistorische Hauptattraktion des Flachgaus liegt im äußersten Norden: das Benediktinerstift Michaelbeuern. Im 8. Jh. wohl von fränkischen Missionaren als Mönchszelle gegründet (andere Quellen meinen, es sei durch Verlegung eines Klosters aus dem heutigen Bayern entstanden), wurde es anfangs mehrmals von den einfallenden Ungarn zerstört und erst gegen Ende des 11. Jh. von der Sippe der Sighartinger auf Dauer gesichert. Von seiner ursprünglich romanischen **Basilika** blieb nur das Säulenportal erhalten. Der Großteil wurde gotisiert und barockisiert, um schließlich nach dem Zweiten Weltkrieg einem neoromanischen Neubau zu weichen. Die Ausstattung freilich – etwa der Säulen-Hochaltar, einmal mehr von Meinrad Guggenbichler – ist eindeutig barocken Ursprungs.

Stilistisch so uneinheitlich wie die Kirche präsentiert sich die gesamte Klosteranlage: Der Speisesaal mit seinen schweren Säulen im Untergeschoss des Refektoriums ist ein Überbleibsel aus der Romanik. Der darüberliegende, im Nachhinein stuckierte Speisesaal stammt aus der Renaissance, der Verbindungstrakt zwischen altem Kloster und ehemaliger Burg hingegen mitsamt dem Abteisaal aus der Gotik. Und die zweistöckige, mit rund 20 000 Bänden bestückte Bibliothek ist ihrer schönen Schlichtheit zum Trotz barock.

T 06274 81 16, www.abtei-michaelbeuern.at, Sa nach Ostern–Ende Okt., Führungen So 14 Uhr, Gruppen auch n. V. (Anmeldung: online oder Telefondurchwahl -1002)

Oberndorf und Arnsdorf F 1

Die Weiterfahrt über Dorfbeuern und Lamprechtshausen nach **Oberndorf** führt, ungeachtet der Jahreszeit, in weihnachtliche Gefilde. Denn es geschah in dieser Salzachstadt, genauer: in der – wegen ständiger Hochwasser im Jahr 1900 abgerissenen – St.-Nikolaus-Kirche, dass erstmals das Lied »Stille Nacht, heilige Nacht« erklang, und zwar am Abend des 24. Dezember 1818. Den Text hatte der örtliche Hilfspfarrer Joseph Mohr verfasst, die Melodie dessen Freund Franz Xaver Gruber, seines Zeichens Lehrer im benachbarten Arnsdorf, komponiert. Weil die Orgel zuvor ihren Dienst versagt hatte, verfiel man auf Gitarrenbegleitung, was die innige Wirkung nur noch steigerte. Jahre später nahm eine umherziehende Sängergruppe aus dem Zillertal in Unkenntnis seiner Herkunft »Stille Nacht« als Tiroler Volkslied in ihr Repertoire auf und gab es bei einem Konzert in Leipzig zum Besten. Von dort eroberte es binnen Kurzem die Welt. Und nur dank eines Zufalls – die Hofkapelle in Berlin bat 1854 im Stift St. Peter in Salzburg um Aufklärung – blieb die Entstehungsgeschichte des Liedes der Nachwelt erhalten.

Dies alles und noch viel mehr erfährt man im **Stille Nacht Museum** (Stille Nacht Platz 5, www.stillenacht.info, 7. Jan.–März Fr–So, April–Juni auch Do, Juli–Okt. auch Di/Mi, Nov.–6. Jan tgl. 10–18 Uhr, 5,50 €). Die Oberndorfer **Gedächtniskapelle,** die man 1930 anstelle der Nikolauskirche erbaute und in der man Mohrs Schädel einer Reliquie gleich aufbewahrt, wird alljährlich am Christabend von Tausenden Touristen auf der Suche nach Besinnlichkeit gestürmt.

Selbstverständlich verfügt auch die Nachbargemeinde **Arnsdorf** über einen Ort der einschlägigen Erinnerung: die teilweise in ein Museum umgewandelte Volksschule, an der Gruber lehrte (Kontakt für Besichtigung: Max Gurtner, T 066415 894 00, www.stillenachtarnsdorf.at, Ostern–Ende Nov. Sa/So 14–17 Uhr und nach telef. Voranmeldung, in der Advent- und Weihnachtszeit Mo–Fr 14–17, Sa/So, Fei 10–17 Uhr).

Freilich bieten Oberndorf und seine Umgebung auch abseits des Liedes der Lieder Interessantes. Da sind einmal im Norden das **Waldmoos** und das **Bürmoos,** die zusammen mit dem oberösterreichischen Ibmer Moos Österreichs größte, allerdings leider von der Torfindustrie teilweise in Mitleidenschaft gezogene Moorlandschaft formen. Da ist in Arnsdorf, gleich neben der Gruber-Schule, Maria im Mösl – die älteste Marienwallfahrtskirche des Landes. Auf ihrem Friedhof fand der 1993 verstorbene renommierte Filmregisseur Axel Corti seine letzte Ruhe. Und da sind in Oberndorf selbst das vielfältige, auf den Traditionen der Salzschiffer basierende Brauchtum (s. Kasten links bzw. S. 259), das vor allem bezüglich der Stadtgeschichte und des Flusstransportwesens reich bestückte **Heimatmuseum** (Adresse/Öffnungszeiten wie Stille Nacht Museum, s. o.) sowie – als spektakuläres Relikt aus der industriellen Frühzeit – die prachtvolle Gusseisenbrücke hinüber nach Laufen, mit dem Oberndorf vor 1816, als der westlich der Salzach gelegene Rupertiwinkel noch zu Salzburg gehörte, eine Doppelstadt bildete.

O

OBERNDORFER FOLKLORE UND FESTE

Ein ganz besonderes Erlebnis ist eine **historische Plättenfahrt** auf der Salzach, die vom bayerischen Tittmoning nach Burghausen führt. Anmeldung unter T (+49) (0) 8677 887-140. In Oberndorf gibt es alljährlich vor dem 15. August ein **Flussfest,** alle zwei Jahre (2025, 2027) ein **Sonnwendfest** auf dem Fluss und alle fünf Jahre (das nächste Mal 2028) das Remake einer **historischen Piratenschlacht** am Fluss. Weitere Informationen unter www.stillenacht-oberndorf.com, T 6272 44 22.

Kräutergarten in Anthering

Heilsames von Mutter Natur gibt es in diesem schönen Garten. Zu betrachten sind rund 350 verschiedene Heilpflanzen auf 1000 m^2. Das kleine Bauerngartl, in dem an die 750 Täfelchen Wesen und Wirkkraft der verschiedenen Gewächse erläutern, ist von April bis Okt. frei zugänglich. Jeweils am 15. Aug. Kräuterfest und -weihe.

10 km südöstl. von Oberndorf, Anmeldung für Führungen bzw. zur Teilnahme an Vorträgen, Seminaren, Koch- und Färbekursen etc.: andreabrehm@gmx.at

Schlafen

Gemütliches Quartier am Waldesrand

Pension Hammerschmiede: 250 Jahre altes Haus in absoluter Ruhe- und Grünlage, rustikales Ambiente, gutbürgerliche Küche; mit kleinem, sehenswertem Schmiedemuseum.

Anthering (10 km südöstl. von Oberndorf), Acharting 22, T 06223 25 03, www.hammerschmiede.at, €€€

Preiswert, ideal für Radfahrer

Salzachhof: Das tadellose 2-Sterne-Quartier befindet sich in zentraler Lage an der Friedensbrücke, direkt am Tauern- und Mozart-Radweg, schöner Blick auf die Salzach, zudem gibt es ein gutes China-Restaurant im Haus.

Oberndorf, Brückenstr. 14, T 06272 42 46, €; Restaurant: Di–So 11.30–14, 18–22.30 Uhr, €

Essen

Feine Schmankerlküche

Bauernbräu: Gediegene Regionalkost in historischen Gewölben, vom Backhendl bis zum Grillteller und zu vegetarischen Spezialitäten.

Hotel Alt Oberndorf, Salzburger Str. 119, T 06272 5422, www.hotel-altoberndorf.at, Mo–Mi, Fr/Sa 9–23 Uhr, €–€€ (auch nette Zimmer €)

Wo heute die Gedächtniskapelle steht, erklang 1818 erstmals das Weihnachtslied »Stille Nacht, heilige Nacht«.

Traditionell gut

Kapuzinerhof: Ausnahmsweise ein kurzer Sprung über die Grenze nach Bayern: zum Schmausen im historischen Klostergemäuer; innovative Küche auf regionaler Basis, schöne Gartenterrasse.

Laufen, Schlossplatz 4, T +49 (0)8682 954-0, www.kapuzinerhof.de, Di–So (außer Fei) 11.30–14, 17.30–20.30 Uhr, €€

Infos

- **Tourismusverband Oberndorf:** 5110 Oberndorf, Stille Nacht Platz 2, T 06272 44 22, www.stillenacht-oberndorf.com.
- **Bahn:** Die Lokalbahn S1 fährt von Salzburg-Hbf. über Oberndorf nach Lamprechtshausen, ca. 25 Min. Fahrzeit. Fahrplanauskünfte T 0662 63 29 00, www.salzburg-verkehr.at.

Das Salzkammergut

Ferienregion par excellence — kein Salzburg-Aufenthalt ist komplett ohne wenigstens eine Spritztour an den Traun-, Mond- oder Attersee, nach Hallstatt, in die k. u. k.-Operettenmetropole Bad Ischl oder ins Ausseerland.

Seite 144

Hallstatt ✪

Die kulturelle Urzelle des Salzkammerguts, in der die Kelten schon vor 2500 Jahren das ›Weiße Gold‹ förderten. Mit dem ältesten Salzbergwerk der Welt und einem malerischen Gesamtbild zählt der Ort mitsamt der Dachstein-Region zum UNESCO-Weltnaturerbe.

Seite 132

Bad Ischl

Das älteste Solebad Österreichs, das schon Kaiser Franz Joseph liebte, lockt u. a. mit k. u. k.-Flair, sündhaft guten Süßspeisen und einem entzückenden Fotomuseum.

Ja, eine Kaiservilla gibt's in Bad Ischl natürlich auch.

Eintauchen

Seite 127

Wanderung von St. Gilgen nach St. Wolfgang

Unterwegs auf einem Teil des gesamteuropäischen Pilgerwegnetzes »Via Nova« – nicht nur religiös und kulturgeschichtlich Interessierte kommen auf ihre Kosten.

Seite 150

Via Artis

Im Ausseerland auf den Spuren berühmter Literaten, Maler und Komponisten wandern, vorbei an ›Info-Staffeleien‹, Literaturmuseen und den Feriendomizilen der prominenten Gäste, durch die inspirierende Idylle des Ausseerlandes.

Seite 129

St. Wolfgang

»Weißes Rößl« und Pacher-Altar – der beliebte Ferienort am gleichnamigen See wartet mit Operetten-Feeling, spätgotischer Schnitzkunst vom Feinsten und einer wunderschönen Umgebung auf. Zusatzvergnügen: per Zahnradbahn auf den Schafberg.

Seite 124

Rund um den Fuschlsee

Wunderschön in unmittelbarer Nähe des Wassers und in dichtem Wald wandern!

Seite 155

Altausseer See

Ein Klassiker für Generationen von Sommerfrischlern – der gut zweistündige Spaziergang rund um dieses völlig unverbaute Naturjuwel. Ein Muss: die Einkehr in der Jausenstation Seewiese.

Seite 146

5fingers

Die spektakuläre Aussichtsplattform auf dem Dachstein-Krippenstein-Plateau ragt wie eine Hand über einen mehr als 400 m tiefen Abgrund …

Selbst wer sonst keine Operetten liebt, sollte auf dem Lehár-Festival in Bad Ischl, wo die Wiege der leichten Muse stand, einmal in seligen Melodien schwelgen.

»Kennst Di aus, woaßt, wos i moan?
A Berg is nix anders wia a mords Trum Stoan.
Aba drob'n auf'm Gipfel, des sog i allemoi,
is' vui schena wie drunt'n im Toi!«
Hubert von Goisern

Seenland als Operettenidyll

Das Salzkammergut, jenes östlich der Stadt Salzburg gelegene, 60 km im Quadrat messende Gebiet, das durch die Autobahn Wien–Salzburg (im Norden), das Tote Gebirge (im Osten), den Dachstein (im Süden) und die Osterhorngruppe (im Westen) begrenzt wird, gilt dank seiner enormen Vielfalt an Landschaftsformen als Urlaubsregion par excellence. An ihm haben drei Bundesländer Anteil, wobei der des Landes Salzburg mit nur 12 % der geringste ist. Zur Steiermark gehören 16 %, zu Oberösterreich 72 %.

Doch in der touristischen Praxis bildet diese idyllische Synthese aus lieblichen Seen, schroffen Bergen und malerischen Dörfern, die sich einst als Kammergut im Besitz der Habsburger befand und bereits zu Kaiser Franz Josephs (Ferien-)Zeiten zuhauf wohlhabende Wiener anzog, eine landschaftliche Einheit. Die Verwaltungsgrenze etwa zwischen Mond- und Fuschl- oder Wolfgang- und Attersee ist für Urlauber völlig irrelevant. Und deshalb gehört das Salzkammergut in einem Reiseführer über das Salzburger Land selbstverständlich in seiner Gesamtheit beschrieben.

Fuschlsee G 2

Dass der uralte Operettenkalauer aus Ralph Benatzkys »Weißem Rößl«, demgemäß man »im Salzkammergut gut lustig sein kann«, keineswegs aus der Luft gegriffen ist, wird einem klar, wenn man von der Landeshauptstadt kommend auf der B 158 ostwärts fährt. Da liegt einem kurz hinter der Ortschaft Hof, umgeben von dunklen Fichtenwäldern, der Fuschlsee so kitschig schön zu Füßen, als handle es sich um ein dreidimensionales Bilderbuch. Der helle, die Szenerie beherrschende Würfelbau ist **Schloss Fuschl.** 1450 erbaut, diente es ursprünglich den Salzburger Erzbischöfen als Jagdsitz. Nach dem letzten Krieg wurde es in ein Nobelhotel verwandelt, in dem häufig Staatsgäste, u. a. Nixon und Nasser, logierten. Am Ostende des ansonsten so gut wie unbebauten Sees, den man auf einem Rundweg bequem umwandern kann (s. u.), liegt der Ort **Fuschl,** ein Eldorado für Wasserratten.

Abstecher nach Faistenau und Thalgau G 2/3

Noch vor Fuschl, von Hof aus, führt ein Abstecher Richtung Süden zu dem idyllisch gelegenen **Hintersee.** Zuerst

O

ORIENTIERUNG

Reisekarte: G 2/3, H–K 3/4

Infos

Salzkammergut Tourismus-Marketing: 4820 Bad Ischl, Salinenplatz 1, T 06132 26 90 90, www.salzkammergut.at.

Tourismusverband Inneres Salzkammergut: 4822 Bad Goisern, Kirchengasse 4, T 059 50 95-74, www.dachstein-salzkammergut.at (zuständig für Bad Goisern, Hallstatt, Obertraun, Gosau).

Regionale Tourismusverbände

Wolfgangsee Tourismus: 5360 St. Wolfgang, Au 140, Postfach 20, T 06138 80 03, www.wolfgangsee.at.

Tourismusverband Mondsee-Irrsee: 5310 Mondsee, Dr.-Franz-Müller-Str. 3, T 06232 22 70 22, www.mondsee.at.

Tourismusverband Attersee-Attergau: 4880 St. Georgen im Attergau, Attergaustr. 31, T 07666 77 19, www.attersee.at.

Ferienregion Traunsee-Almtal: 4810 Gmunden, Toscanapark 1, T 07612 744 51, www.traunsee.at.

Tourismusverband Ausseerland-Salzkammergut: 8990 Bad Aussee, Pratergasse 388, T 03622 540 40-0, www.ausseerland.at.

Erlebnis Card

Gilt von Mai bis Okt. bis zu 21 Tage lang im gesamten Salzkammergut (für 4,90 €): Bis zu 30 % Ermäßigung bei Verkehrsmitteln, Schifffahrten, Bergbahnen, Höhlenerlebnissen, Panoramastraßen, Museen, Wildparks, Bädern, Salzbergwerken und vielen weiteren Freizeit- und Abenteuerangeboten. Erhältlich bei allen Touristbüros und Infostellen sowie in vielen Hotels.

Seenschifffahrt

Betrieb je nach Witterung von ca. Ostern bis Ende Okt. tgl.

Wolfgangsee: T 06138 223 20, www.wolfgangseeschifffahrt.at.

Traunsee: T 07612 667 00, www.traunseeschifffahrt.at.

Attersee: T 0664 607 95 29 00, www.atterseeschifffahrt.at.

Hallstättersee: T 06134 82 28, www.hallstattschifffahrt.at.

Mondsee: T 0664 493 46 84, www.mondsee-schifffahrt.at, T 0676 604 76 44, www.schifffahrt-mondsee.at.

Grundlsee: T 03622 860 443 33, www.schifffahrt-grundlsee.at.

Altausseer See: T 0664 607 95 29 50, www.altausseeschiffahrt.

passiert man **Faistenau,** einen von ruhebedürftigen Wanderern und Skifahrern gleichermaßen geschätzten Ferienort. Dessen Jakobskirche birgt Fresken aus dem Jahre 1324, und auf dessen Dorfplatz im Schatten einer 1000-jährigen Linde wird alle drei Jahre (2022, 2025 etc.) der »Faistenauer Jedermann«, eine Mundartfassung des berühmten Spiels vom Leben und Sterben des reichen Mannes, aufgeführt. Der See bietet einen abgelegenen, stillen Platz zum Baden und Spazierengehen – mit reizvollen Blicken auf die umliegenden Wälder und Berge. Ein besonderes Naturschauspiel stellt die sog. **Eiskapelle** dar. An diesem Kältepunkt trotzen sogar in Hochsommermonaten noch Reste von Eis und Schnee der Hitze. Auf Abenteuerlustige wartet ganz in der Nähe die 2,7 km lange bis zu 100 m tiefe **Strubklamm,** die in der warmen Jahreszeit in drei- bis vierstündigen Touren durchquert werden kann.

TOUR
Den kleinsten großen Salzkammergutsee erkunden

Wanderung rund um den Fuschlsee

Infos

Reisekarte: G 2

Start: Fuschl

Länge: ca. 12 km

Dauer: ca. 3–4 Std.

Achtung: Auf dem gesamten Weg herrschen Radfahrverbot und für Hunde Leinenpflicht.

Diese wunderschöne Wanderung führt größtenteils in unmittelbarer Nähe zum Wasser und über weite Strecken durch schattigen Wald. Vom **Ortszentrum Fuschls** geht man zunächst zum See, folgt dann kurz rechts der Bundesstraße B 158 und zweigt rechts in die Wesenau ab. Hinter der **Holzknechtstube,** am Waldrand, beginnt dann der Wanderweg, der sich am Südufer bis zur Zufahrtsstraße zu **Schloss Fuschl** entlangschlängelt. Man passiert, in diesem Abschnitt ausnahmsweise etwas auf Distanz zum Seeufer, den Golfplatz und erreicht auf Schotterwegen durch das Moor den Abfluss der **Fuschler Ache.**

Danach führt eine Asphaltstraße rechts in die Ortschaft Hundsmarkt, wo die mehr als 400 Jahre alte **Hundsmarktmühle** (Mitte Mai–Okt. 1. und 3. So im Monat 14–17 Uhr, Eintritt frei, www.diehundsmarktmuehle.at) über den Weg »Vom Korn zum Brot« informiert. Bei der Jausenstation Berger (Juli/Aug. tgl., sonst Fr–Mi 11–23 Uhr) beginnt der **Norduferweg,** der hinter einer Anhöhe zum See an den Uferhängen entlang zum **Seewinkl** führt. Hier ermöglichen etliche kleine, öffentlich zugängliche Buchten zwischendurch einen Sprung ins kühle Nass. Außerdem vermittelt der Lehrpfad **Fuschl-SEH-Weg,** ergänzt durch den Kraftort **Waldandacht,** naturkundliches Wissen und sinnlichen Mehrwert. Er ist übrigens dank der Südlage prinzipiell auch im Winter wunderbar begehbar. Über die Seestraße gelangt man schließlich nach **Fuschl** zurück.

Von Hof nordwärts erreicht man **Thalgau.** Dieser schmucke Markt hat sich vor geraumer Zeit schon zu einem Musterort in Sachen Umwelt- und Gesundheitsbewusstsein gemausert. Trinkwasseraufbereitung ohne Chemie, Erhaltung von Flurhecken und alten Obstkulturen, in den Hotels Nichtraucherzimmer und müllfreies Frühstück, Exkursionen zu Biobauern, Umwelt-Wanderwege ... In der Unterhaltungsindustrie ist Thalgau übrigens auch bekannt als Sitz von Sony DADC, einem Top-Hersteller von Musik-, Video- und Gaming-Discs.

Schlafen

Luxuriöser Landhausstil

Jagdhof: Die auf einen mächtigen Bauernhof aus dem 17. Jh. zurückgehende, neuerdings aus drei Gebäudekomplexen bestehende Hotelanlage präsentiert sich exquisit gestaltet, mit mehreren Restaurants, Wellness- und Tagungskomplex, großem Ballsaal, Terrasse und Liegewiese mit Seeblick.

Hof bei Salzburg, Schloss-Str. 1, T 06229 237 20, www.arabella-jagdhof.com, €€€

Biker- und Wanderhotel

Das Hintersee: Sehr gepflegtes Vier-Sterne-Hotel, gelegen im ruhigen Talschluss, mit ausgezeichneter Küche und Radverleih. Spezialattraktion: das hauseigene, äußerst sehenswerte **Puppenstubenmuseum.**

Hintersee 4, T 06224 89 00-0, www.hintersee.at, €€–€€€

Für Sportfans

Hotel Jakob: Tolles 4-Sterne-Hotel, das sich ganz auf die Bedürfnisse von Radfahrern und Triathleten spezialisiert hat.

Fuschl am See, Dorfplatz 3, T 06226 82 28, www.hoteljakob.at, €€–€€€

Essen

Grundsolider Landgasthof

Santner: Behagliche Stuben, Schmankerlküche mit Schwerpunkt Fleischspeisen.

Thalgau, Marktplatz 2, T 06235 72 16, www.landgasthofsantner.at, Mi–So 9–17 Uhr, €€

Seerestaurant für Fischliebhaber

Schlick: Saibling, Forelle, Hecht und anderes fangfrisches Schuppengetier; bei Schönwetter stimmungsvolle Terrasse direkt am Wasser. Zugehörig: ansprechender Hotelbetrieb.

Fuschl am See, Seestraße 12, T 06226 82 37, www.seehotelschlick.at, tgl. 11.30–14, 18–21 Uhr, €€

Bewegen

Lehrreiches Wandern

Ökowanderweg ›Wasserwunder Tiefenbach‹ in Hintersee, Juni–Okt. frei zugänglich; **Mühlenrundwanderweg** in Ebenau: ganzjährig; Führungen nach Vereinb., T 06221 80 55.

Rutschvergnügen

Sommerrodelbahn: Zwei kurvenreiche Bahnen mit je 1300 m Länge, direkt an der Wolfgangsee-Bundesstraße.

Strobl, Gschwendt 268, T 06137 70 85, Mai–Okt. (bei Schönwetter) tgl. 10–18, Juli/Aug. 10–19 Uhr

Flanieren im Garten

Red-Bull-Zentrale: Der futuristische Firmensitz des weltberühmten Energydrink-Herstellers – von der Straße aus mitsamt der Herde aus 14 bronzenen Bullen gut zu sehen – besitzt einen architektonisch gleichfalls reizvollen Garten, der tagsüber frei zugänglich ist.

Fuschl am See, Am Brunnen 1, T 0662 658 20, www.redbull.com

Infos

• **Fuschlsee Tourismus GmbH:** 5330 Fuschl am See, Dorfplatz 1, T 06226 838 40, www.fuschlseeregion.com.
• **Tourismusverband Thalgau:** 5303 Thalgau, Marktplatz 4, T 06235 73 50, www.thalgau-tourismus.at.
• **Bus nach Fuschl:** Linie 150 Richtung St. Gilgen, ab Salzburg-Hbf. im Halbstunden-/Stundentakt, Fahrzeit ca. 40 Min.
• **Bus nach Thalgau:** Linie 140 Richtung Mondsee, ab Salzburg-Hbf. im Halbstunden-/Stundentakt, Fahrzeit ca. 30 Min.

Wolfgangsee H 3

St. Gilgen H 3

Eingebettet in einen Kranz von Bergen – dem bügeleisenförmigen Schafberg im Norden, den Zwillingsgipfeln von Sparber und Rettenkogel im Osten und dem per Gondelbahn leicht bezwingbaren Zwölferhorn im Südwesten – erstreckt sich, 11 km lang und von einer Landzunge in zwei Hälften geteilt, der Wolfgangsee. Den Vordergrund dieses schon von den Romantikern und Nazarenern mit Begeisterung ›kopierten‹ Landschaftsgemäldes bietet St. Gilgen. Diese größte und meistbesuchte aller Flachgauer Gemeinden hat zwar zur Zeit des großen Tourismusbooms in den 1970ern unter der grassierenden Bauwut kräftig gelitten. Doch in seinem Kern verfügt der Ort, in dem sich übrigens auch Helmut Kohl viele Jahre lang allsommerlich von seinen Bonner Zores zu erholen suchte, über eine hübsche **Fußgängerzone.** Außerdem wartet er mit einem bedeutsamen **Kunstmuseum** über die Malerkolonie Zinkenbach und, im selben Gebäude, einem **Musikinstrumente-Museum der Völker** auf.

Und am Mozartplatz schließlich trifft man auf das **Mozarthaus,** eine Gedenkstätte für den berühmten Musiker: Im alten Pfleggerichtshaus, dem heutigen Bezirksgericht, erblickte 1720 Mozarts Mutter das Licht der Welt.

Museum Zinkenbacher Malerkolonie: Aberseestr. 11, T 06227 203 43, www.malerkolonie.at, Mitte Juni–Anf. Okt. tgl. 14–19 Uhr, 6,50 €; Musikinstrumente-Museum der Völker: Aberseestr. 11, T 06227 82 35, www.hoerart.at, Juni–Sept., Di–So 9–11, 15–19, Mitte Okt.–Anf. Jan. nur nach Vereinb., Anf. Jan.–Ende Mai Mo–Do 9–11, 15–18, Fr 9–11, So 15–18, 1. Dez.–6. Jan. Mo–Fr 9–11, 14–17 Uhr, 4 €; Mozarthaus: Ischlerstr. 15, T 06227 202 42, www.mozarthaus.info, Juni–Sept. Fr–So, Juli/Aug. Di–So jew. 10–16 Uhr, 6 €

Fürberg

Müßiggängern sei außerdem Folgendes empfohlen: Ein wunderschöner, etwa zweistündiger Spaziergang führt in die nördlichste und sehr beschauliche Ecke des Sees, nach **Fürberg;** und von besonderem Reiz, speziell für Nostalgiker, ist auch eine Seeüberquerung mit dem altehrwürdigen Raddampfer ›Kaiser Franz Joseph‹.

Auf der Postalmstraße H/J 3/4

Von **Strobl**, einem weiteren viel frequentierten, mit Hotels gut bestückten Sommerfrischeort, empfiehlt sich ein Abstecher über die 22 km lange (mautpflichtige) Postalmstraße nach Abtenau im Lammertal (s. S. 164). Die auf 1300 m Seehöhe gelegene **Postalm** ist mit einer Fläche von 42 km² Mitteleuropas zweitgrößtes Hochplateau und als solches ein ideales Wander- und Skigebiet; Vor etwa 300 Jahren angelegt und über den

TOUR
Traumhafte Aussichten auf historischem Boden

Wanderung von St. Gilgen nach St. Wolfgang

Infos

Reisekarte: H 3

Start: St. Gilgen

Länge: ca. 6 km

Dauer: ca. 2,5 Std.

Dieser in beide Richtungen begehbare »Weg der Wallfahrer« bildet die letzte Etappe des von Passau über Schärding, Mattsee und Mondsee verlaufenden Pilgerpfades, der seinerseits Teil des gesamteuropäischen Pilgerwegnetzes »Via Nova« ist. Er ist prinzipiell ganzjährig zu begehen und auch familientauglich. Beim Steilan- und -abstieg über den Falkenstein ist mit Kindern jedoch gewisse Vorsicht angeraten. Dieser Mittelteil ist bei Schneelage bisweilen unpassierbar.

Wer die Wanderung in **St. Gilgen** beginnt, folgt zunächst von dem »Mozart-Ort« auf weitgehend schattigem und von Autoverkehr befreitem Weg der Westbucht des Wolfgangsees nach **Fürberg** (vgl. S. 126). Hier bietet der an der nördlichsten Bucht gelegene Gasthof gleichen Namens Stärkung (April–Okt. und zur Winterhauptsaison tgl. geöffnet, www.fuerberg.com). Weiter geht es durch den Wald über den felsigen **Falkenstein** (795 m), wo das über 600 Jahre alte Kirchlein, eine ehemalige Einsiedelei, nähere Beachtung lohnt, hinab nach **Ried** und am Seeufer Richtung **St. Wolfgang.** Unterwegs passiert man zwei Dutzend Erlebnispunkte mit Infotafeln zur religiösen und kulturgeschichtlichen Bedeutung der Route – Bildstöcke, Kreuzwegstationen, Kapellen, aber auch historische Höfe und einen Wasserfall. Empfehlenswert sind die jeweils nur wenige Minuten beanspruchenden, gut beschilderten Abstecher zum sagenumwobenen **Hochzeits- bzw. Ochsenkreuz.** Am Ziel sollte man noch den Highlights, also in St. Gilgen dem Mozarthaus und in St. Wolfgang dem Pacher-Altar, seine Aufwartung machen.

Lieblingsort

Auf den Schafberggipfel

Wird mir das Gedränge unten in St. Wolfgang mal gar zu dicht, kaufe ich ein Ticket für die Zahnradbahn. An Bord des über 100 Jahre alten, dampfbetriebenen Gefährts ruckle und zuckle ich dann den **Schafberg** hinauf. Auf dem knapp 1800 m hohen Gipfel atme ich kräftig durch. Der Blick schweift von dort oben über den Mond- und Attersee weithin ins Alpenvorland. Und in der Gegenrichtung begrenzt der imposante Bergkranz der Hohen Tauern den Horizont. Wobei Schwindelfreiheit empfohlen ist. Denn der Gipfelgrat, der nach Norden hin absolut senkrecht abbricht, heißt nicht ohne Grund doppeldeutig Himmelspforte (📍 H 3, Zahnradbahn: T 0662 88 84 97 00, www.5schaetze.at, Betrieb: ca. Ende April–Allerheiligen, Bahnfahrten tgl. stdl. 9–18 Uhr).

Sommer von etwa 2000 Tieren beweidet, bietet sie zudem einen grandiosen Rundblick auf die nahe und fernere Gipfelwelt.

Schlafen

Behagliches 4-Sterne-Hotel

Stroblerhof: Gutbürgerlich-heimeliges Haus inmitten eines großen Parks, 100 m vom See.

Strobl, Ischlerstr. 16, T 06137 73 08, www.stroblerhof.at, €€

Traditionsadresse

Billroth: Geschichtsträchtiges, gediegenes Ferien- und Seminarhotel in ruhiger Uferlage; feine Ausstattung, ebensolches Restaurant mit toller Terrasse.

St. Gilgen, Billrothstr. 2, T 6227 22 17, www.billroth.at, €€€

Preiswert am Wasser

Jugendgästehaus St. Gilgen: Sympathische Bleibe für Sparefrohs mit Ein-, Zwei- und Vielbettzimmern und guter Infrastruktur. Gleich vis-à-vis: Bootsverleih und öffentliches Strandbad (für Hausgäste frei), ruhiger Garten.

St. Gilgen, Mondseer Str. 7, T 06227 23 65, www.oejhv.at, €

Essen

Im Kulinarik-Himmel

Haus am Hang: Trendige, leicht-mediterrane Haubenküche, gepaart mit sehr persönlichem Service in absoluter Wohlfühl-Atmosphäre.

St. Gilgen, Mondsee Bundesstr. 10, T 0664 443 57 01, www.haus-am-hang.at, Mi–So 12–14, 18–23 Uhr, während der Festspiele tgl., €€

Pflichtstation für Leckermäuler

Café Nannerl: Entzückendes Biedermeier-Café, weithin bekannt für seine Kuchen und Torten (Marillen- und Zwetschgenfleck probieren!), kleine Speisen. Der nette Gastgarten liegt in der Fußgängerzone von St. Gilgen.

St. Gilgen, Kirchenplatz 2, T 0664 143 05 14, www.cafenannerl.at, So/Mo, Do/Fr 11–18, Sa 9–18 Uhr €

Bewegen

Geistig auftanken

Europakloster Gut Aich: Spirituelle Seminare, Kloster auf Zeit, Musik-, Tanz- und Yogakurse, Naturprodukte im Klosterladen. Mai–Okt. (Do 14.30 Uhr) führen die Benediktinermönche durch Kirche, Kräutergarten, Kunstwerkstätten und Schaukeller.

St. Gilgen, Aich 3, T 06227 23 18, www.europakloster.com

Zum Wandern und Skifahren

Zwölferhorn-Seilbahn: St. Gilgen, www.12erhorn.at, Betrieb tgl. 9–17, winters bis 16 Uhr (in der Höhe: **Pillstein-Rundwanderweg).** Herrliche Aussicht und Ausgangspunkt für ausgedehnte Höhentouren.

Infos

- **Bus:** Linie 150 ab Salzburg-Hbf., im Halbstunden-/Stundentakt, Fahrzeit ca. 45 Min.

St. Wolfgang H 3

Das Allererste, was einem zu St. Wolfgang einfällt, ist wohl das »Weiße Rößl«. Die Wurzeln dieses Operettenmythos sind längst Legende: Zwei Berliner Lustspielfabrikanten namens Blumenthal und Kadelburg hatten 1897 einen harmlosen Schwank geschrieben. Knapp 30 Jahre später regte der Schauspieler Emil Jannings, der sommers am Wolfgangsee logierte, Ralph Benatzky zur musikalischen Umsetzung an. Robert Stolz und andere steuerten Schlager bei. Ein Welterfolg war geboren. Was man dabei geflissentlich zu erwähnen vergisst: Der ursprüngliche Gasthof Im Weissen Rössl, der die Autoren inspirierte, stand in Lauffen bei Bad Ischl und wurde bloß der idyllischeren Optik wegen fiktiv an das Seeufer verlegt.

Seit Benatzkys musikalischem PR-Coup steht St. Wolfgang im Ruf einer Hochburg für Tagestouristen. Nicht ganz zu Unrecht, denn zur Hochsaison herrscht in den engen Gassen tatsächlich arges Gedränge. Die Angebote der Souvenirshops strotzen vor Kitsch. Und die Campingplätze am östlichen Ortsrand wimmeln von Zelten wie einst die Vorstädte Wiens bei der Türkenbelagerung. Freilich gilt es zu differenzieren: Immerhin verfügt die örtliche Hotellerie durchaus über Häuser für gehobene Ansprüche – etwa das traditionsreiche Hotel Weisses Rössl oder das spektakuläre, vorrangig von internationalen Firmen für Seminare und Produktpräsentationen genutzte Eventhotel Scalaria. Außerdem haben die Gästemassen der Schönheit der Umgebung und der Klarheit des Wassers keinen Abbruch getan. Und seit der Eröffnung des Umfahrungstunnels ist der Ortskern rund um den malerischen Marktplatz mit seinem spätgotischen Pilgerbrunnen und den alten Giebelhäusern tagsüber vom Autoverkehr befreit.

Pfarrkirche St. Wolfgang

Eine andere Art von Ruhm genießt St. Wolfgang freilich schon beinah seit einem Jahrtausend. Ihn begründete einer der bedeutendsten Kirchenmänner der ottonischen Zeit – Wolfgang, der Bischof von Regensburg (972–994). Er hatte sich, so die Überlieferung, im Zuge eines Konfliktes mit dem bayrischen Herzog für einige Zeit als Eremit in die Waldeinsamkeit des Sees zurückgezogen. Dort baute er eine kleine Kirche, die bald nach seiner Heiligsprechung (1052) erste Pilger anzog. Im 15. und 16. Jh. war St. Wolfgang nach Rom, Einsiedeln und Aachen der ›gefragteste‹ Wallfahrtsort Europas.

Aus dieser Blütezeit stammt auch die heutige Kirche. Sie birgt, was ihr schlichtes, stämmiges Äußeres nicht ahnen lässt, eines der großartigsten Werke der Spätgotik – den sog. **Pacher-Altar.** Zehn Jahre lang, von 1471 an, hat der Südtiroler Maler und Schnitzer Michael Pacher im Auftrag des Abtes von Mondsee an diesem 6,5 m breiten und über 11 m hohen Meisterwerk gearbeitet. Es zeigt auf vier Flügeln mit insgesamt 16 Tafeln Szenen aus dem Leben des Patrons (bei geschlossenem Altar), dem Leben Christi (bei geöffnetem Altar) sowie dem Leben Marias (bei geöffneten Innenflügeln). Den inneren, golden schimmernden Schrein schmückt eine fantastisch fein geschnitzte Figurengruppe rund um die gekrönte Muttergottes. Angesichts solchen Glanzes drohen die **barocken Schätze der Kirchenausstattung** – wie etwa der Doppelaltar von Thomas Schwanthaler (1676) und die drei Altäre mitsamt Kanzel aus der Werkstatt Guggenbichlers (1706) – zu verblassen.

Sommers tgl. 8–19, winters bis 17 Uhr, Eintritt frei

Schlafen, Essen

Klassiker mit Stil

Weisses Rössl: Gediegene, dank der Benatzky-Operette weltberühmte Herberge in zentraler Lage mit Spa im See (direktem Seezugang und geheiztem See-Pool); sehr gutes, zur Hauptsaison jedoch oft überlaufenes Restaurant mit Terrasse; ausgezeichnete Weine.

Markt 74, T 06138 230 60, www.weissesroessl.at, €€€, Küche tgl. 9–22 Uhr durchgehend, winters 10–18.30 Uhr, €€€

Ein Klassiker des Salzkammergut-Tourismus und der Operettenliteratur: das von Ralph Benatzky in Tönen verewigte Weisse Rössl

Gediegene Mittelklasse

Försterhof: Qualitätvolles, sehr nett geführtes 4-Sterne-Haus, stilvolles Traditionsambiente, sehr gutes Restaurant, 3 Gehminuten vom See.

Ried 14, T 06138 25 35-0, www.foersterhof.at, €€€, Küche tgl. 11.30–14, 17.30–22 Uhr, winters nur abends, teilweise Mo geschl., €€–€€€

Idylle für Nostalgiker

Hupfmühle: Ferien wie anno dazumal verbringt man hier in rustikalem Ambiente und romantisch am Waldrand nahe einem Wasserfall. Zu Fuß 10 Min. vom Ortskern (steil), Pkw-Zufahrt bis 100 m vor dem Lokal; mit netter Übernachtungsmöglichkeit inklusive großem Bad und hauseigenem Badeplatz unten am See (auch für Wanderer: fangfrische Forellen zum Mitnehmen).

Au 1, T 06138 25 79 od. 0664 417 16 18, www.hupfmuehle.at, 5 DZ und 2 FeWo, €–€€

Einkaufen

Traditionsbetrieb

Lebzelterei und Wachszieherei Wallner: Der älteste einschlägige Betrieb Österreichs (gegründet 1537!), Schmuckkerzen und patinierte Wachsabgüsse aus Lebkuchenmodeln als Dekor. Das mit Lüftlmalerei reich verzierte Haus birgt zudem eine beliebte **Konditorei.**

Markt 29, T 0664 520 56 12, auch Café: Sa–Do 8.30–23 Uhr

Ausgehen

Auf ein Glas

13er Haus: Gehobenes Ambiente, großes Weinsortiment, gute Cocktails, netter Outdoor-Bereich.

Markt 54, T 13, T 0699 19 84 26 06, Mi–Mo 13–1 Uhr

Infos

- **Wolfgangsee Tourismus GmbH:** Details s. Orientierung S. 123.
- **Bus:** Linie 150 über St. Gilgen Richtung Bad Ischl, in Strobl umsteigen in Bus 2560, Fahrzeit ab da: 10 Min.
- **Ohne Auto:** Wer einen Tagesausflug nach St. Wolfgang plant, sollte den Wagen tunlichst in Gschwendt oder Abersee parken. So genießt man nicht nur den schönsten Blick auf den Ort – man vermeidet auch den obligaten Stau am jenseitigen Ufer. St. Wolfgang ist von 10.30 bis 7 Uhr früh für jeglichen Autoverkehr gesperrt.

Bad Ischl

J 3

Das Salzkammergut ist eine der klassischen Urlaubsregionen Europas, nach der Schweiz sogar die älteste. Sein Herz bildete von Anfang an das 15 km östlich von St. Wolfgang bereits auf oberösterreichischem Boden gelegene Bad Ischl. Schon seit über 2500 Jahren wird am Oberlauf der Traun, in Hallstatt und Altaussee, Salz gewonnen. Doch erst 1514 erhielten die Ischler von Kaiser Maximilian I. das Recht zum Salzhandel. Und erst gegen Ende desselben Jahrhunderts errichteten sie ein eigenes Sudhaus – was ihnen zu beträchtlichem Wohlstand verhalf.

Seinen eigentlichen Aufstieg zu jenem Ruhm, von dem es noch heute erfolgreich zehrt, erlebte das Städtchen allerdings erst über 200 Jahre später. Damals führte ein gewisser Dr. Joseph Götz – seines Zeichens Kammerguts-Sekundarphysikus (= Arzt) und tatsächlich dem Geschlecht derer von Berlichingen entstammend – die Praxis ein, hauterkrankte Salinenarbeiter mit Bädern in erwärmter Sole zu heilen. Ein Arzt aus Wien namens Dr. Franz Wirer, der über exzellente Beziehungen zu höchsten Kreisen verfügte, griff die Idee auf und eröffnete im Jahr 1823 ein Solebad. Ein Kurort ward geboren.

Schon bald nahm hier der erste Kaiser, Franz I., zu therapeutischen Zwecken Logis. In seinem Gefolge zogen adlige Gäste aus Wien, Petersburg, Moskau, Budapest und Prag zu. Sie alle suhlten sich nicht nur in der Sole, sondern genossen auch die unberührte Natur, wanderten etwa zum Nussensee, zum Predigtstuhl und über die Höhenpromenade zum Wurmstein oder erklommen den Siriuskogel und, damals noch ohne Seilbahn, die Katrin. Begeistert trugen sie die Kunde vom Liebreiz der Landschaft in alle Welt. Im Nu war das Salzkammergut das Eldorado für Sommerfrischler.

Als schließlich der habsburgische Erzherzog Franz Karl aus Angst vor dem Aussterben der Dynastie mit seiner Gemahlin Sophie zur Kur nach Bad Ischl eilte und diese ihm in den folgenden Jahren tatsächlich drei Söhne gebar, erreichte der Ruhm einen absoluten Höhepunkt. Doch er sollte noch übertroffen werden. Denn 1848 bestieg einer dieser drei ›Salzprinzen‹, Franz Joseph, den österreichischen Kaiserthron. Und nur fünf Jahre später erkor er Bad Ischl zu seiner jährlichen Sommerresidenz. Nun bildete das beschauliche Städtchen am Zusammenfluss von Ischler Ache, Rettenbach und Traun 50 Jahre lang – für einige Wochen im Jahr – den gesellschaftlichen Mittelpunkt der Monarchie.

Kaiservilla und Marmorschlössl

Steinernes Zeugnis dieser Auserwähltheit legt ein klassizistisches Gebäude ab, das etwas über der Altstadt in einem riesigen Park thront – die in notorischem Schönbrunnergelb getünchte **Kaiservilla.** Sie ist ein Hochzeitsgeschenk der Kaiserinmutter Sophie an ihren ersten Sohn und dessen Auserwählte Sisi. Die beiden Gebäudeflügel bilden, in Anspielung auf den eigentlichen Brautnamen Elisabeth, ein E. Der einst von einem Wiener Notar errichtete Bau, in dem noch heute ein Habsburger-Spross wohnt, ist aber auch ein Zeugnis für die pathologischen Züge der kaiserlichen Psyche. Denn abgesehen von dem spartanischen Mobiliar, zu dem auch jener Schreibtisch gehört, an dem Franz Joseph nach dem Attentat von Sarajevo das folgenschwere Ultimatum an Serbien unterschrieb, besteht die Ausstattung fast gänzlich aus Trophäen: 50 556 Tiere hat der ›oberste Beamte der Monarchie‹ – und oberste Buchhalter, wie manche Historiker spötteln – insgesamt erlegt. Halali! Er ließ jedes Geweih mit Tag und Ort des Abschusses beschriften.

Ist es da verwunderlich, dass die jedem steifen Zeremoniell ohnehin abholde Elisabeth sich ein eigenes Refugium schuf? Ihr **Marmorschlössl** liegt keine 500 m vom Haupthaus entfernt. Es beherbergt heute sommers stets sehenswerte **Wechselausstellungen.**

Kaiservilla und -park: Jainzen 38, T 06132 232 41, www.kaiservilla.at, Mai–Sept. tgl. 9.30–17, April, Okt. tgl., an Adventswochenenden Sa/So 10–16 Uhr; Marmorschlössl: Jainzen 1, Mai–Okt. zeitgleich wie Villa geöffnet; Park 6 €, Park mit Marmorschlössl 12 €, Park mit Kaiservilla 21 €, Park mit Kaiservilla und Marmorschlössl 27 €, günstigere Familientickets, (obligator.) Führung in der Kaiservilla inkl.

Lehárvilla

Zur plüschigen Atmosphäre Bad Ischls, die fast vergessen macht, dass der Kurort auch eine Gegenwart und eine Zukunft hat, trug ebenfalls seine Vergangenheit als Stadt der Musen bei. Schließlich gehören Leute auf Urlaub, zumal so prominente, irgendwie zerstreut, vielleicht auch abgelenkt, jedenfalls unterhalten. Demgemäß veranstaltete man schon zu Dr. Wirers Zeiten Theaterabende und Kurkonzerte. Der *genius loci* sowie Schwefelquellen, Glaubersalz und Mutterlauge zogen scharenweise Künstler an. In den örtlichen Gästelisten haben sich u. a. Anton Bruckner und Johannes Brahms, Nikolaus Lenau, Alexander Girardi, Johann Nestroy, Emmerich Kálmán und Oscar Straus verewigt.

Der König der leichten Muse war freilich Franz Lehár. Er lebte 30 Jahre lang in Bad Ischl und komponierte hier 24 Operetten, darunter so legendäre wie die »Lustige Witwe«. Die **Lehárvilla,** an der Traun und nur wenige Häuser neben der des Startenors Richard Tauber gelegen, dient heute als Museum. Lehárs Geist wird alljährlich im Sommer, im Juli und August, beschworen, wenn das Ischler Lehár-Orchester bei den Operettenwochen im Dreivierteltakt aufspielt.

Lehárkai 8, T 06132 301 14, www.stadtmuseum.at, wg. Generalumbaus noch bis voraussichtl. Ostern 2024 geschl.

KULTURHAUPTSTADT

K

Im Jahr 2024 stehen Bad Ischl und das Innere Salzkammergut mit seinen insgesamt fast zwei Dutzend Gemeinden als Europäische Kulturhauptstadt im internationalen Rampenlicht. Dann sind, über die ganze Region verteilt, unter dem Motto »Kultur ist das neue Salz« mehr als 150 Projekte zu erleben – eine bunte, zur Reflexion anregende Mischung aus regionalen Impulsen und internationalen Künstlern, Darbietung und Diskurs, nachhaltig gedacht, die Tradition wertschätzend und zugleich den Blick in die Zukunft gerichtet. Näheres zum Programm: www.salzkammergut-2024.at.

Stadtmuseum

Das Museum widmet sich Brauchtum und Stadtentwicklung und stellt zudem prominente Gäste vor. Zudem präsen-

K

KULINARISCHES ISCHL

Das alte Kurstädtchen hält nicht nur unvergleichliche kulturelle, sondern auch kulinarische Genüsse für seine Gäste bereit. Sei es eine Forelle in der Villa Seilern oder die kreative Regionalküche beim Nocken Toni – der Verlockungen sind viele. Das Babel der Diätsünder ist freilich die Confiserie Zauner, deren legendäre Mehlspeisen, insbesondere die Stollen und Taler, schon zu Kaisers Zeiten manche Waagen auf harte Proben stellten (Pfarrgasse 7 bzw. Esplanade, T 06132 233 10-20, www.zauner.at, Stammhaus tgl. 8.30–18 Uhr; Esplanade, wo man auch Tafelspitz, Kaiserschmarrn & Co. kredenzt, tgl., winters Mi–So 9.30–21 Uhr).

tiert es regelmäßig reizvolle Sonderausstellungen.

Im ehemaligen Hotel Austria, T 06132 254 76, www.stadtmuseum.at, zu Redaktionsschluss wg. Umbaus temporär geschl.

Schlafen

4-Sterne-Plus-Komfort

Hotel Royal: Gediegene Ausstattung in zeitgemäßem Schick, fünf Restaurantbereiche für jeden Geschmack, vielfältiges Wellness- und Therapie-Angebot im zugehörigen Physikarium, mit eigener Relax-Oase und Direktzugang zur Salzkammergut-Therme (s. S. 135).

Voglhuberstr. 10, T 06132 204 0, www.eurothermen.at, €€€

Schnörkelloser Schick

Goldenes Schiff: Schönes 4-Sterne-Haus am Fluss, Ruhelage 2 Gehminuten von Therme und Kurpark, gutes Restaurant.

Adalbert-Stifter-Kai 3, T 06132 242 41, www.goldenes-schiff.at, €€€; Restaurant: April–Okt. tgl. 10–22, Nov.–März Mo–Sa 10–21.30 Uhr, €€

Beliebt bei Hobbysportlern

Stadt Prag: Angenehm altmodisches Haus; geräumige Zimmer im ortsüblichen Mittelklasse-Stil.

Eglmoosgasse 9, T 0677 63 16 02 45, €

Essen

Speisen wie ein Kaiser

Villa Seilern: Kreative, gesunde Bio- und Vollwertküche, ausgezeichnet mit der ›Grünen Haube‹, im Restaurant des Vital Resort (in dessen Zimmern man nach festlichem Mahl übrigens auch wohlig in die Federn fällt). Feine Weine; Spezialtipp für den Spätherbst: Steirisches Junkermenü.

Tänzlgasse 11, T 06132 241 32, www.villaseilern.at, tgl. 7–22 Uhr, €–€€

Wer in dieses Schaufenster blickt, muss ganz stark sein: Torten, Gebäck und mehr in der Konditorei Zauner.

Beliebter Treff seit Kaisers Zeiten

Zur Nocken Toni: Authentisches Landgasthaus mit hervorragender und kreativer Regionalküche.

Köhlerweg 1, T 06132 233 27, www.nocken toni.at, Mi–Sa 11.30–14, 18–22.30 Uhr, So nur mittags, €€

Handfestes für Hungrige

Bürgerstub'n: Tadellose österreichische Küche in gemütlichem Ambiente, begrünter Innenhof; abends XXL-Portionen.

Kreuzplatz 7, T 06132 235 68, Do–Sa 11.30–14, 18–22 Uhr, So nur mittags, €–€€

Einkaufen

Goldschmiede

Schodterer: Gediegener Unikatschmuck in modernem Design. Angeschlossen: Sinn-Bild-Galerie.

Pfarrgasse 11, T 0664 225 36 46, www.schodterer.at, Atelierbesichtigungen, Schulgasse 8, Mo–Fr 10–12.30, 14–17, Sa 10–15 Uhr oder nach tel. Voranmeldung

Bewegen

Quell des Wohlbefindens

Salzkammergut-Therme: Großzügige Badelandschaft mit Innen- und Außenbereich, mit Solebädern und -becken, ›Lazy River‹, Whirlpools, Sauna, Solarien, Wohlfühloasen, zahlreiche Anwendungen von Sole, Schwefel und Schlamm. Angeschlossen: **Eurothermen-Hotel** (s. S. 134).

Voglhuberstr. 10, T 06132 20 40, www.eurothermen.at, tgl. 9–24 Uhr

Auf Bad Ischls Hausberg

Katrin-Seilbahn: T 06132 23 78 80, ca. Ende Mai–Mitte Nov. tgl. 9–17, Mitte Dez.–Ende Febr. tgl. 9–16 Uhr, stdl. Berg- und Talfahrt.

Ausgehen

Grand Bar mit über 300 Drinks

K&K-Hofbeisl: Nostalgisches Ambiente, an Wochenenden v. a. jugendliches Publikum.

Wirerstr. 4, T 0664 152 86 84, www.kuk hofbeisl.com, tgl. 8–4 Uhr, warme Küche 12–23 Uhr

Infos

- **Tourismusverband Bad Ischl:** 4820 Bad Ischl, Auböckplatz 5, T 06132 27 75 70, www.badischl.at.
- **Bus:** Linie 150 ab Salzburg-Hbf., im Halbstunden-/Stundentakt, Fahrzeit knapp 90 Min.
- **Bahn:** ab Linz bzw. Salzburg, umsteigen in Wels, ab da Regionalexpress über Gmunden, Fahrzeit Wels–Bad Ischl: ca. 75–90 Min., je nach Saison im Halbstunden-/Stundentakt.

Feiern

- **Kaiserfest:** 15. Aug. Trachtenumzüge, Volks- und Operettenmelodien, Speis und Trank auf der Esplanade.
- **Lehár Festival:** jeweils Juli/Aug., Kurhausstr. 8, T 06132 238 39, www.lehar festival.at. Operettenfestival; die leichte Muse, authentisch dargebracht im Kongress und Theaterhaus.

Mondsee

H 2

Der Mondsee gehört – wie auch der in der Folge beschriebe Atter-, der Traun- und der Hallstättersee – genaugenommen zum Bundesland Oberösterreich. Doch vom salzburgischen St. Gilgen erreicht man seine Ufer mit dem Auto in wenigen Minuten. Und auch vom Flachgau ist es dank der Westautobahn, die im Norden unmittelbar (doch zum Glück unhörbar!) vorbeiführt, nur ein Katzensprung.

An den Ufern dieses wärmsten aller Salzkammergutseen existierten bereits in der Jungsteinzeit, zwischen 2500 und 1800 v. Chr., Siedlungen. Den reichen Pfahlbaufunden aus dieser Zeit (allein in der Nähe des Ausflusses der Seeache stieß man auf über 5000 Pfähle) verdankt die gesamte neolithische Pfahlbaukultur des Ostalpenraums ihre Bezeichnung – »Mondsee-Kultur«.

Kloster Mondsee

Auch bezüglich der christlichen Missionierung war die Gegend Pionierland: Das um 748 vom bayerischen Herzog Odilo II. gestiftete Kloster Mondsee im gleichnamigen Ort ist nach St. Peter in Salzburg immerhin die älteste Klostergründung auf österreichischem Boden und war einst für seine Schreibschule weithin berühmt (www.pfarre-mondsee.com). Sein kostbares Inventar – die Möbel und vor allem die Bibliothek – wurde zwar 1791 nach der Aufhebung des Klosters infolge der josephinischen Kirchenreform nach Linz und Wien geschafft. Doch die Anlage – sie wird seither ›Schloss‹ genannt – ist nach wie vor eine Sehenswürdigkeit ersten Ranges. In ihrem Zentrum steht die spätgotische, äußerst imposante Stiftskirche. Ihr etwas düsteres Inneres ist 70 m lang, 33 m breit und 29 m hoch und birgt u. a. fünf Altäre von Meinrad Guggenbichler, dem ›Hausschnitzer‹ des Stiftes. Ihre viergeschossige Doppelturmfassade wurde der Kirche 1730, also im Barock, vorgeblendet.

Museen

In den Räumen des ehemaligen Klosters, neben der Kirche, sind **Mondseeland- und Pfahlbaumuseum** untergebracht, in denen sich die 5000-jährige Kulturgeschichte der Gegend didaktisch attraktiv vermittelt findet. Das sog. **Mondseer Rauchhaus,** ein Bauernhaus mit zentral gelegener Feuerstelle aus dem Jahr 1416, präsentiert heute als Freilichtmuseum bäuerliche Kultur aus vergangenen Jahrhunderten.

Museen: Marschall-Wrede-Platz 1, Rauchhaus: Hilfbergstr. 5; beide: T 0664 75 14 47 65, Anf. Mai–Ende Okt. Di–So 10–17 Uhr, 8 €

Schlafen

Luxus in Traumlage

Seehof: Äußerst gediegenes Hotel (mit Restaurant) an der Südbucht, mit eigenem 300 m langem Naturbadestrand; Beautycenter, Tennisplatz.

Loibichl, Auhof 1, T 06232 50 31, www.seehof-mondsee.com, €€€

Gutbürgerlich im Ortskern

Hotel Krone: Traditionsreicher Mittelklassebetrieb mit sehr gutem Restaurant.

Mondsee, Rainerstr. 1, T 06232 22 36, www.hotelkrone.org, €€–€€€, Restaurant: Mi–So 8–23 Uhr, €€

Rustikal und herzlich

Irlingerhof: Freundliche, traditionelle Familienpension in ruhiger Lage auf einer Anhöhe; mit überdachtem Swimmingpool; charmant: der neue Pavillon mit Bar und offenem Kamin.

Guggenbergerstr. 57/58, Mondsee, T 06234 83 29, www.irlingerhof.at, €€

Essen

Fein speisen im Familienhotel

Seegasthof Lackner: Feine Speisen auf der Seeterrasse bei loderndem Kaminfeuer; lecker: fangfrischer Fisch.

Mondsee, Mondseestr. 1, T 06232 23 59, www.seehotel-lackner.at, Mo–Sa 14–20.30, Fr–So, Fei 13–20.30 Uhr, Ruhetage variabel, €€€ (auch schöne Zimmer €€)

Kaffee & Kuchen

Braun: Süße Genüsse in Altwiener Kaffeehaus-Ambiente verspricht eine Jause in dieser zentral gelegenen Café-Konditorei.

Mondsee, Marktplatz 7, T 06232 24 08, www.konditorei-braun.at, €–€€

Genüsse aus der Region

Gasthof See: Zwischen Mond- und Attersee wärmt eine wahre Prachtadresse das Herz – mit gemütlichen Stuben, Gastgarten Salettl (Pavillon) sowie regionalen Spezialitäten, v. a. fangfrischem Fisch.

Unterach, See am Mondsee 1, T 07665 205 69, www.gasthof-see.at, tgl. 10–22 Uhr, €€

Einkaufen

Thema Wohnen

Gustostückerl: Exklusive Möbel, gediegene Dekoraccessoires, edle Geschenke im Landhausstil.

Mondsee, Herzog-Odilo-Str. 1

Regionale Spezialitäten

Käsehütte Nußbaumer: Mondseer Käse.

Mondsee, Meinrad-Guggenbichler-Str. 7

Keramikwerkstatt

Simonlehner: Steingut aus eigener Produktion – von der Gartenkugel übers Kaffeeservice bis zum Zimmerbrunnen.

Mondsee, Dr.-Franz-Müller-Str. 1, T 06232 310 83

Ausgehen

Tanztempel

Rösslbar: *Der* In-Treff für ein junges Publikum.

Mondsee, Markt 5, T 06604 90 94 81, www.roesslbar-mondsee.at, Fr, Sa und vor Fei 21–ca. 4 Uhr

Bewegen

Wassersport

Segel- und Surfschule Mondsee: Die größte im deutschsprachigen Raum.

Mondsee, Robert-Baum-Promenade 3, T 06232 360 92, www.segelschule-mondsee.at

Wasserski: im Alpenseebad Mondsee, Schlosshof 1a, T 0664 160 52 10, und beim Hotel Seehof in Loibichl, Fa. Camaro, Auhof 30, T 0664 181 63 50.

Golf

Club am Mondsee-Drachensee: 18-Loch-Anlage.

St. Lorenz 400, T 06232 38 35, www.golfclubmondsee.at

Infos

- **MondSeeLand:** s. Orientierung S. 123.
- **Bus:** Linie 140 ab Salzburg-Hbf., im Halbstunden-/Stundentakt, Fahrzeit ca. 50 Min.

Feiern

- **Musiktage Mondsee:** Anf. Sept., T 06232 22 70, www.musiktage-mondsee.at. Exquisites Kammermusik- und Literaturfestival mit Veranstaltungen in Schloss und Stiftskirche.
- **Mondseer Jedermann:** T 06232 22 70, 0664 93 19 54 08, www.mondseer-jedermann.at, Mitte Juli–Ende Aug. Sa abend, im Karlsgarten neben der Pfarrkirche. Hugo von Hofmannsthals Spiel vom Leben und Sterben des reichen Mannes in Dialektversion unter freiem Himmel.

Attersee

J 2

Der Attersee (auch Kammersee genannt) ist mit seiner Fläche von 46 km^2 und seinen mehr als 20 km Länge der mit Abstand größte Alpensee Österreichs. Dank der häufig über ihn wehenden, poetisch ›Rosenwind‹ getauften Brise gilt er zudem als Seglerparadies. Mit seinem Nordteil (erreichbar über die A 1/ Ausfahrt Seewalchen) ragt er tief in die Hügelwelt des Alpenvorlandes hinein. Sein Südteil (A 1/Abfahrt St. Georgen) ist eingebettet in den steil abfallenden Karststock des Höllengebirges sowie die Massive von Schaf- und Leonsberg. Sein Ufer ist von zahllosen Badestränden und kleinen Ferienorten gesäumt; Letztere konnten sich allesamt ihren ländlichen Charme bis heute bewahren. Herausragende Kunstdenkmäler sind die weithin sichtbare **Pfarrkirche** des Ortes **Attersee,** das historistische Inselschlösschen **Litzlberg** sowie, in **Seewalchen,** das über 600 Jahre alte, 1710 von Johann Michael Prunner barock erweiterte **Schloss Kammer,** in dessen riesigem Rittersaal sommers regelmäßig Schlosskonzerte stattfinden (beide Schlösser befinden sich in Privatbesitz). Seit 2012, dem Jubiläumsjahr zum 150. Geburtstag des Jugendstilmalers, kann man vor allem entlang der Promenade von Schörfling nach Seewalchen einen **Klimt-Themenweg** entlangwandeln und dabei vielerlei biografische und künstlerische Aspekte kennenlernen. Wobei ein Abstecher auch vis-à-vis nach Litzlberg und in die Uferorte am südlichen Seeende führt. Im Rahmen von Führungen besuchenswert ist auch die historistische **Villa Paulick,** ein innen aufwändig dekorierter Künstlertreff seit 1900 (T 0664 256 43 22, www.villapaulick.at).

Landschaftlich von besonderem Reiz sind bei Burgau der Steig durch die enge **Burggrabenklamm** sowie zwei Straßen – jene, die von Steinbach ostwärts über Neukirchen (mit dem **Höhenwildpark Hochkreut**) zum Traunsee führt (23 km) sowie jene von Weißenbach nach Bad Ischl (27 km).

Gustav-Mahler-Komponierhäuschen

Schaffenswerkstatt Mahlers direkt am Ufer des von ihm geliebten Attersees. Hier entstanden Teile der Zweiten und die gesamte Dritte Symphonie. Auch: Gedenkstein mit Schautafeln.

Steinbach, www.mahler-steinbach.at, Eintritt frei, Schlüssel im Hotel Föttinger in Steinbach, Seefeld 14, Mai–Okt., Anmeldung per T 07663 81 00 oder info@hotel-attersee.at

Heimathaus-Holzknechtmuseum

Steinbach, T 07663 255-0 oder 0664 401 86 63, Mitte Juli–Mitte Sept. Mo, Mi, Fr 17.30–19.30, Führung jeweils Mi 18 Uhr

Kunst & Begegnungen

Galerie Petra Seiser: Kunst- und Modeschauen, Lesungen, Vorträge, Seminare u. v. m.

Schörfling, Weyreggerstr. 11 a, T 0676 372 01 80, www.galeriepetraseiser.at, Juli/Aug. Do 16–19, Fr 15–19, Sa 11–15, sonst nach telef. Voranmeldung

Schlafen

Ein gediegenes Traditionshaus

Hotel Aichinger: 25 Zimmer mit zeitgemäßem Komfort, modern ausgestatteter Wellnessbereich mit Pool, schöner Garten mit Panoramablick, Liegewiese direkt am See; zugehörig: Haubenrestaurant **Bräugasthof** mit altem Kachelofen.

Nußdorf, Am Anger 1, T 07666 80 07, www.hotel-aichinger.at, €€€, Restaurant: Juli/Aug. tgl., Sept.–Juni mit variablen Ruhetagen, 11.30–14, 18–22 Uhr, €€€

Originell und charmant

Kaisergasthof: Ein nostalgisches Schmuckstück von einem Landgasthof, in dem der charmant-schrullige Geist der K.u.k.-Zeit lebt, mit gediegen-gemütlichen Zimmern, guter Küche, Open-Air-Strandbar, Meierei, Museum.

Weyregg am Attersee 75, T 07664 22 02, www.kaisergasthof.at, €€; Restaurant: Mai–Sept. tgl., Okt., Dez.–April Mi–So 9–22 Uhr, €€

Essen

Für Auge und Gaumen

Gasthof Haberl: So frisch und klassisch bekommt man Hecht, Saibling, Reinanke & Co. nicht oft zubereitet, nette Bedienung, Terrasse mit herrlicher Aussicht; angeschlossen: charmantes 4-Sterne-Seminarhotel (€€).

Nußdorf, Altenberg 17, T 07666 81 14, www.haberl-attersee.at, Mo/Di 17.30–21, Do–So 11.30–14, 17.30–20.30 Uhr, Nebensaison: Ruhetage flexibel, €€–€€€

Hausmannskost

Gasthof Gebhart: Sympathisch-familiärer Gastbetrieb mit einem hübschen Garten und ebensolcher Sonnenterasse. Der Schwerpunkt liegt auf Fischgerichten; freitags kommt Surbraten (gepökeltes Schweinefleisch) und Schweinsripperl auf den Tisch.

Seewalchen, Kraims 13, T 07662 83 29, Mi–So 9–24, Küche: 11.30–14, 17–20.30 Uhr, €€

Ausgehen

Stylish

American Bar: Gehobene Bar für Nachteulen in zeitgemäßem Club- und Lounge-Look, feiner Soul, Funk R&B, House & Electro Sounds sowie Live-Events.

Nußdorf, Am Anger 1, T 07666 80 07, www.american-bar.net, Mai–Sept. tgl. 21–ca. 3 Uhr

Hoher VIP-Faktor

Bar Geli's bzw. Parapluie: Zwei stilvolle Bars im K.u.k.-Gasthof bzw. vis-à-vis, direkt am Ufer; tagsüber Open-Air-Strandbar Riviera.

Weyregg, Weyreggerstr. 75, T 07664 22 02, www.kaisergasthof.at, ganzjährig (außer Nov.)

Bewegen

In der warmen Jahreszeit

Wassersport: zahlreiche Segel- und Windsurfschulen, Verleihstellen für Ruder- und Elektroboote, Kajaks und Kanus, Wasserskimöglichkeiten in Attersee, Nussdorf und Weyregg. Reizvoll: eine **Schiffspartie** auf dem Attersee, etwa an Bord der ganz im Klimt-Stil gestalteten MS »Stadt Vöcklabruck«, T 0664 607 95 29 00, www.atterseeschifffahrt.at.

Naturdenkmäler

Burggrabenklamm und **Hochmoorgebiet Egelsee** in Unterach, **Naturlehrpfad am Buchberg** bei Attersee. alle: frei zugänglich. **Gerlhamer Moor** bei Seewalchen, ganzjährig, Führungen T 0650 691 01 48.

Infos

- **Tourismusverband Attersee-Attergau:** s. Orientierung S. 123.
- **Bahn:** Westbahnstrecke von Salzburg-Hbf. ostwärts, Richtung Linz/Wien bis Vöcklabruck, ca. 40 Min., ab da mit Attergaubahn, einer sehr charmanten histor. Schmalspurbahn, bis Kammer-Schörfling, Hintergrundinfo, Fahrplanhinweise: www.stern-verkehr.at.
- **Bus:** Linie 562 von Vöcklabruck (Anreise per Bahn, s. o.) nach Kammer am Attersee, Fahrzeit: ca. 25 Min., s. eben-

falls www.stern-verkehr.at; Alternative: ab Salzburg-Hbf. mit Linie 140 bis Mondsee, umsteigen nach Unterach, weiterhin Linie 140, von dort in beide Richtungen, d. h. wahlweise entlang dem Attersee-West- oder Ostufer, mit dem Bus Linie 562 nach Kammer.

Feiern

- **Attergauer Kultursommer:** Juli/Aug., Programm-Informationen: T 07667 63 86 (ab März) bzw. 07667 86 72 (ab Mai), www.attergauer-kultursommer.at. Orchester-, Kammer- und Solistenkonzerte, Lesungen etc. auf hohem Niveau.

Gmunden und der Traunsee K 1/2

Was für die Elite der K.u.k.-Monarchie um die Wende zum 20. Jh. Bad Ischl, das war für manch andere europäische Herrschergeschlechter Gmunden – ein mondänes Refugium, in dem man, umgeben von überaus lieblicher Landschaft, unter seinesgleichen die Sommerferien zubrachte. Einen Rest dieses aristokratischen Flairs verströmt die Kleinstadt an der Nordspitze des Traunsees, des mit 191 m tiefsten Gewässers des Salzkammerguts, nach wie vor. So lässt sich etwa entlang der Esplanade mit ihren berühmten Schwänen bei Bedarf immer noch recht standesgemäß flanieren.

Seeschloss Ort

Das auf einer kleinen Insel gelegene und über einen viel fotografierten Holzsteg erreichbare Schloss Ort, in dem der Habsburgerspross Erzherzog Johann Salvator als gemeiner Bürger namens Johann Orth in morganatischer Ehe lebte, hat von seiner Romantik nichts eingebüßt. Im ehemaligen Kerker hat man eine Dauerschau zur Schlossgeschichte, im Hauptgeschoss eine zum Thema »Mythos Traunstein« eingerichtet.

In der **Konditorei Grellinger,** deren Gästebuch aus monarchischen Zeiten sich wie ein Gotha liest, kredenzt man noch immer süße Köstlichkeiten wie etwa Schwanenküsse (s. auch S. 142).

Originalschauplatz der TV-Serie, T 07612 794-400, 5 € tgl. 10–17 Uhr, Restaurant Traunsee: Fisch und Pasta, T 0676 380 44 99, www.schlossorth.com, Di–Do 10–16, Fr/Sa 10–17, Küche 11.30–15 Uhr, €€ (Fisch und andere Spezialitäten auch als Take-away)

Rathaus und K-Hof Museum

Gmundens ursprüngliche Bedeutung rührt freilich weniger von seinen aristokratischen Gästen denn von dem traunaufwärts gewonnenen Salz, für das es den Hauptumschlagplatz bildete. Sehenswerteste Zeugnisse dieses alten Wohlstands sind das prachtvolle **Rathaus** mit seinem barocken, aus Keramik gefertigten **Glockenspiel** und der spätgotische **Kammerhof.**

Einst war er Sitz der Salinenverwaltung und ist heute zum **Heimatmuseum** umfunktioniert, das, auf 2000 m², über drei Stockwerke verteilt, von Landschaft und Urgeschichte bis zu Salzhandel und Kurwesen informiert und sogar eine europaweit einzigartige Dauerschau zur Entwicklung der Toilette (»Klo & So«) umfasst.

Glockenspiel: Ende Juni–Ende Sept. 10–19 Uhr zur vollen Stunde sowie ab Ende März–Ende Nov. 10, 12, 14, 16 u. 19 Uhr; K-Hof: Kammerhofgasse 8, An der Traunbrücke, T 07612 79 44 23, Mi–So 10–15 Uhr, winters auch Di geschl., 6 €

Altmünster, Traunkirchen und Co.

Beachtenswerter Kunst begegnet man aber auch anderswo entlang dem Traunsee: etwa in **Altmünster** mit seiner gotischen,

Vor solch malerischer Kulisse ist der Badespaß ein doppeltes Vergnügen. Am Horizont: der Traunstein; davor: der Johannesberg mit der gleichnamigen Kapelle

dem hl. Benedikt geweihten Pfarrkirche (in der zur Adventszeit stets eine wertvolle Krippe von Johann Georg Schwanthaler ausgestellt wird), oder in **Traunkirchen** – dort steht auf einer weit in den See hineinragenden Felsklippe wehrhaft wie eine Burg die Pfarrkirche Mariä Krönung mit der berühmten Fischerkanzel.

Auch die diversen Herrschaftssitze in der Umgebung sind allesamt erhalten geblieben. Als da sind: **Schloss Cumberland,** die Exilresidenz der ehemaligen Könige von Hannover; das historistische **Schloss Traunsee** der Königsfamilie von Württemberg; das früher im Besitz der Familie Habsburg-Este befindliche, aus dem Biedermeier stammende **Schloss Ebenzweier;** und, als prachtvollstes Exemplar von allen, die **Villa Toscana**. Sie, die von den exilierten habsburgischen Herrschern, den toskanischen Großherzögen, im Neorenaissancestil erbaut und 1913 von der Schwester des Philosophen Ludwig Wittgenstein in ein Jugendstil-Gesamtkunstwerk verwandelt wurde, dient heute der Gemeinde als Kultur- und Kongresszentrum. Ein Café-Restaurant mit traumhafter Panorama-Terrasse lädt hier zum Verweilen.

Schlafen, Essen

Für gehobene Ansprüche

Seehotel Schwan: Das erste Haus am Platz bietet im Herzen Gmundens direkt am See gutbürgerlichen Komfort; das hervorragende Restaurant wird auch seiner herrlichen Aussicht wegen geschätzt.
Gmunden, Rathausplatz 8, T 07612 633 91, www.seehotel-schwan.at, €€€, Küche tgl. 11–20.45 Uhr, €€

Funktionale Eleganz

Hotel Post: Traditionsreiches 4-Sterne-Haus, das auch für Seminare und

L

LERN- UND GEDENKORT EBENSEE

Mit einem bedrückenden Kapitel aus der gar nicht fernen Vergangenheit der Region macht der Besuch des Zeitgeschichte Museum Ebensee bekannt. Im Sommer 1943 beschlossen die Nationalsozialisten, an der Südspitze des Traunsees, in Ebensee, ein Außenlager des KZ Mauthausen zu errichten. Beim Bau der als Produktionsstätte für V2-Raketen konzipierten, jedoch nie fertiggestellten Stollenanlage fanden an die 8800 Häftlinge den Tod. Das im Jahr 2001 eröffnete Museum dokumentiert im Verbund mit der zehn Jahre älteren Gedenkstätte so eindrücklich wie faktenreich die Polit-Geschichte Österreichs und der Region von 1918 bis 1955 sowie die seinerzeitigen Geschehnisse in und rund um das Lager. Im Rahmen des Museumsbetriebs werden neben der Dauerausstellung regelmäßig pädagogische und wissenschaftliche Programme, Lesungen, Vorträge, Tagungen etc. angeboten (Museum: Ebensee, Kirchengasse 5, T 06133 56 01, www.memorial-ebensee.at, Okt.–Febr. Di–Fr, März–Mitte Juni Di–Sa, Mitte Juni–Ende Sept. Di–So, KZ-Gedenkstätte 1. Mai–Mitte Juni u. 2. Sept.-Hälfte Sa, So, Mitte Juni–Mitte Sept. Di–So, überall jeweils 10–17 Uhr, Führungen n. V., 7 bzw. 6 €, Kombikarte 10 €, der Friedhof ist ständig zugänglich).

Kongresse beliebt ist. Mit stimmungsvollem Traditionswirtshaus **Poststube 1327**, benannt nach dem Jahr der ersten urkundlichen Erwähnung.

Traunkirchen 50, T 07617 230 70, www.hotel-post-traunkirchen.at, €€€, Küche tgl. 12–21 Uhr, €€

Feine Regionalspezialitäten

Hois'n Wirt: Gemütlicher Gasthof, 5 km außerhalb am Ostufer unweit der Fährstation, Terrasse und Kastaniengarten mit Seeblick, bodenständige Kost, feine Fischspezialitäten – unbedingt probieren: Gmundner Fischsuppe! Zugehörig ist ein Hotelbetrieb mit behaglichen (Balkon-) Zimmern.

Gmunden, Traunsteinstr. 277, T 07612 773 33, www.hoisnwirt.at, €€–€€€; Restaurant: Anf. März–Ende Okt. tgl. 11.30–14, 18–22.30 Uhr, €€

Uferidylle

Landhotel Grünberg am See: 30 3-Sterne-Komfortzimmer und 3 Appartements. Das Haus verfügt über eine traumhafte Seeterrasse.

Gmunden, Traunsteinstr. 109, T 07612 777 00, www.gruenberg.at, (fast) ganzjährig, tgl. 11.30–22 Uhr durchgehend warme Küche, Zimmer: €€–€€€

Essen

Älteste Café-Konditorei Gmundens

Grellinger: Kaffeehaus à la viennoise, ein Ausbund an Gemütlichkeit mit sündhaft süßen Leckereien.

Franz-Josef-Platz 6, T 07612 641 53, www.konditorei-grellinger.at, Juli/Aug. tgl., sonst Do–Di 9–18 Uhr

Einkaufen

Trachten mit Stil

Reingruber: Qualitätvolle Landmode für sie und ihn.

Gmunden, Schiffslände 1, T 07612 728 88, www.reingruber.at

300 Jahre Tradition

Gmundner Keramik: Ab Werk Verkauf des berühmten weiß-grünen Steinguts (auch leicht beschädigte, rabattierte Ware). Zudem (fast) tgl.: hochinteressante Betriebsführungen.

Gmunden, Keramikstr. 24, T 07612 78 67 90, www.gmundner.at

Ausgehen

Szenetreff am Wochenende

Rathauscafé Brandl: Tagsüber bürgerliches Café, abends Disco für jugendliches Publikum.

Gmunden, Rathausplatz 1, T 07612 641 85, So–Do 9–24, Fr, Sa bis 4 Uhr

Am Seeufer

Die Strandung: Eine idyllisch gelegene Bar für den kleinen Hunger zwischendurch.

Altmünster, Fischerweg 1–4, T 0699 12 58 48 74, Mai–Anf. Okt. tgl. 13–23 Uhr

Bewegen

Farbenpracht unter Tag

Gassel-Tropfsteinhöhle: Als Tagesausflug: leichte Bergwanderung ab Rindbach, einfacher Weg ca. 2,5 Std., auch für Kinder begehbar, warme Kleidung, festes Schuhwerk einpacken! Oder mit Shuttlebus ab Ebensee.

Shuttlebus ab Ebensee, unbedingt voranmelden unter T 0680 130 80 85, 9 €, Berg- u. Talfahrt 16 € (bei Buchung von Letzteren ermäßigter Eintritt); Anf. Mai–Mitte Sept., Sa/So/Fei 9–16 Uhr, 9 €, Führungen nach Bedarf, ca. 50 Min., mit Busanfahrt Gehzeit ca. 30 Min.

Klassiker seit 1927

Feuerkogel-Seilbahn: In wenigen Minuten steht man auf dem Ebenseer Hausberg, das Wanderplateau des Höllengebirges.

Ebensee, Rudolf Ippisch-Platz 4, T 050 140, www.feuerkogel.net, in Betrieb Mitte Mai–Ende Okt. und Weihnachten–Ostern 8.30–17, im Hochsommer -18 Uhr

Ideal zum Höhenwandern

Grünberg-Seilbahn: Talstation in Gmunden.

Freygasse 4, T 050 140, www.gruenberg-gmunden.net, Mai–Mitte Sept. 9–19.30, bis Mitte Okt. bis 18.30, bis Mitte Nov. und ab April bis 17.30 Uhr (nicht im Winter)

Wassersportler aufgepasst!

Segel- und Windsurfschulen, Verleih von Elektro- und Ruderbooten, Kajaks und Kanus, Wasserski in Altmünster, Ebensee, Gmunden und Traunkirchen.

Infos

- **Ferienregion Traunsee-Almtal:** Details s. Orientierung S. 123.
- **Bahn:** ab Linz- bzw. Salzburg-Hbf., umsteigen in Wels, ab da Regionalexpress, Fahrzeit Wels–Gmunden: rund 45 Min., im Halbstunden-/Stundentakt
- **Bus:** aus Gmunden Linie 505, ab Gmunden-Rathaus nach Bad Ischl-Bhf. im Stundentakt, Fahrzeit: eine knappe Stunde. Empfehlenswert im Stadtgebiet Gmundens: eine Rundfahrt in der lokalen **Straßenbahn,** dem kleinsten Straßenbahnbetrieb des Kontinents.

Feiern

- **Festwochen Gmunden:** ca. Mitte Juli–Ende Aug., T 07612 706 30 11 od. 12, www.festwochen-gmunden.at. Hochkarätige Konzerte und Crossover im Stadttheater, in einem Sägewerk und in diversen Kirchen der Region.
- **Fronleichnamsprozession auf dem Traunsee:** Abfahrt in Traunkirchen, Auskünfte: T 07617 22 14.

Hallstätter See

J/K 4

Hallstatt  J 4

Die kulturelle Urzelle des Salzkammerguts ist unbestritten Hallstatt am Ufer des gleichnamigen Sees. Denn aus dem Berg, zu dessen Füßen der heutige Ort, eingezwängt zwischen dem fjordhaft düsteren Wasser und steilem Fels, an einem schmalen Schüttkegel klebt, förderte man bereits vor über 3000 Jahren Salz zutage. Die rund 2000 Gräber, die man hier aus jener vorgeschichtlichen Zeit entdeckte und deren Inhalt teilweise im örtlichen **Prähistorischen und Heimatmuseum** ausgestellt ist, verliehen dieser Epoche – der Älteren Eisenzeit (750–400 v. Chr.) – den Namen »Hallstattzeit«. Im Museum dokumentiert finden sich die gesamte 7000-jährige Geschichte der Region, von der Jungsteinzeit bis zur touristischen Entwicklung im 19. Jh., sowie die Hintergründe der 1997 an große Teile des Inneren Salzkammerguts verliehenen Auszeichnung zum UNESCO-Weltnaturerbe (Mai–Sept. tgl. 10–18, April und Okt. tgl. 10–16, Nov.–März Mi–So 11–15 Uhr, T 06134 82 80, www.museum-hallstatt.at, 10 €).

Für Wissbegierige ergänzend zu empfehlen sind oben am Berg der **Themenweg über das Gräberfeld** und die zugehörige **Ausstellung im Rudolfsturm.** Jeweils im Juli und August besteht die Möglichkeit, den Archäologen kostenlos bei der Arbeit über die Schulter zu schauen (Info: im Büro der Salzwelten, s. S. 145). Wunderschön,

Nicht viel Platz für die Hallstätter Häuser am Ufer. Sie schweben geradezu über dem grünlich-grauen Fjord und sind zum Teil sogar mit Pfählen im See befestigt.

weil aussichtsreich, ist eine Wanderung über den historischen **Soleweg** – als ca. 80-minütiger Aufstieg ab Hallstatt-Zentrum oder von der Seilbahn-Bergstation aus hoch über dem See bis Steeg (ca. 2,5 Std.).

Im Zentrum des überaus pittoresken Ortskerns, der, seit er 2012 in der südchinesischen Provinz Guangdong im Maßstab 1:1 nachgebaut worden ist, von Touristen aus China regelmäßig geradezu überflutet wird, steht die gotische **Pfarrkirche Mariä Himmelfahrt.** Glanzstück ihrer Ausstattung ist der um 1515 von Lienhart Astl geschaffene, oft mit dem Pacher-Altar von St. Wolfgang verglichene Flügelaltar. Im Untergeschoss der angrenzenden Friedhofskapelle findet sich eine in Mitteleuropa einzigartige Attraktion der makabren Art – das **Beinhaus** mit rund 1200 teilweise per Hand kunstvoll mit Blattornamenten bemalten, zu einem eindrucksvollen Memento mori geschichteten Totenschädeln, deren jüngster einer erst 1983 verstorbenen Frau gehörte (Kirche: tgl. 9–mind. 18.30 Uhr, Beinhaus: Ostern–Ende Okt. tgl. 10–18 Uhr, im Winterhalbjahr nur von außen durchs Gitterfenster einsehbar).

Der fast 8 km lange See gilt übrigens wegen seiner steilen Ufer, ergo schattigen Lage, nicht zu den wärmsten Gewässern. Wem frische Temperaturen – die höchstens in heißen Augusttagen die 20-Grad-Marke erreichen – nichts ausmachen, der findet hier freilich Wasser von besonderer Klarheit und durchaus nette Strände. Die badetouristische Infrastruktur, sprich: Strandbad, Bootsverleih, Segelschule und manches mehr, bündeln sich an der Nordspitze rund um die Gemeinde Untersee. Doch auch Obertraun und Hallstatt verfügen über idyllische Bade- inklusive Campingplätze. Hüllenlos sonnenbaden und schwimmen kann man an eigens gewidmeten, kostenfrei zugänglichen FKK-Stränden in St. Agatha bei Untersee und in Winkl-Obertraun.

Einen Höhepunkt im folkloristischen Jahreslauf stellt die **Fronleichnamsprozession** dar, in deren Verlauf prachtvoll mit Blumen geschmückte Schiffe über den See ziehen.

Salzwelten Hallstatt

Äußerst empfehlenswert ist auch eine Exkursion in die Tiefen des hiesigen Salzbergwerks; seinen Eingang erreicht man bequem per Standseilbahn. Zum Salzsee im Berginneren gelangt man über lange Rutschen (festes Schuhwerk und warme Kleidung sollte man nicht vergessen!). Außerdem dringendst ans Herz gelegt sei der Gang auf die Aussichtsplattform **Welterbeblick.** 360 m über den Dächern von Hallstatt liegen dem Betrachter von dieser 12 m langen, spitzförmigen Konstruktion Ort und See quasi in Cinemascope zu Füßen. Eine inhaltliche Ergänzung bieten die Ausstellungen.

Salzbergstr. 21, T 06132 200 24 00, www.salzwelten.at, Führungen: ca. Anf. April–Allerheiligen 9.30–16.30, Anf. Nov.–7. Jan. bis 14.30 Uhr (Jan. größtenteils geschl.); Salzbergbahn: in derselben saisonalen Staffelung 9–18, bis 16.30 Uhr; Kombiticket Bahn & Bergwerk: 40 €, Familienermäßigung

Gosautal und Bad Goisern

J 4

Ein wenig nördlich von Hallstatt zweigt vom Seeufer in westlicher Richtung das **Gosautal** ab. Die beiden Gosauseen an dessen Ende, insbesondere der nur zu Fuß erreichbare Hintere, bilden mit dem gletscherbedeckten Dreitausender-Gipfel des Dachsteins als Kulisse eines der romantischsten und beliebtesten Postkartenmotive der ganzen Ostalpen.

Bad Goisern, ein paar Kilometer Richtung Ischl gelegen, ist für seine besonders strapazierfähigen, genagelten Bergschuhe, die sog. Goiserer, berühmt. Seine beiden gegenwärtig wohl bekanntesten, wenngleich denkbar gegensätzlichen Söhne sind das langjährige rechtspopulistische Enfant terrible der österreichischen Politik, nämlich Kärntens 2008 tödlich verunglückter Landeshauptmann Jörg Haider und der querdenkerische Musiker und Kulturbotschafter Hubert Achleitner alias Hubert von Goisern.

T

TRAUMPANORAMA ÜBERM ABGRUND

Absoluter Höhepunkt der inszenierten Wanderwelt auf dem Dachstein-Krippenstein-Plateau sind die ›5fingers‹. Diese wohl spektakulärste Aussichtsplattform der Alpen ragt wie eine Hand über einen mehr als 400 m tiefen Abgrund hinweg und ist kostenfrei zu begehen. Eine weitere Attraktion ist der Eispalast. Bei einem Gang in das Innere des Gletschers taucht man in eine mystische Welt aus Licht und Klang und erkundet den ›Thronsaal‹, den ›Kristalldom‹ oder den ›Blauen Salon‹, die von chinesischen Eiskünstlern aus dem Gletschereis gemeißelt wurden. Entlang dem in etwa 20 Min. barrierefrei zu begehenden Erlebniswanderweg ab der Bergstation der Seilbahn warten weitere Aussichtsplattformen und, oberhalb der Krippenstein Lodge, der WeltNATURerbe-Blick auf die beiden Dachsteingletscher (Zufahrt per Seilbahn von Obertraun aus; mehrstündige Führungen vor Ort, Preise ab 38,90 €/Erw. bzw. 21,40 €/Kinder; Details unter: www.dachsteinwelterbe.at bzw. T 050 140).

Obertraun/Dachstein K 4

Dachsteinhöhlen

In Obertraun, an der Südspitze des Hallstätter Sees, befindet sich die Talstation der **Dachsteinseilbahn.** Von ihrer Mittelstation Schönbergalm erreicht man zu Fuß bequem in jeweils einer Viertelstunde den Eingang zu zwei weltberühmten Naturwundern: der **Rieseneishöhle** und der **Mammuthöhle.** Erstere, eine der größten ihrer Art überhaupt, bietet eine grandiose Szenerie aus Höhlengletschern, gefrorenen Wasserfällen, Domen sowie Stalagmiten und Stalaktiten aus Eis und wird nicht ohne Grund von jährlich bis zu 180 000 Menschen besichtigt. Letztere ist zwar weniger eisig, aber nicht minder interessant, führt sie doch 37 km weit und 1180 m tief (!) in den wild zerklüfteten Kalkstock. Mit einem tollen Naturschauspiel wartet insbesondere zur Schneeschmelze und nach starkem Regen unten im Tal die von Bächen durchzogene **Koppenbrüllerhöhle** auf.

In allen drei Höhlen stoßen Besucher seit 2007 auf ein Dutzend reizvoller Licht-Ton-Installationen, die Studenten der Kunstuniversität Linz im Rahmen einer umfassenden medialen Neuinszenierung des Weltnaturerbes Dachstein im Rahmen des Projekts »Höhlenwelt_Kunst« erarbeitet haben. Für unvergessliche Erlebnisse sorgen familientaugliche Höhlentrekkingtouren und – speziell für Kids veranstaltete – Abenteuerführungen. In der Rieseneishöhle werden an Freitagabenden im August Eisklang-Konzerte veranstaltet. In allen Fällen warme Kleidung und festes Schuhwerk nicht vergessen!

T 050 140, www.dachsteinwelterbe.at; Rieseneis- und Mammuthöhle: Anf. Mai–Anf. Nov. tgl. je nach Saison 9.20 oder 10.15–14.30, 15 oder 16.30 Uhr, je 44,20 €, Kombiticket: 51,80 €; Koppenbrüller: nur bis Anf. Okt., tgl. 9–16 Uhr

Traumpanorama vom »Skywalk« auf dem Dachstein-Krippenstein-Plateau: Die ›5fingers‹ gewähren eine fantastische Aussicht.

Schlafen, Essen

Heimelig und 400 Jahre alt!

Kirchenwirt: Komfortable Pension in rustikalem Ambiente mit schattigem Gastgarten und toller Aussicht.

Gosau 2, T 06136 81 96, €

Ruhelage direkt am See

Sarstein: Freundliche Familienpension am See.

Hallstatt, Gosaumühlenstr. 83, T 06134 82 17, www.pension-sarstein.at, €€

Luxus mit Tradition

Heritage Hotel: 12 Suiten und 42 Zimmer stilvoll mit speziellem Flair im auf drei denkmalgeschützte Gebäude verteilten Haus mitten im Ort, mit Seeblick.

Landungsplatz 101, Hallstatt, T 06134 200 36, www.hotel-hallstatt.com, €€€

Traditionsgasthof

Zauner-Seewirt: Gediegene Hausmannskost (Spezialität gegrillter Fisch) in altem Gemäuer mit Blick auf den pittoresken Marktplatz; auch gute Zimmer (€€€).

Hallstatt, Marktplatz 51, T 06134 82 46, www.seewirt-zauner.at, tgl. 11.30–14.30, 18–22 Uhr, €€

Rast am See

Bräugasthof: Gotisches Gemäuer mit über 500-jähriger gastronomischer Tradition, gutbürgerliche, heimische Küche mit einer Prise Innovation Marke Gulasch, Pfandlbraten, Tafelspitz, täglich fangfrische Seefische; auf der Seeterrasse sitzt man unter alten Kastanienbäumen (auch nette Zimmer gibt es, €€).

Hallstatt, Seestr. 120, T 06134 82 21, www.brauhaus-lobisser.com, Mai–Ende Okt. bzw. Dez. tgl. 11–15, 18–22 Uhr, in der Nebensaison Ruhetag je nach Wetter, €–€€

Einkaufen

Eldorado für ›Bergfexe‹

Dachsteinsport Janu: Schuhwerk, Regen- und Outdoorbekleidung, Rucksäcke etc. für all die, die der Berg ruft. Zudem Bademode, Ausrüstung für Jogger, Tennisspieler und Angler, aber auch diverses Kunsthandwerk.

Hallstatt, Seestr. 50, T 06134 82 98, www.dachsteinsport.at, tgl. 9–18 Uhr

Ausgehen

Café und Nachteulentreff

Marktbeisl zur Ruth: Gemütlich-origineller Treff in altem Gewölbe, häufig Kunstausstellungen.

Hallstatt, Marktplatz 59, T 06134 200 17, www.marktbeisl.at, tgl. 11–ca. 2 Uhr, winters Di–So

Bewegen

Beschaulich wandern

Soleweg: schöne zwei- bis dreistündige Route entlang der alten Soleleitung, von der Salzbergbahn/Bergstation geht es stets leicht bergab bis Steg bzw. Bad Goisern.

Nahtlos bräunen

FKK-Badestrände: neben der Freibadanlage Winkl bzw. dem Strandbad Untersee.

T 06131 351 bzw. 06131 832 90

Canyoning, Kanufahren, Floßbau

Heli Putz: Auch diverse andere Alpin-, Winter- und Wassersportaktivitäten im Programm.

Bad Goisern, Steinach 4, T 06135 60 58, www.outdoor-leadership.com

Infos

- **Ferienregion Inneres Salzkammergut:** Details s. Orientierung S. 123.
- **Tourismusbüro Hallstatt:** 4830 Hallstatt, Seestr. 99, T 05 95 09 530, www.hallstatt.net.
- **Bahn nach Hallstatt:** ab Linz- bzw. Salzburg-Hbf., umsteigen in Wels, ab da Regionalexpress über Gmunden, Fahrzeit Bad Ischl–Hallstatt: rund 20 Min., im Halbstunden-/Stundentakt, letztes Stück per Schiff.
- **Bus nach Hallstatt:** von Bad Ischl-Bhf. mit Linie 2570 bis Hallstatt-Gosaumühle, ab da Linie 2572 bis an den Ortskern, Station Hallstatt-Lahn, Fahrzeit ab Ischl ca. 40 Min.
- **Bahn nach Bad Goisern:** ab Linz- bzw. Salzburg-Hbf., umsteigen in Wels, ab da Regionalexpress über Gmunden, Fahrzeit Wels–Bad Goisern: 90–100 Min., im Halbstunden-/Stundentakt.
- **Bus nach Bad Goisern:** von Bad Ischl Bahnhof Linie 2570 Richtung Hallstatt, im Halbstunden-/Stundentakt, Fahrzeit 20 Min.

Feiern

- **Fronleichnamsprozession auf dem See:** Infos im Tourismusverband, s. o.
- **Eisklang-Konzerte in der Rieseneishöhle:** jeweils freitags im Aug., Pauschaltickets T 0501 40 (s. auch S. 146).

Ausseerland K/L 3/4

Bad Aussee K 4

Dank seiner relativen Abgeschiedenheit eine kleine Welt für sich ist das bereits in der Steiermark gelegene Ausseerland. Seinen Hauptort – und zugleich den geografischen Mittelpunkt Österreichs – bildet Bad Aussee. Es wurde bereits Ende des 13. Jh., als das landesfürstliche Salzsudwerk aus dem benachbarten Altaussee hierher verlegt wurde, gegründet. Einige der schönen gotischen Hallingerhäuser im Ortskern – ›Hallinger‹ hießen damals die im Salzbergbau tätigen Privatunternehmer – sollen in ihren Grundmauern noch aus jener Pionierzeit stammen. Das architektonische Schmuckstück ist der Kammerhof, der, wie sein Pendant in Gmunden, ursprünglich die Salinenverwaltung beherbergte und heute dem mit heimatkundlichen Exponaten reich bestückten **Kammerhofmuseum** Platz bietet (Chlumeckyplatz 1, T 525 11-300, www.kammerhofmuseum.at, Mitte Juli–Mitte Sept. Di/Mi, Fr–So 10–16, Do 10–13, 17–20, Ostern bzw. Anf. Mai–Mitte Juli, Mitte Sept.–Ende Okt. Di–Fr, So, Fei 10–13, Sa 11–16 Uhr, 7 €).

Vor ungefähr 150 Jahren, als man Sole und Soleschlamm – und später dann Glaubersalz – auch als Kurmittel zu nutzen begann, kamen Bad Aussee und seine Umgebung als Urlaubsregion groß in Mode. Um 1900 gab sich hier dann allsommerlich Wiens (Groß-)Bürgertum ein Stelldichein. Und auch die Ufer des nahe gelegenen Grundl- und Altausseer Sees wirkten wie eine Art Seelenmagneten, die vor allem Künstler unwiderstehlich anzogen (s. S. 150).

Altaussee K 4

Die idyllische Sommerfrischen-Atmosphäre von seinerzeit hat sich bis heute erhalten. Altaussee blieb von den Bausünden der touristischen Boom-Zeit weitgehend verschont und verfügt nach wie vor über reizende Ensembles der alten, für die Region charakteristischen Villen mit ihren hölzernen, blumenüberwucherten Holzveranden. Nicht zufällig haben viele zeitgenössische Künstler – Regiestar Hans Neuenfels (gest. 2022) etwa, Michael Heltau oder Elisabeth Orth – den beschaulichen Ort zu ihrer sommerlichen Wahlheimat erkoren. Und Mime Klaus Maria Brandauer ist sogar hier geboren, ist also ein waschechter Ausseer.

Über das Wirken der vielen dichtenden Wahlausseer informiert ausführlich das örtliche **Literaturmuseum** (s. S. 150). Der steirische Teil des Salzkammerguts zog nämlich schon seit alters schöpferische Menschen in seinen Bann. Vor allem Schriftsteller und Komponisten haben das Ausseerland, durch seine Schönheit und Harmonie inspiriert, gerne zu ihrem Sommerrefugium erkoren. Musil, Rilke, Schnitzler, Stifter, Grillparzer, Bahr, Lenau und Hofmannsthal, Brahms, Mahler und Richard Strauss, auch Theodor Herzl und Sigmund Freud …

Die Liste der Geistesgrößen, die hier zur Erholung weilten, ließe sich beliebig fortsetzen. Um den illustren Gästen im Nachhinein die Reverenz zu erweisen, hat man drei Künstlerwege, genannt **Via Artis,** angelegt. Einer führt durch und rundum Bad Aussee, ein zweiter das Ufer des Grundlsees entlang. Der älteste der drei wurde 1989 schon in Altaussee eröffnet. Was wenig verwundert, hatten Karikaturisten den gleichnamigen See doch schon früh als ein riesiges Tintenfass gezeichnet, in dessen tiefblaues Wasser ein Kreis von Dichtern am Ufer sitzend eifrig seine Federkiele taucht (s. Tour Via Artis, S. 150).

Deutlich mehr Ausdauer verlangt die **Via Salis,** auf der man, im stark hügeligen Gelände westlich des Ortes, den Spuren der Bergknappen folgt und in elf Stationen das Thema Salz in vielerlei Facetten erläutert bekommt (besonders reizvoll ist die Aussicht vom Holzturm neben der Ruine Pflindsberg). Empfehlenswert: eine Seepartie an Bord von Österreichs erstem solarbetriebenen Rundfahrtschiff und/oder eine Seeumrundung zu Fuß (s. S. 155).

TOUR
Torberg, Brahms & Co.

Die Via Artis im Ausseerland

Infos

Reisekarte: K/L 3/4

Dauer: Via Artis Altaussee bzw. Weg um den See ca. 2 Std., Via Salis 3–4 Std. (jeweils ohne Einkehr)

Start: beim Literaturmuseum im Kur- und Amtshaus

Auf den Spuren berühmter Literaten, Maler und Komponisten wandeln – auf drei verschiedenen Routen führt die Via Artis durch die herrlich-schöpferische Landschaft des Ausseerlandes, vorbei an ›Info-Staffeleien‹, Literaturmuseen sowie Häusern und Feriendomizilen prominenter Gäste.

Auf Spurensuche

Altaussee, örtliches **Literaturmuseum im Kurhaus (1):** Hier kann man sich lesend und Dokumente studierend auf das Thema einstimmen. Im 1. Stock gibt es außerdem einen feinen Veranstaltungssaal, im Erdgeschoss eine gut sortierte Buchhandlung und, permanent, einen kleinen Bücher-Flohmarkt. Den schönen zugehörigen Garten hat übrigens die im Ort ansässige Schriftstellerin Barbara Frischmuth gestaltet. Entlang der Haupt-

straße und beim Café Fischer nach links abzweigend, erreicht man Station II, die ehemalige **Königsgarten-Villa (2)** (Fischerndorf 59), wo Friedrich Torberg (1908–79, »Schüler Gerber«) lebte und schrieb. 300 m weiter, an der Seeklause, erhebt sich unübersehbar Station III, das **Hotel Seevilla (3)** (s. auch Übernachten S. 152), wo der deutsche Komponist Johannes Brahms im Jahr 1882 ein Klaviertrio in C-Dur und ein Streichquintett in F-Dur zur Uraufführung brachte. Brahms (1833–97) war ein häufiger Gast im Salzkammergut.

Immer wieder Interessantes am Weg auf den Staffeleien

Über die Seepromenade, vorbei an Tennisplatz, Kirche und Hotel am See, gelangt man zu Station IV, jener prächtig gelegenen **Villa von Jakob Wassermann (4)**, in der der große deutsche Romancier (»Der Fall Maurizius«, »Etzel Andergast«) wohnte und 1934 starb. Den Uferweg weiter, passiert man die **Jausenstation Kahlseneck** (T 0664 410 25 45, Fr–Di 12–18 Uhr), wendet sich kurz danach scharf nach links und wandert den Arneth-Weg hinauf in den Wald. Nach ca. 1500 m wartet Station V. Sie ist der Aquarellmalerin Christl Kerry (1889–1978) gewidmet, die hier ganz in der Nähe lebte, heißt aber auch **Großer Künstlerblick (5)**, was alles über die prächtige Aussicht sagt, die sich hier eröffnet. Nun neigt sich der Weg langsam und führt durch den Ortsteil Posern in sanften Schwüngen zum Kurhaus zurück.

Schmökern und Genießen

Bücherfreunde finden übrigens im Ortsgebiet von Altaussee eine zweite **Literatour:** Insgesamt 13 Kaffee- und Wirtshäuser laden entlang einer rot-weiß-rot markierten Route auf ihren Fassaden mit Anekdoten und Zitaten aus dem Werk diverser Autoren zu Lektüre und Rast.

Infos

Info-Büro Altaussee: Fischerndorf 61, T 03622 716 43, www.ausseerland.at, Mo–Fr 8–18 Uhr; **Literaturmuseum:** Juli–Sept. Mo–Sa 10–12, 14.30–18, Nov.–Juni Mo–Sa 14.30–17, Okt. auch 10–12 Uhr, T 0664 444 10 69, www.literaturmuseum.at, 4 €. Auskünfte und Flyer zu allen Wegen, auch am Grundlsee und in Bad Aussee, erhältlich beim **Tourismusverband Ausseerland-Salzkammergut** (S. 123).

Salzwelten

Wie in Hallstatt, so kann man – spannend insbesondere für Kinder – auch in Altaussee das über 1000 Jahre alte, immer noch aktive Salzbergwerk erkunden. Zu den Highlights auf dem Gang in die schier endlosen Tiefen zählen: die ›Kammer des geronnenen Lichts‹, die Barbara-Kapelle, die zwei Bergmannsrutschen zum unterirdischen Salzsee und die preisgekrönte Multimediaschau zum Thema »Berg der Schätze«.

Während des Zweiten Weltkriegs hatte man nämlich Bestände aus den großen Wiener Museen, darunter Meisterwerke von Michelangelo, Dürer, Rubens, Vermeer & Co., zum Schutz vor Bombardements in den Stollen gelagert. Im April 1945 planten die Nazis, den einzigartigen Schatz kurzerhand zu sprengen, was beherzte Bergleute jedoch glücklicherweise verhindern konnten.

Lichtersberg 25, T 06132 200 24 00, www.salzwelten.at, Führungen: Juli–Mitte Sept. 10–16 Uhr stdl., Anf. April–Ende Juni und Mitte Sept.–Allerheiligen 9, 11, 13, 15 Uhr; Sonderführung »Bomben auf Michelangelo«: Juli/Aug. jeden Mi 17 Uhr, 22 €, Familienermäßigungen

Loser und Grundlsee K/L 4

Empfehlenswert ist auch eine Fahrt über die – in schneefreier Zeit tagsüber stets geöffnete – **Panorama-Mautstraße** auf den 1838 m hohen Ausseer Hausberg, den **Loser,** oder, umweltfreundlicher, ein zweistündiger Spaziergang auf dem **Promenadenweg** rund um den so gut wie unverbauten, unter Naturschutz gestellten **Augstsee.**

Kaum weniger gemütlich-altösterreichisch präsentiert sich dank der zahlreichen stattlichen Villen aus der Gründerzeit und kleinen, mehrheitlich frei zugänglichen und den vielfach schattigen Badebuchten auch der nahe **Grundlsee.**

An seinem Ende, hinter dem gut ausgestatteten Campingplatz von Gössl, liegt der romantisch düstere – wegen angeblich in seinen Tiefen versenkter Nazi-Schätze geheimnisumwitterte – **Toplitzsee.** Er wird von zwei Wasserfällen gespeist, ist aber aufgrund der steilen Ufer zu Fuß nicht umrundbar. Allerdings kann man ihn gegen eine kleine Gebühr auf sogenannten Plätten, für die Region typischen kiellosen, kastenförmigen Holzbooten überqueren, um von seinem Ostufer aus zum **Kammersee,** in dem der Fluss Traun entspringt, weiterzuwandern.

Loser, Straße und Bergbahnen, Infos: T 03622 713 15, www.loser.at

Schlafen, Essen

Direkt am Seeufer

Seevilla: Gediegenes Haus in Traumlage am Westende des Sees; mit Hallenbad, Gradiergrotte, Brahms-Café und sehr gutem Restaurant.

Altaussee, Fischerndorf 60, T 03622 713 02, www.seevilla.at, €€–€€€ mit HP, Küche tgl. 12–14, 18.30–21 Uhr, €€

Familiärer Traditionsbetrieb

Gasthof Leuner: Ortstypisches 3-Sterne-Haus in zentraler, dennoch sehr ruhiger Lage, hoher Nostalgie- und Stammgast-Faktor dank dem sehr persönlichen Service der Betreiberfamilie, stimmungsvoll-rustikale Frühstücksräume, herzhafte, gute À-la-Carte-Küche im Haus.

Altaussee, Fischerndorf 144, T 03622 716 50, www.gasthof.leuner.at, €€

Nettes Refugium für Ruhesucher

Pension Hofmann: Gemütliches Ferienquartier am östlichen Seeufer, mit Sonnenterrasse, Liegewiese und Badeplatz direkt vorm Haus; frei verfügbare Trekking-/Citybikes.

Grundlsee, Gößl 150, T 03622 821 50, www.pensionhofmann.at, €–€€

Alten Rezepten auf der Spur

Gasthof Veit: Urige Einkehr am Weg vom Grundl- zum Toplitzsee, einheimische Bauernkost in der original Zirbenstube; zu empfehlen: die raren Spezialitäten aus der Gegend wie Kasspotzn, Griaßknon, Rahmsuppn, Almraungerl, Zwetschkenpfiff oder Eschbonkoh (Erdäpfelkoch) probieren! Auch preiswerte, nette Zimmer.

Grundlsee, Gößl 13, T 03622 82 12, www.gasthof-veit.com, €

Speisen mit Aussicht

Mondi-Resort: Einst der von der Wiener Salonière und Reformerin Eugenie Schwarzwald betriebene Sommertreff für prominente Dichter, Maler und Denker, umfasst der Komplex heute das Gasthaus Seeblick, ein gediegenes Restaurant namens Wassermann und das ebenso qualitätvolle Hotel Mondi Resort. Ein Traum ist der Panoramablick von der weitläufigen Lokalterrasse über den Grundlsee zum Toten Gebirge.

Grundlsee, Archkogl 31, T 03622 84 77-0, www.mondihotels.com, Gasthaus Seeblick: ganzjährig tgl. 18–20.30 Uhr, Wassermann: ganzjährig Do–Sa 18–21 Uhr, €€–€€€

Ideal für Aktivsportler

Hagan Lodge: Hüttendorf mit 46 Holzchalets, komfortabel, ganzjährig, auch für Selbstversorger.

Altaussee, Lichtersberg 84, T 03622 723 23, www.hagan-lodge.at, €€

Fitness- und Vital-Oase

Erzherzog Johann: Großbürgerlich-traditionelles 4-Sterne-Haus im Zentrum, erste Adresse für Verwöhn- und Gesundheitsurlaub, 500 m^2 Spa-Bereich, Direktverbindung zum Vital-Bad.

Bad Aussee, Kurhausplatz 62, T 03622 525 07, www.erzherzogjohann.at, €€€

Essen

Gesund und natürlich

Die Wasnerin: Exzellentes und dennoch gemütliches Hotel-Restaurant mit verschiedenen Themenstuben und einer kreativen und gesunden Speisekarte. Traumhafter Blick von der Kastanienterrasse auf die umliegende Bergwelt. Da bleibt man gerne sitzen!

Bad Aussee, Sommersbergseestraße 19, T 03622 521 08, www.diewasnerin.at, tgl. mittags und abends, €€

Wiener Kaffeekultur auf steirischem Boden

Konditorei Kurhaus Lewandofsky: Ein Klassiker für alle Sommerfrischler im Ausseerland – ein Großer Brauner, eine Melange samt Mehlspeise (vielfältig, frisch, vortrefflich!), ein Eisbecher im Kastaniengarten oder im plüschigen Innenbereich.

Bad Aussee, Kurhausplatz 144, T 03622 53 13, Mo–Sa 8–22, So ab 9 Uhr, €

Idylle pur

Jagdhaus Seewiese: Hier einzukehren ist gute Tradition. Traumlage, -blick, herzhafte Schmankerl, Strudel …

Altaussee, am hinteren Seeende, T 0664 338 76 22, je nach Saison und Witterung geöffnet, im Sommerhalbjahr meist Fr–Di ab 11 Uhr, im Ort erfragen, €€

Einkaufen

Lederhosen

Raich: Herren der Schöpfung mit dem Wunsch, wie die Einheimischen gekleidet zu sein, pilgern zum Christian Raich, um eine echte ›Krachlederne‹ in Auftrag zu geben. Der Preis ist hoch. Die Wartezeit beträgt bis zu einem Jahr. Dafür hält sie garantiert ein Leben lang.

Bad Aussee, Altausseer Str. 59,
T 03622 522 60

Bergschuhe für die Ewigkeit

Der Goiserer: Robustes Schuhwerk für Wander- und Bergtouren: Hier, am Fuß des Pötschenpasses, etwa auf halbem Weg zwischen Bad Ischl und Bad Aussee, werden noch auf altbewährte Weise die berühmten Goiserer von Hand nach Maß gefertigt. Wartezeit nach Bestellung: mindestens acht Monate.

Bad Goisern, Untere Marktstr. 38,
T 0664 464 32 34, www.dergoiserer.at

Traditionsreiche Textilienkunst

Sepp Wach: Per Hand mit generationenalten Mustern bedruckte Stoffe und Seiden für Trachten.

Bad Aussee, Bahnhofstr. 108, T 03622
521 14, www.handdrucke-seppwach.at

Weithin berühmte Lebzelterei

Hugo Rubenbauer: Das klassische Mitbringsel ist würziger Lebkuchen aus dem Ausseerland. Angeschlossen ist das **Wirtshaus Zum Lebzelter** mit wunderschönem Panorama (T 03266 529 43, tgl. 9–22 Uhr, €). Schräg gegenüber führt ein kurzer Wiesenpfad zum Lenau-Hügel, einem besonders herrlichen Aussichtspunkt (im Laden nach dem Weg fragen!).

Am Ortsrand von Altaussee/Umfahrungsstr.,
Pötschenstr. 146, T 03622 529 43,
www.lebkuchen.at, Di–So 8–18 Uhr

Fesch einkleiden im Stil der Region

G. Haselnus: Maßgeschneiderte Trachten aus feinen Stoffen, auch Lederhosen und Konfektionsware von Qualitätsherstellern, Lieferzeiten betragen ab einer Woche.

Altaussee, Ortsteil Puchen 57,
T 03622 71 25 20

Bewegen

(Thermal-)Sole und Glaubersalz

Kur- und Kneippbehandlungen: in Bad Aussee/Altaussee, Infos s. Tourismusverband Ausseerland-Salzkammergut (S. 123).

Ausgehen

Gemütliche Bar

HofCafe Steirerhof: Gemütlich plaudern und Holzofenpizza schmausen bei guter Musik bis in die Morgenstund.

Bad Aussee, Ischlerstr. 81, T 03622 539 56,
tgl. ab 18 Uhr, €

Infos

- **Tourismusverband Ausseerland-Salzkammergut:** s. Orientierung S. 123.
- **Bahn nach Bad Aussee:** ab Linz- bzw. Salzburg-Hbf., umsteigen in Wels, ab da Regionalexpress über Gmunden, Fahrzeit Wels–Bad Aussee: ca. 115–130 Min., im Halbstunden-/Stundentakt.
- **Bus nach Gmund bzw. Altaussee:** ab Bad Aussee-Bhf. bzw. -Postamt, Linie 956 bzw. 955, Fahrzeit: 10 Min.

Feiern

- **Ausseer Fasching:** 3-tägiges Faschingsfest mit Trachten-/Maskenumzügen (Infos beim Tourismusverband, s. o.).
- **Narzissenfest:** T 03622 522 73, www.narzissenfest.at, Ende Mai oder Anf. Juni. Umzüge mit blumenverzierten Autos und Booten in Bad Aussee bzw., alternierend, am Altausseer oder Grundlsee.
- **Sprudel, Sprudel:** »begehbare« Konzerte und Rahmenprogramm zwischen Gössl und Toplitzsee, jeweils ein Aug.-Wochenende, www.sprudelsprudel-musik.com.

Lieblingsort

Die Seewiese am Altausseer See

Schon der Weg hin ist ein unvergessliches Naturerlebnis: Etwa eine Dreiviertelstunde braucht man flotten Schrittes, um vom Dorf Altaussee die entlegene Bucht zu erreichen (K 3/4). Der Weg führt entweder gegen den Uhrzeigersinn durch den Wald oder, aussichtsreicher, in der Gegenrichtung das völlig unbebaute und nur über einen Fußpfad erschlossene Ufer entlang. Am Ende wartet ein Platz wie aus dem Märchen: eine sattgrüne Wiese, Moortümpel, Lärchenwald, Libellensummen, Vogelgezwitscher, eine kleine Almwirtschaft mit Speckbroten, Strudel, Apfelsaft (www.jagdhaus-seewiese.com) – all das eingerahmt von mächtigen Felswänden. Und dann dieser Blick: vom Holzsteg über das Wasser auf den vergletscherten Dachstein. Eine Ansicht, von deren Zauber ich das Jahr über im Alltagsgetriebe der Großstadt träumend zehre!

Tennengau, Pongau und Lungau

Fulminante Gebirgsszenarien überall — von Hallein über Werfen zum Hochkönig und weiter ins Gasteinertal oder ins Wander- und Skiparadies der Radstädter Tauern.

Seite 166

Werfener Eisriesenwelt

Felsdome, Eisseen, unterirdische Gletscher und gefrorene Wasserfälle, und all das in mystisch buntes Licht getaucht – die Wanderung durch diese weltweit größte Eishöhle offenbart eine einzigartige Märchenwelt.

Seite 158

Hallein

Keltenmuseum, Fürstengrab, Salzbergwerk – die altehrwürdige Salinenstadt an der Salzach bzw. der oberhalb gelegene Ortsteil Dürrnberg gewähren so tiefe wie faszinierende Einblicke in die Prähistorie.

In Hallein gibt's ein Gitarren- und ein Schlagzeugfestival.

Seite 166

Burg Hohenwerfen

Der im Kern fast 1000 Jahre alte Bau entspricht, mächtig, wie auf steilem Bergkegel über der Salzach thronend, von außen und innen dem Idealbild einer Burg aus Kindheitstagen. Ein erhebendes Erlebnis bieten die täglichen Greifvogel-Flugschauen im großen Hof.

Seite 177

Bad Gastein 

Der legendäre Kurort, einst »Manhattan der Alpen« genannt, hat aus der Belle Époque viel von seinem Charme bewahrt und lockt mit erstklassigen Hotels.

Seite 173

Liechtensteinklamm

Die Schlucht, die der Großarlbach kurz vor seiner Mündung in die Salzach gefräst hat, gilt mit 1200 m Länge und bis zu 180 m Tiefe als spektakulärste Klamm der Ostalpen. Ihre Begehung ist ein – völlig gefahrloses – Abenteuer.

Seite 159

Hofbräu Kaltenhausen

Bierliebhaber pilgern in diese nördlich von Hallein gelegene älteste Brauerei des Landes.

Seite 176

Alpen- und Felsentherme

Die beiden Platzhirsche unter den vielen Kur- und Thermalbädern des Gasteiner Tales verwöhnen Leib und Seele mit weitläufigen Badelandschaften und vielfältigen Wellnessangeboten.

Seite 165

Outdoor-Abenteuer

Abtenau im Lammertal ist ein Zentrum für Alpin-, Wildwasser- und Flugsport. Mehrere Profi-Anbieter sorgen für dynamisierende Adrenalinschübe.

Eine gemütliche, wunderschöne Wanderung führt von Golling ins Bluntautal.

»Warum ich immer noch in Salzburg lebe, (…). Weil dieses Land, so reich an Widersprüchen, ein guter Ort ist, um hier zu leben, und es wert ist, dass man ihm, zugeneigt auch in der Kritik und selbst in der Empörung, verbunden bleibe.« Karl-Markus Gauß

Bergidyll zwischen Lammer, Mur und Gastein

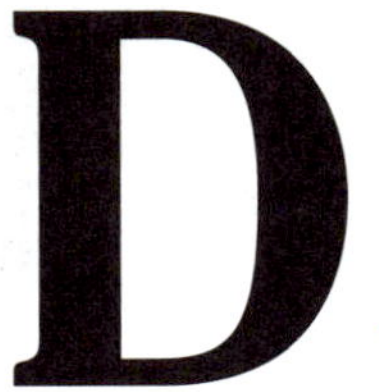

Der Tennengau

F–H 3–5

Südlich von Salzburg, gleich hinter Anif, beginnt der Tennengau. Er wurde erst im Jahre 1896 konstituiert und ist damit der jüngste der fünf Landesteile. Mit lediglich 668 km² zählt er zugleich auch zu den kleinsten – nicht viel größer als etwa die Bundeshauptstadt Wien. Dennoch stößt man innerhalb seiner Grenzen auf erstaunliche Gegensätze: Die Kernlandschaft bildet das in diesem Bereich breite und malerische, wenn auch über weite Strecken schon recht dicht besiedelte Salzachtal. Im Kontrast dazu stehen die mächtigen und schroffen Kalkgipfel des Tennengebirges und Untersbergs, des Gosaukamms und Hohen Gölls sowie die zahlreichen Schluchten, Steinbrüche und Gletscherschliffe der Nebentäler. Dementsprechend vielfältig sind die Möglichkeiten, dem Alpin- und Wildwassersport zu frönen. Fast noch größer als die Vielfalt an Naturformen ist freilich jene an Zeugnissen der jahrtausendelangen kulturellen Entwicklung.

Hallein

Am deutlichsten zeigt sich der kulturhistorische Reichtum des Tennengaus in seiner Bezirkshauptstadt, in Hallein. Sie liegt nur 15 km südlich von Salzburg, ist mit über 19 500 Einwohnern die zweitgrößte Stadt des Landes und seit vielen Generationen zugleich sein industrielles Zentrum. Der Name des ›kleinen Hall‹ – im Unterschied zum benachbarten Reichenhall – wurde erstmals 1237 urkundlich erwähnt, aber die Stammsilbe *hal* (›Salz‹) ist keltischen Ursprungs und bezeugt, dass die Wurzeln der Siedlung sehr viel tiefer in die Vergangenheit reichen (s. S. 259).

Stadtrundgang

Im ehemaligen Salinenamtsgebäude am Salzachufer ist das **Keltenmuseum** untergebracht, das einen Großteil der kostbaren Funde vom Dürrnberg (s. S. 160) beherbergt. Der trutzige, über 300 Jahre alte Bau birgt aber noch eine zweite kunsthistorische Sensation: die Fürstenzimmer im zweiten Stock. Auf deren Leinwandtapeten hat nämlich 1757 ein Maler namens Benedikt Werkstätter im Auftrag des Fürsterzbischofs auf insgesamt 71 Ölbildern die einzelnen Phasen der Salzgewinnung detailgetreu dokumentiert (Pflegerplatz 5, T 06245 807 83, www.keltenmuseum.at, 8 €, tgl. 9–17 Uhr).

Die Salinenstadt hat freilich noch mehr Sehenswertes zu bieten: so die Dekanatskirche **St. Antonius Eremita.** Ihr alter romanischer Turm stürzte zwar als Folge des großen Stadtbrandes von 1943 ein und wurde wenig später in moderner Form wieder aufgebaut. Doch ihr stattliches Langhaus stammt immerhin aus dem Klassizismus und ihr Chor sogar aus der Gotik.

Gleich nebenan befinden sich sowohl das Grab als auch das ehemalige, nun als Museum adaptierte **Wohnhaus von Franz Xaver Gruber,** dem Komponisten von »Stille Nacht«, der in der Kirche als Organist und Chorregent tätig war (Stille-Nacht-Museum, Gruberplatz 1, T 06245 807 83-30, www.keltenmuseum.at, tgl. 9–17 Uhr, 4,50 €).

Schlafen

Traditionshaus in zentraler Lage

Hotel Hafnerwirt: Behagliches, unweit des Bahnhofs gelegenes 3-Sterne-Hotel (im zugehörigen Restaurant **Tepito** gibt's schmackhafte Steaks und mexikanische Spezialitäten).

Salzachtal Str. 3, T 06245 803 19, www.hafnerwirt.com, €€, Restaurant: Di–Fr 17–24, Sa/So 12–24 Uhr, €€

Essen

Paradies für Bierliebhaber

Hofbräu Kaltenhausen: 1475 gegründete und damit älteste Brauerei des Landes Salzburg, 2 km außerhalb Halleins salzachabwärts gelegen. Zugehörig: das Bindereimuseum, nach der Führung steht die Verkostung auf dem Programm: im Bräustüberl, Rupertigewölb' oder Biergarten.

Salzburgerstr. 67, T 06245 802 33, www.kaltenhausen.at, Di–So 10–23 Uhr, €–€€; Terminabsprache für Führungen, Verkostungen, Kurse unter bierkultur@kaltenhausen.at

ORIENTIERUNG

Reisekarte: F–K 3–8

Gästeservice Tennengau: 5400 Hallein, Mauttorpromenade 8, T 06245 700 50, www.tennengau.com, Mo–Do 8–17, Fr bis 12 Uhr.

Region Hochkönig: 5761 Maria Alm, Am Gemeindeplatz 7, T 06584 203 88, www.hochkoenig.at, Mo–Fr 8–17 Uhr.

Regionalbüro Salzburger Sportwelt (Pongau Nord/Ost): 5542 Flachau, Hauptstr. 159, T 06457 29 29, www.salzburgersportwelt.com, sommers Mo–Fr 8–17, winters Mo–Fr 8–17, Sa/So, Fei 9–17 Uhr.

Regionalbetreuung Pongau Süd: 5620 Schwarzach, Salzleckerstr. 8, T 06415 75 20, www.sonnenterrasse.at, Mo/Di 9–11.30, 14–17, Mi–Fr 9–11.30 Uhr.

Ferienregion Lungau: 5582 St. Michael, Rotkreuzgasse 100, T 06477 89 88, www.lungau.at, Mo–Fr 8–17 Uhr.

Komfortabel & umweltschonend: Mobil ohne eigenen Wagen – mittlerweile bieten mehrere Feriengebiete, u. a. der Tennen- und der Lungau, das Gasteinertal und die Region Hochkönig, teils zu äußerst günstigen Tarifen, teils überhaupt gratis Wander- und im Winter Skibusse im Shuttlebetrieb an.

Zum Vernaschen

Café-Konditorei Braun: Seit Jahrzehnten ein beliebter Treffpunkt für anspruchsvolle Schleckermäuler: Torten- und Kuchenklassiker gibt es hier, feine Pralinen sowie saisonale Kreationen vom süßen Maikäfer bis zum Schneemann und ›Geldscheißer‹, Makronenfiguren in Schokolade.

Unterer Markt 8, T 06245 80 486, www.confiserie-braun.at, Di–Fr 8–18, Sa bis 17 Uhr

Einkaufen

Edle Brände

Brennerei Guglhof: Älteste Destille im Salzburger Land.

Davisstr. 11, T 06245 806 21, www.guglhof.at, Hofverkauf Mo–Fr 8–12, 13.30–18, Sa 8–12 Uhr

Gesundes aus der Region

Bauernmärkte: in Hallein jeden Sa vormittag am Kornsteinplatz; in Kuchl am 1. und 3. Sa im Monat 7.30–11.30 Uhr im Musikpavillon/Marktstr.; sowie in Oberalm bei Winklhof, Mi 16–18, Fr 13–17 Uhr.

Ausgehen

Mexikanisch

Tepito: Gemütliches Bar-Grill-Steakhouse, groovige Musik.

Salzachtal-Str. 3, T 06245 857 44, Di–Fr 17–24, Sa/So 12–24 Uhr

Nette Café-Bar

Pan Café: Zeitlos schickes Ambiente, italienischer Kaffee, gutes Weinsortiment.

Hallein, Metzgergsse 9, T 0678 127 64 09, Di/Mi 9–17, Do/Fr 9–21.30, Sa bis 14 Uhr

Infos

- **Tourismusverband Hallein:** 5400 Hallein, Pernerinsel, Mauttorpromenade 6, T 06245 853 94, www.hallein.com, Mo–Fr 8.30–17 Uhr. Altstadtführungen.
- **Verkehr:** Buslinien 160 und 170, Fahrzeit: ca. 40 Min., S-Bahn-Linie 3 und Regionalzüge jeweils in ca. 25 Min; alle ab Salzburg-Hbf. etwa im Halb-Std.-Rhythmus.

Feiern

- **Halleiner Gitarrenfestival:** Saitenvirtuosen auch von fern, www.gitarre-hallein.at, 1. Nov.-Hälfte.
- **Halleiner Schlagzeugfestival:** internat. besetztes Get-together für Rhythmus-Fetischisten, www.schlagzeugfestival.at, 1. Mai-Hälfte.
- **Stadtfestwochen:** Avantgardekompositionen, Jazz, Theater, Kleinkunst auf überregionalem Niveau (Infos zu allen bisherigen Veranstaltungen: info@forum-hallein.at bzw. www.forum-hallein.at).

Von Hallein auf den Dürrnberg

F 3/4

Schon vor etwa 4500 Jahren haben Menschen die oberhalb von Hallein auf dem **Dürrnberg** entspringenden Salzquellen genutzt. Und in der La-Tène-Zeit, also zwischen dem 6. und frühen 1. Jh. v. Chr., wurde das weiße Gold bereits unter Tage abgebaut. Über die damaligen keltischen Siedler ist relativ wenig bekannt. Ihre Kultur war zwar weit verbreitet – von der Iberischen Halbinsel über Irland bis nach Südosteuropa; aber all diese Stämme haben uns keinerlei schriftliche Zeugnisse hinterlassen. Erwiesen sind allerdings ihre Fortschrittlichkeit in Bezug auf Techniken des Bergbaus sowie ihre Meisterschaft im Umgang mit der Töpferscheibe und bei der Bearbeitung von Metallen. Denn seit Beginn des 20. Jh. haben Archäologen auf dem Dürrnberg Überreste keltischer Siedlungen und Gewerbebauten und mehrere hundert prähistorische Gräber freigelegt. Auf einer Fläche von rund 1,5 km² förderten sie unzählige Werkzeuge und Schmuckgegenstände zutage. Berühmtester Fund ist jene fein ziselierte Schnabelkanne aus Bronze, die sich heute im Salzburg Museum in der Landeshauptstadt befindet.

Im Jahr 1970 hat man als **Freilichtmuseum** eine Gehöftgruppe und ein komplett ausgestattetes Fürstengrab rekonstruiert und 1990 zusätzlich einen **archäologischen Lehrpfad** angelegt. Wer freilich schon einmal über die steile Straße auf den Dürrnberg gefahren ist, sollte sich auch die andere große Attraktion dieses überaus anmutigen Hochplateaus, das seit 1938 zur Gemeinde Hallein gehört, nicht entgehen lassen, das **Salzbergwerk.** Es wurde zwar im Jahr 1989 endgültig stillgelegt, doch seine Verwalter machten aus der Not eine Tugend, indem sie es nach allen Regeln der PR-Kunst für Touristen erschlossen.

Die Fahrt mit dem Grubenhunt in das viele Kilometer lange Stollensystem, mit dem Schiff über den magisch illuminierten Salzsee und auf dem Hosenboden die glatt polierten hölzernen Rutschen hinab bereitet Eltern und Kindern nicht nur Riesenspaß. Sie vermittelt ihnen dank der ebenso kundigen wie engagierten Führer und der liebevoll gestalteten Schaustellen auch erhellende Einblicke in die ehemalige Arbeitswelt unter Tage.

Salzbergwerk: Ramsaustr. 3, T 06132 200 85 11, www.salzwelten.at, Anf. April–Anf. Nov. tgl. 9–17, Anf. Nov.–Anf. Jan. 10–15 Uhr, Führungen laufend, 32 €, ermäßigte Kinder- und Familienkarten! Unmittelbar benachbart: **Freilichtmuseum Keltendorf,** selbe Öffnungszeiten, mit »Salzwelten«-Ticket Eintritt frei

Im nördlichsten Tennengau

F/G 3/4

Von Hallein aus empfiehlt sich ein kurzer Abstecher in die nördlichsten Gemeinden des Tennengaus – zunächst

Auf den Spuren keltischer Bergleute geht, fährt und rutscht man auch auf dem Hosenboden ins Innere des Dürrnbergs.

K

KÖNIGLICH: ADNETER MARMOR

Adnet, 3 km östlich von Hallein, ist wegen seiner Marmorbrüche berühmt. Schon die Römer haben aus dem charakteristischen rötlichen Stein Mosaike angefertigt. In der Gotik bildete er das Rohmaterial für bildhauerische Spitzenwerke wie die Grabmäler für Kaiser Friedrich III. im Wiener Stephansdom, König Jagiello in Krakau oder Kaiser Maximilian I. im Dom zu Speyer. Im Barock fand er dann oft Verwendung bei der Ausschmückung von Prunksälen, z. B. in der Salzburger Residenz oder im Wiener Belvedere. Und selbst die Monumentalbauten König Ludwigs in München und Kaiser Franz Josephs auf der Wiener Ringstraße schmückt vielfach der Adneter Stein. Wer sich für die einschlägige Geologie und Geschichte interessiert, sollte sich dem Marmorlehrpfad durch die örtlichen Steinbrüche anvertrauen und dem kleinen Museum im ersten Stock des Gemeindeamts einen Besuch abstatten. Bei Ersterem eingeschlossen ist die Besichtigung einer Werkzeugschmiede (Adnet 18, nahe dem Dorfplatz, T 0664 911 94 12, www.adnet.salzburg.at, 4 €; Museum: April–Okt. Do–Sa 16–18.30, Nov.–März nur Sa 14–16.30 Uhr und nach Vereinbarung).

nach **Oberalm,** wo nahe der Kirche unter einer prächtigen Linde der letzte im Original erhaltene Schrannen- oder Thaidingtisch des Salzburger Landes steht, ein quadratischer, roh behauener Steintisch, an dem wohl vermutlich noch bis zu Beginn des 19. Jh. das Landrecht verkündet und Recht gesprochen wurde.

Folgt man von Hallein dem Salzachtal flussaufwärts, kommt man zuerst nach **Bad Vigaun,** nennenswert vor allem dank seines hochmodernen Kur- und Thermalheilbades, und dann nach Kuchl, dessen größte Attraktion der **Georgenberg** darstellt – ein steiler, die Gegend beherrschender Inselberg, auf dem man Reste urgeschichtlicher und frühchristlicher Siedlungen entdeckt hat. Einige Funde sind im modernen örtlichen **Heimatmuseum** zu besichtigen (Severinplatz 24, T 06245 841 16, Mitte Mai–Mitte Sept., Führungen nach Vereinbarung, 2 €).

Schlafen

Preisgünstig im Grünen

Hochdürrnberg: Bescheidene, aber sympathische Pension in Panoramalage am Waldrand und, praktisch, nahe dem Eingang zum Salzbergwerk.

Bad Dürrnberg, Rumpelgasse 14, T 06245 751 83, www.hochduerrnberg.at, €

Ideal gelegen

Hotel Auwirt: Dieses solide 3-Sterne-Hotel (mit angeschlossenem Campingplatz) ist durch seine ideale Lage für Urlauber perfekt, die sowohl die Stadt Salzburg als auch das Salzburger Land erkunden wollen.

Hallein, Salzburgerstraße 42, T 06245 804 17, www.auwirt.com, €€

Essen

Gourmetküche mit Bodenhaftung

Kellerbauer: Gleich neben der Heiltherme gelegen, gepflegtes Landhausambiente, mit offenem Kamin und schattiger, grüner Terrasse, fantasievolle österreichische Küche mit Ausflügen ins Mediterrane.

Bad Vigaun, Kellerbauerweg 41, T 06245 834 74, www.kellerbauer.at, Do 17–24, Fr–So 12–24 Uhr, €€€

Bewegen

Salzburgs längste Sommerrodelbahn

Keltenblitz: Ganze 2,2 km lang ist diese Rodelbahn!

Bad Dürrnberg, Talstation Zinkenlift, T 06245 851 05, www.duerrnberg.at, Ende April–Mitte Okt. Do–So 11–17, Juli/Aug. tgl. ab 10 Uhr, Bergfahrt mit Sessellift, Talfahrt mit Rodel: 14,50 €, Familien- und Kombikarten mit Salzwelten und Keltenschauen

Wohlbefinden und Therapie

Heiltherme und Medizinisches Zentrum St. Barbara: Mit großer Thermen- und Saunalandschaft, Beauty Center; angeschlossen ist ein 4-Sterne-Gesundheitshotel für den Wohlfühlurlaub (€€€), bei Bedarf steht auch eine erstklassige medizinische Betreuung zur Verfügung.

Bad Vigaun, St. Barbara, T 06245 89 99-0, www.badvigaun.com; Heiltherme: Mo–Fr 10–22, Sa/So bis 21 Uhr, Eintritt: 3-Std.-Karte 23 €, Tageskarte 30 €

Feiern

- **Bad Dürrnberger Konzerte:** in der örtlichen Kirche, Mitte Juni–Ende Juli jeden Fr abend.
- **Palmklang:** T 0664 250 71 43, www.palmklang.at. Internationale Kultur- und Musiktage Oberalm in der Osterwoche mit Solo-, Kammer- und Kinderkonzerten, Liederabenden, ergänzend Vernissagen, Lesungen, Ausstellungen – klein, aber fein.

Golling

G 4

Golling, jene alte Tourismusgemeinde, in der Händler und Reisende seit alters Station machten, bevor sie den Pass Lueg in Angriff nahmen, besitzt – ein Zeugnis des frühen Wohlstands – noch heute ein geschlossenes Ensemble besonders stattlicher Bürgerhäuser. Im Ortsteil **Torren,** dessen dem hl. Nikolaus geweihtes Wallfahrtskirchlein einen Besuch verdient, stürzt der **Gollinger Wasserfall** (Mai–Okt. tgl. 9–19 Uhr, 5 €) über zwei insgesamt 80 m hohe Felsstufen der Salzach entgegen – ein Naturschauspiel erster Güte. Das dahinter liegende **Bluntautal** empfiehlt sich für einen idyllischen Spaziergang. Ein Erlebnis der dramatischen Art verspricht eine Wanderung durch die nahen **Salzachöfen** (Mai–Okt. ganztägig, 3 €; auch als geführte Tour mit Erklärungen, Flying Fox etc., T 0660 260 38 20, www.erlebnisschlucht.at, Erw. 38 €, Kinder ermäßigt). Der Begriff ›Ofen‹ leitet sich vom keltischen Wort *of* (Schlucht, Abgrund) ab. Hier hat sich die Salzach zwischen Tennen- und Hagengebirge auf einer Länge von 1 km bis zu 80 m tief in den Kalk gegraben.

Der Durchbruch ist mit Stiegen gut erschlossen und kann sogar per »Flying Fox« (einer Stahlseilrutsche) durchquert werden.

Schlafen

Freundlich-helle Mittelklasse

Hauslwirt: Komfortabler Gasthof in über 650 Jahre altem Gemäuer, rustikal mit einem Schuss Modernität eingerichtet, Gästehaus mit Reiter-Appartements für bis zu 5 Pers.

Marktplatz 13, T 06244 42 29, www.hauslwirt.at, €€

Essen

Gourmettempel der Extraklasse

Döllerer: Andreas Döllerer, der mit drei Gault-Millau-Hauben bekrönte Chef, paart Traditionssinn und Kreativität aufs Schmackhafteste; ungleich preiswerter, aber allemal vortrefflich wird man im zugehörigen **Wirtshaus** gelabt (Paste/Fleischspezialitäten, €€; dazu gehören: Vinothek und Feinkostladen in Golling sowie Enoteca und Bàcaro in Kuchl, s. u., DZ im familieneigenen, nach außen rustikalen, innen aber farbenfroh, extravagant designten Vier-Sterne-Haus, €€€).

Am Marktplatz 56, T 06244 42 20-0, www.doellerer.at, Di–Fr 18–21.30, Sa 12–21.30 Uhr, Aug., Weihnachtszeit nur Mo mittags geschl., €€€

Familiengasthof

Abfalter: Gut geführtes Traditionshaus in Ruhelage am Waldrand, ideal als Einkehr nach dem Spaziergang zum Wasserfall, regionale Saisonküche, vom Bauernbratl bis zur Fischspezialität, gehobene Weinkultur, gepflegtes Ambiente, Terrasse. Auch nette Zimmer (€–€€).

Wasserfallstr. 57, T 06244 44 98-0, www.abfalter.info, Do–So 11–24 Uhr, €€

Lieblingsrevier für Mehlspeistiger

Café-Konditorei Maier: Weithin bekannt für die hausgemachten Torten, Kuchen, Strudel und Eiskreationen (auch nette Pension, €).

Markt 12, T 06244 43 88, www.cafemaier.at, Do–Mo 7.30–18, Di 8–17 Uhr, €

Bewegen

Wellnessoase

Aqua Salza: Saunaparadies mit vielgestaltiger Badelandschaft, Massage- und Beautybereich, Gradierwerk, u. v. m.

Möslstr. 199, T 06244 200 40-0, www.aquasalza.at, tgl. je nach Bereich 9–18.30/20/21 Uhr, Staffelpreise 7–37 €

Infos

- **Tourismusverband Golling:** 5440 Golling, Markt 51, T 06244 43 56, www.golling.info, Mi, Fr 9–12, Infofoyer tgl. 8–22 Uhr.
- **Verkehr:** Bahnstation Golling-Abtenau, per Schnellzug bzw. S-Bahn 3, Fahrzeit 20–40 Min, Buslinie 170, Fahrzeit ca. 1 Std.; alle ab Salzburg-Hbf.

Feiern

- **Kleine Festspiele auf Burg Golling:** Konzerte und Lesungen auf hohem Niveau, im Burghof oder Festspielsaal, Mitte Juli–Mitte Aug., T 06244 422 01 59, www.festspielegolling.at, Tickets vorab kaufen: T 01 960 96, www.oeticket.com.

Lammertal G/H 4/5

Bei Golling zweigt die Route nach Osten, in das Tal der Lammer, ab. Auch hier, nahe der Gemeinde **Scheffau,** haben die Wasser im Lauf der Jahrtausende eine wildromantische **Klamm** aus dem Fels gefräst. Und auch hier kann man auf gesicherten Steigen zu Füßen überhängender Felswände die tosenden Tiefen erkunden (Juli/Aug. 9–19, Juni, Sept. bis 18, Mitte April–Mai, Okt. bis 17 Uhr, 8 €).

Richtung Osten weitet sich das Tal zu einem 10 km breiten Becken. Von seinem Anfang führt linker Hand die **Postalmstraße,** eine mautpflichtige Panoramastraße, 22 km weit bis hinüber nach Strobl am Wolfgangsee (s. S. 126). An dieser liegt auch der meistfrequentierte Urlaubsort des Tennengaus – **Abtenau,** ein Eldorado für Wanderer und Fitnessjünger jeglicher Art.

Die Straße entlang dem Oberlauf der Lammer wird nicht ohne Grund **Salzburger Dolomitenstraße** genannt. Sie führt durch eine großartige Landschaftskulisse, gebildet aus dem Dachsteinmassiv (im Osten), dem Tennengebirge (im Westen) und den Ausläufern der Osterhorngruppe (im Norden). Dementsprechend reizvoll und bei ruhebedürftigen Urlaubern beliebt sind Orte wie **Annaberg, Lungötz, Rußbach** oder **St. Martin.**

Schlafen

Genuss- und Vitalhotel

Moisl: Sehr persönlich geführtes Qualitätshaus, Mitglied der Angebotsgruppe Alpine Wellness; eine weitläufige Badewelt und ein umfassendes Wohlfühlprogramm empfängt die Gäste.

Abtenau, Markt 26, T 06243 2232-0, www.hotelmoisl.at, €€

Uriges Hüttendorf

Zur Sonnleit'n: Traditions- und Genussbauernhof in Traumlage oberhalb des Ortes, eigene Käserei und Backstube zum Mitmachen, originell, speziell für Familien: Wohnen in den »Troadkästen«, 300-jährigen Holzhütten wie aus einem Kindermärchen.

Abtenau, Schratten 27, T 0664 307 92 23, www.sonnleitn-abtenau.at, €€

Essen

Für Connoisseure

Winterstellgut: Ehemaliger Stall (16. Jh.), abgelegen, in 1000 m Seehöhe auf einer Sonnenterrasse ruhend, rundum ausgebaut; rustikale Eleganz in den Gästezimmern (€€€). In den gediegenen Stuben mit Kachelofen oder draußen mit Blick auf die Bischofsmütze genießt man verfeinerte österreichische Küche. Bauerngartl, Brotbackstube und Pferdestallungen komplettieren das Hofensemble.

Annaberg, Braunötzhof 4, T 06463 600 78, www.winterstellgut.at, Mi 12–23, Do–So 9–23 Uhr, ab 12 Uhr warme Küche, €€€

Gemütlich essen am Teich

Seestüberl Russbach: Gemütlicher Gasthof mit Badeteich und großem Spielplatz. Sehr gut sind hier Pizza und Pasta.

Russbach am Pass Gschütt, Schattau 100, T 0664 75 00 48 23, www.seestueberl-russbach.at, Mo–Do 10–20, Fr–So 9–20 Uhr, €–€€

Bewegen

In Scheffau

Zur alten Mühle und Marmorkugelmühle: Erreichbar, vorbei an dem Künstlerhäuschen »HerzArt«, über den eineinhalbstündigen, malerischen Rundwanderweg.

T 06244 84 42 20, Schaubetrieb Mai–Okt. bei schönem Wetter So/Fei 10–17 Uhr

Abenteuersport

Biken, Wildwasser, Paragliden u. a.:
T 06243 40 40, www.abtenau-info.at

Outdoor Unlimited: Führer, Gepäcktransport von Hütte zu Hütte.
T 06243 288 74, www.outdoor-unlimited.at

Ausgehen

Uriges Pub

Drunter & Drüber: Gemütliche Bar und Tanzclub für Nachteulen ab 25 Jahren.

Abtenau, Markt 32, Hotel Rother Ochs, T 0676 918 32 28, Mi–So 20–3 Uhr

Infos

- **Tourismusbüro Abtenau:** 5441 Abtenau, Markt 165, T 06243 40 40, www.abtenau-info.at.
- **Verkehr:** per Bahn Salzburg-Hbf.–Golling in ca. 25 Min., ab da Bus, Linie 470, z. B. nach Abtenau in knapp 20 Min.

Der Pongau 📍F/G 4–8

Vom Pass Lueg durch das Salzachtal, über die Hauptorte Bischofshofen und St. Johann nach Lend und weiter bis in den legendären Kurort Bad Gastein, führt die Fahrt durch diesen Landesteil. Abstecher gelten dem landschaftlich besonders hinreißenden Gebiet des Hochkönigs, nach Goldegg, Wagrain und Radstadt. Als Topattraktionen locken die größte Eishöhle der Welt und die Bilderbuchburg Hohenwerfen.

Werfener Eisriesenwelt

📍G 5

Beginnen wir gleich mit einem Superlativ: Kurz nachdem man, auf der Bundesstraße von Norden kommend in Richtung Werfen, den Pass Lueg und damit die Grenze zum Pongau überschritten hat, stößt man auf die Abzweigung zur **Eisriesenwelt.** Hinter dem märchenhaften Namen verbirgt sich nichts Geringeres als die weltweit größte bekannte Eishöhle – ein unterirdisches Labyrinth von über 47 km Länge mit einer Eisfläche von rund 30 000 m². Die Annäherung an den Höhleneingang mag im Zeitalter des Instant-Sightseeings ein wenig umständlich anmuten: Zunächst geht es 6 km weit per Auto (oder Linienbus) bergauf, dann 15 Min. per pedes. Es folgen eine kurze Seilbahnfahrt und nochmals ein viertelstündiger Fußmarsch.

Obwohl für Normalbesucher nur ein Bruchteil, rund 800 m, des gesamten Höhlensystems zu besichtigen ist, macht das, was einen im Berginneren erwartet, die kleine Mühe der Anreise mehr als wett. Die ca. 70-minütige Wanderung führt durch riesige Felsdome und -hallen, vorbei an gefrorenen Wasserfällen, Eisseen und unterirdischen Gletschern, die nach Figuren der nordischen Mythologie wie Hymir, Frigga oder Odin benannt und von buntem Magnesiumlicht angestrahlt sind. Wichtig: Warme Kleidung und festes Schuhwerk nicht vergessen! In der Höhle zeigt das Thermometer das ganze Jahr lang nur 0 °C.

Werfen-Gries, Wimmstr. 24, T 06468 5248, www.eisriesenwelt.at, Ende April–Ende Okt. tgl. 8.30–15, Juli/Aug. bis 16 Uhr, Führungen stdl., 35 € mit Seilbahn

Burg Hohenwerfen 📍G 5

Ursprünglich wohl kaum weniger schwer zugänglich als die Höhle war die zweite große Attraktion dieses Gebiets: Burg Hohenwerfen. Sie wurde von Erzbischof Gebhard um 1077 auf dem steilen Bergkegel über der Salzachschleife errichtet, um die Straße über den Pass Lueg zu sichern. Später erhielt das Bauwerk stärkere Mauern und schließlich noch zusätzlich zwei Vorburgen. Dementsprechend vermittelt die Festung heute noch ein Gefühl der Uneinnehmbarkeit. Wer vom Parkplatz unten den steilen Weg am Zwinger vorbei, durch die beiden Vorburgen und über die endlosen Stiegen bis in den inneren Burghof emporsteigt, bekommt einen Eindruck davon, wie entmutigend dieses mächtige Bollwerk einst auf Angreifer gewirkt haben muss.

In der Burg ist seit Längerem schon eine historische Falknerei und Geierwarte untergebracht. Deren Betreiber laden mehrmals täglich zu einer **Greifvogelschau.** Die Adler, Falken, Geier und Eulen dabei zu beobachten, wie sie sich von der Thermik hochtragen lassen, um vor der Felskulisse ihre eleganten Kreise zu ziehen und sich zuletzt auf Rufkommando in die Tiefe zu stürzen, ist wahrlich ein unvergessliches Erlebnis.

Die Bilderbuch-Burg Hohenwerfen thront schon seit fast 1000 Jahren über dem Ort Werfen.

Burgstr. 2, Hohenwerfen, T 06468 76 03, www.salzburg-burgen.at, April (außer Mo), Okt.–Anf. Nov. tgl. 9.30–16, Mai, Juni, Sept. 9–17, Mitte Juli–Mitte Aug. bis 18 Uhr; Flugvorführungen jeweils 11 und 15, letzte Juli- und erste drei Aug.-Wochen 11, 14 und 16 Uhr, Besuch inkl. Greifvogelschau ohne/mit Burglift/plus Innenführung ab 10,40/14,40 €/ ab 12,90 €

Werfen und Umgebung

Werfen selbst, ein adretter, im 12. Jh. gegründeter Markt, besitzt wenig echte Sehenswürdigkeiten. Am ehesten lohnen die barocke Pfarrkirche und der an die 500 Jahre alte Brennhof, der heute als Gemeindeamt fungiert. Allerdings gilt Werfen seit Langem als eine Art Pflichtstation für Gourmets. Sie stillen ihre Leidenschaft in dem über die Landesgrenzen hinaus berühmten Restaurant der Brüder Obauer (s. u.).

Auch das 4 km salzachaufwärts gelegene **Pfarrwerfen** mit seinem Sieben-Mühlen-Lehrpfad und der malerische Weiler **Werfenweng** mit seiner Marienpfarrkirche und deren spätgotischem Schnitzaltar sind Besuche wert. Letzteres wartet außerdem mit dem **Landesskimuseum** auf, das so kurzweilig wie informativ die Geschichte der geliebten ›Brettln‹ von der Frühgeschichte bis zum heutigen Rennsport, vom Alpin- und Sprungski bis zum Snowboard dokumentiert.

Am Dorfplatz, Wenig 138, www.skimuseum.at, Mai–Okt. Mi, Fr, So 13–17, Nov.–April Do 14–18 Uhr, 5 €

Schlafen, Essen

Pioniere der Haubenküche

Obauer: Ein Pilgerort der Extraklasse für gutbetuchte Feinschmecker. Die Gebrüder Obauer tischen ungewöhnliche Kreationen auf, wobei die Frische der Zutaten immer oberstes Gebot ist; auch schöne Übernachtungsmöglichkeit in 500 Jahre altem Gemäuer. Und zum Mitnehmen warten acht Kochbücher mit mehr als 1000 famosen Rezepten.

Werfen, Markt 46, T 06468 52 12, www.obauer.com, Do–So 12–13.30, 18–22 Uhr, Mi nur abends, variable Ruhetage und Betriebsferien, Zimmer und Restaurant €€€

Netter Gasthof

Werfenerhof: Familienfreundlicher Gasthof mit tadellosen Zimmern und guter Küche.

Markt 2, Werfen, T 06468 52 02, www.werfenerhof.at, €–€€

Gut gelegen speziell für Sportler

Barbarahof: Familienfreundlicher Gasthof in zentraler Lage an der Talstation der Ikarus-Seilbahn, komfortable Balkonzimmer, Saunaanlage, frei zugänglicher Internet-PC, gemütliches Restaurant mit heimischen Spezialitäten, große Sonnenterrasse mit Kinderspielpatz.

Werfenweng, Weng 77, T 06466 402, www.barbarahof.com, Hotel und Restaurant €

Essen

Deftig und originell

Burgschenke: Speisen wie anno dazumal mit zeitgemäßer Musik …

Burg Hohenwerfen, Burgstr. 2, T 06468 52 03, www.ritterschmaus.at, Anf. April–Anf. Nov. tgl. 9–18 Uhr, Hausmannskost, Kaffee und Kuchen, Spezialität mit Voranmeldung (ganzjährig): abends 7-gängiger Ritterschmaus (3–4 Std.) im Stil des Mittelalters, €€, Aufpreis für Tafelmusik

Einkaufen

Älteste Hutmanufaktur des Landes

Hutmacher Zapf: Traditionsbetrieb mit über 100 Modellen im Sortiment.

Werfen, Markt 13, T 06468 52 27, www.zapf.at, Mo–Do 9–12, 14–16, Fr 9–12 Uhr

Bewegen

Handwerkstradition

Wassermühlen-Museum

Pfarrwerfen, T 06468 53 90, www.7muehlen.at, Anf. Mai–Ende Okt., Besichtigung tgl. 8–19 Uhr, 3,50 € Mahlvorführungen Mitte Juni–Sept. Fr 15–17 Uhr

Ausflüge wie anno dazumal

Pferdekutschen- und -schlittenfahrten: ganzjährig, von Werfenweng u. a. auf die Gamsblick-Alm.

Auskunft und Buchung: Tourismusverband, s. u.

Anlaufen, abheben, frei fühlen

Fly Tandem: Startplätze vom Bischling in Werfenweng oder vom Gaisberg östlich von Salzburg, im Winter auch in Großarl, Flachau und Wagrain. Gemeinsam mit einem erfahrenen Piloten huckepack per Tandem-Gleitschirm zu Tal schweben; es sind für dieses Vergnügen keinerlei Vorkenntnisse nötig.

Buchung online oder per T 0650 826 33 61, www.flytandem.at

Infos

- **Tourismusverband Werfen:** 5450 Werfen, Markt 24, T 06468 53 88, www.werfen.at, Mo–Do 9–13, Fr bis 12 Uhr.
- **Verkehr:** ab Salzburg-Hbf. bis Werfen per Bahn knapp 40 Min.

Bischofshofen G 5

Auf dem Boden von Bischofshofen, dieses mit 10 000 Einwohnern größten Ortes des Pongaus, siedelten bereits in der Jungsteinzeit Menschen. Im Jahr 700 gründete der hl. Rupert hier eine Mönchszelle. Vom 13. bis zum frühen

19. Jh. gehörte die Pfarre zum Bistum Chiemsee. Kunsthistoriker heben mehrere Sehenswürdigkeiten hervor: den allerdings nur von außen zu besichtigenden **romanischen Wohnturm** neben der Pfarrkirche, bekannt als Kastenturm; in der **Pfarrkirche** das 1453 von Hans Baldauf geschaffene, mit Reliefs überzogene marmorne Hochgrab für Bischof Sylvester – im Salzburger Land das einzige aus der Gotik erhaltene Kunstwerk dieser Art. Weiter das um 1240 erbaute **Georgskirchlein** beim Friedhof mit seinen einzigartigen romanischen Fresken.

Sein heutiges, z. T. ein wenig industrielles Gepräge verdankt Bischofshofen auch der weltweit agierenden Kranfabrik Liebherr, die hier zu Hause ist. Sein Bekanntheitsgrad unter Sportfreunden rührt von der Skisprungschanze am Laideregg her, auf der alljährlich zu Dreikönig die Vierschanzentournee ihren Abschluss findet. Ein Besuch des Sportevents am 6. Jänner gehört für viele Pongauer bereits zur Tradition und ist auch für Urlauber unterhaltsam. Ein lohnendes Ausflugsziel in der Umgebung ist die **Ruine Bachsfall** samt dem nahen **Gainfeld-Wasserfall.**

Schlafen, Essen

Preiswert und gut

Alte Post: Gediegene österreichische Traditionsküche in ländlich-gemütlichen Stuben. Nette Doppelzimmer.

Alte Oberer Stadtplatz 1, T 06462 22 53-0, www.schuetzen-hof.com, Küche tgl. 11–14, 18–21.30 Uhr, kein Ruhetag, €–€€, DZ €–€€

Infos

- **Tourismusverband Bischofshofen:** 5500 Bischofshofen, Salzburgerstr. 1, T 06462 24 71, https://bischofshofen.business.site, Mo–Fr 8.30–12 Uhr.
- **Bahn:** Salzburg-Hbf nach Bischofshofen gut 40 Min., nach Saalfelden ca. 1,75 Std.

Hochkönig-Gebiet F/G 6

Gleich hinter Bischofshofen zweigt nach Westen die **Hochkönig-Bundesstraße** ab. Sie führt in ein prachtvolles Wandergebiet – nach **Mühlbach,** das schon im 2. Jh. v. Chr. dank seiner Kupfervorkommen große Bedeutung erlangte. Etwa 200 prähistorische Schmelzplätze wurden bisher entdeckt (Bergbaumusem und Schaustollen Mühlbach, T 0676 773 31 82, www.museum-hochkoenig.com, Juli/Aug. Di–Fr, Mai/Juni, Sept. Mi–Fr, Okt. nur Do jeweils 13–17, Anf. Jan.–Anf. April nur Mi 14.30–16, Führung Schaustollen jeweils 14 Uhr, Kombikarte 12 €).

Der gigantische Kalkstock des Hochkönigs weist übrigens eine landschaftliche Kuriosität auf: einen kleinen, unterhalb von 3000 m Seehöhe gelegenen Gletscher, im Volksmund **Übergossene Alm** genannt.

Nicht minder reizvoll ist die Lage von **Dienten,** einem verträumten, besonders familienfreundlichen Feriendorf. Die geschindelte, barocke Turmhaube seines St.-Nikolaus-Kirchleins ergibt, zusammen mit den tiefgrünen Wäldern und dem schroffen Kalkmassiv des Hochkönigs im Hintergrund, ein Ansichtskartenmotiv von geradezu kitschiger Schönheit.

Die malerisch gelegene Nachbargemeinde **Maria Alm** besitzt die Kirche mit dem höchsten und wohl spitzesten Turm im Salzburger Land (84 m). Alljährlich brechen von hier am letzten Augustwochenende bis zu 2000 Gläubige auf, um durch die wildromantische Mondlandschaft des **Steinernen Meeres**

Das Steinerne Meer ist ein höchst spektakulärer Gebirgsstock.

hinüber in das bayrische St. Bartholomä am Königssee zu pilgern.

Ein beliebtes Ausflugsziel ist auch die **Triefen Hinterthal,** ein etwa 100 m breiter, von einem horizontalen Quellaustritt gespeister Wasserfall, der sich aus 3 m Höhe als Tropfenvorhang in den Urslau-Bach ergießt. Im Winter bildet Maria Alm gemeinsam mit Hinterthal und Hintermoos ein beliebtes **Skigebiet.**

Schlafen, Essen

Wellness mit vier Sternen plus

Übergossene Alm: Luxuriöses Resort und Spa Hotel mit 84 Zimmern von älpischer Eleganz, Hanglage außerhalb des Ortes vor Bilderbuch-Bergkulisse, hauseigenes Restaurant mit raffinierter, leichter Küche, 1700 m² Vitalzone mit acht verschiedenen Saunen, Hallenbad, Außen- und Whirlpool, beheiztes Schwimmbiotop, Kinderbetreuung, geführt – fast – nach All-inclusive-Prinzipien.

Dienten, Sonnberg 23, T 06461 230-0, www.uebergossenealm.at, À-la-carte-Restaurant 12–14, 18–21 Uhr, nachmittags kleine Karte, €€, DZ inkl. Abendmenü, Jause und umfangreichem Aktivprogramm €€€

Für Stilbewusste

Alpenparks Resort Maria Alm: In diesem Alpine-Wellness-Hotel entschlackt auch das Auge: 22 Zimmer und 4 Appartements, puristisch, aber in warmen Farben mit viel Holz, Stein, Glas, Leder und Tuch designt; für Hotelgäste: Feinschmecker-Restaurant mit Vitalkost, 400 m² großes Spa mit Pinzgauer Schwitzstube, Dampf- und Steinbad, Wärmeliegen, Hot/Cool Pot, Beauty- & Massage-Programm.

Maria Alm, Am Gemeindeplatz 2, T 06584 21 00-0, www.alpenparks.at, €€€

Mittelklasse mit Tradition

Hotel Hochkönig: Sorgsam geführtes Komforthaus, ruhig, obwohl im Ortskern, schöner Sauna-Wellness-Bereich, Outdoor-Pool und Ruhegarten, große Mineralienschau und Kristallerlebnisraum, Restaurant mit holzgetäfelten Stuben, gutbürgerliche Kost mit Fleischspezialitäten aus eigener Schlachtung.

Dienten, T 0664 183 27 91, www.hotel-hochkoenig.at, Küche tgl. 12–14.30, 18–22 Uhr, €€, DZ €€–€€€

Für hungrige Familien

Gasthof Jufenalm: Kulinarisches Ausflugsziel in Traumlage auf 1150 m Seehöhe, erreichbar per Pkw oder über diverse Wanderwege. Pinzgauer Spezialitäten wie Schottnockerl oder Kaspressknödel, aber auch Gegrilltes, Verkauf von Bioprodukten ab Hof; zugehörig: großer Spielplatz, Wildgehege und für Bogenschützen ein Parcours mit 3-D-Tieren.

Maria Alm, Jufen 10, T 06584 71 52, www.jufenalm.at, Ende Mai–Okt. tgl., €–€€, DZ €–€€

Bewegen

In-Treff für die sportive Jugend

Hochkeil (am Hochkönig): Im Sommer neun 7–30 m lange Slacklines, im Winter bestens gewarteter Snowpark mit Jib- und Kickerlines für alle Könnerstufen, Kids-Area, zu den Liftbetriebszeiten Chill-out-Lounge; zum Wohnen: direkt angeschlossen das Berghotel **Arthurhaus,** www.arthurhaus.at, €€–€€€, zum Stärken: die **Sennerei Schweizerhütte** (Käsespezialitäten, z. B. Fondue um 18 €, geöffnet winters nur Do 10–24, sommers Mi–So 7–18 Uhr); **Snowboardmuseum** (im Hochkeilhaus, Mi 15–16.30 Uhr u. auf Anfrage), Gratis-Zubringerbus aus Mühlbach.

Mühlbach, Mandlwandstr. 110, beim Arthurhaus, T 06467 72 02, www.hochkeil.at

Infos

- **Region Hochkönig:** Details s. Orientierung S. 159.
- **Bus:** nach Mühlbach und Dienten ab Bahnhof Bischofshofen, Fahrzeit: 15 bzw. 25 Min.; nach Maria Alm von Bahnhof Saalfelden, 10 Min.; alle: ca. im 1,5-Std.-Takt.
- **Hochkönig-Wanderbus:** Der Bus bringt Gehfreudige direkt zum Ausgangspunkt der schönsten Wanderrouten und von deren Endpunkt wieder retour. Infos: T 06584 203 88.

Über St. Johann nach Goldegg

F/G 6

St. Johann

Folgt man der Salzach, erreicht man nach wenigen Kilometern **St. Johann.** Den Blickfang dieser Einkaufsstadt (8900 Einw.) bildet der sog. Pongauer Dom. Diese einigermaßen pompöse, kunsthistorisch nur mäßig interessante neugotische Pfarrkirche ist nach dem verheerenden Brand von 1855, der den gesamten Ort eingeäschert hatte, entstanden. Etwas weiter südlich liegt in Schwarzach das **Museum Tauernbahn,** das erste Eisenbahnmuseum im Land Salzburg.

Neben dem Bahnhof, T 0664 152 89 07, www.museum-tauernbahn.at, Mai–Anf. Okt. Mi, Sa 13–17, So, Fei 10–17, Juli/Aug. auch Do 19–22 Uhr, 6 €

Goldegg

Besonderes Augenmerk verdient – gleich aus mehreren Gründen – der etwas oberhalb gelegene Ort **Goldegg.** Die kurze Anfahrt auf jener Straße, die übrigens bis ins 16. Jh. die einzige Verbindung zwischen Pongau und Pinzgau darstellte, lohnt allein schon wegen der besonders

K

KULTUR PUR

Auf Schloss Goldegg ist die Kultur zu Hause: Das Angebot reicht vom klassischen Konzert bis zum alternativen »Volx-Musik-Festival«, vom Theater bis zum Kabarett, vom Pongauer Heimatmuseum bis zu Kunstausstellungen, dazu Malkurse und Symposien, Kreativ- und Selbstfindungsseminare (T 06415 823 40, www.schlossgoldegg.at). Seit 2011 findet jeweils Mitte Okt. »Verstörungen. Ein Fest für Thomas Bernhard« (s. S. 226) statt.

liebreizenden Landschaft, die den Reisenden an ihrem Ende erwartet. (Kunst-)Geschichtlich interessant ist an diesem begnadeten Flecken Erde vor allem das über dem Ufer eines kleinen Moorsees thronende Schloss. Es wurde bereits 1323 auf den Fundamenten eines römischen Gutshofes errichtet, seither freilich mehrere Male umgebaut und um 1980 aufwendig generalrenoviert. In seinem ersten Stock verfügt es noch über einen sog. Kemenatenraum mit originalen Holzeinbauten aus dem 14. Jh. Ein Juwel (und im Rahmen von Führungen zu besichtigen) ist der große Renaissance-Rittersaal. Seine Wände und Fensternischen sind über und über mit Fresken bzw. in Tempera bemalten Holztafeln, Szenen aus der Bibel sowie von ritterlich-höfischen Jagden und Festen, bedeckt. Die riesige Holzdecke zieren insgesamt 137 Wappen. Seit 1975 beherbergt das Schloss das **Pongauer Heimatmuseum,** eine reichhaltige Sammlung von Mobiliar, Hausrat und Gegenständen der regionalen Volkskultur

Schloss/Museum: Hofmark 1, T 06415 75 20, Mitte Juni–Mitte Sept. Mo, Do/Fr 10–12, 15–17 Uhr, sonst nur mit Führung: Do 14 Uhr (Führungen im Sommer n. V.), 6 €

Schlafen, Essen

5-Sterne-Opulenz

Oberforsthof: Luxuriöses Großhotel, modern und rustikal zugleich, mit weitläufigem Garten und Wellnessbereich, Top-Komfort und -Service, umrangreichem Aktivprogramm, zwei feinen Restaurants.

St. Johann, Alpendorf 11, T 06412 61 71, www.oberforsthof.at, Menüs €€–€€€, DZ inkl. HP €€€

Charme mit Stil

Der Seehof: Idyllisch am Ufer des Goldegger See, gleich neben dem Golfplatz gelegen, gediegen und erfrischend zeitgeistig in 1727 errichtetem Gemäuer. Famoses, mit 2 Hauben geadeltes Gourmetrestaurant **Hecht** im Haus.

Goldegg, Hofmark 8, T 06415 813 70, www.derseehof.at, Küche tgl. 11.30–14, 18.30–21.30 Uhr, à la carte €€, DZ €€€

Essen

Süße Rast

Café Schiebel: Vorzügliche Mehlspeisen und Torten aus eigener Produktion.

St. Johann, Hauptstr. 37, T 06412 61 80, www.cafeschiebel.at, Mo–Sa 9–19, So, Fei ab 10 Uhr, €

Einkaufen

Zünftige Lederhosen

Schaller: ›Krachene‹ aus Meisterhand – ob kurz, knie- oder bodenlang, aus Ziegen-, Gams- oder Rinderleder, trachtig oder zeitlos klassisch.

St. Johann, Hauptstr. 57, T 06412 84 08, www.leder-schaller.at

Schmankerln

Pongauer Bauernladen: Lokale/regionale Bio- und Fairtrade-Produkte von

Fleisch über Käse, Brot und Gemüse bis zu Honig u. v. m.

St. Johann: Ing.-Ludwig-Pech-Str. 10, T 06412 68 68, www.pongauer-bauernladen.at, Di, Do/Fr 8.30–18, Mi 8.30–14 Uhr; in Schwarzach: Salzburger Str. 20, T 0676 482 78 55, Di, Fr 8.30–17, Do 8.30–13 Uhr

Hochprozentiges

Nigglbauer Max Gwechenberger: Preisgekrönte Edelbrände seit mehreren Generationen, Schnäpse aus Äpfeln, Birnen, Himbeeren und zwei Dutzend Obstsorten mehr.

St. Veit, Lehen 7, T 06645 06 06 99, www.nigglbauer.at

Bewegen

Golfen

Golfclub Goldegg: 18-Loch-Platz in herrlicher Lage.

T 06415 85 85, www.golfclub-goldegg.com

Zentrum des Pongauer Kulturlebens: Schloss Goldegg

Ausgehen

Remmidemmi

Oberforsthofalm: Landesweit beliebter Party- und Tanztreff, rustikal möbliert, oft mit Live-Volksmusik.

St. Johann, Alpendorf 12, T 06412 63 96, Mo–Do 15–24, Fr 15–4, Sa/So 11–4 Uhr, Einzelgerichte und Cocktails jeweils ab 5 € (Küche durchgehend)

Infos

- **Tourismusgemeinschaft Salzburger Sonnenterrasse (Goldegg, St. Veit, Schwarzach):** 5620 Schwarzach, Salzleckerstr. 8, T 06415 75 20, www.sonnenterrasse.at, Mo–Fr 9–11.30, Mo/Di auch 14–17 Uhr.
- **Tourismusverband St. Johann-Alpendorf:** 5600 St. Johann, Ing.-Ludwig-Pech-Str. 1, T 06412 60 36, www.sanktjohann.com.
- **Bahn:** von Salzburg-Hbf., Fahrzeit: ca. 1 Std. nach St. Johann. **Bus:** ab Schwarzach-Bhf. nach Goldegg, ab St. Johann-Bhf. nach Großarl, Fahrzeit jeweils ca. 10 Min.

Großarltal G 7

Bei Wanderern und Skifahrern gleichermaßen beliebt ist das Großarltal, dessen malerischer Talschluss seit einigen Jahren zum Nationalpark Hohe Tauern gehört. Über das Tal informiert das **Talmuseum Großarltal** in Hüttschlag (Mai–26. Okt., tgl. 10–17 Uhr, T 06417 445, www.grossarltal.info, 7 €).

Wo der Großarl-Bach in die Salzach mündet, findet sich ein grandioses Naturdenkmal – die **Liechtensteinklamm.** Sie ist nach Fürst Johann von Liechtenstein benannt, der im Jahre

Wo die wilden Wasser tosen: Kurz vor seiner Mündung, am Grund der – bequem begehbaren – Liechtensteinklamm, bahnt sich der Großarlbach seinen Weg Richtung Salzach.

1805 als Statthalter von Salzburg ihre Erschließung finanzierte, und gilt mit ihren 1200 m Länge und bis zu 180 m Tiefe als spektakulärste Klamm der Ostalpen. Sie wurde vor einigen Jahren erst generalsaniert und dabei mit einer spektakulären, 30 m in die Tiefe führenden »Helix«-Treppenanlage versehen (T 06412 85 72, www.liechtensteinklamm.at, Mai–Sept. 9–18, Okt. 9–16 Uhr, 10 €).

Schlafen

Rustikal

Alpenhof: Komfort-Familienhotel in zentraler Tallage, guter Ausgangspunkt für Sommer- und Winteraktivitäten.
Großarl, Bach 61, T 06414 317, www.hotel-alpenhof.at, €€

Infos

- **Tourismusverband Großarltal:** 5611 Großarl, Gemeindestr. 6, T 06414 281, www.grossarltal.info.

Gasteinertal — G 7/8

Dorfgastein

10 km westlich von Schwarzach, bei Lend, beginnt hinter einer Steilstufe das **Gasteinertal.** Der erste seiner drei Hauptorte ist **Dorfgastein.** Noch vor zwei Generationen eine ärmliche Bauernsiedlung, präsentiert es sich heute als veritables Erholungsdorf, das ruhebedürftigen Urlaubern, aber auch Famili-

en neben vielfältigen Sportmöglichkeiten den Vorteil bietet, den beiden berühmten Nachbargemeinden nahe zu sein, ohne jedoch an dem dort nicht selten herrschenden Trubel Anteil zu haben.

Dort, ganz in der Nähe von jenem Lawinentunnel, durch den man per Auto in das Tal einfährt, befindet sich ein ›unheimliches‹ Gotteshaus mit mysteriösem Namen, hinter dem sich eine weitläufige, teilweise überflutete Tropfsteinhöhle verbirgt. Die **Entrische Kirche** diente seinerzeit den verfolgten Protestanten der Gegend als geheimer Treffpunkt und kommt heute Tausenden von Fledermäusen als Winterquartier zugute. Herr dieser Unterwelt, die man von der Bushaltestelle Klammstein in rund 35-minütigem Aufstieg erreicht, ist Richard Erlmoser. Er nimmt gerne Gäste in das Berginnere mit und führt neben den touristischen, rund 50-minütigen Kurztouren für jedermann auch Meditationen im Kraftfeld bzw. sechsstündige Exkursionen durch (T 0664 980 05 70, Führungen Anf. Mai–Ende Sept. Mi, Fr, So 11, 12 u. 14 Uhr, 18 €).

Schlafen, Essen

Charmante Bleibe

Unterbergerwirt: Privatpension in Ruhelage, Feinschmeckerfrühstück; nach Feng-Shui-Prinzipien gestaltete Gästezimmer; auch komfortable Übernachtung im Heustadl nach dem Motto »Ein Bett im Kornfeld« im Angebot.

Unterberg 110, T 06433 70 77, www.dieunterbergerin.com, €€

Authentisch

Gasteiner Einkehr: Behaglicher Gasthof mit gesundheitsbewusster Küche; Spezialitäten sind u. a. Wild, Bäuerliches, Vollwert, Blechkuchen. Komfortzimmer, direkt neben der Talstation der Fulseck-Gipfelbahn.

Bergbahnstr. 44, T 06433 72 48, www.einkehr.com, tgl. 10–23, Küche bis 21 Uhr, Restaurant und Zimmer €€

Bewegen

Sattelfest & einfühlsam

Reitabenteuer für Kinder, von Reitpädagogin Ilona Hutter spielerisch gestalteter Einstieg in die Welt der Pferde.

Bauernhof Tobhartbauer, Dorfgastein, T 0664 121 87 83, Mai–Okt.

Yin und Yang

Kraftweg-Höhenwanderung: geführt, in Kombination mit Yoga.

Treffpunkt: Talstation der Gipfelbahn Fulseck in Dorfgastein, Info/Anmeldung T 06433 72 23, Mitte Mai–Ende Sept. mehrmals im Monat

Winterfreuden

Skischaukeln: u. a. Dorfgastein–Großarl. Enorm reiches Angebot an Skiabfahrten (auch: Sportgastein!), Seilbahnen, Loipen, Wanderwegen u. v. m.

Infos

- **Tourismusverband Dorfgastein:** 5632 Dorfgastein, Ortszentrum, T 0664 210 12 33, www.dorfgastein.net.
- **An- und Weiterreise:** vom Norden aus dem Salzachtal, per Bahn ab Salzburg-Hbf. direkt in 90 Min.; vom bzw. in den Süden durch die **Autoschleuse Tauernbahn:** stdl. Huckepack-Verkehr für Autos durch den Bahntunnel von Böckstein nach Mallnitz in Kärnten. Infos: http://autoschleuse.oebb.at.
- **Spartipp GasteinCard:** Die Touristenkarte beinhaltet Dutzende teils kostenlose, teils stark ermäßigte Angebote für Freizeit, Sport, Wellness, Kultur und Nutzung des ÖPNV, gültig in allen drei Talorten, gratis erhältlich bei allen Gastgebern.

WASSER ZUR HEILUNG

Alpentherme Gastein in Bad Hofgastein: Senator-W.-Wilflingplatz 1, T 06432 82 93-0, www.alpentherme.com, So–Mi 9–21, Do–Sa bis 22 Uhr. 32 000 m² (!)-Anlage mit 6 Erlebnis- und Gesundheitswelten, 360°-Alpenpanorama, Saunawelt mit Bergsee, Ruhe- und Wellnessoasen, Multimedia-Erlebnisdom, Wasserrutschen, Geysiren, gläserner Sky-Bar u. v. m.

Felsentherme in Bad Gastein: Bahnhofplatz 9, T 06434 22 23-0, www.felsentherme.com, Mitte April–Ende Nov. tgl. 9–21, winters bis 22 Uhr. 600 m² Erlebnistherme mit Geysiren, Strömungskanal, Wassermassageliegen, 70 m langer Rutsche, Schwimmkanal ins Freie, dort Relax-Pool (34 °C) und Sportbecken (24 °C). Ruhebereich mit Natursteinwänden.

Bad Hofgastein G 7

Im angrenzenden Bad Hofgastein (6800 Einw.) geht es schon weit weltläufiger zu. Den Erfordernissen an einen modernen Kurort entsprechend, verfügt es über einen hübschen und promenierfreundlichen, weil verkehrsberuhigten Ortskern und einen 12 ha großen Kurpark sowie über ein vielseitiges Kur- und Freizeitzentrum. Glanzpunkt der ganz auf Wohlgefühl, Wellnes und Heilung abgestimmten Infrastruktur ist die **Alpentherme Gastein,** eine gigantische 32 000 m² große Erlebnis- und Gesundheitswelt (s. Kasten oben).

An der Ortsumfahrung, unweit der Talstation der Schlossalmbahn, erinnert eine kleine, weiße Burg mit zwei runden Ecktürmen, das **Weitmoser-Schlössl,** an jenen Mann, der in der ersten Hälfte des 16. Jh. das Fundament für den heutigen Wohlstand des Ortes legte, Christoph I. Weitmoser.

Schlafen

5-Sterne-Eleganz

Das Alpenhaus Gasteinertal: Top-ausgestattetes Traditionshaus in zentraler Ruhelage, 2000-m²-Spa mit großem Thermalhallenbad und Saunalandschaft, vielfältigen Kur- und Kosmetikanwendungen bzw. Sportprogrammen. Im Restaurant zelebriert man auf Basis regionaler Produkte kulinarische Hochämter.

Kurgartenstr. 26, T 06432 63 56-0, www.alpenhaus-gastein.at, DZ inkl. HP mit Nachmittagsbuffet und 5- bis 7- Gänge-Abendmenü €€€

Für Gesundheitsbewusste

Rauscher und Paracelsus: Stattliches, aus 2 Häusern bestehendes 3-Sterne-Vital-Hotel am Rand der Fußgängerzone; mit großem Garten und beheiztem Pool.

Kurpromenade 20, T 06432 64 12, www.hotel-rauscher.com, €€

Essen

Biergenuss wie einst

Schmaranz-Gut: Herzhafte Hausmannskost in urgemütlichem, 500-jährigem Bauernhaus. Eigene Bio-Weißbierbrauerei und Edelbrände!

Wieden 52, T 06432 67 19, www.schmaranz.at, Di–Sa 15–ca. 24 Uhr, €–€€

Kulinarisches Ziel für Spaziergänger

Café-Restaurant Weitmoser-Schlössl: Eldorado für Schleckermäuler in altem Burggemäuer, im Restaurant serviert man heimische Spezialitäten wie

Lammrücken, Tafelspitz vom Almrind, im 1. Stock gibt es Kaffee und Kuchen sowie exzellente Torten, berühmt: der Schoko-Indianer »mit Schlag« (= Sahne).

Schlossgasse 14, unweit der Talstation der Schlossalmbahn, T 06432 66 01-0, www.weitmoserschloss.at, Mitte Mai–Mitte Okt. Mi–So 12–21 Uhr, €–€€

Einkaufen

Alpiner Lifestyle

Egger: Exquisite Trachten-, Winter- und Skimode.

Kurgartenstr. 19–21, www.sport-egger.com

Sportmode

Bergfreund: Es gibt hier alles für Bergsteiger, Wanderer und Skifahrer.

Kurgartenstr. 4, www.sport2000.at

Schöne Souvenirs mit Wirkkraft

Mineralien Nagina: Vom Onyxschälchen bis zur Riesendruse, Kristalle, Tierfigürchen, Tigeraugen-Kettchen u. v. m.

Pyrkerstr. 3, www.nagina-mineralien.at

Bewegen

Winterfreuden

Skischaukeln: u. a. Bad Hofgastein–Bad Gastein (Schlossalm–Stubnerkogel). Reiches Angebot an Skiabfahrten (auch: Sportgastein!), Seilbahnen, Loipen, Wanderwegen u. v. m.

Ausgehen

The place to meet

Alm Bar: Diese kleine feine Bar, gelegen zwischen Gastein Alm und Fest Alm beim Schlossalmparkplatz, verwöhnt mit urigem Ambiente und super Musik sowie frisch gezapftem Bier und ausgesuchten Weinen.

Schlossgasse 1, T 06432 264 63, www.gasteinalm.at/almbar, Fr–Di 17–1 Uhr

Infos

- **Gasteinertal Tourismus:** 5630 Bad Hofgastein, Gasteiner Bundesstr. 367, T 06432 33 93, www.gastein.com.
- **An- und Weiterreise:** s. S. 175
- **Spar-Tipp GasteinCard:** s. S. 175

Bad Gastein  G 8

Der Anblick dieses ›Mini-Manhattan der Belle Époque‹, das sich hier mitten im Nationalpark Hohe Tauern auf steilem Gelände selbstbewusst den übermächtigen Gipfeln des An-, Kreuz-, Grau- und Stubnerkogels entgegenreckt, wirkt immer wieder sensationell. Es ist die hier ständig aufs Neue stattfindende Synthese aus originär Alpenländischem und Großstädtisch-(Post)Imperialem, die Bad Gastein bis heute seine singuläre Stellung verleiht. Diese reizvolle Gegensätzlichkeit wird beim Spaziergang durch die Stadt offenkundig. Da donnert die Ache mit unverhohlener Urgewalt, in Gischtnebel oder Eiskaskaden gehüllt, über drei Stufen insgesamt 340 m in die Tiefe. Gar nicht weit davon präsentieren Juweliere und Couturiers ihre Kostbarkeiten, stehen allerdings auch manch einstige Edelläden leer und verstauben. Die größte Attraktion des Ortes ist sein Thermalwasser, das aus den Tiefen der Erde seit Jahrhunderten Bad Gasteins Wohlstand speist. Es tritt, radonhaltig und ungefähr 45 Grad heiß, in 18 Quellstollen zutage. An die 5 Mio. Liter sind es gegenwärtig insgesamt. Ein gutes Drittel davon zirkuliert in jenem 15 km langen unterirdischen Leitungssystem, über das die 120 Hotels, Pensionen und Kurmittelhäuser ihre Wannenbäder, Therapiebecken und Mundbadeanlagen ständig frisch füllen können. 1 Mio. Liter bekommt die vis-à-vis dem Bahnhof gelegene, auf Hochglanz modernisierte **Felsentherme** (s. S. 176). 1 Mio. Liter wird nach Bad Hofgastein weitergeleitet. Der Rest des Wassers fließt ungenutzt ab.

Rund die Hälfte der gesamten Schüttung liefert die **Elisabethquelle.** Ihr Hauptstollen ist für neugierige Kurgäste auch begehbar und durch einen langen Schacht mit dem direkt darüber erbauten **Dunstbad** verbunden. Dort kann, wer immer will, gegen Entrichtung eines Obolus (oder auf Kassenkosten) die heilsamen Dämpfe genießen (Radon-Thermal-Dunstbad, Bismarckstr. 2, Terminvereinbarungen: T 06434 61 27, www.dunstbad.at, Mo/Mi/Fr 8–12, 15.30–18.30 Uhr, 31 €).

Freilich sollte bei allem Vorrang für gesundheitsfördernde Maßnahmen auch noch Zeit für einen Bummel durch den Ort und für den ein oder anderen Ausflug bleiben. Immerhin besitzt Bad Gastein mit der **Nikolauskirche** ein wunderschönes gotisches Gotteshaus mit Sternrippengewölbe und interessanten Chorfresken. Besuchenswert ist aber zum Beispiel auch die neuerdings im selben Gebäude wie das ehemalige Casino beheimatete **Heimatkundliche Sammlung,** die allerlei Wissenswertes über Geschichte und Traditionen, insbesondere zu Brauchtum, Bergbau, Mineralogie und Jagd, in der Region vermittelt (Kaiser-Franz-Josef-Str. 14, T 06434 34 88, www.gasteinermuseum.com, Mi–So 14.30–18 Uhr, Historischer Spaziergang: jeden Mi 15.30 Uhr, 5 €). Nur den Betonkoloss des Kur- und Kongresszentrums, den sich die Gasteiner in den 1970er-Jahren mitten in den Ort klotzen ließen und wohl selbst längst gerne wieder loswürden, sollte man geflissentlich übersehen.

»Monte Carlo der Alpen« hieß der damals hypermoderne Kurort Bad Gastein in seiner Blütezeit. Diese währte über die Belle Époque hinaus bis in die Zwischenkriegszeit.

Abstecher nach Böckstein

Am Talschluss, in Böckstein, wo der Autoreisezug Lastwagen und Pkw huckepack nimmt, um sie umweltschonend quer durch den Alpenhauptkamm ins kärntnerische Mallnitz zu transportieren, harren zwei erstrangige Kulturdenkmäler der Erkundung: die klassizistische **Wallfahrtskirche** Unserer Lieben Frau zum guten Rat, um 1765 von den Brüdern Hagenauer geschaffen, und die denkmalgeschützte **Knappensiedlung** aus dem 18. Jh., jener Zeit, als man noch in respektablen Mengen Gold, Silber und Erz gewann. Sie umfasst u. a. Waschhaus, Säumerstall, Magazin, Direktions- und Wohngebäude, Werkmeisterhaus und Pfarrhof. Das Kernstück bildet das liebevoll gestaltete **Montanmuseum** im Salzstadl

Museum: Karl-Imhof-Ring 12, www.boeckstein.at/montanmuseum.htm, Mitte Mai–Ende Sept., Di–So 15–18 Uhr, 4 €

Schlafen

Hideaway mit Stil und Charme

Haus Hirt: Kitsch meets Kunst, Designerlampe Zirbenholz: ein Landhaus aus den 1920-ern als intime Wohlfühloase mit Kontrapunkten – ein Stilremix mit Augenzwinkern. Highlights: Kaminzimmer, Bibliothek, Restaurant und Bar, Pool und Alpines Spa.

An der Kaiserpromenade, T 06434 27 97–0, www.haus-hirt.com, €€ (Sommer) und €€€ (Winter)

Bürgerlich-charmant

Hotel Mozart: Nur eines von zahllosen Mittelklassehäusern im Tal, das tadellos geführt sowie freundlich und hell mit Hang zum Rustikalen ausgestattet ist. Echter Pluspunkt: das angeschlossene Radon-Thermalbad.

Kaiser-Franz-Joseph-Str. 25, T 06434 26 86-0, www.hotelmozart.at, €–€€

HEILUNG IM BERG

Wirksamstes Kurmittel in Bad Gastein ist der **Heilstollen** im Böckstein. Der Gesundheitscocktail aus hoher Luftfeuchtigkeit, hoher Temperatur und geringer Radonkonzentration gilt weltweit als einzigartig. Ein Stollenzug fährt die Patienten ins Innere (T 06434 37 53-0, www.gasteiner-heilstollen.com, Mitte Jan.–Ende Nov. Mo–Fr 8–17 Uhr, Di und Do Kennenlern-Einfahrten ab ca. 14.30 Uhr, Jan.–Mitte April Do ab ca. 16 Uhr Ski-Relax-Einfahrten).

Essen

Traditionell im besten Sinne

Lutter & Wegner: Im eleganten Ambiente des Hotel Villa Solitude genießt man, u. a. auf dem Panoramabalkon, österreichische Küche Marke Wiener Schnitzel, Tafelspitz und Kaiserschmarrn auf hohem Niveau und dazu ein famoses Weinsortiment.

Kaiser-Franz-Josef-Str. 16, T 06434 510 12, www.villasolitude.com, Di–So 11–18 Uhr, €€–€€€

Landgasthof

Klapotetz: Ein behagliches Stück Südsteiermark im Gebirge: rustikale Holzstube, kreative und zugleich bodenständige Küche aus Österreichs Südosten und eine reich sortierte Weinkarte.

Stubnerkogelstr. 28 (an der gleichnamigen Talstation), T 0650 217 12 62, www.klapotetz-gastein.at, Do–Mo 16–23 Uhr, €

Einkaufen

Individuelle Mode

Wally am Wasserfall: Fashion plus Schuhe und Accessoires für Sie von handverlesenen DesignerInnen wie Lena Hoschek, Beck Söndergaard, IQ+ Berlin, Lili Radu u. a. in gediegenem Vintage-Ambiente.

Straubingerplatz 1, T 0664 160 90 81, www.wallybadgastein.com, Mi–Fr 12–18, Sa 11–17 Uhr bzw. nach Vereinbarung

Bewegen

Ausflüge wie anno dazumal

Pferdekutschen- und -schlittenfahrten: Fahrten u. a. von Bad Gastein in das idyllische Kötschachtal.

T 06434 28 04, auch mobil 0664 221 47 83, ganzjährig

Winterfreuden

Skischaukeln: s. S. 177.

Ausgehen

Bombenstimmung

Silver Bullet: Kanadier-Holzhütte als heißer Partytreff, zapffrisches Bier, Snacks, (fast) tgl. gibt es Livemusik auf zwei Etagen, im Sommer Sportvideos, Outdoor-Klettergarten, Badminton u. v. m.

Grillparzerstr. 1, T 06434 22 53 60, www.silverbulletbar.com, Do–Di winters 15.30–2, sommers 15–22 Uhr

Uriges Tanzlokal

Schafflinger Skialm: Gute, bodenständige Küche, traditionelle Tanzmusik, Tischreservierung erbeten.

Böcksteiner Bundesstr. 27, T 0676 425 23 23, Di–Sa 17–23 Uhr

Gemütlicher Treff

Sisi: Dieses Lokal mit Wohnzimmeratmosphäre im Ortszentrum ist Café-Bistro, Bar und Fondue-Restaurant in einem.

Kaiser-Franz-Joseph-Str. 5, T 0664 170 27 74, tgl. 12–23 Uhr (plus nette Zimmer), €€

S

SCHWINDELFREIE VORTRETEN!

Mit der Hängebrücke auf dem Stubnerkogel hat Bad Gastein eine hochalpine Attraktion allerersten Ranges. Die spektakuläre Stahlkonstruktion führt in 2300 m Seehöhe von der Terrasse des Bergrestaurants 140 m weit zur Senderanlage auf dem Gipfel gegenüber und ist ganzjährig kostenfrei begehbar. Für Nervenkitzel sorgt der Blick durch den Gitterrostboden in die Tiefe. Anfahrt per Seilbahn tgl. 8.30–16.30 Uhr.

Infos

- **Kur- und Tourismusbüro Bad Gastein:** 5640 Bad Gastein, Karl-Heinrich-Waggerl-Str. 27, T 06432 33 93-0, www.badgastein.com, Mo–Fr 8–12, 12.30–17 Uhr.
- **An- und Weiterreise:** s. S. 175
- **Spar-Tipp GasteinCard:** s. S. 175

Wagrain und Umgebung

H 6

Verlässt man bei St. Johann das Salzachtal Richtung Osten, gelangt man über die enge, kurvige B 136 nach **Wagrain.** In lange vergangenen Zeiten war dieser Markt ein bedeutendes Bergbau- und Handelszentrum. Erst der aufkommende Tourismus nach dem Zweiten Weltkrieg riss ihn aus einem tiefen Dornröschenschlaf. Seinen Sommergästen dient der 3000-Seelen-Ort seither vor allem als Ausgangspunkt für Wanderungen in die waldreiche Umgebung, hinauf zu den zahlreichen bewirtschafteten Almhütten.

Hauptattraktion im Ort ist der Friedhof, wo sowohl der Texter des weihnachtlichen Welthits »Stille Nacht, heilige Nacht«, Joseph Mohr, als auch der für seine gemütvoll-heiteren Alltagsschilderungen berühmte Heimatdichter Karl Heinrich Waggerl begraben sind. Dessen ehemaliges Wohnhaus wurde in ein sehenswertes **Museum** verwandelt, das über Leben und Werk des 1973 Verstorbenen informiert (Waggerl-Str. 1, T 06413 82 03, www.blauesfenster.at, ganzjährig außer Ende Okt.–Ende Nov. Di, Do/Fr 10–17 Uhr, 8 €).

Snow Space Salzburg – Best of Mountains

Weniger beschaulich als im Sommer geht es in und rund um Wagrain im Winter zu. Denn da bildet die Gegend das Zentrum dieser gigantischen Skischaukel, die über mehrere Täler von St. Johann nach Osten über Flachau bis nach Altenmarkt, Zauchensee und Radstadt reicht und 120 Liftanlagen mit 320 km Abfahrten umfasst.

Umfassende Infos: www.snow-space.com

Schlafen, Essen

Familiär mit vier Sternen

Lebzelter: Zentral gelegenes, komfortables Stadthotel, gut ausgestatteter Wellnessbereich; Gourmetrestaurant.

Altenmarktf, Marktplatz 13, T 06452 69 11, www.lebzelter.com, 7–23, 11.30–14, 18–21.30 Uhr, €, DZ €€

Weltläufiger Alpenstyle

Adapura: Chic und casual – *das* Wander- und Skihotel direkt an der Piste, Behaglichkeit mit modernstem Komfort, toller Pool- und Spa-Bereich, vier Restaurants, von heimisch und Barbecue bis Italienisch und Fernost.

Wagrain, Markt 58b, T 06413 205 55, www.adapura-wagrain.com, €€€

Essen

Renommierter Berggasthof

Sattelbauer: Authentischer Familienbetrieb in herrlicher Lage, dessen Küche auf hohem Niveau die Kunst der Einfachheit pflegt. Eine Spezialität auf Vorbestellung sind die im Holzofen geschmorten Schweinsripperl.

Flachau, Sattelweg 264, T 06457 25 68, tgl. 11.30–23, Küche bis 20 Uhr, €–€€

Szeniges Slow Food

Hoagascht: Bodenständiges verfeinert, asiatisch und italienisch interpretiert, in schickem 250 Jahre altem Kuhstall; tolle Wein-, Schnaps- und Whiskey-Auswahl.

Flachau, Nr. 14, T 06457 324 90, www.hoagascht.at, Do–Mo 11–22, Mi 16–22 Uhr, €€

In Tradition verwurzelt

Markter Wirt: Gustostücke regionaler Küche im äußerst behaglichen Ambiente eines im Kern 900 Jahre alten Gemäuers, großer gemütlicher Gastgarten; angeschlossen: bürgerliches 3-Sterne-Hotel (€€) und ausgedehnte, hauseigene Reviere für Fliegenfischer.

Altenmarkt, Marktplatz 2, T 06452 54 20, www.markterwirt.at, tgl. 11–14, 17–21.30 Uhr, €€

Einkaufen

Filigranes Handwerk

Federkielstickerei: Gürtel, Hosenträger, Geldbörsen, Taschen – alles mit feinsten Ornamenten bestickt.

St. Martin am Tennengebirge (25 km nordöstl. von Wagrain, an der Straße ins Lammertal), Martinerstr. 9, T 06463 203 33

Alpinmode

Trachten Steffner: Qualitätvolle Dirndl und Loden.

Altenmarkt, Zauchenseestr. 109, T 06452 66 22 22, www.steffner.at

Bewegen

Erfrischend und entspannend

Wasserwelt Amadé: 1000 m² großes In- und Outdoor-Erlebnisbad mit Rutschen, Strömungskanal, diversen Spielanlagen für Kinder, Sauna, Kneippanlagen etc.; Alternative – v. a. im Winter – in Altenmarkt: die neue, nicht minder attraktive **Therme Amadé** (www.thermeamade.at).
Wagrain, Joseph-Mohr-Weg 5, T 6413 74 30, www.wasserwelt.at, tgl. Mai/Juni, Sept./Okt. 10–18, Juli/Aug. 9.30–20 Uhr, ab 15 €

Highlight für Snowboarder und Freeskier

Absolut Park: Mit 1,5 km Länge einer der größten Terrainparks Europas.
Flachauwinkl/Kleinarl (7 km südl. von Wagrain), Am Shuttleberg, T 06457 20 72, www.absolutpark.com.

Ausgehen

Pflichtstation für Skifans

Café-Restaurant-Bar Olympia: Zu bestaunen sind unzählige Pokale und Medaillen von Weltcup-, WM- und Olympiasiegen. Das Lokal wurde 32 Jahre lang von Skirennsportlegende Annemarie Moser-Pröll betrieben.
Kleinarl (7 km südl. von Wagrain), Dorf 61, T 06418 230, www.cafe-olympia.at, tgl. 10.30–mind. 21, warme Küche 11.30–21 Uhr, Kaffee und hausgemachte Mehlspeisen, à la carte €–€€

Infos

- **Regionalbüro Salzburger Sportwelt (Pongau Nord/Ost):** s. Orientierung S. 159.
- **Anreise nach Wagrain:** per Bahn Salzburg-Hbf. bis St. Johann in 50 Min., ab da Bus 530 in 16 Min.; **nach Altenmarkt:** per Bahn direkt in 80 Min. oder bis Bischofshofen in 40 Min., ab da Bus 511 in 35 Min.; **nach Flachau** ab Altenmarkt Bus 522 in 15 Min.

Radstadt

J 6

Hauptort des östlichen Pongaus ist Radstadt. Diese kleinste der insgesamt vier Städte des Landes (die anderen sind Salzburg, Hallein und Zell am See) wurde bereits im 13. Jh. als Grenzfeste gegen die österreichische Steiermark streng nach Plan erbaut. Die **frühgotische Anlage** mit ihren mächtigen Wehrmauern, den drei Rundtürmen und dem weiten, rechteckigen Stadtplatz ist bis heute fast zur Gänze erhalten geblieben und kann auf Spazierwegen in ca. 20 Min. umwandert werden.

Einblicke in die Geschichte der Stadt, sakrale Kunst und Handwerk gewährt das **Heimatmuseum Schloss Lerchen** (Schlossstr. 1, T 06452 747 20, www.museen-radstadt.at, Juni–Sept. Mi–Fr 10–12, 14.30–17 Uhr).

Einen prachtvollen Panoramablick auf die Gipfel der Umgebung genießt, wer – am besten mit dem Ausflugsbus – von Radstadt hinauf auf den **Roßbrand** fährt.

Schlafen, Essen

Weltklasse

Hubertus: Hier, im Hotel Hubertus, 25 km von Radstadt, am Fuße des Dachsteins, kochen Johanna Maier und Söhne, Österreichs Starköchin und Europas einzige Frau, der Gault Millau 4 Hauben (19 von 20 Punkte) verliehen hat (derzeit 3/17 Punkte)! Lobpreisung überflüssig, ihre Kunst spricht für sich. Unbedingt rechtzeitig reservieren! Auch exquisite Übernachtungsmöglichkeit (€€€).

Filzmoos, Am Dorfplatz 1, T 06453 82 04, www.hotelhubertus.at, Di–Sa 18–23 Uhr, tagsüber Kaffeehaus, €€€

Im Stadtzentrum von Radstadt

Torwirt: Preiswerter, aber wirklich schmucker Gasthof mit zeitgemäß möblierten Zimmern. Gutes Essen (€–€€).

Hoheneggstr. 12, T 0664 507 41, www.torwirtradstadt.at, €–€€

Schlafen

Wellness- und Sporthotel

Gründler's: Idealquartier für Aktivsportler, mit 16 km Fischereirechten an der Enns, hervorragenden Kontakten zum örtlichen Golfplatz und großem Schwimmbecken samt Rutsche.

Schlossstr. 45, T 0664 515 07 41, www.gruendlers.at, €€€

Einkaufen

Gesund und würzig

Kocher: Handverarbeitete Biokräuter und Teemischungen (u. a. auch auf den Märkten in Radstadt und Altenmarkt) nach telefonischer Voranmeldung auch ab Hof, Päckchen ab 4,50 €, Kräutergartenführungen möglich.

Steinerweg 4, T 0664 456 02 01, www.biokocher.at

Bewegen

Nomen est omen

Ennsradweg: R-a-d-stadt als Ausgangspunkt für die inspirierende Fahrt entlang der Enns bis zur Donau (4 Tage, 240 km); alle Infos auf www.ennsradweg.at.

Infos

- **Regionalbüro Salzburger Sportwelt:** s. Orientierung S. 159.
- **Anreise:** per Bahn von Salzburg-Hbf. direkt in 30 Min.

Der Lungau H–K 7/8

Der äußerste Südosten des Landes bildet mit seinen 15 idyllischen Orten seit alters eine Welt für sich. Eingebettet zwischen Nockbergen und Radstädter Tauern bietet er durch seine windgeschützte Lage auf durchschnittlich 1000 m Seehöhe, die weiten, sonnenreichen Landschaftsterrassen und die naturbelassenen Bergtäler zu allen Jahreszeiten besonders günstige Bedingungen für Erholungssuchende und Aktivsportler.

Aristokratische Sommerfrischler freilich verirrten sich hierher nie. Auch der Tourismusboom der Nachkriegszeit ließ die Region links liegen. Es gibt so gut wie keine Industrie. Bis heute hält sich die Zahl von Rindern und Gästebetten die Waage.

Für die Fahrt hinüber in den Lungau stehen zwei Wege zur Auswahl: der bequeme, rasche über die mautpflichtige Tauernautobahn und der längere, aber kostenfreie auf der B 99 über die **Radstädter Tauern.** Zu empfehlen ist Letzterer einerseits, weil man dabei das Hoteldorf Obertauern mit seinen weitläufigen, sechs Monate lang schneesicheren Pisten zu Gesicht bekommt. Und andererseits, weil man auf den schier endlosen Serpentinen der Passstraße unmittelbar ›er-fährt‹, wie abgeschieden der als ›Land entern Tauern‹ (hinter dem Tauern) bezeichnete Lungau noch bis 1973, als die Autobahn eröffnet wurde, war.

Zwischen Taurach und Mur

H–K 7/8

Mauterndorf

K 8

Schon die Römer hatten die Vorzüge des mit 1739 Höhenmetern vergleichsweise niedrigen Alpenübergangs erkannt und ihn für ihre Straße von Iuvavum (Salzburg) nach Teurnia (in der Nähe des heutigen Spittal an der Drau) genutzt. Als dann im 11. Jh. die Bajuwaren in das zuvor von Slawen besiedelte Lungauer Becken eindrangen, florierte der Fernhandel bald so sehr, dass das Salzburger Domkapitel, dem der Lungau schon damals gehörte, in Mauterndorf 1144 eine Zollstätte errichten ließ. Sie war die erste im gesamten Ostalpenraum und wurde 1253 durch jene trutzige **Burg** verstärkt, die bis heute den Eingang zum Taurachtal bewacht. In ihrem Inneren besonders sehenswert sind die St.-Heinrichs-Kapelle mit den frühgotischen Fresken und dem (nur von außen zu betrachtenden) Flügelaltar, die um 1500 von Erzbischof Leonhard von Keutschach zugebauten Wohnräume mit ihren bemalten Wänden sowie das in den oberen Stockwerken untergebrachte, gut bestückte **Lungauer Landschaftsmuseum** (T 06472 74 26, 06472 73 93, www.salzburg-burgen.at, Burg & Museum: Juni, Sept./Okt. tgl. 9.30–17, Juli/Aug. 9.30–18.30 Uhr, Tickets 13 €).

Sehr lohnend ist ein Bummel durch den **Ortskern** mit seinem reichen Bestand an spätmittelalterlichen Gebäuden; am Marktplatz und in der Burggasse speziell bemerkenswert: die mächtigen Treppengiebelfassaden.

MIT VOLLDAMPF! M

Eisenbahnenthusiasten zieht es in den Lungau: Auf der landschaftlich reizvollen Strecke zwischen Mauterndorf und St. Andrä verkehrt ein dampfbetriebener Bummelzug, die **Taurachbahn** (Info/Reservierung: www.club760.at, Juli/Aug. Fr–So, Juni, Sept. Sa/So gratis Fahrradtransport möglich).

Schloss Moosham

K 8

Wenige Kilometer südlich von Mauterndorf thront an genau der Stelle hoch über dem Murtal, wo seit der Römerzeit die Straßen aus dem Salzburgischen, Kärntnerischen und Steirischen zusammenlaufen, Schloss Moosham. Ebenfalls über 700 Jahre alt, war es lange Zeit das Verwaltungszentrum des Lungaus und damit Sitz eines Pflegegerichts, das sich im Land einen besonderen Ruf durch seine gnadenlose Aburteilung vermeintlicher Hexen und Zauberer erwarb. Der letzte Prozess wurde 1796 inszeniert. Im Burgverlies sind noch ein paar originale Folterinstrumente ausgestellt.

Weit interessanter sind freilich die Räumlichkeiten dieses Anwesens über Tag. Dort sind Möbel und Objekte zu sehen – ein ebenso kurioser wie kostbarer Stilmix aus Elementen der Gotik, der Renaissance und des bäuerlichen Kunsthandwerks.

Unternberg Moosham 13, T 06476 305, www.schloss-moosham.info, Besichtigung nur im Rahmen von Führungen, Mai–Sept. Di–So, Fei 10, 11, 14, 15, 16, Okt. sowie Mitte Dez.–Mitte April Di–So, Fei 11, 14 Uhr, 15 €

Hochofen-Museum Bundschuh

K 8

Noch ein paar Kilometer weiter im Süden – über St. Margareten in Richtung Schönfeld – stößt man auf diese historische Eisenschmelzanlage, die daran erinnert, welch wichtige Rolle der Bergbau im Lungau vom Mittelalter bis in das 18. Jh. spielte. Ganz in der Nähe lohnt die

Die Seppalm liegt auf 1500 m Seehöhe im Naturpark Riedingtal vor der Kulisse der Radstädter Tauern.

frei zugängliche, aus lebenden Zirben geschnitzte, mit einer Kapelle umbaute **Figurengruppe der hl. Familie** einen Halt.
Thomatal, T 06476 202 31, www.hochofen-bundschuh.at, Anf. Juni–Sept. Mo, Mi, Fr 10–16 Uhr, 8 €

St. Michael im Lungau K 8

In St. Michael, einer kaum minder geschichtsträchtigen Händlerstation an der Nordrampe des Katschbergs, sollten sich Kunstinteressierte die im Kern romanisch-frühgotische Pfarrkiche mit der **Wolfgangkapelle,** dem ehemaligen Karner, nicht entgehen lassen.

Mariapfarr K 7

Zurück in Mauterndorf, gelangt man, den schmalen Schienen der Taurachbahn ostwärts folgend, nach Mariapfarr, das sich eines doppelten Superlativs rühmen darf: Zum einen verfügt es mit dem Kirchlein im Ortsteil Althofen über die angeblich am frühesten, nämlich 923, urkundlich erwähnte Kirche des Lungaus, deren Chor übrigens einen beachtlichen frühgotischen Freskenzyklus birgt. Außerdem ist es als heilklimatischer Kurort eine der sonnenreichsten Gemeinden Österreichs.

Schlafen

Sympathische Traditionsadresse

Weitgasser: 350 Jahre alter Hotel-Gasthof, umsichtig geführt von Monika Wallner und ihrem Mann Hans, der für die hervorragende Küche verantwortlich zeichnet, seine Markenzeichen: stets saisonale Biozutaten aus der Umgebung, Saucen, Suppen etc. – alles hausgemacht. 16 mit Geschmack möblierte Zimmer, Sauna, Dampfbad, Freizeitraum; großes Plus: Fahrräder zum Ausleihen.
Mauterndorf, Markt, T 06472 73 66, www.gasthof-weitgasser.at, Gasthof Mo–Sa 11.30–14, 17–21, So 11.30–20 Uhr, Zimmer und Restaurant €

Höchster Komfort

Wellnesshotel Eggerwirt: Luxuriös und opulent, die ideale Adresse für Fitnessapostel und anspruchsvolle Genießer. Top-Ambiente und -Küche mit 10 000 m^2 Wellnessbereich, Frei- und Hallenbad, Badesee.

St. Michael, T 06477 82 24-0, www.eggerwirt.at, €€€

Für Aktive

Post-Örglwirt: Behagliches Familienhotel, das sich ganz Gesundheit und Fitness verschrieben hat, mit vielfältigem Programm von Vorträgen und Rückenschule bis Ponyreiten und geführten Wanderungen.

Mariapfarr, Pfarrstr. 18, T 06473 82 07, www.oerglwirt.com, €€

Essen

Gourmettempel

Mesnerhaus: Haubengekrönte Kreativküche mit regionaler Erdung im renovierten, puristisch eleganten Ambiente in über 400-jährigem Gemäuer.

Mauterndorf, Markt 56, T 06472 75 95, www.mesnerhaus.at, Mi–So 11.30–14.30, 18–24, Küche bis 21.30, So Brunch, €€–€€€

Für Kartoffelfans

Restaurant Hapimag: Das Restaurant dieses 110 Appartements umfassenden Ferienresorts schätzen auch Einheimische für seine vielfältigen mit dem Eachtling, dem Lungauer Erdapfel, zubereiteten Spezialitäten.

St. Michael, Gerichtsstr. 415, T 06477 74 51, Jan.–Okt. tgl. 18–22, Nov./Dez. Di geschl., €€

Schlemmen auf 4-Sterne-Niveau

Wastlwirt: Familiär geführter Landgasthof mit 500-jähriger Tradition, Feinschmeckerkulinarium in Lungauer Stuben mit Romantikkeller, reich sortierter Weinkeller, auch gediegenes Lifestyle-Hotel.

St. Michael, Poststr. 13, T 06477 71 55, www.wastlwirt.at, tgl. 12–14.30, 18–22 Uhr, €€, Zimmer €€€

Einkaufen

Pflichtstation für Süßzähne

Trausner's Genusswerkstatt:. Feinste Marmeladen, Konfitüren und Geléebonbons, selbst hergestellt aus frischen Biofrüchten.

Steindorf 65, T 06472 200 65, www.genusswerkstatt.com, Mo–Fr 9–12, 14–17 Uhr

Natura und Arte

Leonardi Arte: Ultraschickes Interieurdesign aus aller Welt sowie eigener Kreation – Malerei, Skulptur, Fotografie, Wohnaccessoires, Schmuck u. v. m. Besonders originell sind die magn-ART-Bildtafeln. Besuch im Atelier auf Anfrage.

Mauterndorf, Markt 111, T 06472 200 32, www.roberto-leonardi.com

Bewegen

Alpin- und Skischule

Lungau Aktiv: Wildwassersport, geführte Kletter-, Skitouren u. v. m.

Sepp Firn, St. Margarethen (9 km südl. von Mauterndorf), Aineck, T 0664 422 80 83, www.firnsepp.com

Besonders schöne Wanderziele

Naturpark Riedingtal westl. von Zedernhaus (www.naturpark-riedingtal.at), **Weißpriachtal** nördl. von Mariapfarr, **Wasserweg Leissnitz,** südl. von St. Margarethen, **Göriacher Bienenlehrpfad,** nördl. von Mariapfarr (www.taurachsoft.at/bienen) und auf dem Erlebnisberg Großeck-Speiereck z. B. der **NaturPur Weg** oder der nur kurze zur **Trogalm.**

Ausgehen

In-Disco

Villa: Beliebter Glitzertreff mit Tanzmöglichkeit für Jung und Alt, Musik von Schlager bis Heavy Metal; Snackküche.

Mariapfarr, Bruckdorf 469, T 0664 135 03 00, www.disco-villa.at, Mi–Sa und vor Fei 20–ca. 3 Uhr

Infos

- **Ferienregion Lungau:** s. Orientierung S. 159.
- **Tourismusverbände:** 5570 **Mauterndorf,** Markt 52, T 06472 79 49, www.mauterndorf.at; 5582 **St. Michael** (als Tourismusverband Sbg. Lungau Katschberg auch für Nachbargemeinden): Raikaplatz 242, T 06477 89 88, www.salzburgerlungau.at; 5571 **Mariapfarr,** Am Weiher 175, T 06473 87 66, www.sonnengarantie.at.
- **Anreise:** per Bahn von Salzburg bis Bhf. Bischofshofen oder Radstadt, ab dort weiter mit dem Postbus, Fahrzeit: ca. 1 Std.

Tamsweg und Umgebung

K 8

8 km von Mariapfarr entfernt liegt der Bezirkshauptort **Tamsweg.** Der um 1250 planmäßig angelegte Ort ist vor allem für die sorgsame Pflege seines traditionellen Brauchtums bekannt. Ein lehrreiches Vergnügen bereitet der Besuch im liebevoll gestalteten und sehr reichhaltigen Heimatmuseum. Es ist im alten Barbaraspital im Ortskern untergebracht und präsentiert Themen wie Geschichte, Kleinfunde der römischen Siedlung Immurium, Exponate der Volksfrömmigkeit und des Bruderschaftswesens, Wohnkultur, Brauchtum – Wasserscheibenschießen am Prebersee – und die Arbeitswelt sowie eine alte Schulklasse (Juni–Mitte Sept. Mi 10–12, Do/Fr 10–12, 14–16 Uhr, sonst nur n. V., T 0664 649 35 43, 4 €).

Im wahrsten Sinne die herausragende Sehenswürdigkeit ist allerdings die an eine schmale Felsterrasse über dem Ort geschmiegte Wallfahrtskirche St. Leonhard, ein spätgotisches Kleinod und eine der bedeutendsten Pilgerstätten ganz Österreichs. Wer über den steilen Stationsweg zu dem von einer Wehrmauer eingefassten Gotteshaus emporsteigt, kann sich auf etliche Kunstschätze freuen: Tafelbilder und Figuren des ursprünglichen Flügelaltars etwa, Gemälde der einheimischen Maler- und Mesnerfamilie Lederwasch oder die fantastischen Glasmalereien aus dem 15. Jh., allen voran das berühmte Goldfenster.

Wenige Auto(bus)minuten von Tamsweg entfernt harren zwei überaus idyllische, von Botanikern als Unikate gepriesene Moorgewässer – der **Prebersee** (s. S. 189) und der **Seetaler See.**

In **Ramingstein** (9 km Richtung Süden) befinden sich ein altes, begehbares **Silberbergwerk** und die **Burgruine Finstergrün.**

Silberbergwerk, T 06474 22 96 bzw. 0676 702 23 69, ca. 2-stdg. Führungen n. V., 13 €, Kinder 9 € ab 5 Pers., 1. Mai–Ende Okt.; Ruine Finstergrün, T 0699 18 87 70 74, www.burg-finstergruen.at, Mitte Mai–Mitte Okt, histor. Führungen: Juli/Aug. tgl., Mai/Juni, Sept./Okt. Fr–So 14.30 Uhr, 12 €; Märchen- und Sagenführung: So 14.30 Uhr

Schlafen, Essen

Gutbürgerlich

Gambswirt: Zentraler Traditionsgasthof, Marke moderne Behaglichkeit, komfortabel, viele Stammgäste; gutes Restaurant mit regionaler Spezialitätenküche.

Marktplatz 5, T 06474 23 37, www.gambswirt.at, Restaurant durchgehend 8–22 Uhr, €€; hell-freundliche, sehr gepflegte Zimmer €€€

Essen

Naturnah erholen

Grössingbräu: Sehr familiär und ökobewusst geführtes Hotel, Fischereimöglichkeit, mit eigener Bio-Landwirtschaft (Galloway-Rinderzucht) und Alm auf 2000 m.

Gartengasse 19, T 06474 22 41, www.groessingbraeu.at, €€, nette, rustikale Zimmer €€

Fast wie in Wien

Café Graf Kuenburg: Stilvolles Kaffeehaus mit sehr guten Mehlspeisen, Spezialität des Hauses: Schafmilchschokolade Choco-Lina, auch gute Küche, werktags preiswertes Mittagsmenü (4 nette Zimmer).

Kirchengasse 4–6, T 06474 22 40, www.hochleitner.at, Mo–Fr 8–18, Sa bis 13, Bäckerei jeweils ab 6.30 Uhr, Zimmer €€

Einkaufen

Exklusive Handwerkskunst

Weberei Pirkner: In der 1388 (!) gegründeten Sauerfelder Weberei werden bis heute nach jahrhundertealten Mustern wunderschöne Möbel- und Vorhangstoffe, Bauernleinen und -raß, ein Woll-Leinen-Gemisch, hergestellt.

Sauerfeld, T 0676 370 30 86, Besuch n. V.

1a

Schnapsbrennerei Pichler: Hochprozentiges ab Hof von Enzian, Himbeer, Birne, Kirsche u. v. m., auch Liköre.

Glanz 18, T 0676 504 88 67, www.schnaps-naturprodukte.at, Öffnngszeiten n. V.

Bewegen

Musiktradition

Orgelbau Kraus

Wölting 29, T 06474 75 03 bzw. 0664 986 06 93, http://kraus.musikinstrumentenbau.com, 1-stdg. Führung 4 €

Wassersportler

Murtalerhof: Schlafen und Schlemmen sowie Rafting-Touren auf der Mur von Tamsweg nach Stadl.

Stadl an der Mur (Steiermark), T 03534 22 37, www.murtalerhof.at; Auskünfte zu Wassersport in der Region auch beim Lungauer Kajakverein, wolfiplatsch@hotmail.com

Kleines Winterabenteuer

Mystische Wanderung: 2-stündige Laternenführung auf den Spuren von Hexen und Zauberern zu Originalschauplätzen des düsteren 17. Jh.

Dez.–Febr. jew. Mi 18 Uhr, Anmeldung: T 06474 21 45 (TVB Lungau)

Flussradweg

Murradweg: von Muhr in die Steiermark (365 km)

www.murradweg.com

Ausgehen

Charmant und erschwinglich

Kenn I di? : In-Bar mit kleiner Küche, angeschlossen: Vinothek, Restaurant (Maximilian Stube) bzw. nette Pension (Kandolf). Gute Weine, Cocktails, Biere.

Kirchengasse 1, T 06474 23 36, Mo–Fr 17–2, Sa bis 3 Uhr

Infos

- **Ferienregion Lungau:** s. Orientierung S. 159.
- **Tourismusverband Tamsweg:** Kircheng. 8, T 06474 21 45, www.tamsweg.at.
- **Anreise:** per Bahn von Salzburg bis Bhf. Bischofshofen oder Radstadt, ab dort ca. im Stundenrhythmus per Postbus, Fahrzeit: ca. 90 Min.
- **Lungauer Tälerbus:** verkehrt von Mitte Mai–Ende Okt., Abfahrt von allen Hauptorten, Fahrpläne in allen Tourismusbüros, www.taelerbus.at.

Lieblingsort

Labsal für die Seele: Ein Spaziergang um den Prebersee

Die beruhigende und reinigende Wirkung des Sees auf Leib und Seele bei diesem Spaziergang ist enorm. Wer nach Tamsweg kommt, sollte deshalb unbedingt die paar kurvigen Kilometer hinauf in das waldreiche Landschaftsschutzgebiet am Fuße des **Preber** fahren. Der Moorsee liegt an der Grenze zur Steiermark auf 1500 m Seehöhe (L 7), ist völlig unbebaut und hat sogar zwei kleine Strände – und eine urige Almwirtschaft am Nordufer, wo man auf eine deftige Brettljause, ein Seidel Bier und hernach eine Riesenschnitte vom frischen Topfenstrudel einkehren kann.

Der Pinzgau

An der Oberen Salzach und in den Tauerntälern – zwischen Rauris, Gerlos-Pass und dem Saalachtal gibt es eine grandiose Gebirgswelt zu entdecken.

Eintauchen

Seite 197

Großglockner-Hochalpenstraße ✪

Auf der »Königin der Panoramastraßen« zieht die grandiose Bergwelt wie in Cinemascope am Autofenster vorbei.

Seite 212

Krimmler Wasserfälle ✪

Die Krimmler Ache bildet, ehe sie in die Salzach mündet, die höchsten Wasserfälle Kontinentaleuropas. Weit über eine halbe Million Besucher bestaunen alljährlich dieses Schauspiel, wenn bis zu 40 000 l pro Sekunde 380 m tief zu Tale donnern.

Eine runde Sache: auf dem Tauernradweg radeln.

Seite 218

Vorderkaser- und Seisenbergklamm

In zwei Seitentälern, die bei Weißbach in die Saalach münden, hat das Wasser zwei grandiose Schluchten aus dem Fels gefräst. Ihre Begehung prägt sich tief ins Gedächtnis; empfehlenswert speziell an Hitzetagen.

Seite 198

Goldsuche im Raurisertal

Den Spuren der Knappen und Goldwäscher des 19. Jh. auf bis zu gut 2300 m Seehöhe durch ein industriearchäologisches Freilichtmuseum folgen.

Seite 208

Felberturm

Der Gang durch das in einem 800 Jahre alten Wohnturm untergebrachte Heimatmuseum von Mittersill gleicht einer Zeitreise in die Geschichte der Region, ihres Brauchtums, Handwerks und des Alpinismus.

Seite 213

Schmittenhöhe

Mit der Seilbahn auf den Hausberg von Zell am See und das Traumpanorama genießen.

Seite 206

Tauernkraftwerk Kaprun

Das Symbolwerk des Wiederaufbaus nach 1945 dient nicht nur der Erzeugung von Strom, sondern zieht auch Schaulustige an. Per Bus und Schrägaufzug geht's bis auf die Kronen der monumentalen Staumauern.

Seite 194

Ins Tal der Geier

Im Rahmen halbtägiger Exkursionen führen Experten in den hintersten Winkel des Raurisertals zu den Brutplätzen des lange ausgestorbenen, nun wieder angesiedelten größten Raubvogels der Alpen.

Jeden August mutiert Saalfelden zum Mekka des Avantgarde-Jazz. Der Hauptort des Saalachtales hat aber auch ganzjährig viel Gegenwartskunst zu bieten.

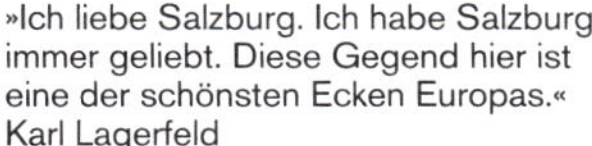

»Ich liebe Salzburg. Ich habe Salzburg immer geliebt. Diese Gegend hier ist eine der schönsten Ecken Europas.«
Karl Lagerfeld

Zwischen Rauris, Krimml und Saalachtal

O

Oberes Salzachtal und Quertäler B–G 7/8

Unter den fünf Gauen des Salzburger Landes wartet – die Prächtigkeit der vier anderen sei damit keineswegs geschmälert – der Pinzgau mit der unbestritten spektakulärsten Landschaft auf. Über 150 größtenteils eisbedeckte Dreitausendergipfel ragen in diesem ›Land inner Gebirg‹ wie es die Bewohner der flacheren Landesteile früher nannten, in den Himmel. Zu ihren Füßen liegen vom Massentourismus überwiegend unberührte Bergtäler, überzogen von sattgrünen Almen, durchsetzt von stillen Bergseen und Mooren und durchflossen von glasklaren Gletscherbächen, die fast alle als tosende Wasserfälle enden. Ein Großteil der Gebiete südlich der Salzach gehört zum Nationalpark Hohe Tauern. Hier finden sich auch die drei stärksten Besuchermagneten des Pinzgau: die Krimmler Wasserfälle, die Staumauern von Kaprun und die Großglockner-Hochalpenstraße.

Kitzlochklamm F 7

Bei Taxenbach stößt man auf eine jener für die Pinzgauer Seitentäler so typischen Schluchten, die die Tauernbäche in jahrtausendelanger Arbeit kurz vor ihrer Mündung in die Salzach gefräst haben. Es handelt sich freilich um ein selten romantisch-bizarres Exemplar – die Kitzlochklamm, für deren Begehung samt 100 m hohem **Wasserfall** und **Tropfsteinhöhle** rund eineinhalb Stunden zu veranschlagen sind.

www.kitzlochklamm.at, 2. So im Mai–Ende Sept. tgl. 8–18, Okt. tgl. 9–16 Uhr, eigene Bahnstation, 9 €

Raurisertal F 7/8

Südlich der Klamm und auf deutlich höherem Niveau beginnt das Tal der Rauriser Ache. Es ist 30 km lang und von ganz spezieller Idylle, sowohl was seine Landschaft als auch seine Siedlungen betrifft. Der Hauptort **Rauris** etwa besitzt – neben einem besonders stimmungsvollen Bergfriedhof – in seinem Kern etliche Steinhäuser von geradezu palastartigen Ausmaßen; stattlichste Beispiele sind das Vogelmair-, Landrichter- und Grimminghaus. Sie stammen aus dem Spätmittelalter, als die örtlichen Goldvorkommen einen wichtigen Wirtschaftsfaktor darstellten und zahlreiche zugezogene Juristen, Techniker, Kaufleute und Beamte damit ihrem neuen Wohlstand Ausdruck verliehen.

Aber auch in den weiter taleinwärts gelegenen Dörfern **Wörth** und **Bucheben** findet sich manches malerische Ensemble. Am Talschluss, in **Kolm-Saigurn**, führt ein Naturlehrpfad durch die Märchenlandschaft des **Rauriser Urwaldes** (s. S. 196). Auf halbem Weg zum Sonnblick-Gipfel kann man auf dem **Tauerngold-Rundwanderweg** auf den Spuren der Goldschürfer vergangener Tage wandeln (s. S. 198) An goldene Zeiten erinnert schließlich auch das über 500 Jahre alte **Rauriser Tauernhaus.** Es steht am Ende des Seidlwinkltals und wird noch heute im Sommer (Ende Mai–Okt.) bewirtschaftet.

Schlafen, Essen

Pinzgauer Uralttradition

Andrelwirt: Der Gasthof: über 500 Jahre alte, frühere Säumer-Raststation; die Stube: holzgetäfelt und urgemütlich; die Küche: bodenständig und ›gschmackig‹. Spezialitäten sind u. a. Knödelgerichte und Pinzgauer Schlipfkrapfen (den Ravioli ähnliche Nudeln).

Rauris, Dorfstr. 19, T 06544 64 11, www.andrelwirt.com, Mitte Dez.–So nach Ostern und Mai–Okt. tgl. ab 11 Uhr, €€; nette Zimmer, ebenfalls €€

4-Sterne-Komfort

Sporthotel Rauriserhof: Aushängeschild der örtlichen Hotellerie; an der malerischen Allee am Ortseingang gelegen, mit umfangreichem Sportangebot von Hallenbad, Erholungs- und Vitaloase bis zur riesige Tennishalle samt -schule.

Rauris, Marktstr. 6, T 06544 62 13, www.rauriserhof.at, €€€

O

ORIENTIERUNG

Reisekarte: B–G 4–9

Auskünfte

Nationalparkzentrum Hohe Tauern: 5730 Mittersill, Gerlosstr. 18, T 06562 409 39, www.nationalparkzentrum.at.

Zu einzelnen Orten: s. Infos am Ende des jeweiligen Kapitels.

Unterwegs

Nationalpark-Taxis: Die Nationalparktäler sind für Privatautos gesperrt, nur für konzessionierte Zubringerdienste zugänglich (Anf. Mai–Ende Okt. morgens/nachmittags, 4,50–12 €, am Vortag zu reservieren: fürs Habachtal in Bramberg, T 06566 74 51; fürs Hollersbachtal in Hollersbach, T 06562 82 18; fürs Krimmler Achental in Krimml, T 06564 72 28, 06564 212 00; für Ober-/Untersulzbachtal in Neukirchen, T 0664 916 67 18, 0664 380 84 52; fürs Seidlwinkltal in Rauris, T 06544 64 44.

Pinzgauer Lokalbahn: Die Schmalspurbahn ist regelmäßig zwischen Zell am See und Krimml unterwegs. Von Mitte Juni bis Ende September verkehrt sonntags zusätzlich ein Nostalgiedampfzug mit Livemusik. Ausstellung zur Geschichte der 1898 eröffneten Lokalbahn in einem alten Güterwaggon auf dem Areal des Mittersiller Museums, Info-Hotline 06562 406 00, pinzgauerlokalbahn.at.

Spartipp

Nationalpark Sommercard: 166 Sehenswürdigkeiten und Ausflugsziele der Nationalpark-Ferienregion mit der All-Inclusive-Karte, die jeder Gast von dem jeweiligen Beherbergungsbetrieb kostenlos erhält.

TOUR
Ins Tal der Geier

Wanderung vom Rauriser- ins Krumltal

Infos

Reisekarte: F 7/8

Start: Parkplatz Lechnerhäusl im Krumltal (Zufahrt über Bucheben)

Dauer/Länge: 2,5–3 Std./ca. 6 km

Im Hochgebirgssommer laden eigens ausgebildete Nationalpark-Ranger zu spannenden Exkursionen in das Krumltal. In diesem Seitental der Rauriser Ache werden seit 1986 die zuvor in Europa ausgestorbenen Bartgeier mit Erfolg wieder angesiedelt. Außerdem finden sich in dieser Zeit dort 60, 70, ja manchmal an die 100 Gänsegeier zur ›Sommerfrische‹ ein. Und auch Steinadler sind in der Region in großer Zahl heimisch. Die Chance, die imposantesten Greifvögel der Alpen in ihrem unmittelbaren Lebensraum beobachten zu können, ist so hoch wie kaum irgendwo sonst.

Vom **Treffpunkt am Parkplatz** führt der Weg auf einer gut ausgebauten Forststraße meist durch Wald etwa

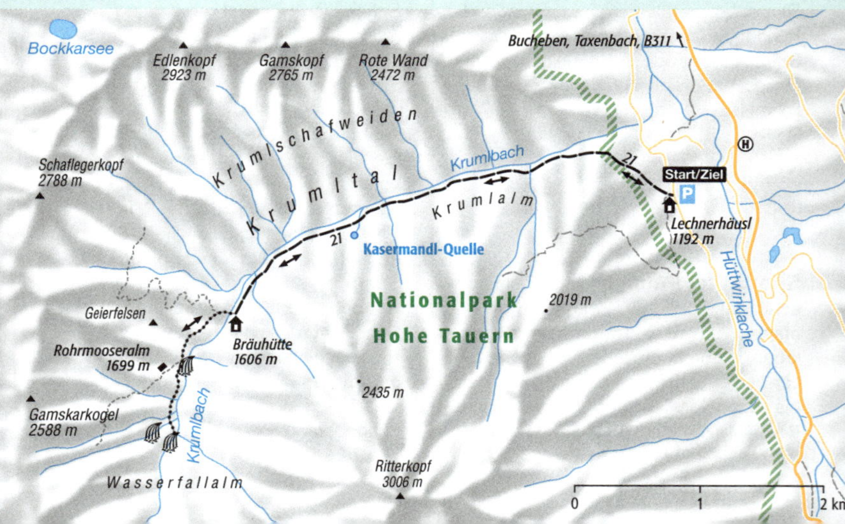

Ein majestätischer Vogel: Im Rahmen einer internationalen Kooperation wurden unter Federführung des WWF Bartgeier auch im Engadin, in Hochsavoyen und den Meeralpen wieder angesiedelt.

Infos: geführte Wanderung Juli–Anf. Sept. Mi um 8.45 Uhr, 3 Std., 12 €, Kinder bis 16 J. frei; Voranmeldung für die Führung und Infos im Rauriser Nationalparkhaus s. S. 197; Eintritt in die dortige Erlebnisausstellung »Greifvögel im Nationalpark«: 8 €

50 Minuten bergan. Auf circa zwei Drittel des Weges passiert man die mächtige **Kasermandl-Quelle.** Hat man das 400 Höhenmeter über dem Talgrund gelegene Plateau erreicht, geht es zwischen Fels und Weideland weitgehend flach bis zur **Bräualm.**

Dort, unmittelbar neben der Hütte – in der man frische Almprodukte, Käse, Milch, Brot, kredenzt bekommt und zur Freude aller Kinder Haustiere zum Streicheln warten –, hat der World Wildlife Fund (WWF) eine **Beobachtungsstation** eingerichtet. Mittels Fernrohren späht man dem Bartgeier-Nachwuchs ins Nest. Mit etwas Glück und Geduld kann man zudem die »Könige der Lüfte« bei ihrem majestätischen Kreisen in der Thermik sowie, am Boden im Gelände, Steinböcke und Murmeltiere beobachten.

Eine knapp **30-minütige Verlängerung** führt, nun etwas steiler, Richtung Talende zu einem sehenswerten **Wasserfall** (unterwegs bei der Alm links des Weidezauns halten!).

Achtung: Wer die Wanderung auf eigene Faust, ohne Führer, unternimmt, sollte unbedingt Fernglas und Regenschutz mitnehmen und die Schlechtwetterprognosen beherzigen!

Lieblingsort

Rauriser Urwald im Morgengrauen

Überall wabert dichter Nebel, man ist umgeben von stetem Gegluckse und Geschmatze. Vielarmige bärtige Hexen und Kobolde bilden ein gespenstisches Spalier. Sobald der Nebel sich lichtet, löst sich das Rätsel: Die urweltliche Märchenkulisse ist eine Mischung aus Moorlandschaft und Bergsturzwald. Die Schemen entpuppen sich als Zirben und Lärchen, die Arme und Bärte als flechtenbewachsene Äste und Stämme. Die Geräusche rühren von den aus rund 80 Tümpeln aufsteigenden Gärgasen. Für alle, die auch etwas lernen wollen: Durch den **Rauriser Urwald** führt ein Lehrpfad, der über die örtliche Fauna, Flora und Geologie informiert (📍 F 7).

Bewegen

Schatzsuche

Goldwaschen: in Bodenhaus bzw. auf der Heimalm; s. S. 198.

Bäuerliches Wissen

Die Schule am Berg: Selbst Brot backen auf der Alm u. v. m.

Kalchkendlalm, Fröstlbergweg 44, T 0664 430 72 17, www.schule-am-berg.at

Adrenalin pur

Rafting Center Taxenbach: Salzach-Rafting & -Canyoning.

Marktstr. 1, T 06543 53 52, 0664 402 51 49, www.raftingcenter.com

Infos

- **Tourismusverband Rauris:** 5661 Rauris, Sportstr. 2, T 06544 200 22, www.raurisertal.at, Mo–Fr 8–12, 13–17 Uhr.
- **Rauriser Nationalparkhaus Im Facettenreich:** Rauris, Dorfstr. 27, T 06544 200 22, www.hohetauern.at, Dauerschau zum Thema »Greifvögel in den Hohen Tauern«, Mai–Okt. tgl. 14–18, Juli/Aug. 10–18, Jan.–April Mi 16–19.30 Uhr, 8 €.
- **Verkehr:** per Bahn über Salzburg oder Kufstein/Saalfelden bis Taxenbach, ab da per Postbus Nr. 640; Mautstraße Kolm-Saigurn, Ostern–Wintereinbruch tgl., 9 €; Nationalpark-Taxi ins Seidlwinkltal s. Orientierung S. 193.

Feiern

- **Rauriser Literaturtage:** Marktstr. 30, www.rauriser-literaturtage.at, T 0680 204 26 00, 5 Tage Anf. /Mitte April; ohne Voranmeldung u. kostenfrei. Viele bekannte Autorinnen und Autoren der deutschsprachigen Literatur nehmen seit 1971 an den Treffen teil, um in Gaststuben zu rezitieren und zu diskutieren, bisher u. a.: Werner Herzog und Raoul Schrott, Herta Müller, Maja Haderlap und Juli Zeh.

Fuschertal mit Großglockner-Hochalpenstraße

 E 7/8

Bruck ist vor allem als Verkehrsknotenpunkt von Bedeutung. Denn hier beginnt die **Großglockner-Hochalpenstraße,** jene weltberühmte Transit- und Panoramastraße, die mittels 36 Kehren 48 km weit über Fusch und das Hochtor bis hinüber ins kärntnerische Heiligenblut führt. An die 900 000 Menschen genießen im Durchschnitt pro Saison von Ende April, wenn die riesigen Rotationspflüge die rund 800 000 m³ Schnee geräumt haben, bis zum Einbruch des Hochgebirgswinters, Anfang November, die grandiose Aussicht auf die über 30 Dreitausender der Umgebung und auf Österreichs längsten Gletscher, die **Pasterze** (Infos s. S. 202).

Unbedingt empfohlen sei die rund dreistündige Wanderung über den **Gamsgrubenweg,** um in die geheimnisvolle Welt der Sagen rund um die Entstehung der Pasterze einzutauchen.

Schlafen, Essen

Wie zu Großvaters Zeiten

Taxhof: Erbhof in Familienbesitz seit 1687, urig und behutsam modernisiert. In den gemütlichen Gaststuben gibt's – für die Hausgäste – feine Pinzgauer Hausmannskost mit Bioprodukten aus eigener Landwirtschaft, wunderschön: die Wohnmöglichkeiten, u. a. auf dem Dachboden und im Getreidekasten mit Tauern-Panorama.

Bruck, Hundsdorf 15, T 06545 62 61, www.taxhof.at, €€€, Nov. und 4 Wochen nach Ostern Betriebsferien

TOUR
Am Klondike in den Hohen Tauern

Goldsuche im Raurisertal

Mitte des 16. und nochmals kurz im späten 19. Jh. wurde das Raurisertal von einem Goldrausch erfasst. Zeitweise suchten zu Füßen des Hohen Sonnblicks mehr als 2000 Knappen ihr Glück. Die baulichen Reste jenes Booms kann man auf einem Rundwanderweg in 2200 m Seehöhe begutachten.

Der Aufstieg vom Tal ist unproblematisch, die Bergluft hier oben noch nicht wirklich dünn. Und die Panoramatafel neben der Hütte, wo der **Tauerngold-Rundwanderweg** beginnt, zeigt übersichtlich den Routenverlauf.

Ein zweiter Goldboom

Also los! Die erste Station, das sog. **Radhaus,** wartet nur 200 m entfernt. Es diente einst als Bergstation eines Schrägaufzugs, der mittels 11 m hohem Wasserrad tonnenschwere Wägelchen aus dem Tal 1500 m weit heraufbeförderte. Entlang der Trasse der Bremsbahn gelangen Sie zum **Bremserhäusl,** wo einst Erz und Versorgungsgüter umgeladen wurden, und weiter zum **Knappenhaus** (2339 m). Die ganze Anlage ist das Werk eines gewissen Ignaz Rojacher. Der hatte dem Raurisertal um 1870, fast 300 Jahre nach Ende des ersten Goldrauschs, noch einmal zu einem kurzen Boom verholfen.

Nach dem Knappenhaus, bei der Brücke über den Gletscherbach, könnten Sie zwar den Weg Richtung Radhaus abkürzen. Wir empfehlen aber, auch die Schleife hinauf bis zum Ende des **Goldberggletschers** abzuwandern. Denn zum einen ist die Landschaft

imposant, zum anderen erfährt man auf diversen Infotafeln Spannendes über den Rückgang (1100 m seit 1850!) des ewigen Eises.

Reichtum für die Bischöfe

Zurück beim Neubau, steigen Unentwegte noch auf dem **Tauerngold-Erlebnisweg** bis zur Fraganter Scharte hoch. Und staunen über die Leistung der Knappen, die hier im ausgehenden Mittelalter das edle Metall im Auftrag der Salzburger Erzbischöfe en masse aus dem Berg holten. Kaum vorstellbar, dass hier und im benachbarten Gasteinertal im frühen 16. Jh. per anno rund 650 kg Gold geschürft wurden – immerhin 10 % der damals bekannten Weltproduktion! Wobei freilich der massenhafte Goldimport aus der Neuen Welt vor 1600 schon einen rapiden Preisverfall und das Ende des Booms in den Hohen Tauern mit sich brachte.

Die Spurensuche lässt sich in **Bodenhaus** fortsetzen, wo man für einen kleinen Obolus Schaufel und Plastikpfanne ausgehändigt bekommt und selbst auf die Suche nach Goldkörnchen & -flitter gehen kann (T 06544 200 22 bzw. 0664 231 00 16, Juni–Sept. tgl. 10–16 Uhr, 9 €, Waschplätze auch auf Heim-/Sportalm, Infos: www.goldsuchen.at), und im **Rauriser Talmuseum,** wo spannende Zeugnisse Blüte und Niedergang des Goldbergbaus dokumentieren (T 06544 62 53, Juli/Aug. Mo–Sa 10–12, 15–18, Jan.–Mitte März, Mai/Juni, Sept./Okt. nur 15–18 Uhr, 4 €).

Infos

Reisekarte: F 7/8

Zeit und Planung: Rundwanderweg – 3 Std., plus jeweils gut 2 Std. für Auf- bzw. Abstieg, ergibt einen vollen Tag, evtl. mit Übernachtung auf 2 Tage verteilt (Einkehr/evtl. Übernachtung im Schutzhaus Neubau; T 06544 81 81, www.schutzhaus-neubau.at, Mitte Juni–Ende Sept.); bergfestes Schuhwerk und warme Kleidung!

Start: Kolm Saigurn, erreichbar über die Mautstraße (9 €) ab Rauris/Bucheben, Aufstieg auf dem Familienwanderweg zum Neubau.

Trotz des klimawandelbedingten Abschmelzens ist sie immer noch sehr eindrucksvoll: die Gletscherszenerie in den Hohen Tauern.

Europa-Sportregion Kaprun/Zell am See

E 6/7

Westlich von Bruck erstreckt sich die **Europa-Sportregion.** Ihre Zentren sind die Bezirkshauptstadt des Pinzgaus, Zell am See, und Kaprun. 30 Sportarten kann man hier winters wie sommers auf dem Boden, in der Luft, auf und unter Wasser nachgehen – vom Segeln, Tauchen und Eislaufen auf dem und im Zeller See über Golfen bis zum Segelfliegen. Den Höhepunkt bildet der (beinahe) Ganzjahres-Skizirkus auf dem Gletscher des **Kitzsteinhorns** (Gipfelwelt 3000, s. S. 201).

Das ehemals ärmliche Bergbauerndorf **Kaprun,** über dem noch immer jene Burg thront, in der die einstigen Herren ihre Pflegegerichte abhielten, hat sich längst zu einem Fremdenverkehrsort mit über 5000 Betten ausgewachsen.

Zell am See, auf einem Schwemmkegel am Westufer des gleichnamigen Sees erbaut, hatte zwar schon im 8. Jh. als Mönchszelle (daher der Name!) existiert und bereits im 13. Jh. das Marktrecht genossen. Doch zu einem Zentrum des Fremdenverkehrs avancierte das Städtchen erst, als im Sommer 1885 Kaiserin Elisabeth die **Schmittenhöhe** erklomm und anschließend werbewirksam das Gipfelpanorama pries. Wenig später erhielt der Ort dank der Giselabahn Anschluss an das europäische Eisenbahnnetz. Er wurde zur Sommerfrische und zum Stützpunkt für jene Alpinisten, die in immer größeren Scharen die Bergwelt eroberten. Sein Ortskern, der 1996 dank der Umfahrungsstraße endlich vom zuvor argen Transitverkehr befreit worden ist, besitzt noch einige Gebäude aus dem Mittelalter. Die schönsten sind Schloss Rosenberg, das mittlerweile als Rathaus dient, der über 1000 Jahre alte Vogtturm, heute **Heimatmuseum** mit den Schwerpunkten Skisport/Alpinismus und See-/Naturkunde, und die in ihren Grundmauern über 800 Jahre alte Stadtpfarrkirche St. Hippolyth.

Heimatmuseum Zell am See: Mitte Mai–Mitte Sept. Di–So 10–12.30, 13–19, Mitte Sept.–Ende Okt. Mi–So 13–18 Uhr, bei Regenwetter auch vormittags

Schlafen, Essen

Kultadresse für Nonkonformisten

Steinerwirt1493: Uralt-Gasthaus im Stadtzentrum, in ein flippig-gestyltes Qualitätshotel verwandelt; geradlinig-helles Ambiente mit viel Holz, Bibliothek mit Sitzlounge, Panoramaterrasse mit Whirlpool und Sauna am Dach, stimmiger Weinkeller, famoses Wirtshaus – die **Steiner Stub'n.**

Zell am See, Dreifaltigkeitsgasse 2, T 06542 725 02, www.steinerwirt.com, tgl. Di–So 11–22 Uhr, Küche durchgehend, €€, Zimmer €€–€€€

Gediegenes Landhotel

Das Alpenhaus: Vor wenigen Jahren erst wiedereröffnetes, höchst komfortables 4-Sterne-Haus, wohlige Wohnzimmeratmosphäre in modisch-hellem Look, über 1000 m² Wellnessbereich mit diversen Saunen, Dampfbädern, Kosmetikbehandlungen, In- und Outdoorpool und einem feinen Restaurant mit alpenländischer/mediterraner Küche.

Kaprun, Schlossstr. 2, T 06547 76 47, www.alpenhaus-kaprun.at, €€€

Edle Tafelfreuden

Mayers Restaurant: Spitzenadresse der österreichischen Gourmetszene: Dank Chef Andreas Mayer, einem Witzigmann-Schüler, strahlen über Schloss Prielau zwei Michelin-Sterne; Schlossküche mit gutbürgerlichen Spezialitäten; herrschaftliches Anwesen mit sechs Zimmern und zwei Suiten.

Zell am See, Hofmannsthalstr. 12, T 06542 729 11-0, www.schloss-prielau.at, €€€, Restaurant: Mi–So 19–24 Uhr, €€€

Essen

Sättigend und gut

Kupferkessel: Jugendliches Ambiente in ehemaliger Tankstelle mit gut sortierter Bar im Zentrum. Große Auswahl an Pizze, Paste, Steaks, Vegetarischem etc.

Zell, Brucker Bundesstr. 18, T 06542 727 68, www.kupferkessel.at, Mo–Sa 10–23 Uhr, warme Küche bis zur Sperrstunde, €€

Bewegen

Europa-Sportregion

Gipfelwelt 3000 und Kitzsteinhorn: ganzjährig, T 06547 87 00, 06547 86 21, www.kitzsteinhorn.at, Berg-/Talfahrt bis Gipfelstation: 54,50 €, Tageskarten inkl. Lifte preislich gestaffelt; auch Kombi-Tickets »Gletscher & See« mit Schiffsrundfahrt am Zeller See (66 €).

Wildromantisch

Sigmund-Thun-Klamm: Naturlehrpfad bei Kaprun.

T 06818 492 47 37, www.kaprunmuseum.at, Ende Mai–Ende Sept. tgl. 9–17.30, Juli/Aug. 9–19, Okt.–Anf. Nov. 9.30–15.30 Uhr, 6,50 €

Auf den Aussichtsberg

Schmittenhöhebahn: s. S. 213, Einstieg Saalbach.

Bad im See

Strandbäder: in Zell und Thumersbach.

Juni–Sept. bei Schönwetter tgl. ab 9 Uhr

Größte Anlage in Österreichs Alpen

Golf: Zwei 18-Loch-Plätze.

Zell am See-Kaprun, T 06542 561 61, www.golf-zellamsee.at

TOUR
Den höchsten Gipfeln so nah

Fahrt über die Großglockner-Hochalpenstraße

Infos

Reisekarte: E 8

Zeit: ein kompletter Tag empfohlen; unterwegs diverse Einkehrmöglichkeiten.

Details zur Strecke: Start in Bruck-Fusch; Straße geöffnet ca. Anf. Mai–Anf. Nov., Juni–Aug. 5.30–21, Frühjahr/Frühsommer und Herbst 6–19.30 Uhr, letzte Einfahrt 45 Min. vor Nachtsperre; Tageskarte: Pkws und Wohnmobile 40 €, Motorräder 30 €; Auskünfte zum Straßenzustand und zu wetterbedingten Sperren: T 06546 650, über die Straße generell (inkl. Webcams!) www.grossglockner.at

48 km, 36 Kehren, ein Höhenanstieg auf über 2500 m – die Befahrung der Königin unter Österreichs Panoramastraßen ist ein erhebendes Erlebnis. Die Ausblicke auf die Hochgebirgsszenerie weiten die Seele.

Eine Fahrt über die Glocknerstraße verlangt dem Benutzer noch heute höchste Anerkennung für das Geschick ihrer Erbauer ab. Rund 60 Brücken, 600 Rohrdurchlässe, zwei Straßentunnels, 36 Kehren, je eine halbe Million Kubikmeter gesprengter Fels und bewegter Erde und eine Rekordbauzeit von nur 28 Monaten – so die Statistik. Mindestens ebenso bewundernswert ist freilich die Anmut, mit der sich das Bauwerk in die Landschaft schmiegt.

Ein Fahrerlebnis der ganz besonderen Art
Die Straße ist die älteste für den motorisierten Verkehr konzipierte Nord-Süd-Transversale über den Hauptkamm der Hohen Tauern. Sie folgt in weiten Teilen jener Trasse, die schon vor 2000 Jahren von Menschen begangen wurde. Später schleppten auf ihr die Säumer mit ihren Norikerpferden Handelsgüter, Salz, Leder, Wolle, Holz, Eisen, Richtung Süden und in die Gegenrichtung die sog. Venedigerware – Olivenöl, Glas, Südfrüchte, Seife, Baumwolle, Seide, Gewürze und den begehrten »welschen Wein«.

Ende der 1920er-Jahre, inmitten der Weltwirtschaftskrise, beschloss man zwecks Senkung der horrenden Arbeitslosenzahlen eine Straße zu bauen. Im Sommer 1935 wurde das gigantische Werk, an dem unter Leitung des Dipl. Ing. Franz Wallack 3200 Männer beschäftigt waren, eingeweiht. Schon im ersten Jahr erklommen, übrigens noch im Linksverkehr, 12 900 österreichische Autos, das waren rund 60 Prozent aller im Lande zugelassenen Privat-Pkws, die Großglockner-Hochalpenstraße. Inzwischen hat die Besuchergesamtzahl

A Aussichtspunkt an der Strecke
B Informationsstelle/Souvenirshop, -laden
C Öffentliche Toilette
D Größerer Parkplatz
E Lehr- und Wanderweg

Mautkassen in Ferleiten u. nördlich von Heiligenblut

längst die 50-Millionen-Grenze überschritten.

Das Vergnügen beginnt noch vor den Mautkassen, in Ferleiten. Dort können Groß und Klein im **Wildpark** ❶ auf Tuchfühlung mit der hochalpinen Fauna gehen, mit mehr als 200 in Mitteleuropa z. T. ausgestorbenen Tieren wie Braunbären, Wölfen und Luchsen (Freizeitpark Ferleiten, T 06546 220, www.wildpark-ferleiten.at, Mai–Anfang Nov. tgl. 9–18, Juli/Aug. 9–20 Uhr, 10 €/ Kinder 5,50 €). Das erste Intensiverlebnis in freier Natur wartet knapp vor km 20: Beim sog. **Piffkar** ❷, wo auch Café und Restaurant warten, haben die Nationalparkwarte eine Adler-Wanderausstellung und einen Lehrweg angelegt, der, von zahlreichen Schautafeln gesäumt, detailliert über Vegetation und Tierwelt dieser Höhenstufe informiert. Nur zwei, drei Fahrminuten weiter ist mit dem **Parkplatz Hochmais** ❸ auf 1850 m Seehöhe die Waldgrenze überschritten. Eine weitere naturkundliche Infostelle, diesmal zur Geologie, sowie der grandiose Blick auf Talschluss und Gletscher des Ferleitentales lohnen den Halt.

30 Dreitausender im Blick

Bald ist die 2000-m-Marke ›durchstoßen‹. Kurz vor Kehre Nr. 10 quert man den Abschnitt **Hexenküche** ❹ – eine Zone der Felsstürze mit reichlich Steinen und Geröll. Eine Pflichtstation markiert bei km 26 das **Museum Alpine Naturschau** ❺. Es vermittelt mit modernsten didaktischen Methoden vielerlei über Fauna, Flora und ökologische Zusammenhänge. Angeschlossen sind eine Multimediaschau und, im Freien, ein botanischer Lehrweg samt Mineral- und Flechtenausstellung (9–17 Uhr, mit Fahrticket freier Eintritt).

Immer kurviger geht es weiter, bis bei km 27,3 auf der linken Seite die Stichstraße zur **Edelweißspitze ❻**, dem mit 2571 m höchsten Punkt der Route, abzweigt. Vom Aussichtsturm schweift der Blick hier über 30 (!) 3000er-Gipfel. Nach dem **Fuscher Törl ❼** (2428 m), am Ufer der gleichnamigen ›Lacke‹, veranschaulicht eine **Dauerschau** das Thema **Straße und Arbeit ❽**, also die Baugeschichte. Nachdem man das Brennkogelkar mit seinen markanten Felsstürzen passiert hat, ist bald das **Hochtor ❾**, der 2504 m hohe Scheitelpunkt der Straße, erreicht. Hier birgt ein Ausstellungsgebäude Funde aus der Keltenzeit und Interessantes zum Thema ›Tauerngold‹ (tgl. 9–17 Uhr, mit Fahrticket freier Eintritt).

Willkommen in Kärnten!

Gut 6 km weiter, längst ist man auf Kärntner Boden, zweigt die knapp 9 km lange **Gletscherstraße ❿** zur **Kaiser-Franz-Josefs-Höhe ⓫** ab. An ihrem Endpunkt genießt man das Panorama auf den Großglockner und die 10 km lange Pasterze. Eine Standseilbahn führt hinab bis knapp an den Gletscherrand. In den Ausstellungsräumen neben dem Parkhaus warten klug gemachte Themenschauen über Gletscher, Frauen am Berg, Kunst sowie zwei- und vierrädrige Oldtimer. Im zugehörigen Kino wird ein 15-minütiger Film über den Glockner-Alpinismus einst und heute gezeigt (tgl. 10–17 Uhr, mit Fahrticket freier Eintritt).

Auf der Rückfahrt zur Hauptstrecke, im Bereich des Schöneck, vielleicht noch ein kurzer Spaziergang über den botanischen Lehrpfad. Dann folgt man der Straße von Guttal, vorbei am Aussichtspunkt Kasereck (1913 m), bis man im Bereich Tauernalm (1690 m) die südliche Mautstelle Roßbach erreicht.

Am Endpunkt, im Zentrum des berühmten Bergsteigerdorfs Heiligenblut, ganz nahe der so fotogenen spätgotischen Wallfahrtskirche zu Ehren des hl. Briccius, lädt eine weitere Attraktion ein: Das **Haus der Steinböcke ⓬** verbindet ein modernes Besucher- und Informationszentrum mit einer Dauerausstellung, die unter dem Titel »Der Alpenkönig und sein Thron« dem Steinwild gewidmet ist (www.hausdersteinboecke.at, Juli/Aug. tgl. 10–18, sonst Do–Di 10–17 Uhr, 10 €/Kinder 5 €, mit Führung 11,50 €/5,75 €).

Ausgehen

Bar, TV-Pub und Disco

Pinzgauer Diele: Hier geht bis in die Nacht die Party ab; im Sommer tgl. Programm; angeschlossen: **Pizzeria-Restaurant** mit italienischen und mexikanischen Speisen (€–€€).

Zell, Fußgängerzone, T 06645 37 24 97, www.pinzgauer-diele.at, tgl. 11.30–23.30, winters 16–4 Uhr

Infos

- **Zell am See Tourismus Info:** 5700 Zell am See, Brucker Bundesstr. 1a, Mo–Fr 8–17, Sa/So 9–13 Uhr.
- **Kaprun Tourismus Info:** 5710 Kaprun, Salzburgerplatz 6, Mo–Fr 8–12, 13–17, Sa/So 9–13 Uhr, beide: T 06542 77 00, www.zellamsee-kaprun.com.

Piesendorf und Uttendorf

D/E 7

Mit drei Attraktionen der besonderen Art wartet die Gemeinde **Piesendorf** auf: Zum einen mit den vor einigen Jahren wiederentdeckten Wandfresken aus der Zeit um 1430 in der Michaelskapelle neben der Pfarrkirche, die eine kunsthistorische Sensation darstellen (T 06549 72 38, Besichtigung n. V.). Zum anderen, im historischen, umfangreich sanierten und erweiterten Samerstall, mit dem – sehr familienfreundlich gestalteten – **Noriker Pferdemuseum,** einer Art Liebeserklärung an die altgedienten Fuhr- und Saumpferde der Alpenregion (Kirchgasse 1, www.samerstall.at, Di u. Fr 13–16 Uhr, 5 €); und zum Dritten mit einer ganzen Reihe origineller Holzobjekte – von der filigranen Plastik über die Holzhängematte bis zur kirchturmhohen Arbeit –, die Gegenwartskünstler in den letzten Jahren in der Piesendorfer Au, an der Ortseinfahrt und am Tauernradweg unter freiem Himmel errichtet haben.

Das **Stubachtal,** das bei **Uttendorf** abzweigt, gilt, obwohl es von der Energiewirtschaft vereinnahmt wurde, als eines der schönsten Tauerntäler. Zu empfehlen ist die Fahrt mit den **Weißsee-Gletscherbahnen** vom Enzingerboden hinauf zur Rudolfshütte. Letztere, ein hochmodernes Alpinzentrum des Alpenvereins und zugleich eine Hochgebirgsforschungsstelle für Geografen, Botaniker, Sportwissenschaftler und Meteorologen, passt zwar in die Landschaft wie die sprichwörtliche Faust aufs Auge. Dafür liegen die Prachtgipfel der Glockner- und Granatspitzgruppe zum Greifen nah. Und die Auswahl an attraktiven Wanderrouten ist nahezu unbegrenzt.

Schlafen

Für alle (Hobby-)Alpinisten

Berghotel Rudolfshütte: Auf 2315 m Seehöhe per Seilbahn erreichbar, Stützpunkt und Schulungszentrum der Extraklasse; idealer Startplatz für Hochgebirgstouren, mit Indoor-Kletterwand, Hallenbad, Sauna; moderner Komfort.

Uttendorf, Stubach 82, T 06563 82 21, www.rudolfshuette.at, ca. Mitte Juni–Ende Sept., p. P. mit HP oder im Hüttenschlafraum, €

Essen

Schlemmen mit Aussicht

Libelle: Nettes Ausflugslokal mit guter Küche direkt am Tauernradweg sowie am Ufer des großen Naturbadesees.

Salzachstr. 10, T 06548 203 03, tgl. 12–21 Uhr, €–€€

TOUR
Powerhouse der Hohen Tauern

Tauernkraftwerk Kaprun

Staumauern schmälern im Regelfall das touristische Potenzial einer Gebirgslandschaft. Jene beiden zu Füßen des Kitzsteinhorns jedoch haben seit ihrer Eröffnung 1955 mehr als 9 Mio. Urlauber angelockt. Mit gutem Grund: Menschenwerk und Gipfelkulisse bilden hier eine höchst eindrucksvolle Symbiose.

Schon die Anfahrt wartet mit einem Superlativ auf: Nachdem einen der Postautobus vom Gasthof **Kesselfall** ❶ bis auf 1200 m Seehöhe befördert hat, heißt es umsteigen in Europas größten offenen **Schrägaufzug** ❷. Nahezu lautlos gleitet man auf einer riesigen Plattform bergauf. An der Endstation, nahe der **Limberg-Sperre** ❸ auf 1640 m, warten abermals Busse. Sie bringen ihre staunende Fracht über weitere insgesamt 400 Höhenmeter bis zur **Talsperre Mooserboden** ❹. Auf deren Krone heißt es erst einmal durchatmen und das Gebirgspanorama genießen: Großer und Mittlerer Bärenkopf, Hoher Riffl, Hocheiser, Hoher Tenn, Großes Wiesbachhorn und das für seinen Sommerskizirkus berühmte Kitzsteinhorn … Dicht gestaffelt bilden die Dreitausender mit ihren weit herabreichenden Eisfeldern ein grandioses Gipfelspalier.

Symbol österreichischer Identität

Kaum weniger als die Landschaftkulisse beeindruckt das kolossale Men-

schenwerk. Schon in den 1920er-Jahren hatte man in Kaprun Pläne zur Elektrizitätserzeugung geschmiedet. Eine ganze Kette von Kraftwerken sollte, über die Hohen Tauern verteilt und durch ein 1200 km langes Kanalsystem untereinander verbunden, das enorme Energiepotenzial erschließen. Seine Maßlosigkeit und die Weltwirtschaftskrise vereitelten das Projekt. Erst im Mai 1938 nahm ein gewisser Reichsmarschall Göring den Spatenstich für ein Speicherkraftwerk Glockner-Kaprun vor. In den Folgejahren rackerten sich Tausende Zwangsarbeiter aus diversen »Feindländern« auf dem hochalpinen Baulos ab und nicht selten zu Tode. Nach dem Krieg avancierten die nunmehr heimischen, nun aus Marshallplan-Mitteln bezahlten Arbeiter zu »Helden des Wiederaufbaus«. Ihr Werk wurde für die noch junge Zweite Republik was die Glocknerstraße für die ausgehende Erste gewesen war – ein zentrales Symbol der österreichischen Identität und zugleich ein Infrastrukturprojekt, das viele Hunderte Männer und deren Familien ernährte.

Gigantisch: die Staumauern und -seen des Glockner-Kaprun-Kraftwerks

Infos

Reisekarte: E 7/8

Start/Dauer: Alpenhaus Kesselfall (www.kesselfall.at); ca. ein halber Tag

Planung: Ende Mai–Mitte Okt. tgl. 8.10–16.45, letzte Bergfahrt 15.30 Uhr, Berg- und Talfahrt 28 €/15 €, Kinder unter 6 J. frei; Staumauerführungen Mooserboden 10–15.15 Uhr alle 45 Min., 6,50 €/4 €; Informationszentrum Kaprun im Tal, Ende Jan.–Mitte Dez. tgl. 8–18 Uhr; Verbund-Tourismus GmbH, Kaprun, T 050313 232 01, www.verbund.com

Zusammenspiel von Technik und Natur

Die fertige Anlage umfasst zwei Stauseen, eine Kraftwerk-Oberstufe, am unteren Ende der vier gewaltigen Druckrohre die Hauptstufe und, auf Kärntner Seite, den Speicher Margaritze, in dem man die Schmelzwässer des Pasterzengletschers sammelt, um sie in einem Stollen quer durch den Alpenhauptkamm nach Kaprun zu leiten. Als Besucher kann man sich in den zwei Ausstellungen der **Erlebniswelt Strom & Eis** 5 über die Geschichte des Mega-Projekts und die Zusammenhänge von Natur und Technik in der sensiblen Hochgebirgsregion informieren und im Rahmen von Führungen das Innenleben der Talsperre zeigen lassen. Empfehlenswert ist im Anschluss der Abstieg in einer gemütlichen Stunde über den **Kräuterlehrpfad** 6 zur idyllisch gelegenen **Fürther Moaralm** 7.

Bewegen

Ins Hochgebirge

Weißsee-Gletscherwelt: Ab Talstation der Gondelbahn in Uttendorf.

Stubach 90, T 06563 201 50, www.gletscherwelt-weissee.at, Mitte Juni–Ende Sept. tgl. 9–11, 13–17 Uhr, Berg- und Talfahrt 31 €

Sportlich meditieren

Bogenschießen: Anfängerkurse!

Niedernsill, T 06548 82 32, www.niedernsill.at, Mai–Ende Sept., nur n. V., 10 €

Infos

- **Tourismusverband Piesendorf (und Niedernsill):** 5721 Piesendorf, Dorfstr. 263, T 06549 72 39-0, www.piesendorf.at.

Mittersill am Großvenediger C 7

Hauptort des Oberpinzgaus ist der Markt Mittersill. Er genießt seit dem Mittelalter große Bedeutung als Warenumschlagplatz, weil er am Schnittpunkt zweier wichtiger Überlandstraßen liegt – der Ost-West-Verbindung durch das idyllische Salzachtal und jener viel befahrenen Alpenquerung, die Richtung Norden über den Pass Thurn und Kitzbühel ins Inntal und Richtung Süden durch das Felbertal über den Alpenhauptkamm nach Osttirol und Kärnten führt. Mittersill wird von seinem **Schloss** beherrscht, dem einstigen Sitz des Grafengeschlechts von Matrei-Lechsgemünd. Die wehrhafte Anlage entstand um 1540. Sie hat dank ihrer exponierten Lage auf einem Felssporn, als eines von ganz wenigen mittelalterlichen Gebäuden im Ort, die vielen verheerenden Überschwemmungen und Großbrände des 18., 19. und frühen 20. Jh. überstanden (Führungen nach telefonischer Voranmeldung möglich, T 06562 202 00).

Nicht versäumen sollte man den Besuch des Ortsteils Felben. Dort finden sich die **St. Nikolaus-Kirche,** ein reizender kleiner Bau aus der Spätgotik, und der **Felberturm,** ein trutziger Wohnturm aus dem 12. Jh., der seit den 1960er-Jahren ein außergewöhnliches, jüngst umfassend saniertes **Heimatmuseum** birgt. Ein Gang durch den einstigen Wehrturm und Getreidespeicher vermittelt anhand Abertausender Exponate aus den Bereichen Schul-, Jagd- und Trachtenwesen, Brauchtum, Kunsthandwerk und Alpinismus den Reichtum der Pinzgauer Volkskultur (Museumsstr. 2, T 0660 987 77 57, www.museumswelten-hohetauern.at, Mai–Okt. Mi–So 10–17, März/April Mi u. Fr, Feb. auch Do 11–17 Uhr, 8,60 €; Kombiticket mit Nationalparkwelten 17,20 €). Außerdem laden in Mittersill die **Nationalparkwelten** ein, die prachtvolle Erlebniswelt rund um Österreichs höchste Berge zu entdecken (Gerlosstr. 18, T 06562 409 39, www.nationalparkzentrum.at, tgl. 9–18, Mitte Nov.–Ende Feb. 10–17 Uhr, 13 €).

2 km hinter Bramberg zweigt beim sog. Weyerhof, dem Rest eines 800 Jahre alten Wohnturms, links das **Habachtal** ab. Es ist dank der Smaragde, die man hier früher kommerziell förderte, weltberühmt. Seit das Bergwerk stillgelegt wurde, veranstalten kundige Führer für Feriengäste Mineralienexkursionen. Suchen auf eigene Faust ist streng untersagt!

Schlafen

Traditionsreicher Anglertreff

Bräurup: Erste Anlaufadresse für Petrijünger in der Region mit gemütlich-komfortablen Zimmern und eigener, 305 m langer Fließwasserstrecke. Konzessionen, Ausrüstung, Fachberatung im betriebseigenen Spezialshop. Fangfrische Fische werden, lecker zubereitet, in den sehr stimmungsvollen Räumlichkeiten des Gasthofs serviert (€€).

Kirchgasse 9, T 06562 62 16-0, www.braurup.at, €€€

Kinder- und Familienhotel

Felben: Paradehotel der Region für Gesundheit und Fitness – eine Kombination aus 4-Sterne-Haus und Biobauernhof, ökologische Küche, Biosauna, Entschlackungsprogramm, sehr kreative Kinderbetreuung.

Felberstr. 51, T 06562 44 07, www.felben.at, €€

Essen

Zünftiger Wintergenuss

Toni-Alm: Ein geradezu idealtypisches Hüttenerlebnis: Die Kost ist bodenständig und superlecker (Kaiserschmarren!), das Ambiente rustikal mit einem Schuss Moderne, der Service ist hervorragend und die Lage? Natur pur und dazu noch direkt an der Piste.

Mittersill, Pass Thurn 56, T 0664 434 09 59, www.toni-alm.at, Anf. Dez.–Ende März (sommers kein Tagesbetrieb), €€

Gesund und gut

Kaltenhauser: Im Gegensatz zum 300-jährigen urigen Inneren des Gasthofes – auch stimmungsvolle Übernachtungen möglich (€€) – wimmelt es auf der Speisekarte ganz zeitgemäß vollwertig und biologisch von Naturreis, Hirsenudeln, Roggenschnitzerln, Dinkelschmarrn und Kornweckerln aus Bioprodukten der Region.

Hollersbach 17, T 06562 81 17-0, www.kaltenhauser.com, tgl. 12–14, 18–20.30 Uhr, Reservierung empfohlen, €€

Bewegen

Naturkunde live

Kräutergarten Hollersbach: Mit Bienenlehrpfad.

T 06562 42 92, 0664 206 64 77, www.hollersbacher.at, Mai–Okt. diverse Veranstaltungen und Kurse (siehe Homepage)

Infos

- **Mittersill Tourismus:** 5730 Mittersill, Stadtplatz 1, T 06562 42 92, www.mittersill-tourismus.at, Mo–Fr 8–12, 13–17 Uhr (auch für Hollersbach und Stuhlfelden).
- **Almabtrieb und Bauernmarkt:** Ende Sept./Anf. Okt. in Mittersill. Ersterer besonders pittoresk in Hollersbach (www.hollersbach.at).

Der alljährliche Almabtrieb ist immer auch Gelegenheit für bäuerlich stolze Repräsentation.

Lieblingsort

Willkommen im höchstgelegenen Tauerntal

Der tosende Wasserfall, keine Frage, bietet ein spektakuläres Schauspiel, an dem ich mich jedesmal wieder kaum satt sehen kann. Ähnlich erhebend empfinde ich freilich das **Krimmler Achental (📍 B 7)**, das sich dahinter erstreckt. Über 30 km weit kein Auto, nur Bachgeplätscher, Grasmatten, smaragdgrüne Wälder, Felsgipfel und am Ende die weit herableckende Eiszunge des Krimmler Keeses.

Neukirchen am Großvenediger B 7

Neukirchen ist vor allem unter Bergsteigern als Ausgangspunkt für Gipfelstürme auf den **Großvenediger** bekannt, die mit 3674 m höchste Erhebung im Salzburger Land. Doch nicht nur die beiden Zugangstäler, das **Ober- und Untersulzbachtal,** sind von außergewöhnlicher Schönheit. Auch der Ort selbst stellt, verkehrsberuhigt und schmuck herausgeputzt, ein Musterbeispiel für Ortsbildpflege dar. Außerdem ist er Standort zahlreicher Zukunftsinitiativen. In Brauchtum und Regionalkultur taucht man tiefer im **Tauriska** ein, in dem häufig Ausstellungen, Konzerte, Kurse u. v. m. gezeigt bzw. veranstaltet werden (Neukirchen, Kammerlanderstall, Künstlergasse 15a, T 0664 520 52 03, www.tauriska.net, Termine auf Anfrage).

Museum Wilhelmgut

In Bramberg, 10 km östlich, lockt in einem der ältesten Bauernhäuser des Ortes das **Museum Wilhelmgut** mit einer volkskulturellen Dauerausstellung und großartiger Mineraliensammlung.

Weichseldorf 27, T 06566 76 78, www.museumbramberg.at, Mitte Juni–Ende Sept. tgl. 10–18, Mai, Okt. Di, Do, So 10–18, Ende Dez. –Mitte März Do 19–21.30, Fr 13–17 Uhr, 8 €

Schlafen

Alpiner Schick

Kammerlander: Sehr gastlicher 4-Sterne-Familienbetrieb, mit feiner Balance aus Extravaganz und Tradition gestylt, Stube mit Kachelofen, Bibliothek, Hallenbad, Schwimmteich, im verkehrsberuhigten Ortskern, ideal als Ausgangspunkt für Ausflüge in die Sulzbachtäler, auf Wildkogel und Großvenediger.

Neukirchen, Schlossgasse 15, T 06565 62 31, www.hotel-kammerlander.at, €€

Landgasthof

Senningerbräu: Romantischer Familienbetrieb mit über 500-jähriger Geschichte, ländlichem Flair und zeitgemäßem Komfort, überaus gemütlich.

Bramberg am Wildkogel, Senningerstr. 2, T 06566 73 12, www.senningerbraeu.at, €€

Einkaufen

Handgefertigt und originell

Pinzgauer Holzspielzeug: Vom Brettspiel bis zum Schaukelpferd alles in liebevoller Handarbeit in der eigenen Werkstatt hergestellt, naturbelassen, geölt oder mit nachhaltigen Farben verziert.

Neukirchen, Rossberg 144, T 06565 68 43, www.pinzgauer-holzspielzeug.at, Mo–Fr 14–18, in der Saison auch Sa 8–12 Uhr

Warm und robust

Salzburger Wollstadel: Decken, Pantoffeln, Jacken, Fäustlinge, Hüte und allerlei anderes Gestricktes, Gewalktes und ›Verfilztes‹ vom Schaf (auch Kurse zum Filzen!).

Bramberg, Weichseldorf 27a, T 06566 86 79, www.wollstadel.at, Mo–Fr 9–12, 14–17, Sa 9–12 Uhr

Augenweide

Mineralien Steiner: In den hiesigen Schau- und Verkaufsräumen schlägt das Herz jedes Hobbygemmologen und Schmuckliebhabers höher.

Bramberg, Steinach 12, T 06566 75 97, www.mineralien-steiner.at, Mo–Sa (außer Fei) 9–12, 14–18 Uhr

Bewegen

Schatzsuche

Thema Mineralien: Smaragd-Wanderweg (frei zugänglich) und ganztägige Ex-

kursionen im Habachtal, einem berühmten Fundort für jene grünen Edelsteine.
Buchung: T 06566 72 51

Infos

- **Tourismusbüro Neukirchen:** 5741 Neukirchen, Marktstr. 171.
- **Tourismusbüro Bramberg:** 5733 Bramberg am Wildkogel, Stoitznergasse 3; beide: T 0720 71 07 30, www.wildkogel-arena.at, Mo–Fr 8.30–12, 14–17.30, Sa 9–11 Uhr.

Krimmler Wasserfälle

B 7

Den krönenden Abschluss der Route bietet am Ende des Tals das Dorf Krimml. Hier, am Fuße des Gerlos-Passes, wo die Salzach ihren Ursprung hat, donnert die **Krimmler Ache** zu Tal – sie bildet hier die höchsten Wasserfälle Kontinentaleuropas, mit durchschnittlich 40 000 l pro Sekunde, in drei Felsstufen, insgesamt 380 m tief. Ein ungefähr 90-minütiger Weg führt vom Parkplatz im Tal bis zur höchsten Fallstufe hinauf, wobei man auf Aussichtskanzeln dem dramatischen Geschehen so nahe kommen kann, dass man von Gischt und Wasserstaub umnebelt wird.
T 06564 72 12, www.wasserfaelle-krimml.at, Mitte April–Ende Okt. ganztägig, 8 €

WasserWunderWelt

Nahe dem Eingang werden in einem Aqua Park, einem Multivisionskino und dem Haus des Wassers die vielfältigen Facetten des unverzichtbaren Lebenselixiers aufgezeigt.
T 06564 201 13, www.wasserwelten-krimml.at, Mai–Okt. tgl. 9–17 Uhr, 9 €, Kombiticket mit Wasserfällen 13,90 €

In drei Kaskaden stürzt die Krimmler Ache zu Tal, ehe sie in die Salzach mündet. Die Fälle sind die höchsten Kontinentaleuropas. Hunderttausende Besucher bestaunen sie jedes Jahr.

Schlafen, Essen

Almwirtschaft

Krimmler Tauernhaus: Unverfälschte Hüttenromantik erlebt der Gast in dem 600 Jahre alten, von grandioser Hochgebirgswelt umkränzten Schutzhaus im Achental, das nur per Nationalpark-Taxi oder auf einem ca. 10 km langen Fußmarsch erreichbar ist.

T 06564 212 00, www.krimmler-tauernhaus.at, ganzjährig tgl. 8–20 Uhr, Brettljause und warme Speisen €, Übernachtung möglich, DZ €, im Bettenlager besonders preisgünstig

Schlafen

Alm & Skidorf

Der Königsleitner: Ferienwohnungen mit Hüttenromantik inmitten von Wiesen und Wäldern, im Winter direkt neben dem Skilift, reichhaltiges Aktiv- und Animationsprogramm.

Wald im Pinzgau, Königsleiten Nr. 61, T 06564 202 90, www.koenigsleiten.at, Berghotel und Astn-Hütten für 4–5 Pers. €€€

Biohotel

Castello: Biohotel auf 1600 m Seehöhe, mit viel Holz modern-behaglich eingerichtet und sehr komfortabel, feine heimische Küche, ideal für Familien.

Wald im Pinzgau, Königsleiten 24, T 06564 202 72, www.castello-koenigsleiten.at, €€–€€€

Bewegen

Kurzweil am Berg

GipfelLiner Königsleiten: Bei der Bergstation der Dorfbahn am Kröndlwurmsee, gibt es auf 2300 m Seehöhe einen Sagenweg mit kindgerechter Erlebnisstation, einen Jodelwanderweg samt Holzkugelbahn und, als Höhepunkt, den GipfelLiner, eine Art Flying Fox bzw. Zipline.

Juli–Sept. tgl. 9–12, 12.30–15.30 Uhr, www.zillertalarena.com, Voraussetzungen: Schwindelfreiheit, festes Schuhwerk bzw. Mindestgröße/-gewicht (140 cm/50 kg)

Wandernd lernen

Knappenweg: Im Untersulzbachtal bei Neukirchen erhält man Infos zu den Themen Geologie, Mineralogie, Bergbau, Botanik etc.; außerdem: Gletscherweg Obersulzbachtal

Beide: Ende Mai–Ende Okt.

Entlang der Salzach

Tauern-Radweg: von Krimml bis Taxenbach. Führer mit Karte erhältlich über das Büro Ferienregion Nationalpark Hohe Tauern (s. S. 285). Informationen, beispielsweise über buchbare Radreisen (vier unterschiedliche Varianten möglich) auf der Strecke auch unter www.tauernradweg.com.

Infos

- **Tourismusverband Krimml:** 5743 Krimml, Oberkrimml 37, T 06564 72 39-0, www.krimml.at, Mo–Fr 8–12, 14–17 Uhr.

Saalachtal und Quertäler

D–F 4–6

Welche Erhebung böte eine bessere Gelegenheit, sich den Überblick auf den nordwestlichsten Landesteil zu verschaffen, als die **Schmittenhöhe?** Der knapp 2000 m hohe Grasberg, auf den von Zell am See schon seit den 1920er-Jahren eine Seilbahn führt, ist nicht nur der Ausgangspunkt für die berühmte Pinzgauer Höhenpromenade, sondern auch ein perfekter Panoramagipfel. Im Süden bilden die Dreitausender der Hohen Tauern eine grandiose Kulisse. Gegen Norden lockt die Aussicht auf die Wände und Plateaus der Nördlichen Kalkalpen mit den Leoganger Steinbergen, dem Steinernen Meer und im Osten dem spektakulären Hochkönig.

Schmittenhöhebahn: T 06542 789-211, www.schmitten.at, tgl. 9–16 Uhr, Bergfahrt 25,50 €, Talfahrt 18 €, Berg-/Talfahrt 36 €

Saalbach-Hinterglemm D 6

Fährt man von Zell am See am Fuße der Schmittenhöhe Richtung Norden, gelangt man, am Schlösschen Prielau vorbei nach Maishofen. Von hier zweigt Richtung Westen die Straße nach Saalbach-Hinterglemm ab. Diese Gemeinde, die noch vor zwei Generationen ein kleines Bauerndorf war, gilt unter Wintersportlern als Eldorado – zu Recht, wie ein Blick in die Ortsstatistik beweist: Sie verzeichnet bei 2900 Einwohnern rund 18 400 Gästebetten und über 2 Mio. Nächtigungen pro Jahr. 55 Lifte und Seilbahnen verschaffen Zugang zu 200 Pistenkilometern. Dementsprechend vielfältig ist auch das Angebot an Jausenstationen und Möglichkeiten zum Après-Ski.

So turbulent und technokratisch all dies klingen mag: Der Austragungsort der Alpinen Ski-WM von 1991 hat – insbesondere im Sommer – auch stillebedürftigen Individualisten einiges zu bieten; allen voran sanft gewellte und mit Dutzenden bewirtschafteten Almhütten gespickte Wanderberge, einen **Naturlehrpfad,** seit 2010 die längste Fußgänger-Hängebrücke der Alpen und ein **Heimathaus mit Schimuseum** (T 06541 66 11 25, Ende Mai–Mitte Okt. Di–Do, Juli/Aug. auch Mi 14–18 Uhr, 5 €). Der Ort selbst ist dank Umfahrungen und Fußgängerzone wohltuend verkehrsberuhigt und lädt zum ausführlichen, entspannten Bummeln.

Schlafen

Exklusiver Komfort

Alpin Juwel: Luxuriöses, auf ländlich getrimmtes 4-Sterne-Plus-Haus, ruhige Lage in Zentrumsnähe, 500 m^2 Wellnessoase mit Thalassotherapie, Kneippkur, Beautyfarm, reichhaltiges Aktiv-/Eventprogramm, Gourmetrestaurant.

Hinterglemm, Haidweg 357, T 06541 72 26, www.alpinjuwel.at, €€€

Hotel & Bauernhof

Oberschwarzach: Gemütlich-familiär, 4-Sterne-Komfort in zentraler Lage, Kachelofen, offener Kamin, im Sommer Kinderprogramm.

Hinterglemm, Schwarzacherweg 42, T 06541 65 27, www.oberschwarzach.at, €€

Essen

Verköstigt bis in den frühen Morgen

Knappenstube: Reichhaltige Auswahl aus Meer, Fluss, Pfanne und vom Grill, Holzofenpizza, gepflegt-rustikale Ausstattung.

Hinterglemm, Dorfstr. 140, im Party- & Eventhotel Knappenhof, Aprèsworld, T 06541 64 97 95, www.apresworld.at, sommers 11–21, winters tgl. 11–4 Uhr warme Küche, €€€

Gehoben-klassisch

Restaurant im Hotel Bauer: Gutbürgerlich speisen in gepflegtem Ambiente, regionale Spezialitäten.

Saalbach, Oberdorf 232, T 06541 62 13-0, www.hotel-bauer.at, tgl. 9–24 Uhr, €€

Auch im Sommer eine Augenweide: Saalbach-Hinterglemm mit Zwiebelturmkirche

Einkaufen

Garantiert bio

Feiersinger's Hofladl: Gesunde Kost für unterwegs und als schmackhaftes Souvenir – Honig, Speck, Marmeladen, Alm-, Berg- und Kräuterkäse, alles am Hof selbst aus natürlichen Rohprodukten hergestellt.

Hinterglemm, Martenweg 427, T 06541 79 40, www.martenalm.at, Mo–Sa 8–10.30, 16.30–19 Uhr

Bewegen

Mut und Geschicklichkeit

Hochseilpark: Klettern, Balancieren, Rutschen, Schwingen in 3–40 m Höhe im größten Hochseilpark Europas (!) mit einer Gesamtlänge von über 8 km.

Hinterglemm, T 06217 290 29, www.hochseilpark.at, Juli–Mitte Sept. tgl., Mai/Juni, Mitte Sept.–Ende Okt. Fr–So, Fei 10–18 Uhr, 25–42 €

1000 m² Wasserfläche

Erlebnisbad Käpt'n Hook: Rutschen, Wildwasserkanal, Kneippanlage u. v. m.

Saalbach, Glemmtaler Landesstr. 390, T 06541 65 16, Mitte Mai–Mitte Sept. tgl. 12–18 Uhr (wetterabhängige Öffnungszeiten), Eintritt 8,40 €

Ausgehen

Party und Disco

Tanzhimmel: Fete pur, große Tanzfläche, gute DJs, angeschlossen: London Pub und Lounge mit Tabledance.

Hinterglemm, T 06541 64 97-95, www.apresworld.at, tgl. 15–2 Uhr

K

KULTUR IN SAALFELDEN

Seit über 40 Jahren nun schon präsentiert das **Internationale Jazzfestival** an einem Wochenende Ende August vier Tage lang Avantgarde-Jazz auf Weltniveau (www.jazzsaalfelden.at). Die experimentellen Klänge und sehr spezielle Stimmung ziehen Fans dieses inzwischen österreichweit größten Jazzevents aus der ganzen Welt in die kleine Stadt am Steinernen Meer. Das **Kunsthaus Nexus** bietet ganzjährig ein umfangreiches Programm aus Konzerten, Theater, Film, (Vor-)Lesungen, Clubbings u. v. m., sowie Ausstellungen hochkarätiger Gegenwartskünstler (Am Postplatz 1, T 06582 759 99, www.kunsthausnexus.com; mit Café, Di–Sa 17–24 Uhr). Das **SdS Künstlerhaus** ist ein Ableger der im Jahr 1953 von Oskar Kokoschka in Salzburg gegründeten Schule des Sehens und bietet vielfältige Kreativseminare und Kurse in diversen Genres (T 0650 744 32 77, www.sds-kuenstlerhaus.eu).

Urige Kneipe

Hexenhäusl: Riesengaudi und gepfeffertes Remmidemmi im Après-Ski-Bar-Pub-Erlebnislokal. Häufig wird live Volksmusik gespielt.

Hinterglemm, Zwölferkogelweg 152, T 0664 435 63 06, www.hex.at, Mi–Sa 9.30–24, So 9.30–19.30 Uhr

Infos

- **Tourismusverband Saalbach-Hinterglemm:** 5753 Saalbach, Glemmtaler Landesstr. 550, T 06541 68 00 68, www.saalbach.com.

Saalfelden und Leogang

E 5

Hauptort des Saalachtals und zugleich sein Einkaufs- und Wirtschaftszentrum ist **Saalfelden.** Der kurz vor und nach 1800 zweimal niedergebrannte Ort verfügt – abgesehen von Schloss Ritzen mit seinem sehr besuchenswerten, reich bestückten Heimatmuseum (Krippensammlung; T 06582 727 59, www.museum-saalfelden.at, Juli–Sept. Di–So, Mai, Okt., Dez.–Feb. Do–So, Weihnachten bis Dreikönigstag tgl. 11–17 Uhr, 7 €) und dem Kunsthaus Nexus (s. S. 216) – über nicht allzu viele touristische Attraktionen.

Umso lohnender ist die Erkundung seiner Umgebung: Da gibt es zwei schöne Filialkirchen – jene von **Lenzing** und **Gerling** – zu entdecken, oder, im Norden nahe dem Schlösschen Lichtenberg, die als Ausflugsziel beliebte, im Sommer bis heute bewohnte **Felseneinsiedelei St. Georg**.

Westlich von Saalfelden liegt die alte Bergbaugemeinde **Leogang,** wo bereits ab dem 12. Jh. vor allem Kupfer, aber auch Silber, Quecksilber, Blei, Nickel, Kobalt und Magnesit gefördert wurde. Zwei Schaustollen, nach den Schutzpatronen Daniel und Barbara benannt, sowie ein Bergbaumuseum informieren über die Knappentradition (Bergbau-/Gotikmuseum, Hütten 10, T 06583 71 05, www.museum-leogang.at, Mitte Mai–Ende Okt. Di–So 10–17 Uhr, 10 €; Schaubergwerk, Schwarzleo 3, T 0664 337 58 52, www.schaubergwerk-leogang.at, Mi–So 10–17 Uhr, regelmäßig Führungen, 17 €).

Schlafen

Tradition trifft Innovation

Gut Brandlhof: Luxuriöses 4-Sterne-Gut, teils rustikal, teils modernistisch gestaltet, mit breitem Wellness-, Sport- und Beauty-Angebot; Gratis-Kinderbetreuung für Kids über 3 Jahre.

Saalfelden, Hohlwegen 4, T 06582 78 00-0, www.brandlhof.com, €€€

Design- und Wellnessjuwel

Krallerhof: Familienbetriebenes Wohlfühlresort der Extraklasse, jedes Zimmer individuell, mit exquisitesten Materialien ausgestattet, Gourmetrestaurant in historischem Ambiente, Wellness- und Spa-Bereich auf 1700 m² mit riesigem Hallenbad, Klangdom, reichhaltiges Aktivprogramm.

Leogang, Rain 6, T 06583 824 60, www.krallerhof.com, €€€

Essen

Pinzgauer Schmankerln

Huwi's Alm: Uriger Almgasthof als gastronomischer Nabel eines aus 16 luxuriösen Chalets bestehenden Bergdorfes (Priesteregg), das 2010 den internationalen Adelstitel »Hideaway of the Year« erhielt. Rustikaler Schick, klassische Schmankerl auf höchstem Niveau (Galloway-Rind aus eigener Zucht), exzellente Weine.

Leogang, Sonnberg 22, T 06583 82 55 20, www.priesteregg.at, Di–So ab 17.30 Uhr, Achtung, wechselnde Ruhetage

Dorfwirtshaus seit 1326

Kirchenwirt/K1326: 4-Sterne-Gasthof in Familienbesitz, Haubenküche auf Basis regionaler Bauernprodukte.

Leogang, im Ortskern, T 06583 82 16, Do–Mo, winters auch Mi 17–22 Uhr, Hauptsaison tgl., €€–€€€

Einkaufen

Altes Handwerk

Kunstguss Schipflinger: Schnallen, Türgriffe, Tafeln, Wappen u. v. m aus Bronze, Messing und Aluminium.

Maishofen, Lahntal, Moosweg 1, T 06542 688 56, www.kunstguss-schipflinger.at

Biokost

Saalachtaler Bauernladen: Biologische Schnäpse, Öle, Brote und Mehlspeisen nach alten Rezepten; dazu Obst, Gemüse, bäuerliches Handwerk, Trachten.

Saalfelden, Lofererstr. 26, T 06582 742 95, www.saalachtaler-bauernladen.at, ganzjährig Di–Sa 8.30–12, Fr auch 14–18 Uhr

Bewegen

Über 1600 m lang!

Sommerrodelbahn: Spaß für die ganze Familie mit 61 Kurven und drei Jumps auf 1,6 km Länge und 345 Höhenmetern.

Saalfelden, Biberg, www.hochkoenig.at/sommerrodelbahn, Mai–Sept. tgl. 9–17 Uhr (bei Trockenwetter), inkl. Bergfahrt per Sessellift 20 €

Adrenalinschub

Bikepark Leogang: Riesiger Mountainbikepark mit Downhill-Tracks, Dual-Slalom, BikerCross, Bike-Parcours, Freeride-Trails.

T 06583 82 19, www.bikepark-leogang.com, Bergbahn: Ende Mai–Mitte Okt. tgl. 9–ca. 16.30 Uhr, Bergfahrt mit Rad 17 €

Für Wasserratten

Rafting und Kanufahren auf der Saalach: Auch Bogenschießen, Klettern u. v. m. im Angebot.

Sportschule Geisler, Saalfelden, Almer Str. 19, T 0664 104 37 76, www.outdoor-geisler.at

Ausgehen

Sympathisch

Die Bar: Nettes Bar-Pub für gemischtes Publikum.

Saalfelden, Mittergasse 2, T 0664 203 07 49, Mi–Sa 20–ca. 4 Uhr

Infos

- **Saalfelden Leogang Touristik:** 5760 Saalfelden, Mittergasse 21a, T 06582 706 60, www.saalfelden-leogang.at, Mo–Fr 8–12, 13–17 Uhr.
- **Internationales Jazzfestival:** s. S. 216.

Weißbach und St. Martin

D/E 4/5

Interessante Einblicke in das Berginnere erhält man auch in und um **Weißbach,** 11 km nördlich von Saalfelden. Dort öffnet sich linker Hand, direkt an der Bundesstraße, der Eingang zu dem insgesamt 35 km (!) langen, eindrucksvollen Labyrinth der **Lamprechtshöhle** (T 0676 44 80 791, Mai–Okt. tgl. 8.30–19 Uhr, 7 €).

Ebenfalls zugänglich ist die Seisenbergklamm sowie, im benachbarten St. Martin, die **Vorderkaserklamm.** Letztere erreicht man über ein Seitental – Zufahrt ca. 2 km nach Weißbach links. 400 m lang und 80 m tief hat sich der Ödbach hier am Ende der Eiszeit in den Fels gefräst. Der 2,5 km lange Weg, der übrigens schon seit dem Jahr 1882 zugänglich ist, führt durch den wunderschönen Schüttachgraben, vorbei an idyllischen Badeteichen (im Sommer erfrischend!) und schließlich über 51 Stege und insgesamt 373 Stufen durch die Schlucht (T 0664 343 08 99, www.erlebnisklamm.at, Mai–Okt. tgl. 9.30–17 Uhr, 6,30 €).

Die **Seisenbergklamm** verspricht ein ähnlich spektakuläres Erlebnis, misst jedoch noch etwas mehr, nämlich 600 m (Eingang direkt im Ortsbereich, T 06582 82 42, Mai–Okt. tgl. 8.30–18.30 Uhr, 6,80 €). Sie zu durchwandern ist auch für Kinder ab etwa drei Jahren in Begleitung Erwachsener gut möglich.

Für alle drei Klammen: T 06582 83 52, www.naturgewalten.at, Kombi-Karte 18 €

Wallfahrtskirche Maria Kirchental

Ein weithin berühmtes Barockjuwel steht in **St. Martin,** der ›Pinzgauer Dom‹, den Johann Bernhard Fischer von Erlach im Auftrag Erzbischof Graf von Thun-Hohensteins hier inmitten der Bergwälder und Felswände als eine Art Miniatur-Abbild der Salzburger Kollegienkirche schuf.

Kirchental 5, St. Martin bei Lofer, T 06588 85 28, www.maria-kirchental.at

Lofer und Unken

D/E 4

Der Markt **Lofer,** in dem sich die Straße gabelt (links geht's über den Pass Strub ins Tirolerische, geradeaus Richtung Bad Reichenhall), besitzt einen schön erhaltenen historischen Ortskern mit behäbigen Gast- und Bauernhöfen und einer hübschen, in Teilen gotischen, Maria und Leonhard geweihten Pfarrkirche. Den spektakulär-schroffen Landschaftsrahmen bilden für ihn die Reither und Loferer Steinberge. **Unken,** der letzte Ort auf österreichischer Seite, wird von der Festung Kniepass beherrscht (für Touristen nicht mehr zugänglich).

Schlafen

Gediegene 4-Sterne-Unterkunft

Hotel Dax: Gepflegt-rustikale, gehobene Mittelklasse, regionale Spezialitätenküche, diverse Wellnessanwendungen.

Lofer, Nr. 250, T 0720 23 08 50, www.hoteldax.at, €€

Gemütlich

Kirchenwirt: Charmantes Landhotel im Ortszentrum mit besonders günstigem Preis-Leistungs-Verhältnis.

Unken, Niederland 3, T 06589 42 04, www.kirchenwirt-unken.at, €€

Geschätztes Kajak-Revier: die Saalach bei Lofer

Essen

Zünftig mit Aussicht

Soderkaser: Gute Hausmannskost in luftiger Höhe, dazu ein Panoramablick von der Sonnenterrasse, häufig Live-Volksmusik.

Lofer, neben der Bergstation der Loferer-Seilbahn, T 06588 85 76, www.soderkaser.at, im Winter 9–16, im Sommer (mit wechselnden Ruhetagen!) 9–17 Uhr, €–€€

Einkaufen

Erlesene Konfekte und Schokoladen

Confiserie Berger: Ob Pralinen, Tafeln oder Florentiner – lassen Sie sich verführen.

Lofer, Schokoladenweg 1, T 06588 76 16, www.confiserie-berger.at

Bewegen

Wildwasser- und Bergsport

Motion Center: Rafting, Kanu, Kajak-Schulung, geführte Touren auf der Saalach, Hydrospeed, Bergtouren und -reisen, Schluchtenwandern und -schwimmen.

Lofer 330, T 06588 75 24, www.motion.co.at

Wandern ohne Gepäck

Auf der Route der Klammen: 7-tägige Touren durch das Saalachtal von Weißbach bis Unken mit Gepäck-Nachtransport.

Infos u. Buchung im TVB (s. u.)

Infos

- **Tourismusverband Salzburger Saalachtal:** 5090 Lofer, 310, T 06588 832 10, www.lofer.com, Mo–Fr 9–17 Uhr. Für Lofer, St. Martin, Unken, Weißbach.

Das Kleingedruckte

Liebt es kalt: Das Murmeltier ist eines der bekanntesten Hochgebirgsbewohner.

Anreise

… mit dem Flugzeug

Salzburgs Flughafen **(Airport W. A. Mozart)** liegt am südwestlichen Stadtrand, rund 4 km vom Zentrum entfernt, und wird von mehreren deutschen Städten, aber auch von Zürich angeflogen. Infos: T 0662 85 80-0, www.salzburg-airport.com, www.skyscanner.com. Zwischen Flughafen und City verkehren die Buslinie 2 (Transferzeit: 15 Min.) und Taxis (ins Zentrum 3–4 km, ca. 10 €).

… mit der Bahn

Zwischen 4 und 24 Uhr verkehren zwischen München und Salzburg mehr oder weniger stündlich Züge. Am schnellsten geht die Fahrt mit dem Railjet, der ca. 1,5 Std. benötigt. Auch zwischen Zürich und Salzburg verkehren mehrmals täglich Züge (kürzeste Reisezeit knapp 5,5 Std.). Von Basel benötigt der RJ ca. 6 Std.

Informationen über die wichtigsten Zugverbindungen erteilt die **Österreichische Bundesbahn** (ÖBB) unter T 05 17 17-1 erhält man Auskünfte zum Bahn- und Busverkehr im In- und Ausland, mit der -2 am Ende geht es zum Online-Ticketverkauf, mit der -3 zur regulären Ticketbuchung und mit der -5 zur Reservierung von Mobilitätshilfe beim Einbzw. Ausstieg.

Autoreisezüge gehen derzeit von Hamburg, Düsseldorf und Berlin nach Schwarzach-St. Veit (**n**icht aber nach Salzburg-Stadt). Information, Beratung und Buchung in Deutschland unter www.bahn.de.

Salzburgs Hauptbahnhof (Südtiroler Platz 1) liegt ca. 15 Min. Gehzeit vom Stadtzentrum. Gepäckaufbewahrung und Schließfächer 24 Std. tgl. geöffnet.

… mit dem Auto

Von Deutschland kommend, bietet sich die Anfahrt über die A 8 von München aus als direkteste Strecke an. Achtung: Vor Fahrtantritt (beim ADAC) oder spätestens beim Grenzübertritt unbedingt die gesetzlich vorgeschriebene **Autobahnvignette** besorgen! Sie ist für Pkws als Jahres- (Stand 2023: 96,40 €), Zwei-Monats- und Zehn-Tages-Vignette (29 bzw. 9,90 €) erhältlich. Kosten fürs Motorrad: 38,20 €/14,50 € bzw. 5,80 €; www.asfinag.at. Als gemütlichere und längere Alternative empfiehlt sich die Landstraße.

Anreise aus der Schweiz: via Autobahn (A 12) über Innsbruck und Rosenheim oder von der Inntal-Autobahn ab über St. Johann in Tirol nach Lofer im Saalach- oder Mittersill im Salzachtal. Innerhalb Österreichs führen die Autobahnen von Wien und Linz (A 1) sowie Graz und Klagenfurt (A 2/A 10) direkt in die Mozartstadt.

Generell entsprechen die Straßenverkehrsregeln und Verkehrszeichen in Österreich jenen Deutschlands und der Schweiz. Hierzu zählt auch die Pflicht, Sicherheitsgurte anzulegen. Die **Geschwindigkeitsbegrenzungen** liegen auf Autobahnen bei 130 km/h und auf Landstraßen bei 100 km/h. Im Ortsgebiet gilt, wenn nicht anders angezeigt, die Beschränkung auf 50 km/h.

Die **Bildung von Rettungsgassen** ist Pflicht auf Österreichs Autobahnen und Schnellstraßen (überall dort, wo die Autobahnvignette benötigt wird), bei stockendem Verkehr oder Stau, auch dann, wenn sich noch kein Einsatzfahrzeug nähert. Bei Behinderung von Einsatzfahrzeugen sind Geldstrafen bis zu 2180 € möglich (Infos: www.rettungsgasse.com).

Die **Blutalkoholgrenze** liegt bei 0,5 Promille. Ihre Überschreitung wird mit einer Geldstrafe ab etwa 380 € oder dem Führerscheinentzug geahndet.

Nähere Infos auch über die Homepages der Automobilclubs ÖAMTC (www.oeamtc.at) und ARBÖ (www.arboe.or.at). **Pannendienste:** ÖAMTC, T 120, ARBÖ, T 123, beide tgl. 24 Std., Verkehrsfunk:

Radiosender Ö3. Über die orangefarbenen Notrufsäulen an der Autobahn können Pannenhilfe, Rettung usw. angefordert werden.

Bewegen und Entschleunigen

Baden und Wassersport

Das Salzburger Land ist mit seinen 185 Seen, 20 Dreitausendern und vielfältigen Tal-, Hügel- und Berglandschaften ein Paradies für alle nur erdenklichen Sportarten, die sich zu Wasser, zu Lande und in der Luft praktizieren lassen. Besonders anziehend erweisen sich Sommer für Sommer die **Badeseen** von Flachgau und Salzkammergut. Ihre Wasserqualität ist vorzüglich, die Infrastruktur, was Strandbäder, Segel- und Surfschulen, Bootsverleihe etc. betrifft, von ausgewogener Dichte. Auch findet, wer ein wenig danach sucht, an jedem Ufer problemlos frei zugängliche Badestellen. Und wohltuend für die Nerven ist, dass der Ruhe zuliebe auf fast allen Seen Motorbootverbot herrscht.

Passionierte **Segler** und **Surfer** rühmen insbesondere die mit schöner Regelmäßigkeit wehenden Winde am Attersee. Auch **Tauchen** ist weit verbreitet, ein traditionsreiches Zentrum für Anhänger dieses Abenteuersports ist Hallstatt. Dort veranstaltet das Tauchcenter Dachstein-Salzkammergut Anfängerkurse und unternimmt mit praxiserfahrenen Gästen Tauchgänge in die Höhlengewässer und die 76 Seen des Salzkammerguts (Gamsjaga 2a, 5342 Abersee, T 0664 1 81 49 12, www.dive-adventures.at).

Ein feuchtfröhliches Unterfangen mit einer Portion Nervenkitzel versprechen **Rafting-** oder **Canyoningtouren** durch die engen Täler und Schluchten der Salzach, Saalach, Lammer, Enns und Mur. Die Angebote reichen (aus Sicherheitsgründen ausschließlich bei konzessionierten Unternehmen) von gemütlichen Fahrten im Schlauchboot für Kids oder Familien bis zu deutlich turbulenteren Touren – auch im Kanu und Kajak – für Fortgeschrittene. Dazu gibt es vielerorts Einführungs- und Perfektionskurse, Flusswanderungen, Floßfahrten und Uferpicknicks.

Ein weithin berühmtes Paradies für **Fliegenfischer** sind die Gebirgsbäche des Oberpinzgau. Ein diesbezügliches Zentrum ist der Gasthof Bräurup (www.braurup.at) in Mittersill.

Frei- und **Hallenbäder** in der Stadt Salzburg: Wer nicht die Zeit oder Möglichkeit hat, in einem der zahlreichen Badeseen des Umlandes einzutauchen, kann sich innerhalb des Stadtgebiets in folgenden Badeanlagen erfrischen oder ertüchtigen:

Freibad Leopoldskron, Leopoldskronstr. 50, T 0662 62 34 11;

Freibad Volksgarten, Hermann-Bahr-Promenade 2, T 0662 62 34 11;

Freibad Alpenstraße, Franz-Hinterholzer-Kai 8, T 0662 62 08 32 bzw. 0662 62 34 11;

Freibad Bergheim (›Bergxi‹), Bergheim, Iselstr. 20, T 0662 451 59 20; alle: je nach Witterung ca. Mai–Mitte Sept., www.bergheim.at.

Waldbad Anif: Privates Freibad in traumhafter Natur im Vorort Anif, FKK-Bereich, Waldbadstr. 50, Anif, T 0650 4 77 38 82, www.waldbadanif.at.

Klettern

Wer in der Vertikalen höher hinaus will, ist in den Klettergärten und -hallen des **clubMontée** am richtigen Ort. An verschieden hohen Felswänden erlebt der angehende Gipfelstürmer, wie schön es sein kann, mit dem Gleichgewicht zu spielen. Hernach geht man – ohne sonstige alpine Vorkenntnisse und unter sachkundiger Leitung eines geprüften Bergführers – am Seil gesichert ins Gelände, z. B. in das Spaltenlabyrinth der Gletscher von Dachstein oder Großglockner (clubMontée,

T 0720 227 46 00, www.montee.com). Eine gute Adresse zum Trainieren ist der Hochseilgarten im **Kletterpark Waldbad** in Anif bei Salzburg (T 0664 430 93 80, www.kletterpark-salzburg.at).

Radfahren

Für **Radwanderer** erweist sich das touristische Angebot im ganzen Land ebenfalls als riesengroß. In den letzten Jahren ist das Wegenetz enorm ausgebaut, sind neue Routenvorschläge und geführte Touren sonder Zahl ausgearbeitet worden. **Verleihstellen** gibt es mittlerweile in fast jeder größeren Gemeinde, allein 65 entlang des Tauernradweges, der über 300 km von Krimml bis in die Stadt Salzburg führt (www.tauernradweg.com).

Eine beliebte Route ist die fast 300 km lange **Salzkammergut-10-Seen-Tour.** Sie führt in sieben Etappen an Wolfgang-, Traun, Mond-, Atter-, Gosau- und Hallstätter See sowie an den Flüssen Traun und Salzach vorbei.

Auch **Mountainbiker** finden überall speziell auf ihre Bedürfnisse zugeschnittene Angebote. 2300 km durchgehend beschilderte Strecken fordern landesweit Ehrgeiz und Kondition. Ein besonderes Zuckerl: die **BikeWorld Leogang,** Europas größter, mit Bikeschule, Service-Center und diversen Parcours verschiedener Schwierigkeitsgrade ausgestatteter Mountainbikepark (www.bikepark-leogang.com).

Reiten, Golfen, Segelfliegen, Fußball etc.

Mehr als 30 Orte haben sich auf **Reiterferien** spezialisiert. Wanderreiten wird vor allem im Salzburger Nationalpark Hohe Tauern und in der Ski Amadé, also dem östlichen Pongau zwischen Kleinarlertal, Wagrain, Flachau, Radstadt und Filzmoos (www.salzburgersportwelt.com), praktiziert.

Ein breites Betätigungsfeld finden im Salzburgischen auch **Golfer.** Plätze befinden sich etwa in Henndorf am Wallersee (GC Gut Altentann), Saalfelden (GC Brandlhof und GC Urslautal), Bad Gastein (GC Gastein), Goldegg (GC Goldegg), St. Michael (GC Lungau-Katschberg), Radstadt (Tauern GC), Hof (GC Salzburg-Eugendorf-Fuschl-Rif), Wals (GC Salzburg-Kleßheim), Mittersill (GC Mittersil -Stuhlfelden) und Zell am See (GC Europa-Sportregion). Infos gibt es u. a. unter www.golf-alpin.at.

Lautlos im **Segelflugzeug** über die Gipfel schweben: Die Europa-Sportregion Zell am See/Kaprun verfügt über einen eigenen Platz für diesen eleganten Sport (Alpine Segelflugschule, Zell am See, Flugplatz, T 06542 572 25, Betrieb Mai–Sept. tgl., www.flugschule-zellamsee.at).

Über das ganze Land verstreut finden sich zudem zahlreiche Möglichkeiten, selbstständig oder unter kundiger Anleitung dem **Paragleiten, Drachen- oder Gleitschirmfliegen** zu frönen.

Epizentrum des **Fußballsports** und gar nicht selten Schauplatz hochkarätiger Matches ist in Salzburg das 2008 anlässlich der EM neu eröffnete **Stadion in Wals-Siezenheim,** Heimat des mehrfachen österreichischen Meisters Red Bull Salzburg (T 0662 43 33 32-0, www.redbullsalzburg.com). Weitere Publikumsmagneten für Sportbegeisterte sind: die **Eisarena** (Hermann-Bahr-Promenade 2, T 0662 62 34-11, Betrieb: Sept.–April) und die **Sporthal-**

INFORMATIONEN

... zu sämtlichen **Sportaktivitäten** und zahlreiche einschlägige Broschüren, Karten, Adresslisten etc. sind erhältlich über **Salzburger-Land,** Postfach 1, 5300 Hallwang bei Salzburg, T 0662 66 88, www.salzburgerland.com.

S

SALZBURG SUPER SKI CARD

Für eifrige Wintersportler ideal ist diese Karte, mit der man ohne lästiges Stecken der Liftkarte freien Zugang zu 2550 km Pisten in 23 Skigroßräumen hat. Gültig als Ein- bis 14-Tage-Urlaubsskipass oder als Wahlabo an zehn individuell wählbaren Einzeltagen Anf. Nov. bis Anf. Mai; gestaffelte Preise für einen Tag bis 14 Tage von 66 bis 605 €, Ermäßigungen für Kinder (-50 %) und Jugendliche (-20 %). Infos: www.salzburgsuperskicard.com oder T 06542 555-11.

le Alpenstraße (Otto-Holzbauer-Str. 5, T 0662 62 34 11; beide: www.stadt-salzburg.at).

Wandern

Selbstverständlich ist das Salzburger Land eine Wanderregion par excellence mit einem weit verzweigten, hervorragend instand gehaltenen Wegenetz, das alles vom gemütlichen Spazierweg bis zum Klettersteig auf eisige Gipfel umfasst. Dutzende, größtenteils von Alpenverein oder Naturfreunden unterhaltene Hütten bieten in allen Gebieten Möglichkeiten zur Einkehr und Übernachtung.

Neben schier unendlich vielen Strecken für Tages- oder Halbtagestouren lockt insbesondere der **Arnoweg,** das Land per pedes kennenzulernen. In praktikable Etappen aufgeteilt, führt er zu den schönsten und geschichtsträchtigen Bergen, folgt alten Saumpfaden oder erschließt Naturdenkmäler und Sehenswürdigkeiten. Wer ihn freilich in seiner ganzen Länge von 1200 km abmarschieren möchte, braucht dafür mehrere Wochen. Wobei die Route, mit Ausnahme einer Variante in den Hohen Tauern, durchweg auch ohne Hochgebirgserfahrung problemlos begehbar ist (www.arnoweg.com).

Genussreiches Wandern verspricht auch der **Salzburger Almenweg.** Er führt auf einer mit dem Symbol des Enzians markierten Strecke von insgesamt 350 km in 31 Etappen vorbei an 120 Almen durch die Pongauer Bergwelt. Interaktive Karten, Videos zum Downloaden und Bestellung der 56-seitigen Wanderbroschüre über: www.salzburger-almenweg.at

Äußerst reizvoll sind auch die mehrtägigen **Trekkingtouren auf den Spuren der alten Säumer** über den Alpenhauptkamm – beispielsweise der Krimmler Tauern-Trek hinüber ins Südtiroler Ahrntal –, bei denen man in Zeltcamps in luftiger Höhe übernachtet und Haflingerpferde oder Lamas den Gepäcktransport übernehmen.

Wintersport

Ähnlich riesig wie für Wassersportler ist die Angebotsvielfalt für Wintersportler. Ob Ski Amadé im östlichen Pongau, die Regionen Obertauern, Saalbach-Hinterglemm, Gasteiner Tal oder die Hochebene des Lungau – die Möglichkeiten zum Alpinski- und Langlaufen, aber auch Snowboarden sind schier ungezählt. Statistiken weisen landesweit 580 Liftanlagen in 23 Skiregionen mit insgesamt **2550 km präparierten Pisten** aller Schwierigkeitsgrade und über **2500 km gespurten Loipen** aus. Sechs Orte, nämlich Flachau, Hof bei Salzburg, Obertauern, Piesendorf, Hinterglemm und Lungötz im Lammertal, laden mit Flutlichtpisten zum Skifahren bei Dunkelheit. Mit der Gletscherpiste auf dem 3203 m hohen Kitzsteinhorn bietet sich sogar sommers, zumindest am Vormittag, die Chance zum Skifahren (nähere Infos im »Salzburger-Land-Skiatlas« mit seinen Panoramakarten zu sämtlichen Ski-Großräumen).

Daneben besteht – nicht nötig zu betonen – ein reiches Betätigungsfeld für

Eisläufer, -fischer und -taucher, für (Pferde-)Schlittenfahrer, Schneeschuh- und gemeine Winterwanderer. Beachtenswert sind die diversen **Skipauschal-Angebote** und Vergünstigungen (s. u.). Vor allem wohl für jüngere Semester spannend, ja unverzichtbar für Skifahrer und Snowboarder, die auch außerhalb der präparierten Pisten und Parks ihre Powderturns ziehen wollen, ist der **FreerideGuide** (www.freerideaustria.at).

Thermalbäder und Alpine Wellness

Heilkräftiges Thermalwasser sprudelt vor allem im Gasteiner Tal und in Bad Vigaun, südlich von Hallein, aus dem Boden. Über Heilbäder verfügen aber etwa auch, nomen est omen, Bad Ischl, Bad Aussee und Bad Mitterndorf.

Einschlägige Therapie- und Genießeradressen

Heiltherme Vigaun: T 06245 89 99-0, www.badvigaun.com.
Alpen Therme Gastein in Bad Hofgastein (www.alpentherme.com) und **Felsentherme** in Bad Gastein (www.felsentherme.com; Details s. S. 176).

Alpine Wellness – unter dieser Marke haben sich im Salzburger Land (und in benachbarten Alpinregionen) eine Reihe gediegener Hotels zu einer speziellen Angebotsgruppe zusammengeschlossen. Sie bieten, eigens dafür zertifiziert, alle Zutaten für einen besonderen **Wohlfühl- und Gesundheitsurlaub** wie Höhenlage und Reizklima, leichte heimische Küche, vor allem aber vielerlei Anwendungen und Heilmittel in Kombination mit hoher Kompetenz in den Bereichen Kur, Regeneration, Fitness und Sportmedizin. Einschlägige Betriebe finden sich u. a. in Abtenau, Bad Gastein und Bad Hofgastein, Dienten, Großarl, Hinterglemm, Leogang, Maria Alm und St. Johann. Nähere Informationen in den Adressteilen der angeführten Orte.

Brauchtum, Festivals und Events

Eine kleine Führung durch das überaus vielfältige **lokale Brauchtum** und zu dessen christlichen und heidnisch-germanischen Wurzeln eröffnet äußerst lebendige Einblicke in die Salzburger Volkskultur.

Erste Januarwoche

Sternsingen bzw. **Umzug der Heiligen Drei Könige** in vielen Gemeinden des Landes, wobei Haus und Hof geräuchert werden und der Segen ›C + M + B‹ (Caspar, Melchior und Balthasar oder »Christus mansionem benedicat«/Christus segne dieses Haus) mit gesegneter Kreide an die Haustüren geschrieben wird. Um den 5. Januar sind in einigen Orten des Flachgaus, des Salzkammergutes, des Ennstals und der Stadt Salzburg die **Glöckler** unterwegs – weiß gekleidete Männer, die durch die Straßen ziehen. In der Hand halten die Anführer den langen Glöcklerstock, und bei allen Glöcklern hängen an einem Ledergürtel Glocken und Schellen. Ihr besonderes Attribut aber sind ihre Kappen – bemalte oder kunstvoll beklebte papierene Gebilde in verschiedenen Formen, die von innen beleuchtet sind und Licht in die dunkle Winternacht bringen sollen.

Um Dreikönig finden außerdem abwechselnd in Gastein, St. Johann, Bischofshofen und Altenmarkt feierliche **Perchtenzüge** statt. Dabei hat sich im Laufe der Zeit eine Vielfalt von traditionsreichen Masken in zwei Hauptgruppen, Gut und Böse, aufgespalten. Die eine Seite führen die ›Schönperchten‹ mit tafelartigem Kopfputz an. Die andere vertreten die ›Schiachen‹ mit gehörnten, furchterregenden Larven. Mit ihnen verbunden ist bis heute der Glaube an ein gutes Jahr, an Fruchtbarkeit des Bodens und der Menschen.

K

KUNSTKALENDER

Wenn nicht anders angeführt, ist der Veranstaltungsort in Salzburg-Stadt.
Mozart-Woche: letzte Jan.-Woche. Das Klassik-Highlight im Winterhalbjahr; www.mozarteum.at.
Internationales Gitarrenfestival: erste Märzwoche, Hallein. Führende Saitenvirtuosen aus Europa zeigen ihre Künste; www.forum-hallein.at.
Aspekte Salzburg: Ende März (alle 2 Jahre – 2024, 2026 ff.). Festival für Gegenwartsmusik; www.aspekte-salzburg.at.
Rauriser Literaturtage: letztes Wochenende im März, Rauris im Pinzgau. Seit 1970 geben sich in Rauris namhafte deutschsprachige Dichter alljährlich bei Lesungen und Diskussionen ein Stelldichein; www.rauriser-literaturtage.at.
Osterfestspiele: Osterwoche. Hochkarätige Künstler aus aller Welt bestreiten Opern, Orchester- und Kammerkonzerte im Großen Festspielhaus und im Mozarteum; www.osterfestspiele-salzburg.at.
Pfingstfestspiele: Pfingstwochenende. Der kleine, nicht minder famos besetzte Bruder der Sommerfestspiele; www.salzburgerfestspiele.at.
Paul Hofhaimer Tage: erste Junihälfte, Radstadt. Festival für Alte und Neue Musik in memoriam des vor fast 550 Jahren in Radstadt geborenen großen Organisten und Komponisten; www.daszentrum.at.
Goldegger Dialoge: Mitte Juni, Goldegg. Interdisziplinäre Inspiration zu dem Thema innovative Lebensführung in dem idyllischen Pongauer Sommerfrischeort; www.schlossgoldegg.at.
Sommerszene: Ende Juni–Mitte Juli. Internationales Theater- und Tanzfestival im Republic, dem führenden Off-Szene-Multikulti-Treff der Landeshauptstadt, auch Performances, Neue Medien etc. Quicklebendiger Kontrapunkt zum arrivierten Kulturbetrieb; www.szene-salzburg.net.
Internationale Sommerakademie für Bildende Kunst: Mitte Juli–Ende Aug., auf der Festung Hohensalzburg und der Halleiner Pernerinsel; Stadt Salzburg und Hallein. Lehren und Lernen mit Zeichenstift, Pinsel und multimedialem Gerät; www.summeracademy.at.
Salzburger Festspiele: Ende Juli–Ende Aug., Stadt Salzburg und Hallein. Seit nunmehr über 90 Jahren Treffpunkt der weltbesten Orchester, Dirigenten, Solisten, Opernsänger; www.salzburgerfestspiele.at.
Kunst- und Antiquitätenmesse: Mitte Aug. Gemälde und Grafik, Glas, Möbel, Schmuck, Teppiche u. v. m.; www.mac-hoffmann.com.
Jazzfestival Saalfelden: letztes Aug.-Wochenende, Saalfelden. Zeitgenössische Avantgarde aus der weiten Welt des Jazz kommt zusammen; www.jazzsaalfelden.com.
Verstörungen. Ein Fest für Thomas Bernhard: erst seit ein paar Jahren im Kunstkalender – Mitte Sept., Goldegg im Pongau. Hochkarätig besetztes 3-tägiges Festival; www.derseehof.at.
Salzburger Kulturtage: ca. zweite bis vierte Okt.-Woche. Künstlergäste aus dem In- und Ausland bringen Opern, Kammer- und Orchesterkonzerte auf hohem Niveau zu Gehör; www.kulturvereinigung.com.
Salzburger Bergfilmfestival: den ganzen Okt. über. Leckerbissen in Serie für cineastisch interessierte Hobbyalpinisten im Filmkulturzentrum DAS KINO; www.daskino.at.

Februar

In etlichen Orten des Landes werden beim **Aperschnalzen** Finsternis und Winter vertrieben und zugleich die guten Geister, der Frühling und vor allem die Sonne mit Trommeln, Knallen, Geschrei und Schießen geweckt.

Ostern

Palmsonntag: Palmsträuße, -bäume und -stangen werden geweiht. Vielfach damit verbunden sind **Prozessionen** und in einzelnen Orten wie etwa Hintersee, Thomatal oder Puch bei Hallein auch der feierliche Palmeselritt.
Karwoche: In verschiedenen Orten werden **Passionsgesänge und -spiele,** die an das Leiden Christi erinnern sollen, abgehalten; besonders bekannt sind jene in Kleinarl, Großgmain und Lofer. Am Gründonnerstag ist im ganzen Land das **Antlasseier-Abnehmen** üblich; Eier, die an diesem, dem ›Antlasspfinztag‹, gelegt werden, bezeichnet man im Volksmund als Antlasseier *(antlass* = Ablass, Lossprechung); sie gelten als Fruchtbarkeits- und Heilsymbole.

Am Karsamstag wird in vielen Orten das **Osterfeuer** entfacht und als Segenssymbol in die Häuser getragen. Am Ostersonntag schließlich werden nach der Fastenzeit Speisen, speziell die kunstvoll verzierte, auch in Form von Lämmern gepresste **Osterbutter,** geweiht.

Frühjahr

23. April/Georgitag: Das Namensfest des Schutzheiligen der Pferde wird mancherorts mit **Georgiritten** – begleitet vom Georgischnalzen – begangen.
Philippinacht-Rüge/30. April: In Erinnerung an den für Treue und Ordnung zuständigen Apostel Philippus wird in der Nacht zum 1. Mai alles, was nicht ordentlich verwahrt ist, von den Burschen des Ortes zusammengetragen und versteckt oder zur Schande der Unordentlichen auf dem Dorfplatz zur Schau gestellt.
1. Mai: In vielen Orten wird mit Beteiligung der Musikkapellen, Volkstanzgruppen und Schützenkompanien der **Maibaum,** ein Symbol für Fruchtbarkeit und Lebensfreude, aufgestellt. Danach findet unter den Burschen ein **Wettkraxeln** statt.

Sommer

Fronleichnam: feierliche Prozessionen in vielen Orten. In Oberndorf veranstaltet das Corps der Schifferschützen das **Himmelbrotschutzen;** dabei wird das von vier weiß gekleideten Buben gehaltene ›Himmelbrot‹, ein Sinnbild für die Hostie, von Bord eines Salzachschiffs aus vom Schiffermeister symbolisch ins Wasser geworfen.

Berühmt ist der an diesem Tag stattfindende **Samsonumzug** in den Lungauer Orten St. Michael, Tamsweg, Mauterndorf, Mariapfarr, Muhr, Unternberg und St. Andrä. Der Riese Samson, der die Philister schlug, und seine beiden großköpfigen Zwergenbegleiter sind der letzte Rest der bei verschiedenen Urvölkern üblichen kultischen Flurumgänge bzw. der großen Schauumzüge, wie sie von den Kapuzinern im Barock zur Wiedergabe des biblischen Geschehens veranstaltet wurden.
Mitte Juni: Sonnenwend- und **Johannisfeuer** werden nachts als Licht- und Lebenssymbole auf vielen Gipfeln und Höhen, aber auch auf Salzachflößen abgebrannt.
Ende Juni: In feierlicher Prozession werden im Pongau und im Lungau die 6–8 m hohen und bis zu 80 kg schweren **Prangstangen,** dem Maibaum verwandte Lebensbaumsymbole, durch die Flure getragen.
1. Sonntag nach Jakobi (25. Juni): **Hundstoa-Ranggeln** auf dem Großen Hundstein im Pinzgau. Im Anschluss an die 10-Uhr-Messe geht es ans Kräftemessen der Männer – auf 2117 m Höhe (der Ursprung datiert ins 15. Jh.).
27. und 28. August: Bartholomä-Wallfahrt von Maria Alm über das Steinerne

Meer nach St. Bartholomä am Königssee. Am Prebersee bei Tamsweg findet dagegen das berühmte **Wasserscheibenschießen** statt; dabei wird auf die Schützenscheibe am gegenüberliegenden Seeufer nicht direkt, sondern über deren Spiegelbild im Wasser, an dem die Kugel abprallt, geschossen.

Herbst

1./2. November: Neben den üblichen Grabbesuchen wird zu Allerseelen im ganzen Land **Gebildbrot** – aus freier Hand geformtes, ›gebildetes‹ Gebäck, vornehmlich Striezel und Zöpfe – an Patenkinder verschenkt und damit ein besonderer Segen vermittelt.

11. November/Martinstag: Mit dem Ende des bäuerlichen Wirtschaftsjahres hängen etliche Bräuche zusammen, etwa das **Martinigansessen,** das lange als letztes Festmahl vor dem Advent galt.

Adventszeit

Anglöckeln: Besonders an den drei Donnerstagen vor Weihnachten ziehen die an vorchristliche Lärmumzüge zur Vertreibung der Winterunholde erinnernden Glöckler von Haus zu Haus, singen und tragen Gedichte vor (s. auch Umzug der Glöckler in der ersten Januarwoche).

2. Adventswochenende: Kletzenbrotschießen auf dem Salzburger Mönchsberg. Kletzen, Dörrbirnen, werden zur Weihnachtszeit mit anderen Zusätzen dem schwarzen Brotteig beigemengt und zu einem seit alters begehrten Früchtebrot, eben dem Kletzenbrot, gebacken. Beim Kletzenbrotschießen werden diese Leckereien ›ausgeschossen‹.

Salzburger Adventsingen: Ende Nov.–Mitte Dez., jeweils Fr/Sa/So. Erhebende kollektive Klänge, dargebracht u. a. im Großen Festspielhaus und in der St.-Andrä-Kirche; www.salzburgeradventsingen.at.

Advents- und Christkindlmärkte: u. a. am Dom-, Residenz- und Mirabellplatz und in Schloss Hellbrunn.

Weihnachten

24./25. Dezember: Gräberschmücken, **Krippenspiele, Turmblasen** und **Weihnachts-** bzw. **Christkindlschießen** der Schützenkompanien in vielen Orten. Häufig wird am Heiligen Abend auch mit **Rauchpfannen** von Haus zu Haus gegangen; Weihrauch sowie der Rauch geweihter Zweige und Kräuter sollen finstere Mächte vertreiben und Haus, Hof, Scheune und Stall vor Bösem bewahren. Spezielle **Stille-Nacht-Feiern** finden in Hallein und Oberndorf statt.

In Letzterem wird dem unsterblichen Schöpfer am 24. um 17 Uhr mit einer Messe gedacht, bei der das Lied in der Originalfassung erklingt. In Hallein singt zeitgleich vor dem Stille-Nacht-Museum die örtliche Liedertafel.

Einreisebestimmungen

Für EU-Bürger, Schweizer und auch Bürger einiger anderer Staaten genügt – wenn sie sich nicht länger als max. drei Monate in Österreich aufhalten – ein amtlicher Personalausweis. Jedes Kind, das ins Ausland reist, benötigt unabhängig vom Alter ein eigenes Reisedokument.

Zollkontrollen werden bei Einreise aus einem EU-Land gemäß dem Schengener Abkommen nicht mehr durchgeführt. Stichproben zur Kontrolle sind – insbesondere bei Einreise aus der Schweiz – freilich jederzeit möglich.

Euro und andere Zahlungsmittel dürfen in unbeschränkter Höhe ein- und ausgeführt werden. Ab einer Summe von ca. 10 000 € muss die Aus- bzw. Einfuhr jedoch an die Österreichische Nationalbank gemeldet werden.

Feiertage

1. Januar: Neujahr
6. Januar: Hl. Drei Könige

Karfreitag
Ostermontag
1. Mai: Tag der Arbeit
Christi Himmelfahrt
Pfingstmontag
Fronleichnam
15. August: Mariä Himmelfahrt
26. Oktober: Nationalfeiertag
1. November: Allerheiligen
8. Dezember: Mariä Empfängnis
25. und 26. Dezember: Weihnachten

Gesundheit

Bei einem Unfall oder einer plötzlichen Erkrankung haben EU-Bürger und Schweizer Anspruch auf öffentliche Gesundheitsversorgung. Hierfür wird die **Europäische Krankenversicherungskarte** benötigt, die von der Krankenkasse zu Hause ausgestellt wird. Bei ihrer Vorlage muss der Patient vor Ort nichts bezahlen. Vielmehr rechnet die Gebietskasse in Salzburg die angefallenen Kosten mit der jeweiligen heimischen Kasse ab. Dies gilt sowohl für Spitäler als auch für Kassenärzte. Bei beiden ist freilich mit oft erheblichen Wartezeiten zu rechnen, die durch den Besuch bei Privatärzten oder -kliniken meist zu umgehen sind. Doch sind dortige Behandlungen ebenso wie Zahnarztbesuche grundsätzlich direkt vor Ort zu bezahlen. Für Privatbehandlungen ist der Abschluss einer Reisekrankenversicherung ratsam.

Krankenhäuser (eine Auswahl)

Landeskrankenhaus: Müllner Hauptstr. 48, T 05 72 55-0, www.salk.at
Unfallkrankenhaus: Dr.-Franz-Rehrl-Platz 5, T 05 93 93-440 00, www.ukh salzburg.at
Uniklinikum Christian-Doppler-Klinik: Ignaz-Harrer-Str. 79, T 05 72 55-0, www.christian-doppler-klinik.at

Für Notfälle: s. »Im Notfall« S. 236.

Apotheken

Mo–Fr 8–12.30, 14.30–18, Sa 8–12 Uhr. Für die Beanspruchung des Nacht-, Wochenend-, Feiertagsdienstes werden geringe Gebühren berechnet. Bei jeder geschlossenen Apotheke finden sich Hinweise auf die nächste geöffnete.

Informationsquellen

Fremdenverkehrsämter

Österreich Information
für die D-A-CH-Region:
T 0800 400 200 00, Mo–Fr 9–13 Uhr
urlaub@austria.info
tourist@salzburg.info
www.austria.info

In Salzburg

Tourismus Salzburg GmbH
Auerspergstr. 6, 5020 Salzburg
T 0662 88 98 70
www.salzburg.info

Tourist Info – Mozartplatz
Mozartplatz 5, T 0662 889 87-330
Hochsaison: tgl. 9–18 Uhr,
Nebensaison: Mo–Sa 9–17 Uhr

Tourist Info – Hauptbahnhof
Südtiroler Platz 1,
T 0662 889 87-340
Hochsaison: tgl. 8.30–18 Uhr,
Nebensaison: tgl. 9–18, So 9–17 Uhr

SalzburgerLand Tourismus GmbH
Postfach 1,
5300 Hallwang
T 0662 66 88-0
www.salzburgerland.com

Salzkammergut Tourismus-Marketing GmbH
Salinenplatz 1,
4820 Bad Ischl
T 06132 26 909-0
www.salzkammergut.at

Infos im Internet

Folgende Adressen können bei der Vorbereitung einer Salzburg-Reise sowie beim Aufenthalt in der Landeshauptstadt oder im Salzburger Land aktuelle Tipps und nutzbringende Hinweise liefern. Landeskennung: .at

www.salzburg.info
Eine Fülle von Informationen zu allen erdenklichen Aspekten des Stadtlebens, von Sightseeing und Veranstaltungen über Essen & Trinken, Einkaufen, praktische Tipps zu Anreise und Aufenthalt bis hin zu Unterkünften (auch direkte Buchungsmöglichkeit!) sowie vielerlei Hintergrundinfos zu diversen Themen erhält man auf dieser offiziellen Website der Tourismus Salzburg GmbH.

www.fraeuleinflora.at
Der junge, freche City-Blog verrät Hunderte Geheimtipps abseits der touristischen Trampelpfade. Ideal für alle, die das Salzburg der Einheimischen entdecken möchten. Auf der Facebook-Seite gibt es außerdem täglich aktuelle Veranstaltungstipps.

www.salzburg.info/de/reiseinfos
Adressen, Öffnungszeiten und Kurzcharakterisierungen von Bars, Pubs und Clubs, Restaurants, Kaffee- und Gasthäusern – ein kundiger, stets aktueller Wegweiser für alle (erlebnis-)hungrigen Nachteulen (s. auf der Website den Link ›Nachtschwärmer‹).

www.salzburgerfestspiele.at
Umfassende Hintergrundinformationen über die Geschichte, alle Spielstätten und Rahmenaktivitäten dieses Renommierfestivals und seines Zwillings, der Pfingstfestspiele; vor allem aber natürlich ein kompletter Führer zum aktuellen Spielplan samt Biografien aller Interpreten, sowie Online-Bestellmöglichkeit für Einzelkarten und Abos. Zu den Osterfestspielen: s. www.osterfestspiele-salzburg.at.

www.salzburgerland.com/de
Die Homepage der SalzburgerLand Tourismus Gesellschaft bietet jene geballte Ladung an Infos, die man für einen gelungenen Sommer- oder Winterurlaub benötigt. Sport & Spaß, Natur & Wellness, Kultur & Kulinarik, dazu aktuelle Veranstaltungskalender, Wetterprognosen, Schneeberichte, Badetemperaturen, interaktive Karten, Livecams, und auch hier die sehr hilfreiche Möglichkeit, das Urlaubsquartier gleich direkt online zu buchen.

www.salzkammergut.at
Wer einen Urlaub zwischen Gmunden und Hallstatt, Fuschl und Bad Aussee plant, kommt an dieser Website nicht vorbei: Praktisches von der Anreise bis zur Online-Zimmerbuchung sowie eine Fülle an Wissenswertem über das malerische Dreiländereck.

www.salzburger-seenland.at
Die Urlaubsregion Flachgau mit ihren idyllischen Badeseen im touristischen Überblick – Sehenswürdigkeiten, Veranstaltungen, Unterkünfte, aber auch Webcams und Gastwirte-Verzeichnis.

www.nationalpark.at/
www.hohetauern.at
Vielfältige Anregungen zum perfekten (Hoch-)Gebirgserlebnis – Ausflugsziele, Veranstaltungen, Sportmöglichkeiten von Krimmler Fällen und Glocknerstraße bis zum Almsommer. Und wer mag, kann hier auch online sein Hotel buchen.

www.austria.info
Eine touristische Horizonterweiterung über die Grenzen des Salzburger Landes hinaus? Die offizielle Website der Österreich-Werbung ermöglicht sie mit vielerlei Wissenswertem über sämtliche Kunst- und Naturschätze, Aktivitäten und Ferienangebote zwischen Boden- und Neusiedlersee.

www.salzburg.gv.at
Die aktuellsten Infos über sämtliche Serviceangebote der Salzburger Landesregierung – Wohnen, Gesundheit, Soziales, Bildung, Forschung, Umwelt, Natur, Verkehr, Energie, zudem ein Blick hinter die Kulissen der aktuellen Politik sowie, für

Gäste wohl am relevantesten, Wirtschaft und Tourismus, Kultur und Sport – finden sich auf der offiziellen Website der Landesregierung.

www.salzburg.com
Der Platzhirsch unter den örtlichen Printmedien: Die »Salzburger Nachrichten« bringen, wie es sich für eine qualitätvolle Tageszeitung gehört, auch auf ihrem Online-Portal vielfältige News, aktuell, mit Hintergrundanalysen, fein säuberlich sortiert aus der weiten Welt, dem Herz der Landespolitik, aber auch den peripheren Orten der fünf Gaue. Wer wissen will, worüber die Salzburger diskutieren: Hier steht es zu lesen.

Kinder

In **Salzburg** brauchen Eltern keine Bange zu haben: Das speziell auf die Bedürfnisse des Nachwuchs angepasste Kultur- und Freizeitangebot ist riesengroß. In der Stadt machen erfahrungsgemäß Besuche des Marionettentheaters, des Spielzeugmuseums, des Hauses der Natur, der Hohenfestung und des Tiergartens Hellbrunn auf die Kleinen besonders großen Eindruck.

Zum feuchtfröhlichen Treiben lädt Schloss Hellbrunn mit seinen Wasserspielen, zum Austoben der ebenfalls zu Hellbrunn gehörende Kinderspielplatz (Eintritt frei) ein. Und im Freilichtmuseum Großgmain (s. S. 96) sorgen Schauvorführungen alter Handwerke und Folklore für lehrreichen Spaß.

Das **Salzburger Land** und **Salzkammergut** garantieren mit ihren Bächen und Seen, Bergen, Wäldern und Wiesen schon an sich jede Menge Kurzweil und Abenteuer. Ein intensives Naturerlebnis verspricht der als eigene Produktgruppe angebotene »Urlaub am Bauernhof«. Zahlreich sind auch die sonstigen Möglichkeiten. Sie reichen von Sommerrodelbahnen, Bergwerks- und Höhlenbesuchen über Bootspartien, Fahrten mit Schmalspur- und Zahnradbahnen (Oberpinzgau, Lungau, Schafsberg u. v. m.) bis zum Goldwaschen in der Rauriser Ache oder Visiten in Tier- und Wildparks (u. a. Ferleiten, Großgmain, St. Wolfgang, Neukirchen am Attersee und Untersberg).

Generell erweist sich die **touristische Infrastruktur** des Landes als überaus kinder- und familienfreundlich. So finden sich in fast jeder Urlaubsgemeinde Spielplätze, vielerorts auch Gastkindergärten, Babysittingservices und spezielle Kinderprogramme (Auskünfte in den jeweiligen Fremdenverkehrsämtern). Das Gros der Gastronomiebetriebe hält eigene Speisekarten, Sitzgelegenheiten und oft auch Spielplätze für die Kleinen bereit. Etliche Übernachtungsbetriebe nehmen auf die einschlägigen Bedürfnisse von Eltern ganz besonders Rücksicht und haben sich zur Gruppe der Familien- und Kinderhotels (www.kinderhotels.at) zusammengeschlossen.

Ein Hinweis zur **Schonung des Urlaubsbudgets:** In fast allen Sehenswürdigkeiten, aber auch bei Bootsfahrten, Seilbahnen und Skiliften etc. genießen in der Regel Kinder bis sechs Jahre freien und bis 14 Jahre ermäßigten Eintritt.

www.salzburgerland.com/de/family
Unter dieser Webadresse finden sich einschlägige Infos zu Angeboten für Kinder und Jugendliche im Land.

Klima und Reisezeit

Salzburgs Witterung unterscheidet sich nicht grundsätzlich von jener in (süd-) deutschen Landen. Durch die Lage am Alpennordrand und die häufigen (Nord-) Westwinde regnet oder schneit es allerdings etwas öfter. Bei der Wahl der Kleidung ist deshalb auf die latente Möglichkeit von Schauern – oder Schnürlregen (hartnäckiger Dauerregen) – zu achten.

Die beste Zeit für Ihren individuellen Aufenthalt

Das Salzburger Land kennt grob gesprochen zwei Hauptsaisons. Die Sommersaison dauert von Juni bis Oktober mit dem ferienbedingten Saisonhöhepunkt im Juli und August, wenn das touristische Angebot am umfangreichsten und Luft- und Wassertemperaturen sowie Hotelpreise am höchsten sind. Die Wintersaison beginnt mit dem ersten ergiebigen Schneefall (meist im Lauf des Dezembers) und endet, je nach Höhenlage, zwischen Anfang April und Mitte Mai.

Während die Wochen von ca. Anfang April bis Mitte Mai im Tal eher besucherschwach sind, locken Anfang September bis Ende Oktober, wenn sich die Natur von ihrer farbenprächtigsten Seite zeigt, 80 Orte in allen Regionen alljährlich im Rahmen des Bauernherbstes nach dem Motto »Feiern – Verkosten – Kultur« mit kulinarischen Genüssen. Parallel kommen dann auch Freunde von bäuerlichem (Kunst-)Handwerk und Brauchtum auf ihre Kosten. Als überaus stimmungsvoll erweist sich in Stadt und Land auch die Adventszeit.

ALLES ZUM WETTER

Allgemeine Wettervorhersagen, relevant insbesondere für Berggeher, sind im Internet unter http://wetter.orf.at/sbg ersichtlich.
Über die Lawinensituation informiert die Website des Lawinenwarnzentrums: www.lawine.salzburg.at.
Aktuelle Informationen über Schneelage, Liftbetrieb etc. bietet im Winterhalbjahr die SalzburgerLand Tourismus GmbH auf ihrer Website www.salzburgerland.com. Ebendort finden sich im Sommer unter dem Stichwort Sport&Spaß/Baden auch die aktuellen Temperaturen der Badeseen.

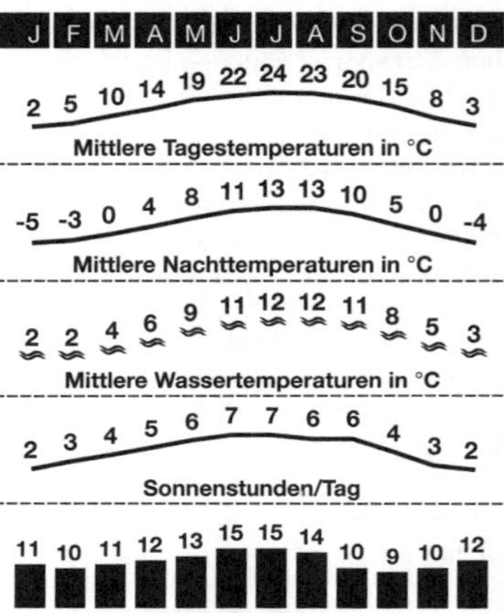

	J	F	M	A	M	J	J	A	S	O	N	D
Mittlere Tagestemperaturen in °C	2	5	10	14	19	22	24	23	20	15	8	3
Mittlere Nachttemperaturen in °C	-5	-3	0	4	8	11	13	13	10	5	0	-4
Mittlere Wassertemperaturen in °C	2	2	4	6	9	11	12	12	11	8	5	3
Sonnenstunden/Tag	2	3	4	5	6	7	7	6	6	4	3	2
Regentage/Monat	11	10	11	12	13	15	15	14	10	9	10	12

So ist das Wetter in Salzburg.

Dann werden an zahlreichen Orten Advents- und Christkindlmärkte abgehalten, Adventssingen veranstaltet und vielerlei alte Bräuche gepflegt.

Etwas anders verlaufen die Saisons für Salzburg-Stadt: Da herrscht während der Sommer-, aber auch während der Oster- und Pfingstfestspiele besonderes Highlife. Das Preisniveau in den meist völlig ausgebuchten Hotels ist dann merklich höher, das Reservieren längerfristig im Voraus unerlässlich. Ein Vorteil sind die in jener Zeit verlängerten Öffnungszeiten vor allem in der Gastronomie, sodass man in vielen Lokalen bis lange nach Mitternacht essen und sitzen kann.

Belebt erfährt der Stadttourismus neuerdings auch off season durch Veranstaltungsreihen wie etwa die Mozart-Woche Ende Januar oder Jazz & the City im Oktober. In abgeschwächter Form gilt auch für jene Tage: Zimmer vorab buchen!

Kleidung und Ausrüstung

Im touristischen Alltag genügt für gewöhnlich Freizeitkleidung. Doch bei Anlässen der Hochkultur wie klassischen Konzerten, Bällen oder gar Abenden im Rahmen der Festspiele zelebrieren die Salzburger gerne das Ritual der bürgerlichen Repräsentation. Elegante Garderobe (im Zweifel samt Schlips) ist dort meist obligatorisch. Wer eine Bergtour plant: Nie ohne bergtaugliche und erprobte Ausrüstung – Bergstiefel, Wanderstock, Rucksack mit Proviant und Wasser, Sonnenschutz, Regenkleidung – aufbrechen. Im Sommer locken Seen und Bäder, ganzjährig die Wellnessoasen der Hotels – also: Badesachen einpacken!

Lesetipps

Frederik Baker bzw. **Hubertus Czernin** (Hg.): Salzburg bzw. Salzkammergut, Klagenfurt 2004/1998. Zwei Büchlein voller belletristischer Fundstücke über die Salzachstadt und die berühmte Urlaubs- und Geisteslandschaft, in der für die erfolgreiche Anthologie-Reihe »Europa Erlesen« charakteristischen handlich-bibliophilen Aufmachung.

Bernhard Barta (Hg.): Künstler & Kaiser im Salzkammergut, Wien 2008. Charmante, an Anekdoten reiche und liebevoll bebilderte Spaziergänge auf den Spuren prominenter Sommerfrischler von anno dazumal – von Altenberg, Lehár, Klimt und Mahler bis zu Kaiser Franz Joseph höchstderoselbst.

Eva Gesine Baur: Mozart. Genius und Eros, München 2016. So umfang- wie kenntnisreiche Biografie, die auch die Schattenseiten des Genies nicht ausspart.

C. Brandstätter und C. H. Stifter (Hg.): Salzkammergut – Die Welt von gestern in Farbe, Wien 2009. Ein fotohistorischer Sensationsfund: ein Jahrhundert lang verschollene Farbdiapositive, die Alltag, Brauchtum, Ort- und Landschaften zur Zeit um 1900 authentisch zeigen, sorgsam präsentiert und kommentiert im hochwertigen Bildband.

Heinz Dopsch: Salzburg, Salzburg 2008. Über 800-seitige Monumentalgeschichte der Stadt von den Kelten bis zur Gegenwart. Ein Standardwerk und Muss für Salzburg-Liebhaber und -Kenner.

René Freund: Lesereise Salzkammergut: Skizzen aus der Mitte, Wien 2015. Feuilletonistische Streifzüge durch das geschichtsträchtige Herzland Österreichs, erschienen in der bewährten Picus-Reihe »Lesereisen«.

Carolina Gnigler: Genießen in Salzburg, Wien 2020. Ein charmanter Begleiter auf lukullischen Entdeckungsreisen durch Stadt und Land – zu Kaffeehäusern, Gourmettempeln, Schnapsbrennereien, Bierbrauereien, Würstelständen u. v. m.

Peter Handke: Am Felsfenster morgens und andere Ortszeiten, Frankfurt 2018. Das Salzburger Journal des feinfühligen Wortkünstlers, verfasst 1982–87, in seinen »Jahren der Sesshaftigkeit und des Wohnens« an der Salzach.

Erich Kästner: Der Kleine Grenzverkehr oder Georg und die Zwischenfälle, Hamburg 2017. Launiger Roman um einen jungen Dichter, der kurz vor dem Zweiten Weltkrieg eine Einladung zu den Festspielen erhält, aber auf zahlreiche Schwierigkeiten trifft, dieser nachzukommen.

Gert Kerschbaumer: Stefan Zweig – Der fliegende Salzburger, Frankfurt 2005. Fundierte Biografie über den weltberühmten Schriftsteller, der über viele Jahre seinen Lebensmittelpunkt in der Salzachstadt hatte.

Alfred Komarek: Salzkammergut und Ausseerland, Wien 2010 bzw. 2012. Der erfolgreiche Romanautor und Reisefeuilletonist erkundet in diesen beiden Bänden im charmanten Erzählton anekdoten- und faktenreich Geschichte und Gegenwart der beiden so traditionsreichen Kulturlandschaften.

Susanne Rolinek, Gerald Lehner u. Christian Strasser: Im Schatten der Mozartkugel, Salzburg 2009. Sehr spannende Auseinandersetzung mit den Spuren der

NS-Herrschaft in Salzburg und ihren vielen vergessenen und verdrängten Kapiteln.
Herbert Rosendorfer: Salzburg für Anfänger, München 2005. Ein so humorvoller wie informativer Führer für alle Freunde und Feinde der Mozartstadt und eine Handreichung mit Augenzwinkern für alle Festspielbesucher.
Georg Trakl: Das dichterische Werk, München 2001. Salzburgs Genius Loci wird in den gesammelten Gedichten des Frühexpressionisten auf so eindringliche wie düstere Weise lebendig.
Walter M. Weiss: 111 Orte die man im Salzkammergut (bzw. im Ausseerland) gesehen haben muss, Köln 2023. Der ideale bibliophile Zusatzbegleiter auf der Suche nach spannenden, wenig bekannten Attraktionen in der Region.
Sibylle Zehle: Max Reinhardt – Ein Leben als Festspiel, Wien 2020. Opulent gestaltete und penibel recherchierte Text-Bild-Biografie des genialischen Regisseurs, Weltbürgers und Festspielgründers, mit vielen, bisher unveröffentlichten Fotografien.
Carl Zuckmayer: Henndorfer Pastorale, St. Pölten 2004. Die Erinnerungen vom Autor des »Hauptmann von Köpenick« und »Des Teufels General« an seine idyllischen Jahre am Wallersee. Salzburg-Bezüge auch in anderen Werken, u. a. in »Seelenbräu« und »Als wär's ein Stück von mir«, alle in: Gesammelte Werke, Frankfurt 1999.
Stefan Zweig: Die Welt von gestern, Frankfurt 2017. Die ungemein lesenswerte Lebensgeschichte des Erfolgsautors – das wehmütige Porträt des bürgerlichen Europa zwischen 1900 und dem Zweiten Weltkrieg, mit ausführlichen Schilderungen seiner Salzburger Jahre.

Preise

In diesem Buch werden im Reiseteil unter den Übernachten- und Restaurant-Adressen Preiskategorien genannt, die folgendermaßen gestaffelt sind:

Übernachten
€ = DZ bis 120 €
€€ = DZ 120–200 €
€€€ = DZ über 200 €

Essen
€ = Hauptspeisen unter 14 €
€€ = Hauptspeisen 14–28 €
€€€ = Hauptspeisen über 28 €

Rauchen

Der Glimmstengel ist aus allen Gasthäusern und Lokalen verbannt, ebenso E-Zigaretten. Auch Vereinslokale und Zeltfeste sind in das Verbot integriert.

Reisen mit Handicap

Informationen bzw. Broschüren über behindertengerechte Gastronomie- und Hotelleriebetriebe können kostenlos bei den Fremdenverkehrsbüros von Stadt und Land (s. Stichwort »Fremdenverkehrsämter«, S. 229) angefordert werden. Antworten auf allgemeine Fragen und Hilfestellungen gibt die **Lebenshilfe Salzburg** (Nonntaler Hauptstr. 55, T 0662 82 09 84-0). **Rollstühle verleihen** in der Stadt das Sanitätshaus Tappe (Schallmooser Hauptstr. 51, T 05 7071-5721, www.tappe.at) und das Sanitätshaus Lambert (Bergstr. 8, T 0662 87 96 88, www.lambert.at).

Reiseplanung

Stippvisite – Region Salzburg zum Kennenlernen

Unverzichtbarer Anlaufpunkt Nummer eins ist die Landesmetropole. Sie gilt dank ihrem Mix aus mittelalterlichen Gassen, barocken Kirchen und Palästen und der perfekten Synthese aus urbaner und Naturlandschaft als einzigartig. Hinzu kommt das reiche kulturelle Angebot. Für die Erkundung des

Salzburger Landes ist die Grundsatzentscheidung zu treffen: Will man sich auf die Schönheiten des nahe gelegenen Salzkammerguts beschränken oder in die alpinen Gefilde im Süden vordringen?

Um im Salzkammergut Highlights wie St. Wolfgang, Mond-, Atter- und Fuschlsee, die UNESCO-Weltkulturerberegion Hallstatt-Obertraun und, weiter östlich noch, das Ausseerland zu besuchen, empfiehlt es sich, an einem Ort, z. B. St. Gilgen oder Bad Ischl, Quartier zu nehmen und von dort aus sternförmig Ausflüge zu unternehmen. Spektakuläre Hochgebirgsnatur wartet weiter salzachaufwärts (s. u., Rundreise): im Gasteiner-, Rauriser-, Kaprunertal, an den Krimmler Wasserfällen bzw. entlang der Glocknerstraße, aber auch rund um den Hochkönig und das Steinerne Meer bei Saalfelden.

Abseits der Touristenströme

Abseits ausgetretener Urlauberpfade lockt im Südosten des Landes der Lungau mit ruhigen, dicht bewaldeten Seitentälern. Wer bukolisches Hügelland liebt, lässt im Flachgau die Seele baumeln. Wenig touristisiert und sehr naturbelassen sind auch die Höhenrücken zwischen Traun- und Attersee. In der Hauptsaison chronisch überlaufen ist hingegen die Salzburger Altstadt und der Bilderbuchort Hallstatt. Was freilich nichts daran ändert, dass man beide gesehen haben ›muss‹.

Rundreisevorschlag: Klassiker und Eskapaden

1. Tag: Man reist von der Landeshauptstadt (die selbstredend für sich allein einen mehrtägigen Aufenthalt mehr als verdient) südwärts, besichtigt Burg Hohenwerfen und die Eisriesenwelt und nächtigt in Werfen oder Bischofshofen.

2. Tag: Panoramafahrt von Bischofshofen westwärts, am Fuß des Hochkönig über Mühlbach und Dienten nach Zell am See, Fahrt zu den Staumauern von Kaprun oder, alternativ, per Gletscher-Seilbahn aufs Kitzsteinhorn. Zwei Übernachtungen in Zell am See.

3. Tag: Fahrt über die Großglockner-Hochalpenstraße ins Kärntnerische Heiligenblut und zurück.

4. Tag: Fahrt entlang dem Oberlauf der Salzach mit Zwischenstopp in Mittersill nach Krimml, Besichtigung der Wasserfälle. Übernachtung in Krimml.

5. Tag: Zurück, salzachostwärts bis Taxenbach, Abstecher ins Rauriser Tal, an dessen Schluss, in Kolm Saigurn, kleine Wanderung durch den Rauriser Urwald. Weiterfahrt ins Gasteiner Tal. Zwei Übernachtungen in Bad Hofgastein oder Bad Gastein.

6. Tag: Ortsbummel durch Bad Gastein, Spaziergang über Höhenpromenade nach Hofgastein, entspannen in Felsenbad oder Alpentherme.

7. Tag: Fahrt über St. Johann – evtl. Begehung der Liechtensteinklamm – über die Radstädter Tauern in den Lungau. Davor Zwischenstopps in Wagrain (Waggerl-Museum) und/oder Radstadt (Stadtspaziergang).

8./9. Tag: Im Lungau – Spaziergänge durch die Ortskerne von Tamsweg, St. Michael und Mauterndorf (Burg!), Schloss Moosham, Wanderung im Naturpark Riedingtal, rund um Weißpriach oder zum Prebersee.

10. Tag: Heimreise auf der A 10 durch den Tauerntunnel nach Salzburg, Halbtages-Stopp in Hallein mit Besichtigung von Schaubergwerk, Keltendorf und -museum.

Sicherheit

Salzburg ist zwar keineswegs eine kriminalitätsfreie Zone, aber im Alltag im europäischen Vergleich ausgesprochen sicher. Schützen sollten Sie sich im Gedränge, etwa in öffentlichen Verkehrsmitteln zur Stoßzeit, vor Trick- und Taschendieben, indem Sie Preziosen tunlichst im Hotelsafe lassen und Geld am Körper tragen.

IM NOTFALL

N

Feuerwehr: T 122
Polizei: T 133
Rettungsdienst: T 144
Euro-Notruf: T 112
Ärzte-Bereitschaftsdienst: T 141 (rund um die Uhr)
Zahnärztlicher Notdienst: T 0662 87 00 22
Bei Vergiftungen: T 01 406 43 43-0
Fundamt der Stadt Salzburg: im Schloss Mirabell, T 0662 80 72-35 80, Mo–Do 7.30–16, Fr 7.30–13 Uhr. Bei Verlusten im **Taxi** ruft man in der jeweiligen **Funkzentrale** an.
Sperrung von Handys, Bank- und Kreditkarten: +49 116 116

Steigend ist die Zahl der Autoeinbrüche. Deshalb niemals Taschen oder auch Wertgegenstände (z. B. Laptops) sichtbar im Wageninneren liegen lassen!

Diplomatische Vertretungen

Honorarkonsulat Deutschland
Dreifaltigkeitsgasse 11
T 0662 88 02 01-121
salzburg@hk-diplo.de
Besuchszeiten: Mo, Mi, Fr 8.30–12 Uhr, Telefonzeiten: Do, Di 8.30–12 Uhr

Konsulat der Schweiz
Alpenstr. 85
T 0699 19 04 40 90
salzburg@honrep.ch
Öffnungszeiten: Mo–Fr 8–12 Uhr

Souvenirs

Diverse Accessoires im Zusammenhang mit Mozart wie CDs, Bücher, Memorabilia, Kaffee, Likör und vor allem die Mozartkugeln stehen auf der Liste potenzieller Mitbringsel natürlich ganz oben. Äußerst beliebt, wenngleich nicht ganz billig, sind auch Loden- und Trachtenstoffe bzw. die daraus gefertigten Trachten, Kleider und Tücher, Joppen, Anzüge und Mäntel. Charmante Erzeugnisse des örtlichen Kunsthandwerks sind weiters Hinterglasbilder, Trockenblumen, bemalte Bauernmöbel, Lederhosen, die berühmten Goiserer-Bergschuhe sowie die Gmundner und Mondseer Keramik.

Als schmack- und nahrhafte Souvenirs eignen sich außerdem jene landschaftlichen Produkte, vom Brot über Gselchtes und Speck bis zum Bier, Most und Almkäse, die auf den unzähligen Bauernmärkten und den Festen des Bauernherbstes feilgeboten werden.

Apropos Bauernherbst: Im Rahmen dieser landesweit von Ende August bis Ende Oktober veranstalteten Aktion kann man als Tourist nicht nur erntefrische landwirtschaftliche Produkte erstehen, sondern auch interessante Einblicke in Alltag und (Kunst-)Handwerk der bäuerlichen Bevölkerung gewinnen. Nähere Infos bei SalzburgerLand Tourismus bzw. auf www.bauernherbst.com.

Übernachten

Auswahl an Unterkünften

Allein die Stadt Salzburg hat insgesamt an die 170 gewerbliche Betriebe mit über 10 000 Betten aller Art zu bieten, wobei während der Hoch- und Festspielsaison noch viele private Unterkünfte hinzukommen. Auch im Land Salzburg hat der Gast die Auswahl zwischen einer Vielzahl von Hotels, Pensionen und Gasthöfen aller Preiskategorien sowie rund zwei Dutzend Jugendherbergen. Hier wie dort sind die hygienischen Standards durchweg hoch.

Was Komfort und Ausstattung betrifft, reicht die Palette von luxuriösen (Schloss-)**Hotels** über gutbürgerliche

Traditionshäuser im 3- und 4-Sterne-Bereich bis zu einfacheren, aber in der Regel tadellosen Quartieren für kostenbewusste Gäste.

Insbesondere für vielköpfige Familien oder größere Freundesgruppen bieten **Ferienwohnungen,** von denen es in Touristengemeinden für gewöhnlich viele gibt, eine praktische und preisgünstige Alternative.

Über das Land verstreut finden sich in der warmen Jahreszeit zudem zahlreiche bestens ausgestattete **Campingplätze.** Wild zu campieren ist übrigens – vor allem aus landschafts- und umweltschützerischen Gründen – strikt verboten.

Preise

Die Konditionen für Hotelzimmer oder Ferienwohnungen bewegen sich in Salzburg und im Salzkammergut grundsätzlich etwa auf ähnlichem Niveau wie in bundesdeutschen Fremdenverkehrsgebieten. Zu beachten ist allerdings, dass die Tarife zur Hauptsaison, also im Juli/August und um Weihnachten, vielerorts deutlich erhöht werden. Dies gilt ganz besonders für die Stadt Salzburg und ihr Umland während der Sommerfestspiele. Wobei in diesen Wochen Quartiere generell Mangelware und dementsprechend frühzeitige Reservierungen ratsam sind.

ONLINE BUCHEN – OFT GÜNSTIGER

Ein wichtiger Tipp: In wirtschaftlich turbulenten Zeiten wie diesen steht auch die Hotellerie stark unter Druck. Viele Marktteilnehmer trachten daher einander mit kurzfristigen Preisnachlässen zu unterbieten. Vor allem auf deren Websites findet man häufig Angebote, die deutlich unter den Listentarifen liegen. Kurzfristige Recherchen online sind deshalb erfahrungsgemäß oft sehr lohnenswert. Auch bei Anfragen über Telefon sollte man stets nach Sonderkonditionen fragen.

Pensionen, Hotels und Ferienwohnungen

Einige Worte zur Begriffsklärung: Pensionen unterscheiden sich in Salzburg wie generell in Österreich von Hotels darin, dass sie oft nur einen Teil, meist eine Etage, eines Wohngebäudes umfassen. Ihr Angebot ist oft weniger vielfältig, enthält etwa nur Frühstück. Dafür zeichnet sie in der Regel eine familiärere Atmosphäre aus. Bei Appartements bzw. Ferienwohnungen (FeWos) sind Wohn- und Schlafbereich getrennt und – für sparsame Selbstversorger entscheidend! – Kochnischen vorhanden.

Buchen

Hotelbuchungen in sämtlichen Feriengemeinden im Salzburger Land – so auch Spezialangebote wie etwa Last Minute oder barrierefreie Quartiere – nimmt man unter T 0662 66 88-0 oder bequem online auf der Website www.salzburgerland.com vor.

Unterkünfte in der Stadt Salzburg selbst bucht man am einfachsten unter T 0662 889 87-0, -318, -319 oder -320 oder online über hotel@salzburg.info bzw. über die Website der Tourismus Salzburg GmbH www.salzburg.info.

Beachtenswert: Die **Package-Angebote** von Hotelzimmern in Kombination mit der Salzburg Card (s. S. 241) sind wirklich lohnenswert.

Mitwohnen

Online-Plattformen – Um rasch und unkompliziert Möglichkeiten zum Mitwohnen bzw. günstige Appartements, Ferienwohnungen und Hotels zu finden, empfiehlt sich die Eigenrecherche u. a. auf folgenden Websites: www.gastgeber.net oder www.urlaub-anbieter.com.

Jugendherbergen

Jugendherbergen, die manchmal auch unter der Bezeichnung Hostel oder Jugendgästehäuser firmieren, sind in der Regel ganzjährig, vereinzelt aber auch nur in den Sommerferien in Betrieb. Allerdings ist der Aufenthalt in manchen Häusern auf maximal sechs Nächte beschränkt. Er ist grundsätzlich jeder Person ohne Altersbeschränkung möglich.

Ohne **Herbergsausweis** ist vereinzelt ein Tagesaufschlag in Höhe von ca. 3,80 € zu bezahlen.

Einen umfassenden Angebotsüberblick bietet www.youngsalzburgerland.com. Bewährte Adressen in Stadt und/oder Land enthalten u. a. die Websites www.salzburger-jugendherbergswerk.at, www.yoho.at und www.jufa.eu.

Campingplätze

Camper finden auf www.salzburgerland.com/de/camping alle für sie relevante Reiseinfos, selbstredend auch zu den Dutzenden über das ganze Land verstreuten Campingplätzen, interaktive Karten inklusive.

Auch kann man hier oder unter T 0662 66 88-0 den einschlägigen Prospekt bestellen. Im selben Zusammenhang interessant ist auch www.campsite.at.

Bauernhof-/Hüttenurlaub

Informationen über das besonders familienfreundliche Ferienambiente auf einem Bauernhof liefert der Bundesverband Urlaub am Bauernhof in Österreich, 5020 Salzburg, Schwarzstr. 19, T 0662 88 02 02, www.urlaubambauernhof.at.

Immer größerer Beliebtheit erfreuen sich in jüngsten Jahren auch Hüttenurlaube. Ob auf bewirtschafteten Hütten, solchen für Selbstversorger oder in einem der deutlich komfortableren Almdörfer – alle Infos über diese besonders romantische Art einer Auszeit bietet www.salzburgerland.com/de/huettenurlaub.

Verkehrsmittel in der Stadt

Für die Salzburger Innenstadt empfiehlt es sich, das Auto am Stadtrand zu parken und das Park-and-Ride-System zu nutzen (s. S. 239). Ein breites Angebot von Bussen und Taxis, die über eigene Fahrspuren verfügen, erspart Staus im Individualverkehr und die oft endlose Suche nach einem Parkplatz.

Auch per pedes oder eventuell mit einem Leihfahrrad erreicht der Besucher in der fußgänger- und radlerfreundlichen Stadt meist schneller sein Ziel als im Auto – denn die Altstadt ist Fußgängerzone und kann problemlos in 15–25 Min. zu Fuß durchquert werden.

Stadtbusse

Die qando-App der Salzburg AG gibt Aufschluss über die Ziele der 18 Buslinien sowie über Ticketpreise und Ermäßigungen.

Fahrpreise: Einzelticket 2,90 € (Vorverkauf: 2,10 €, 9–17 Uhr werktags 1,70 €), 24-Std.-Netzkarte 6,40 € (4,50 €). Erhältlich in allen größeren Haltestellen in Automaten, bei rund 130 Trafiken sowie u. a. in den Service Centers Verkehr (Mönchsbergaufzug, Gstättengasse 13, tgl. 8–16 Uhr), Lokalbahnhof (Südtiroler Platz/Untergeschoss, Mo–Fr 7–17 Uhr) und Alpenstr. 91 (Mo–Do 8.30–16, Fr –12.30 Uhr; hier auch Fundbüro); Infos: T 0800 660 660 oder www.stadtbus.at. Zu empfehlen ist die **SalzburgCard,** mit der man 24, 48 oder 72 Std. lang mit den StadtBussen unterwegs ist und außerdem freien Eintritt in sämtliche Sehenswürdigkeiten genießt (s. S. 241).

Taxis

Eine 10-minütige innerstädtische Fahrt kostet etwa 10–13 €, Taxifahrten außerhalb des Stadtgebiets schlagen pro Kilometer mit ca. 2 € zu Buche.

Standplätze: Hanuschplatz, Max-Reinhardt-Platz, Residenzplatz, Rudolfsplatz, Mönchsberg-Aufzug, Bahnhof, Hofwirt, Makartplatz, Unfallkrankenhaus, Hotel Sheraton (Auerspergstr.), Auerspergstr. 20 u. a.
SMS: T 0662 81 61-0, auch Flughafentransfer nach München und Mietwagen-Service; www.flughafentransfer.at.
Salzburger Funktaxi-Vereinigung: T 0662 81 11, www.taxi.at (bei beiden Rad- u. Rollstuhlbeförderung, Voranmeldung empfehlenswert).

Fiaker
Standplatz auf dem Residenzplatz. Tarife pro Gespann mit max. 4 Pers.: für 20–25 Min. ab 40 €, 50 Min. ca. 100 €.

Schiff
Sightseeingfahrten mit dem Panoramaschiff ›Amadeus‹; s. S. 55.

In der Stadt unterwegs
Achtung! Im Stadtgebiet von Salzburg sind Busse und Motorräder ab 22.30 Uhr unerwünscht. Außerdem gilt hier generelles Hupverbot.

Parken
Parkzonen und Kurzparkzonen: Zu unterscheiden sind gebührenfreie (Parkscheibe!) und gebührenpflichtige Zonen. Letztere sind auf Zusatztafeln an den die Kurzparkzonen markierenden Schildern explizit als solche ausgewiesen und mit Automaten für Parkscheine versehen. Auch die generell Mo–Fr 9–19 Uhr gebührenpflichtigen Kurzparkzonen sind an Samstagen (9–16 Uhr) gebührenfrei, dann aber herrscht auch hier Parkscheibenpflicht.
Max. Parkdauer (auch Sa): 3 Std. Gebühr 0,70 € für 28 Min., 1,50 € je Std. Die Parkscheinautomaten nehmen Münzen zu 10, 20, 50 Cent und 1 und 2 Euro an. Die Kurzparkzonen sind mit entsprechenden Hinweisschildern an allen Ein- und Ausfahrten der jeweiligen Gebiete gekennzeichnet, in denen die Parkbeschränkungen gelten. Die blauen Bodenmarkierungen, die gesetzlich nicht zwingend vorgeschrieben sind, zeigen mögliche Stellflächen an.
Park and Ride: Sämtliche Parkflächen in der Innenstadt – nicht nur die blau markierten Zonen! – sind Kurzparkzonen. Parken Sie deshalb Ihr Auto auf einem der P+R-Parkplätze und fahren Sie zum Sondertarif mit dem **Kombiticket** (Parkplatzgebühr und Tages-Netzkarte für max. 5 Pers.) per Öffi direkt ins Zentrum – bequemer geht es nicht.
P+R Salzburg Süd, Autobahnabfahrt Süd, Alpenstraße, ganzjährig – 330 Stellplätze, Parken plus Bus-Tagesticket auf den Linien 3 u. 8 für max. 5 Pers. 15 €.
P+R-Messezentrum, Autobahnabfahrt Messezentrum, Mai–Okt. und Dez. – 3400 Plätze, Juli/Aug. gratis Parken in Kombination mit Bus-Shuttle, Linie 18, ins Stadtzentrum p. P. 3 €/Kinder 2 €; Mai–Okt., Dez.: Parken plus Bus-Tagesticket auf den Linien 1 u. 8 für max. 5 Pers. 15 €, erhältlich 8–18 Uhr bei Halle 1 im Hauptgebäude der Fa. Contipark.
Parkgaragen (eine Auswahl): Altstadt; Bahnhof: Südtiroler Platz; Renaissance: Fanny-von-Lehnert-Str. 7; Mirabell: Mirabellplatz, Linzer Gasse, Glockengasse 4; Zentrum im Berg (ZIB): Fürbergstr. 18–20; Salzburg Airport: Flughafen (alle: ganzjährig tgl. 24 Std. geöffnet), Parken plus Bus-Tagesticket auf versch. Linien für max. 5 Pers. 15 €; Kiesel: Rainerstr. 21, Mo–Fr 7.30–18.30, Sa 7–17 Uhr, So, Fei geschl.); Forum: Karl-Wurmb-Str. 3, Mo–Fr 8–19.30, Sa 8–17.30 Uhr; Hypo-Nonntal: April–Sept. Mo–Sa 7–23, Okt.–März bis 21 Uhr, So, Fei geschl.; Auersperg: Auerspergstr. 4, Einfahrt 8–23, Ausfahrt 0–24 Uhr; Raiffeisen-Garage: Schwarzstr. 13–15, tgl. 7–24 Uhr; CityCenter: Fanny-von-Lehnert-Str. 4, Einfahrt 7–4, Ausfahrt 0–24 Uhr; WIFI-Garagen: Julius-Raab-Platz 2, Mo–Fr 7.30–23, Sa 8–18 Uhr, So, Fei geschl.

Parkplätze: Akademiestraße, Hellbrunn, Mülln, Petersbrunnstraße, Salzburg Airport.

Mietwagen

Wer die Stadt Salzburg, ihre Umgebung oder die Bergwelt im Süden erkunden will, kann entweder am Flughafen oder in diversen Stadtniederlassungen unter etlichen Mietwagenfirmen auswählen.
Avis/Budget: Karl-Wurmb-Str. 7, Flughafen, beide: T +43 (0)50 58 58 58 00, www.avis.at bzw. www.budget.at.
Buchbinder Rent a Car: Innsbrucker Bundesstr. 95, T 0507 01 04 65 00, www.buchbinder.de.
Europcar: Innsbrucker Bundesstr. 95, T 01 866 16 50, www.europcar.at.
Hertz: Ferdinand-Porsche-Str. 7, T 0662 87 66 74, am Flughafen: T 0662 85 20 86, www.hertz.at.
Sixt: Christian-Doppler-Platz 2 (am Flughafen), T 01 505 26 40 04, www.sixt.com.

Fahrrad

Salzburgs innerstädtisches Radwegenetz ist mehr als 140 km lang und damit das dichteste aller österreichischen Städte. Fahrradverleih: s. S. 56, 241.

Verkehrsmittel im Land Salzburg/Salzkammergut

Bahn

Vom Salzburger Hauptbahnhof erreicht man mit den Zügen der Österreichischen Bundesbahn (ÖBB) die Regionen im Süden und Westen (Gasteinertal, Zell am See, Saalfelden) sowie im Südosten (Radstadt) des Landes. Dabei wird eine ganze Palette von Sondertarifen für Senioren, Junioren, Familien und Gruppen angeboten.

Mit einem besonderen, sehr umweltfreundlichen Angebot wartet neuerdings im Winter die Region **Snow Space Salzburg** (Flachau/Wagrain/St. Johann im Pongau) auf: Wer ein Tagesticket der dortigen Bergbahnen kauft, ersteht automatisch ein österreichweit gültiges Gratis-Öffi-Ticket mit, reist somit kostenfrei mit dem Zug bis nach St. Johann an und kann dort direkt in die Pistenwelt einsteigen.

Informationen über Fahrpläne, Preise, Ermäßigungen und Sonderleistungen erhält man an allen Bahnhöfen in Österreich bzw. über die Fernauskunft (T 05 17 17). Ins nördliche Umland der Stadt verkehrt auch die **Salzburger Lokalbahn.** Informationen – auch über spezielle Angebote für Wanderer – bei der Salzburg AG-Stadtbus unter T 0800 660 660, www.salzburg-ag.at.

Auch wer mit dem eigenen Rad kommen will, kann dafür den Service der Bahn nutzen. So kann man sein **Fahrrad im Gepäckwagen** direkt mitnehmen oder auch vorausschicken. An den Bahnhöfen von Bad Gastein, Bruck-Fusch, Hallein, Mittersill, Neukirchen am Großvenediger, Radstadt, Saalfelden, Salzburg-Hauptbahnhof, St. Johann, Schwarzach-St. Veit, Seekirchen am Wallersee und Zell am See kann man **Räder ausleihen,** die man an jedem beliebigen Bahnhof in Österreich zurückgeben kann.

Bus

Ebenfalls von den großen Städten bis zu den kleinsten Dörfern in abgelegenen Landesteilen reichen die Linien des **Salzburger Verkehrsverbundes (SVV).** Alle Fahrpläne und Online-Tickets findet man auf der Website www.salzburg-verkehr.at oder über die App.

Skibusse zum nächstgelegenen Skizirkus gibt es gratis in 60 Wintersportgebieten. Ein Verbindungsnetz zwischen den einzelnen Alpinregionen ermöglicht ein bequemes Erreichen auch ohne eigenen Pkw. Informationen über **Wander- und Skibusse** erteilen die jeweiligen Fremdenverkehrsverbände.

Linien der **Salzburg AG-Stadtbus** in das – weitere – Umland verkehren u. a.

auch nach Wien (www.eurolines.at), auf den Gaisberg (www.albus.at), nach Berchtesgaden (www.rvo-bus.de), in den Lungau (www.postbus.at); weitere Betreiber: Bahnbus-ÖBB (www.oebb.at), Postbus (www.postbus.at), Salzburger VerkehrsVerbund (www.salzburg-verkehr.at).

Auch mit **Bus und Rad** zu reisen ist kein Problem, da fast alle Bundesbusse mit Fahrradständern ausgestattet sind. Außerdem gibt es einen speziell umgebauten **Fahrradbus,** der für 28 Personen samt Rädern Platz hat.

Fahrrad

Das Salzburger Land war in den 1970er-Jahren international eine der Pionierregionen, was die touristische Erschließung für Radfahrer betrifft. Das Wegenetz ist vor allem in den flachen Gegenden nördlich und östlich der Hauptstadt sehr dicht. Sehr beliebt – und vorbildlich markiert – ist auch der rund 300 km lange **Tauernradweg,** der auf verkehrsarmen, stetig sachte bergab führenden Routen von Krimml durch das gesamte Salzachtal bis nach Passau führt. Eine beliebte Route ist die ebenfalls knapp 300 km lange **Salzkammergut-10-Seen-Tour,** die in sieben Etappen an Wolfgang- und Traunsee, Mond-, Atter-, Gosau- und Hallstätter See sowie an den Flüssen Traun und Salzach vorbeiführt.

Über Stadt und Land verstreut, bieten an die 150 **Radverleihstellen** ihre Dienste an. Wer mit der Bahn (an)reist, kann entweder seinen eigenen Drahtesel im Gepäckwagen direkt mitnehmen bzw. vorausschicken. An etlichen Bahnhöfe kann man außerdem Räder ausleihen, die man später an jedem beliebigen Bahnhof in Österreich zurückgeben kann. Adresslisten und auch **Karten des Radwegenetzes** sind über die SalzburgerLand Tourismus GmbH sowie im gut sortierten Buchhandel erhältlich.

SALZBURG CARD

Mit der **Salzburg Card** genießt man einmaligen freien Eintritt in alle Sehenswürdigkeiten der Stadt, freie Fahrt mit den öffentlichen Verkehrsmitteln inkl. Festungsbahn und Salzach-Schiff sowie attraktive Ermäßigungen beim Besuch kultureller Veranstaltungen und Vergünstigungen bei vielen Ausflugszielen. Alle Leistungen werden von einer Chipkarte bargeldlos abgebucht. Erhältlich ist die Salzburg Card bei allen Informationsstellen der Stadt, in Reisebüros und Incoming-Büros sowie an den meisten Hotelrezeptionen und auch direkt online (über www.salzburg.info). Kosten (Stand 2023): für 24 Std. 27 € (Mai–Okt. 30 €), 48 Std. 35/39 €, 72 Std. 40/45 €, für Kinder die Hälfte.
Interessant sind auch die **Kombi-Packages,** bestehend aus Hotelbuchung und Salzburg Card. Weitere Auskünfte sowie Buchungen unter: tourist@salzburg.info oder T 0662 889 87-0.
Auch das **Salzburger Land** bietet eine All-inclusive-Karte, die SalzburgerLand Card, an. Zum Preis von 90 € (für sechs Tage) bzw. 108 € (für zwölf Tage) genießt man bei über 180 Sehenswürdigkeiten freien Eintritt (Kinder von 6 bis 15 jeweils 50 %, bis 6 Jahre, sowie jedes dritte Kind einer Familie gratis). Ebenfalls inklusive: freie Fahrt bei etlichen Bergbahnen sowie Ermäßigungen während 24 Std. bei diversen Sehenswürdigkeiten in der Stadt Salzburg. Erhältlich bei den Fremdenverkehrsverbänden, Hotels und über die SalzburgerLand Tourismus GmbH, www.salzburgerlandcard.com.

Das

Magazin

Für viele geht am einmalig gelegenen Zeller See ein Urlaubstraum in Erfüllung.

Daten und Fakten

Ein kurzer Überblick — wie Salzburg, das Salzburger Land und das Salzkammergut von Natur aus beschaffen sind, wie viele Menschen hier wohnen und wovon sie leben, was sie glauben, wen sie wählen und was sie erwirtschaften.

Geografie und Klima

Landschaftlich gliedert sich Salzburg in fünf Gaue, deren Grenzen weitgehend identisch mit den politischen Bezirken des Landes verlaufen. Den nördlichsten Teil nimmt der sanft hügelige, von etlichen Badeseen durchsetzte Flachgau ein. Durch ihn besitzt das Salzburger Land einen zwölfprozentigen Anteil an der berühmten Erholungslandschaft des Salzkammergutes.

Südlich davon erstreckt sich der Tennengau, der das hier breite Salzachtal mit dem Großraum Hallein und die beiderseits schroff emporragenden Massive der nördlichen Kalkalpen, namentlich Hoher Göll, Tennen- und Hagengebirge, umfasst.

Prägendes Element der drei südlichen Landesteile, genannt ›Inner Gebirg‹, ist der in West-Ost-Richtung verlaufende Hauptkamm der Hohen Tauern. Der mittig gelegene Pongau besteht aus dem Salzachtal zwischen Pass Lueg und Taxenbacher Enge sowie dessen Nebentälern wie Lammer-, Wagrainer- und Gasteinertal. Im Osten reicht er bis ins Tal der oberen Enns.

Der südwestlich benachbarte, von den Kitzbüheler Alpen bzw. den Dreitausendern der Venediger-, Glockner- und Goldberggruppe eingerahmte Pinzgau umfasst die Oberläufe von Salzach und Saalach samt Zuflüssen.

Geografisch eine Sonderstellung nimmt der Lungau im äußersten Südosten ein. Von Salzburger Seite bis zum Bau der A 10 nur über den Radstädter Tauernpass erreichbar, bildet diese, von den Hohen und Niederen Tauern sowie den Gurktaler Alpen umschlossene, Tallandschaft an der oberen Mur traditionell die abgeschiedenste Gegend des Landes.

Apropos Klima: Es ist im Land Salzburg generell von feuchtkühlen (Nord-) Westwinden geprägt, die in der Nordstaulage den berühmten ›Schnürlregen‹ bewirken. Freilich weist die Statistik, für Urlauber wichtig, durchaus länger anhaltende sonnige Phasen aus (Lufttemperaturen in Salzburg-Stadt s. Klimatabelle S. 232). Niederschlag verzeichnet man das ganze Jahr über im Durchschnitt an zehn bis 15 Tagen pro Monat. In inneralpinen Lagen sind die Sommer kurz und relativ kühl, die Winter dafür lang und schneereich.

Politik und Verwaltung

Als eines von neun Bundesländern der föderativen Bundesrepublik Österreich ist Salzburg in sechs politische Bezirke unterteilt: Salzburg-Umgebung, Flachgau, Tennengau, Pinzgau, Pongau und Lungau. Deren lokale Verwaltung besorgen die zuständigen Bezirkshauptmannschaften in der Stadt Salzburg (für Salzburg-Umgebung und den Flachgau), in Hallein, St. Johann im Pongau, Zell am See und Tamsweg.

Die Gesetzgebung übt der auf fünf Jahre gewählte Landtag mit 36 Abgeordneten aus. Die Landespolitik bestimmte nach 1945 vor allem die Mitte-Rechts-Partei ÖVP. Bei den Wahlen 2004 errang erstmals die sozialdemokratische SPÖ das oberste Amt. Die damals eingesetzte Landeshauptfrau Gabi Burgstaller musste 2013 nach einen Finanzskandal ihrer Partei den Sessel zugunsten von ÖVP-Sieger Wilfried Haslauer räumen, der das Amt seither innehat. Seit den Wahlen 2023, die zu einer ÖVP-FPÖ-Koalition führten, lautet die Mandatsverteilung: ÖVP (12), FPÖ (10), SPÖ (7), KPÖ (4), Grüne (3).

Von den 119 Ortsgemeinden besitzen 24 das Markt-, elf das Stadtrecht. Die Hauptstadt Salzburg ist die einzige Stadt des Landes mit eigenem Statut. Sie hat einen Gemeinderat mit 40 Mitgliedern, einem Bürgermeister (seit 2017 Harald Preuner, ÖVP), zwei Stellvertretern und zwei Stadträten.

Wirtschaft und Tourismus

Das Land Salzburg erwirtschaftet gegenwärtig pro Jahr ein Bruttoinlandsprodukt (BIP) von rund 30 Mrd. €. Jeder Einwohner erarbeitet statistisch rund 53 300 €; dabei entfallen 72 % der Wertschöpfung in den Bereich der Dienstleistung. Von eminenter Bedeutung ist der Fremdenverkehr, der mit jährlich um die 30 Mio. Übernachtungen für jeden dritten Arbeitsplatz sorgt. Im Produktionssektor führend sind die Bereiche Nahrungs- und Genussmittel, Be- und Verarbeitung von Holz, Papier und Pappe, Druck- und Verlagswesen, Bauwirtschaft. Die Arbeitslosenrate lag im Juni 2023 bei 3 % und damit deutlich unter dem österreichweiten Schnitt von 5,7 % (jew. nationale Berechnung; EU-Berechnung in Österreich: 4,6 %).

Bevölkerung, Sprache, Religion

Hauptsiedlungsraum ist das Alpenvorland mit der Kernzone Salzburg und Umland/Hallein. Dort leben über 60 % der Salzburger. Da nur etwa 20 % der sehr gebirgigen Landesfläche dauerhaft besiedelbar sind, beträgt die Bevölkerungsdichte lediglich 76 pro km². Gemäß der Entwicklung westlicher Wohlstandsgesellschaften verzeichnet Salzburg einen Geburtenrückgang und parallel eine markante Überalterung aufgrund der rasant wachsenden Lebenserwartung, die für Frauen mittlerweile bei 84,8, für Männer bei 80,4 Jahre liegt. Der Ausländeranteil beträgt knapp 17,7 %. Rund 80 % der Bevölkerung ist katholischen, knapp 5 % muslimischen Glaubens. Die Zahl der Protestanten beträgt – eine Spätfolge der erzwungenen Auswanderung oder Konversion im Zuge der Gegenreformation – nur 3,5 %. ■

STECKBRIEF

Lage: Das Bundesland Salzburg liegt zwischen dem 47. und 48. nördlichen Breitengrad sowie dem 12. und 14. östlichen Längengrad. Seine 174 km lange Grenze berührt Tirol und Bayern, Oberösterreich, die Steiermark, Kärnten, Ost- und ein winziges Stück weit Südtirol.
Fläche: Die Landesfläche beträgt 7154 km², das sind 8,5 % des österreichischen Staatsgebietes. Die Landeshauptstadt misst 6563 ha und 41,5 km im Umfang und liegt im Durchschnitt gut 400 m über Meeresniveau.
Einwohnerzahl: Im Land Salzburg leben rund 568 000 Menschen, in Salzburg selbst etwa 159 000 (viertgrößte Stadt Österreichs).
Zeitzone: MEZ, Sommerzeit
Landesvorwahl Österreich: 0043
Tourismus: Das Land Salzburg verzeichnet aktuell jährlich mehr als 8 Mio. Gäste, die Landeshauptstadt allein etwa 1,9 Mio.

Stadt, Land, Fluss

»Wie kann ich Dir … von diesem Reichtum erzählen«— schrieb Bettina von Arnim am 28. Juli 1810, beim Anblick Salzburgs um Worte ringend, an Johann Wolfgang von Goethe. Bis heute steht die Sprache bisweilen hilflos vor der barocken Prachtentfaltung und den spektakulären Landschaftsszenerien zwischen Salzkammergutseen und Hohen Tauern.

»Wäre nicht dies wuchtige Wahrzeichen der Hohensalzburg über der Stadt, man wüßte nicht zu sagen, wo sie beginnt und endet … Überall ist die harte Linie gebrochen, die Landschaft dringt mild in die Stadt und die Stadt wieder blättert sich fächerhaft auf in den Horizont der Wiesen und Berge. Diese Kunst des harmonischen Übergangs ist das Wunderbare und zugleich das eminent Musikalische an Salzburg.« So beschrieb Stefan Zweig 1937 das unvergleichliche Panorama, das sich ihm tagtäglich vom Kapuzinerberg, auf dem er damals wohnte, bot. Bergland und Flachland, schwärmte er, stießen hier gegeneinander: Von Süden werfe sich das mächtigste Massiv Europas, die Alpen, in drohendem Sturz heran und gerade über dem Tal halte »wie mit einem ungeheuren Ruck die gebäumte Felswelle plötzlich inne«. Im Untersberg, dem Watzmannmassiv, dem Hohen Göll sah er »eine letzte hochgetürmte felsene Wand«, die freilich nicht drohend in die Tiefe stürze, sondern mit ein paar milden Hügelchen in das Flachland ausklinge – in jenes Flachland, das von hier weiter sich dehne bis tief nach Deutschland hinein, »eigentlich bis hin an das Meer«.

Geografie zwischen Alpen und Alpenvorland

Stefan Zweigs Worte erfassen das Wesen der Landschaft in und um Salzburg treffender, als es je eine geologisch-topografische Darstellung vermag. Ein paar fachspezifischere Anmerkungen seien dennoch erlaubt: Das Salzburger Becken, durch das die Salzach in Süd-Nord-Richtung fließt, wird im Süden und Osten von den Nördlichen Kalkvoralpen begrenzt, zu denen u. a. die Osterhorn-, Gaisberg- und Schafberggruppe gehören. Dahinter, weiter im Süden, ragen die schroffen Gipfel der Kalkhochalpen – etwa der Loferer und Leoganger Steinberge, des Steinernen Meeres, des Hochkönigs, des Hagen- und Tennen-Gebirges, des Hohen Gölls und des Dachstein-Massivs empor, die häufig großflächige Hochplateaus aufweisen. Eine geologische ›Spezialität‹ sind die Marmorbrüche in Adnet und am Untersberg.

Im Norden und teilweise auch im Osten, dem Alpenvorland, lassen sich fünf fächerförmig ausstrahlende Moränenzüge eines eiszeitlichen Gletschers erkennen – ein paar Hundert Meter hohe, sanfte Hügel, deren angrenzende Becken zum Teil von Seen (wie dem Obertrumer-, Matt- oder Wallersee) gefüllt sind. Das Stadtgebiet wird von zwei Inselbergen geprägt, dem Im- oder Kapuzinerberg (628 m) und dem um etwa 100 m niedrigeren Mönchsberg mit dem Dolomitstock des Festungsbergs und dessen Ausläufer, dem Nonnberg.

Im Süden des Bundeslandes, wo die Salzach in West-Ost-Richtung fließt, erstreckt sich an ihrem nördlichen Ufer die Grauwackenzone, ein Schiefergebiet, zu dem die Grasberge nahe Saalbach, Dienten, Mühlbach und weiter ostwärts im Fritz- und Ennstal zählen. Entlang dem südlichen Flussufer erhebt sich die kristalline, aus Gneisen und Schiefern bestehende Kette der Hohen und Niederen Tauern. Aus ihren von Gletschern geschürften Quertälern stürzen die Bäche in Form spektakulärer Wasserfälle der Salzach entgegen. Viele haben dabei tiefe Schluchten wie etwa die Liechtenstein- und Kitzlochklamm in den Fels gefräst.

Die Zentralalpen bergen zahlreiche Bodenschätze, oder besser: bargen, denn die einst reichen Goldlager wurden bereits im Mittelalter zur Gänze erschöpft. Auch die vielen Metallvorkommen, vor allem Eisen, Kupfer, Blei und Nickel, lohnen längst nicht mehr den Abbau. In den Zentralalpen kratzt auch Salzburgs höchster Gipfel, der 3674 m hohe Großvenediger, die Wolken. Apropos: Auf der Spitze des Sonnblicks (3105 m) betreibt die Wiener Zentralanstalt für Meteorologie und Geodynamik seit 1886 Europas höchstgelegenes, ganzjährig bewohntes Wetterobservatorium: Es liefert seit geraumer Zeit neben Daten über Wind, Wetter und Temperaturen auch wertvolle Erkenntnisse über Klimaveränderungen, Strahlungsphysik, Luftchemie und europaweite Verschmutzung der Atmosphäre.

Salzburg: im Schatten der Berge und am Ufer der Salzach

Der Steinadler ist selten, sein Bestand hat sich aber auch im Salzburger Land wieder positiv entwickelt.

Eine landschaftliche Besonderheit stellt der südöstlichste Landesteil, der Lungau, dar. Eingerahmt von den Niederen Tauern und den Gurktaler Alpen, besteht er aus einem rund 1000 km^2 großen Hochland, dessen Orte fast ausnahmslos über 1000 m Seehöhe liegen. Die beiden zentralen Täler sind jene der Taurach und der Mur, doch ist das abgeschiedene, von Lärm und Abgasen wohltuend verschonte Plateau in etliche Nebentäler aufgefächert.

Flora, Fauna, Klima

Auch hinsichtlich der Witterung und der Vegetation tanzt der Lungau aus der Reihe. Sein Klima ist deutlich rauer, dafür überdurchschnittlich trocken. Dank dieser Umstände gedeiht hier eine subarktische, in Mitteleuropa anderswo nur sehr selten anzutreffende Pflanzenwelt. Eine botanische Sensation stellt der Seethalersee dar: Österreichs größtes Schwingrasenmoor – eine schwimmende Pflanzendecke, die das Gewässer fast zur Gänze bedeckt und einer weltweit einzigartigen Zieralge Lebensraum bietet.

Im restlichen Landesgebiet findet sich all das, was die Fachwelt für den Alpen- und Voralpenraum als typisch bezeichnet – von den Flachmooren und Flussauen des Flachgaus über die Misch- und Nadelwälder sowie die blumenübersäten Almwiesen der Mittelzone bis zu den Latschen, Moosen und Flechten in der Hochgebirgsregion.

Ähnlich vielfältig präsentiert sich die Fauna. In der weitgehend unversehrten Natur tummeln sich Rehe, Hirsche, Hasen (in den Niederungen und im Mittelgebirge), Gämsen, Schneehühner und Murmeltiere (in der Fels- und Gletscherzone). Hervorhebenswert ist die mit besonderer Sorgfalt geschützte Region des Nationalparks Hohe Tauern (s. S. 282). Aufmerksame Beobachter stoßen hier, von zahlreichen naturkundlichen Lehrpfaden angeleitet, auf ökologische Schätze sonder Zahl – von anderswo akut bedrohten Blumen und Gräsern bis zu wieder eingebürgerten Steinböcken und Bartgeiern.

Eine Anmerkung noch zum Salzburger Klima (Eckdaten s. S. 231): Die Behauptung, in dem ›kleinen Paradies‹ herrsche dank der atlantischen West- und Nordwestwinde, die zu allen Jahreszeiten feuchte Luftmassen mit sich führen, ein eher regenträchtiges, kühles Übergangsklima, ist zwar zweifelsohne nicht falsch. Doch das unverwüstliche Klischee des Salzburger ›Schnürlregens‹ verdient dennoch, ein wenig angekratzt zu werden, wenngleich auch der Schriftsteller Thomas Bernhard in seiner üblichen Hassliebe auf seine Wahlheimat fauchte, es regne hier zweieinhalb Monate ohne Unterbrechung – womit er maßlos übertrieb. Fakt ist: Die weitaus unbestechlichere, weil langjährig erhobene Wetterstatistik weist andere Gebiete in Österreich als viel niederschlagsreicher aus. ■

Dynamische Drehscheibe

Jenseits der Idylle — von Barocktürmen, Trachten und Festspielglanz sind Salzburg und sein Hinterland auch Lebens- und Wirtschaftsraum für über eine halbe Million Menschen. Eine klischeefreie Betrachtung eröffnet Licht- und Schattenseiten eines überdurchschnittlich innovativen Gemeinwesens.

Als Österreich am 1. Januar 1995 Mitglied der Europäischen Union wurde, bescheinigte einer seiner führenden Wirtschaftsforscher dem Land Salzburg mit gutem Grund, es könne im europäischen Konzert schon bald die Position einer ›Verteiler-Drehscheibe‹ einnehmen – und zwar nicht nur innerhalb Österreichs, sondern für den großen mitteleuropäischen Raum zwischen München und Wien, Prag und Verona. Diese Prognose basierte auf harten Fakten. Immerhin liegt die Kaufkraft der Salzburger deutlich über dem österreichischen Durchschnitt. Auch mit seiner Arbeitslosenrate von 3 % (Sommer 2023) nimmt es im nationalen Vergleich seit Langem einen Spitzenplatz ein. Im Bank- und Kreditwesen fungiert die Salzachstadt schon längst als Drehscheibe; desgleichen im Frachtverkehr – ein ansehnlicher Container-Terminal und die große Zahl internationaler Speditionen belegen es. Und wer die riesigen Neuwagendepots im Stadtteil Schallmoos oder draußen in Straßwalchen sieht, ahnt, welch bedeutende Rolle Salzburg (und das nicht bloß bei Autos) als Umschlagplatz für Importwaren spielt.

Innovativer Industriestandort

Selbst als Industriestandort präsentiert es sich mit ungefähr 650 Betrieben und mehr als 50 000 Beschäftigten als respektabler Player. Renommierte Unternehmen wie das Sony-Werk in Anif, der Spanplattenhersteller Kaindl in Wals-Siezenheim oder das Aluminiumwerk der SAG in Lend, der Kunststofferzeuger Senoplast in Piesendorf, die Kran- bzw. Baumaschinenhersteller Palfinger in Bergheim und Liebherr in Bischofshofen oder das Technologiezentrum in Salzburg-Itzling künden weit über Österreichs Grenzen hinaus von der Innovativkraft der Salzburger. Apropos: Als für die wirtschaftliche Entwicklung des Landes bedeutsam hat sich in jüngerer Vergangenheit die Schaffung technologischer Innovationszentren erwiesen, wie etwa jene für Kommunikations- und Computertechnik (in Salzburg-Stadt), für Umweltfragen (in Bischofshofen), für Holztechnik (in Kuchl), für Tourismus-, Medien- und Digitalsystemtechnologie (in Pfarrwerfen), für Präzisionswerkzeuge und Feinmechanikgeräte (in Saalfelden), für Kunststoffindustrie (in Uttendorf) oder für Fremdenverkehrs- und Sporttechnologie (in Zell am See).

Lebensqualität und Umweltsituation
Für diese alles in allem sehr günstige Situation gibt es mehrere Gründe. Zum einen ist da wohl die Grenzlage mit ihrer dichten Verkehrsstruktur zu nennen, zum anderen aber auch – und dies vor allem – die hohe Lebensqualität. Man nehme nur etwa die Sicherheit: Sie ist für eine Stadt dieser Größe ungewöhnlich hoch, was sich allein schon daran ablesen lässt, wie unbedenklich die scharenweise anreisenden Gäste aus Italien hier ihre Pelze und Juwelen beim Stadtbummel zur Schau tragen können. Auch das kulturelle Angebot ist das ganze Jahr über enorm; ein Blick auf das Programmportal (http://fragsapp.at) bestätigt es. Gar nicht zu reden von dem Feuerwerk an hochkarätigen Veranstaltungen während der Festspiele im Sommer. Schließlich erweist sich auch die Umwelt als erstaunlich intakt: Im Großen und Ganzen leben die Salzburger also unter äußeren Bedingungen, um die sie die meisten Bewohner anderer Städte beneiden dürften.

Wohl auch deswegen erfreuen sich die örtliche Universität mit ihren Fakultäten für Theologie, Rechts-, Geistes- und Naturwissenschaften und das Mozarteum, die Hochschule für Musik und Darstellende Kunst, im deutschsprachigen Raum besonderer Beliebtheit: An die 18 000 Studenten sind derzeit hier eingeschrieben. Und die günstigen Lebensbedingungen sind es wohl auch, welche die Stadtoberen mit Recht darauf spekulieren lassen, dass betuchte EU-Bürger künftig vermehrt im Alter ihre Zelte an der Salzach aufschlagen. Deshalb wird bereits eifrig in den Bau zusätzlicher exklusiver Seniorenheime investiert.

Schattenseiten des Erfolgs
Freilich: Wie jede rasant expandierende Stadt – die Einwohnerzahl lag noch in den 1930er-Jahren bei 40 000 und hat sich seither fast vervierfacht – laboriert auch Salzburg an einigen weit verbreiteten chronischen Krankheiten. So herrscht in den inneren Bezirken seit Jahren akuter Mangel an Wohnungen, und die Preise für die wenigen frei stehenden sind so horrend wie in kaum einer anderen österreichischen Stadt.

Dafür platzen die Nachbargemeinden – Eugendorf, Henndorf, Seekirchen, Elixhausen, ja sogar so weit entfernte wie Neumarkt am Wallersee und Oberndorf – aus allen Nähten. Die Abertausenden Pendler verstopfen mit ihren Autos täglich die Zubringerstraßen – ein Problem, das die neuen Konsumtempel an der Peripherie (wie ein Outlet-Center oder der Europapark) noch verschärfen. Auch der bereits erfolgte Totalumbau des Hauptbahnhofs und seiner Umgebung wird dies wohl nur teilweise lindern können.

Öko-Pioniere
Dennoch: Umweltpolitisch leisteten die Salzburger Pionierarbeit. Ihre Hauptstadt war Ende der 1960er-Jahre eine der ersten Kommunen, die zum Schutz der historischen Bausubstanz ein Altstadtgesetz erließen. Wenig später entpuppte sich auch das Salzburger Konzept gegen den innerstädtischen Verkehrskollaps als wegweisend. Es umfasst eine weitläufige Fußgängerzone, riesige Tiefgaragen, einen Verkehrsverbund mit den Umlandgemeinden und ein System großräumiger Umleitungen. Maßgeblich beteiligt an dieser Entwicklung, ja in vielen Fällen ihr Motor, war die sog. Bürgerliste, die bereits Anfang der 1970er-Jahre mit Johannes Voggenhuber und dem Filmschauspieler Herbert Fux als Galionsfiguren die Keimzelle der österreichischen Ökologiebewegung und der Grünen bildete. Sie verlieh dem Demokratiebewusstsein der Österreicher entscheidende Impulse. Apropos Ökologie: Diesbezüglich Vorreiter ist auch Salzburgs Bauernschaft. Bereits mehr als 50 % der gesamten Anbaufläche

im Land wird ohne Agrarchemie, mit artgerechter Tierhaltung und gentechnikfrei bewirtschaftet.

Neue Wege im Tourismus

Exemplarisch für den hiesigen Fortschrittsgeist ist auch, was im Bereich des Tourismus vollbracht wurde: Stadt und Land verzeichneten zu Spitzenzeiten kurz vor dem Corona-Einbruch im Jahr zusammen über 8 Mio. Ankünfte und rund 30 Mio. Übernachtungen von Gästen – Zahlen, die 2023 beinahe schon wieder erreicht wurden. Die Mozartstadt weist zwar ›nur‹ etwas über 3 Mio. auf, muss im Sommer jedoch zusätzlich 5–7 Mio. Tagesbesucher verkraften. Vielleicht gerade wegen dieses bedrohlichen Massenansturms ging man früh schon bewusst andere, neue Wege. Das Zauberwort vom ›Sanften Tourismus‹ wurde geboren – und beherzigt, lange bevor es zur Allerweltsformel verkam. Die Idee, die dahinter steckte, lautete: Dem Kriterium der langfristigen Umweltschonung muss bei der künftigen Tourismuspolitik Vorrang gegenüber kurzfristigen, rein kommerziellen Überlegungen eingeräumt werden.

Also setzten sich Touristikexperten, Ökologen, Politiker und Naturschützer an einen Tisch. Was sie gebaren, stimmt optimistisch: Seit Langem nun schon spricht die Salzburger Land Tourismus GmbH Gastgeber und Gäste dezidiert als Verbündete im Bemühen um die Erhaltung der Naturlandschaft an. Ein sehr beträchtlicher Teil des Marketingbudgets wurde und wird für einschlägige Maßnahmen verwendet.

Beispiele gefällig? Aktionen gegen das althergebrachte ›Müllfrühstück‹, dessen Bestandteile einzeln verpackt sind und gigantische Plastikberge hinterlassen; die Einführung von Wander- und Tälerbussen, die den Individualverkehr eindämmen; Fragebögen, in denen Gäste die Umweltsituation im Urlaubsort kommentieren können, und vieles andere mehr. Innovation aus jüngerer Zeit: die Präsentation aller natürlichen Heilvorkommen unter dem Stichwort »Alpine Gesundheitsregion«, Initiativen wie der »Salzburger Almsommer«, »Alpine Küche« oder, bereits des Längeren bekannt und bewährt, der »Bauernherbst« oder »BioParadies Salzburger Land«, die allesamt den Wert und Genuss naturnah erzeugter Lebensmittel propagieren sollen.

Schließlich bewies auch der Gesetzgeber Engagement: Schon 1990 wurde etwa ein Moratorium bezüglich des Ausbaus von Skigebieten erlassen, der Bau von Zweitwohnungen sowie Hotels mit mehr als 50 Zimmern beschränkt. Das zweifellos spektakulärste Projekt startete freilich bereits im Jahr 1983, als der Großteil der Salzburger Hohen Tauern – rund 11 % der Gesamtfläche des Bundeslandes – zum ersten österreichischen Nationalpark erklärt wurde. ■

Die Viehzucht ist für Salzburgs Ökonomie und Sozialgefüge immer noch essenziell.

Etwas für Jedermann

Die Salzburger Festspiele — zählen mit 250 Veranstaltungen rein quantitativ europaweit zu den größten Kulturfestivals. Wichtiger jedoch: Sie verwöhnen ihr aus aller Welt anreisendes Publikum mit beispielloser Qualität.

Dass der ursprüngliche Gedanke, Festspiele in Salzburg zu veranstalten, mit Mozart zusammenhängt, kann kaum verwundern. Seit 1842 das Mozart-Denkmal enthüllt wurde, tauchte immer wieder die Idee auf, regelmäßige Mozart-Musikfeste zu veranstalten. Beharrlich wurde daran gearbeitet: 1877 erhielt das Hofopernorchester erstmals die kaiserliche Erlaubnis, in Salzburg zu musizieren, zwei Jahre später brachte dieses Orchester – das später Wiener Philharmoniker heißen wird – einen festspielerfahrenen Dirigenten mit, denn Hans Richter hatte in Bayreuth Wagners ›Ring‹ geleitet. Richter war es auch, der die Gründung eines Komitees anregte, das sich mit dem Bau eines Festspielhauses und der Installierung regelmäßiger Mozart-Festspiele befassen sollte.

Zentrale Figur der endlich konkretisierten Idee war die farbigste Theaterbegabung seiner Zeit, Max Reinhardt (1873–1943). Gemeinsam mit Hugo von Hofmannsthal, Richard Strauss, Franz Schalk und Alfred Roller wurde im August 1918 ein Kunstrat einberufen, der gegen alle Widerstände und nahezu ohne finanzielle Mittel die Salzburger Festspiele durchsetzte.

»Geistigen Frieden bringen«

Hinter der Festspielidee stand der Gedanke, ein Gesamtkunstwerk entstehen zu lassen. Die Fassaden des barocken Salzburg, das Theater und die Musik sollten ein ganz neues, vollkommenes Kunstwerk schaffen. Das war nach dem Schock des mörderischen Ersten Weltkrieges Idealvorstellung und politische Botschaft zugleich: »Salzburg will dem geistigen Besitz der Welt dienen. Der Glaube an Europa ist das Fundament unseres geistigen Daseins. [...] Geistigen Frieden wollen wir bringen«, lautete der programmatische Entwurf Hofmannsthals.

Am 22. August 1920 begannen die Salzburger Festspiele mit dessen »Jedermann« in einer Inszenierung von Max Reinhardt vor dem barocken Dom. Dieser inszenierte in der Folge weitere epochale Aufführungen: Hofmannsthals »Salzbur-

Hinter den Kulissen der Salzburger Festspiele: in der Kostümbildnerei

Z

ZUM LESEN

Das jährlich im Residenz Verlag publizierte »Offizielle Programm und Lesebuch«.
Malte Hemmerich: 100 Jahre Salzburger Festspiele. Eine unglaubliche Geschichte in fünf Akten, Salzburg 2019
Norbert Christian Wolf: Eine Triumphpforte österreichischer Kunst: Hugo von Hofmannsthals Gründung der Salzburger Festspiele, Salzburg 2014

ger Großes Welttheater« und den exemplarischen »Faust« in der Felsenreitschule, unvergessen dank Holzmeisters genialem Bühnenbild, der Fauststadt.

Mit Reinhardts Vertreibung durch die Nazis wurde es stiller um das Sprechtheater der Festspiele, das nun lange als vernachlässigt galt. Ernst Lothar und Oscar Fritz Schuh prägten es zwar nach 1945 nachhaltig. Auch Regiemeister wie Giorgio Strehler, Otto Schenk oder Wim Wenders setzten wichtige Akzente. Doch einen wirklich größeren Stellenwert erhielt das Sprechtheater erst im Laufe der 1990er-Jahre dank Peter Stein und Frank Baumbauer. Nach Thomas Oberender übernahmen Sven-Eric Bechtolf (2011), Bettina Hering (2016) und schließlich Marina Davydova (2023) die Agenden des Schauspiels, das auch mit attraktiven Spielstätten wie der Pernerinsel in Hallein punkten kann.

Mozart, Strauss und die Moderne

Musiktheater und Konzert hatten es leichter: Mozart und Strauss wurden in immer wieder legendären Aufführungen mit den großen Dirigenten und Sängern ihrer Zeit in einzigartigen Inszenierungen und Bühnenbildern gegeben. Aber auch für Neues bot Salzburg stets eine Plattform: »Dantons Tod« von Gottfried von Einem, Orffs als Gesamtkunstwerk konzipiertes »Spiel vom Ende der Zeiten«, Luciano Berios »Un re in ascolto«, Krzysztof Pendereckis »Schwarze Maske« und Hans Werner Henzes Monteverdi-Rekonstruktion von »Il Ritorno d'Ulisse in Patria«. In den letzten Jahren verstärkte sich die Präsentation von Musik des 20. Jh. Messiaens »St. François d'Assise« oder Luigi Nonos »Al gran sole« galten als unspielbar, wurden in Salzburg jedoch ein großer Erfolg. Pierre Boulez erntete unwidersprochenen Applaus, und auch die Konzertreihen »Kontinent« und »Zeit mit …« bzw. »Moments Musicaux« zu Ehren zeitgenössischer Komponisten erfuhren und erfahren einhellige Zustimmung.

Hinzu kommt eine intensive Kinder- und Jugendarbeit sowie Nachwuchsförderung, die in zahlreichen Initiativen – vom Young Singers bzw. Young Directors Project über die in Zusammenarbeit mit den Wiener Philharmonikern gestalteten Musikcamps bis zum Young Conductors Award für junge Dirigenten – ihren Ausdruck findet.

Neben der Elite des Welttheaters ist ein Mann ganz besonders mit den Salzburger Festspielen verbunden, regierte sie mehr oder weniger fast 30 Jahre lang und wurde zu ihrer Ikone: Herbert von Karajan (1908–89). Er regte den Holzmeister-Bau des Großen Festspielhauses an und eröffnete diesen Spielort 1960 dann auch mit dem denkwürdigen »Rosenkavalier«. Er war der künstlerische Leiter der Festspiele, trat mit eigenen Operninszenierungen in ihre Musikgeschichte ein, war aber keineswegs unumstritten. 1967 gründete er die Osterfestspiele, die er mit den Berliner Philharmonikern bestritt, und 1973 die Pfingstkonzerte. Nach Karajans Tod sorgte Intendant Gerard Mortier, der das Festival künstlerisch runderneuerte, bis zu seinem Vertragsende 2001, trotz mancher Widerstände konservativerer Gemüter, für neue

Höhenflüge. Ein Weg, den als Intendanten Peter Ruzicka (2002–06) und Jürgen Flimm (2006–10) weiter beschritten, während Alexander Pereira (2011–14) höchste Qualität tendenziell wieder mit mehr Glamour verknüpfte. Seit 2017 lenkt Markus Hinterhäuser als Intendant das Geschick dieser international immer noch bedeutsamsten Festspiele.

Wird überschätzt: der Promifaktor. Trotz gelegentlichem Auflauf sind die Festspiele für jedermann und jedefrau.

Unverzichtbarer Wirtschaftsfaktor

Das Festival ist freilich nicht nur künstlerisch von hohem Rang, sondern auch ein wirtschaftliches Ereignis: Sein gesamtökonomischer Effekt für die Region und ganz Österreich betrug in den letzten Jahren durchschnittlich jeweils an die 230 Mio. €, wobei die steuerlichen Rückflusseffekte für die öffentliche Hand rund dreimal so hoch sind, wie die gewährten derzeit ca. 16 Mio. Euro Subventionen. Die Eintrittspreise bewegen sich übrigens nicht in so hohen Dimensionen, wie dies oft berichtet wird. Fast immer wird nur der Preis der teuersten Karten genannt (der im Falle von Opernpremieren in der Tat bis zu 465 € erreicht). In Wahrheit liegt rund die Hälfte aller Karten preislich zwischen 5 € und 105 €. Zudem werden speziell preisbegünstigte Abonnements an Jugendliche abgegeben.

So kommt's, dass sich an der Salzach Sommer für Sommer ein Publikum einfindet, das – der viel beschworene ›Promifaktor‹ ist eine vernachlässigbare, bloß hochgespielte Größe – aus allen Bevölkerungsschichten kommt. Was es eint, ist das innere Bedürfnis, Kunst auf allerhöchstem Niveau sehen, hören und erleben zu wollen. In Spitzenjahren wohnen in den sechs Festivalwochen den rund 200 Aufführungen bis zu 240 000 aus aller Welt angereiste Besucher bei. ■

INFOS ZU DEN FESTSPIELEN

Auskünfte und Karten zu den **Salzburger Festspielen** und den **Salzburger Pfingstfestspielen** unter www.salzburgerfestspiele.at bzw. im Kartenbüro der Salzburger Festspiele, Herbert-von-Karajan-Platz 11, Postfach 140, 5010 Salzburg, T 0662 80 45-500, info@salzburgfestival.at. Kartenverkauf am Pfingstwochenende tgl. 10–18, bis 30. Juni Mo–Fr 10–12.30, 13–16.30, erste drei Juli-Wochen Mo–Sa 9.30–13, 14–17, zur Festspielzeit tgl. 10–18 Uhr. Direktverkauf im Festspielshop (Hofstallgasse 1) ab April Mo–Fr 9.30–15, ab Juli Mo–Sa 9.30–17, zur Festspielzeit tgl. 9.30–20 Uhr.
Osterfestspiele Salzburg: www.osterfestspiele-salzburg.at
Tipp: Zur Festspielzeit kann abends gratis am Kapitelplatz via Großleinwand Inszenierungen früherer Jahre genießen, Infos: www.siemens.at/festspielnaechte

Salzburgs Genius Loci

»Meister aller Meister« — So pflegte der Pianist Friedrich Gulda den verehrten Wolfgang Amadeus Mozart zu nennen. Tatsache ist, dass der schillernde Komponist der Salzachstadt wie kein anderer zu weltweiter Berühmtheit verholfen hat.

Seinen Anfang nahm Mozarts viel zu kurzes Leben am 27. Januar 1756. Sein Vater Leopold, Pädagoge und Komponist, erkannte das einzigartige Talent des Sohnes schon sehr früh. Bereits am Vorabend zu dessen fünftem Geburtstag vermerkte stolz er in einem Notenbuch: »Dieses Menuet und Trio hat der Wolfgangerl um halbe 10 Uhr nachts in einer halben Stunde gelernet.« Zwei Monate später komponierte das Wunderkind ein erstes Andante in C-Dur. Im Jahr darauf ging's erstmals zum Vorspielen auf große Fahrt. In München lauschte ihm Kurfürst Maximilian, in Wien Kaiserin Maria Theresia. Beide waren gehörig »impressiert«. Es folgten eine dreijährige Europareise, drei Touren nach Italien und mehrere Abstecher nach Wien und München. Doch aufgrund familiärer und beruflicher Bande blieb Salzburg weiterhin sein Lebensmittelpunkt. Hier wurde er 1769 schon, als 13-Jähriger (!), zum dritten Konzertmeister der Hofkapelle ernannt. Hierher kehrte er nach einem Zerwürfnis mit seinem Herrn und Arbeitgeber, dem Erzbischof Colloredo, von einem ›Ausbruchsversuch‹ nach Deutschland 1773 zurück, um als Hoforganist erneut seinen Lebensunterhalt zu bestreiten. Vor allem aber komponierte er an der Salzach, nachdem er bereits 1773 aus dem Geburtshaus in der Getreidegasse in eine geräumigere Wohnung auf dem heutigen Makart-Platz übersiedelt war, Meisterwerke am laufenden Band, die denn auch in ganz Europa stürmisch gefeiert wurden. Erst 1781 sollte es zur Entlassung aus erzbischöflichen Diensten und zu Graf Arcos berüchtigtem »tritt im arsch bey der thüre hinaus« kommen.

Blütezeit in der Kaiserstadt

In der Residenzstadt Wien, in der Mozarts Karriere zwei Jahrzehnte zuvor so stürmisch begonnen hatte, blühte der polyglotte Mittzwanziger nun auf. Vom aufgeklärten Kaiser Joseph II. geschätzt, vom Adel verwöhnt und vom musikbegeisterten Publikum geliebt, schwärmte er, die Musikmetropole sei »für mein Metier der beste Ort von der Welt«. Seine Konzertakademien und Subskriptionskonzerte, bei denen er als Dirigent und Klaviervirtuose auftrat, waren ausverkauft, seine neuesten Schöpfungen, allen voran die »Entführung aus dem Serail«, wurden allerorts nachgespielt. Dazu gesellte sich privates Glück: Schon 1782 führte er Constanze Weber, die Schwester seiner Jugendliebe Aloysia, vor den Traualtar. Mit ihr zeugte er sechs Kinder, von denen nur zwei das Säuglingsalter überstanden.

Karrieregipfel in Prag

In den Folgejahren erreichte Mozart den Zenit seiner Schaffenskraft. Er komponierte Symphonien, Konzerte, Messen, Streichquartette, Klavierwerke und Opern, darunter »Die Hochzeit des Figaro« und »Idomeneo«. Gleichzeitig genoss er das Leben unter Wiens oberen Zehntausend in vollen Zügen. Als seine Herzensheimat erwies sich allerdings Prag. An der Moldau, »wo man seine Musik so sehr liebt wie nirgendwo sonst«, feierte er mit »Don Giovanni« 1787 den größten seiner Erfolge. Trotz Anerkennung und Aufträgen musste Mozart auch Rückschläge verzeichnen. Immer wieder plagten den lebenslustigen Geist, der sein Schicksal gerne beim Glücksspiel herausforderte, Geldnöte. Auch führte sein politisches Bewusstsein, das ihn zum Freimaurer werden und als Themen seiner Bühnenwerke oftmals aktuelle soziale Konflikte wählen ließ, zum Bruch mit dem Opernadel.

Mozart ist allgegenwärtig in Salzburg: Ob es dem Meister gefallen hätte, dass er in einer süßen Marzipan-Nugat-Kugel verewigt wurde? Für seine Geburtsstadt hatte er jedenfalls nicht viel Zuneigung übrig.

R

RUND UM MOZART UND SEINE MUSIK

Details zu den Veranstaltungen: s. S. 229, Online-Buchungsmöglichkeit ab Mitte Nov. (Karten z. T. ab Mitte Jan. ausverkauft).
Auf Mozarts Spuren: siehe u. a. S. 39, S. 66 und S. 91.

Dennoch ist die Vorstellung von Mozarts Ende als verarmtes, verkanntes Genie – bei allen Widersprüchen, die sein facettenreiches Wesen des Öfteren hervorgerufen hat – ins Reich der Legende zu verweisen. Das »vielleicht größte Genie der bekannten Menschheitsgeschichte« (Biograf Wolfgang Hildesheimer) konnte sich bis zuletzt sehr wohl einer gefestigten Position als unabhängiger und geachteter Künstler erfreuen. Dies beweist allein der riesige Erfolg, den er noch zwei Monate vor seinem Tod am 5. Dezember 1791 mit der »Zauberflöte« erzielte.

Nach Mozart

Mit der Säkularisierung des Fürsterzbistums endete auch die Geschichte der Hofkapelle, die schlicht aufgelöst wurde. Für Jahrzehnte versank Salzburgs Musik daraufhin in Bedeutungslosigkeit. Franz Schubert kam 1825 in die Stadt und reiste ob der tristen Zustände bald weiter; Carl Maria von Weber, der Pianist Joseph Wölfl und der später berühmte Dirigent Sigismund von Neukomm – sie alle waren Schüler Johann Michael Haydns gewesen – verließen Salzburg und arbeiteten in anderen Städten weiter.

Die Situation begann sich langsam zu verbessern, als Dom-Musikverein und Mozarteum gegründet und dann von der umtriebigen Internationalen Stiftung Mozarteum (ISM; www.mozarteum.at) übernommen wurden und als das Bürgertum die kulturelle Initiative ergriff. Unter ihrem Direktor Bernhard Paumgartner (1887–1971) erlebte die ISM einen großen Aufschwung: Von Anfang an arbeitete sie eng mit den Festspielen zusammen, installierte die so begehrten Dirigenten- und Musikkurse in den Sommermonaten (heute: Internationale Sommerakademie Mozarteum) und konstituierte 1917 das Mozarteum-Orchester. 1949 wurden die Mozart-Matineen zur Festspielzeit eingeführt, und 1956 rief die ISM die Mozart-Woche, die seitdem immer um Mozarts Geburtstag stattfindet, ins Leben. Die Camerata Academica, 1952 von Paumgartner gegründet, ist nicht nur international höchst gefragt, sondern auch Garant für besondere musikalische Qualität.

Doch in Salzburgs Musikleben wird nicht nur Mozarts Musik sowie die seiner Zeitgenossen und der Klassik gepflegt. Inspiriert durch die Festspiele genauso wie als Alternative zu diesen gibt es eine ganze Reihe spannender Aktivitäten: Ausschließlich der Gegenwartsmusik etwa widmet sich seit 1977 Aspekte Salzburg. Die Szene ist eine überaus interessante Jugendkulturinitiative, die im Mai, im Sommer und im Herbst sowohl zeitgenössische Musik als auch Theater, Tanz und experimentelle darstellende Kunst präsentiert. Carl Orff gründete 1961 am Mozarteum das Orff-Institut, das sich mit einer elementaren Musik- und Tanzerziehung befasst und diese auch in internationalen Sommerkursen anbietet.

An die 150 Blasmusikkapellen betreiben die Pflege der Volksmusik, und das in den 1940er-Jahren von Tobi Reiser als familiäres Musizieren gedachte Adventsingen ist heute ein beachtliches Singen und Spielen im Großen Festspielhaus mit ca. 50 000 Besuchern pro Jahr. Auch der Jazz hat ein breites Forum: Das 1977 gegründete Jazzfestival in Saalfelden und Jazz & the City in der Stadt Salzburg haben überregionale Bedeutung erlangt. ■

Die Geschichte des Salzburger Salzes

Nomen est Omen — Ähnlich wie im nahen Hallstatt förderten die Kelten auch auf dem Dürrnberg bei Hallein bereits vor rund 2500 Jahren Salz zutage. Damit gehört das Salzburger Land zu den ältesten Industrielandschaften der Menschheitsgeschichte.

Mit einfachsten Holz- und Bronzewerkzeugen brachen sie, in bis zu 300 m tiefen Stollen, die wertvolle Substanz in damals noch fester Form aus dem Gestein, um damit bis an die Ostsee und in die Gebiete des heutigen Italien, Frankreich und Ungarn schwunghaften Handel zu treiben. Die Blütezeit des Salzabbaus fällt – reiche Funde von Werkzeugen, Grabbeigaben und Gebäudefundamenten belegen dies – in das 5. bis 3. vorchristliche Jahrhundert. Als jedoch die Römer in den Norden vorstießen, verdrängte ihr kostengünstiger zu produzierendes Meer- das Steinsalz. Der Bergbau am Dürrnberg wurde eingestellt und fiel in einen jahrhundertelangen Dornröschenschlaf.

Immenser Aufschwung im Mittelalter

Erst um 1190 wurde, nachdem bereits 400 Jahre zuvor der hl. Rupert (dem die Nachwelt nicht ohne Grund als Attribut ein Salzfass zuordnete) die Saline Reichenhall wiederbelebt hatte, das Dürrnberger Vorkommen neu entdeckt. Das Salz wurde bald ›bergbaumäßig‹, ja beinahe industriell gewonnen. Zisterziensermönche entwickelten das Laugverfahren, bei dem das Mineral mit Wasser ausgeschwemmt und die Sole anschließend verdampft wird. Man baute riesige Siedepfannen und nutzte gezielt die verkehrsgünstige Lage an der Salzach. Richtung Süden wurde das wertvolle Gut von Säumern nach Kärnten und Venedig transportiert, wo man es gegen Wein, Öl und Gewürze, Glaswaren und Stoffe tauschte. Richtung Norden gelangte es zuerst auf der Salzach bis nach Laufen, weiter den Inn hinab bis Passau und von dort auf Karren bis nach Franken, Böhmen und Schlesien.

Als schließlich Erzbischof Eberhard II. (1200–46) dank Dumping- und Valorisierungsmaßnahmen große Teile des europäischen Marktes eroberte, wuchs Hallein-Dürrnberg zur bedeutendsten Saline des gesamten Ostalpenraumes und blieb dies bis zum ausgehenden 16. Jh.

Um die Dimensionen zu veranschaulichen: Unter Erzbischof Wolf Dietrich (1587–1612) betrug die Jahresproduktion rund 20 000 t. Reichenhall erzeugte nur ein bis zwei Drittel der Menge, und auch die habsburgischen Salinen von Hallstatt, Aussee und Hall in Tirol blieben deutlich darunter. Das kostbare Mineral wurde damals übrigens nicht nur zum Würzen und Konservieren von Speisen und zur Behandlung gegerbter Häute verwendet. Es galt auch als läuternde, ja spirituelle Substanz, die, etwa ins Kaminfeuer gestreut, dem Schutz vor Dämonen und Zauberern diente und, dem Ehemann auf sein bestes Stück gerieben, als Garant gegen Unfruchtbarkeit. Außerdem wäre die Arbeit der Goldschmiede und Alchimisten des Mittelalters ohne Salz nicht denkbar gewesen, denn es war unverzichtbar für die Trennung und Aufbereitung von Silber und Gold.

Salzkrieg und ständiger Streit

Doch zurück zur Politik: Nach und nach hatten die Erzbischöfe die Siederechte diverser Klöster, Adelsgeschlechter und des Domkapitels an sich gebracht. Ab 1539 war das Halleiner Salzwesen salzburgisches Staatsmonopol. Das Weiße Gold brachte den Fürsterzbischöfen, gemeinsam mit dem echten aus dem Gasteiner und Raurisertal, immensen Reichtum und große Macht und den Bürgern Wohlstand.

Die Wende kam zu Beginn des folgenden Jahrhunderts: Als Bayern den übermächtigen Nachbarn durch ein Handelsverbot in die Knie zwingen wollte, kam es 1611 zum Salzkrieg. Wolf Dietrich verlor (vgl. S. 262). Fortan mussten die Salzburger ihr Salz an den Konkurrenten im Westen zu Festpreisen abgeben und diesem den gewinnbringenden Weiterverkauf überlassen. Während des Dreißigjährigen Krieges (1618–48) florierte der Handel dank der Neutralität des Fürsterzbistums wieder einigermaßen, denn von Hallein aus wurden wesentliche Teile Mitteleuropas versorgt.

Doch der Niedergang war nur noch eine Frage der Zeit. Er kam mit der Angliederung Salzburgs an Österreich. Zwar baute man 1862 auf der Halleiner Pernerinsel noch ein zentrales Salinenwerk. Doch die wirtschaftliche Lage verschlechterte sich zusehends. 1871 fuhr der letzte Salztransport auf der Salzach, und 1989 wurde schließlich, nicht zuletzt aufgrund der Konkurrenz durch die weit rentableren Salinen des Salzkammerguts, der Abbau in Hallein gänzlich eingestellt. Seither steht das acht Stockwerke tiefe, teils per Schmalspurbahn, teils über Rutschen, zu Fuß und auf einem Floß zugängliche Stollensystem Touristen das ganze Jahr über als Schaubergwerk offen. ■

E

ERLEBNIS SALZWELTEN

Wie man im Salzburger Raum das Weiße Gold im Lauf der Geschichte gewonnen hat, lässt sich an folgenden Orten in Schaubergwerken unterirdisch nacherleben:
Hallstatt, Salzbergstr. 21, T 06132 200-24 00 (Details s. S. 145),
Hallein, Bad Dürrnberg, Ramsauerstr. 3, T 06132 200-85 11 (s. S. 160) und
Altaussee, Lichtersberg 25, T 06132 200-24 00 (s. S. 152).
Nähere Infos zu allen drei Schaubergwerken: www.salzwelten.at

Wolf Dietrich und Salome

Erzbischof liebt Bürgermädchen — Er zeugt in ›wilder Ehe‹ 15 Kinder mit ihr, baut ihr ein Prunkschloss und bleibt ihr ein Leben lang treu. Was wie der melodramatische Stoff eines Hollywood-Streifens klingt, trug sich ganz real in den Jahren nach 1600 zu.

Es war offenbar schon vor 400 Jahren so: Da kann einer mit 28 Jahren zum Landesfürsten und Erzbischof gewählt werden, eine halbe Stadt um- und einen Dom erbauen, kann einerseits im Stile Machiavellis dem fürstlichen Absolutismus huldigen, Steuern eintreiben, um im Luxus zu schwelgen. Er kann mit militantem Glaubenseifer Protestanten und Wiedertäufer verfolgen und andererseits eine für zeitgenössische Verhältnisse durchaus fortschrittliche Schul- und Gesundheitspolitik betreiben. Was seine Untertanen aber am meisten berührt und die Nachwelt von ihm in Erinnerung behält, sind trotz alledem seine privaten Verhältnisse, ist seine aufsehenerregende Mesalliance.

Um die Rührstory würden sich heute wohl Hollywoods Produzenten balgen: Da ist auf der einen Seite der jugendlich fesche Erzbischof, der ursprünglich Krieger werden wollte – jähzornig, eigenwillig und maßlos, aber am römischen Collegium Germanicum erzogen, dementsprechend den Wissenschaften und Künsten zugetan und unheilbar italophil veranlagt (was sich vor allem in der Umgestaltung seiner Residenzstadt äußert), kurz: ein dem Ideal des ›uomo universalis‹ der Renaissance nacheiferndes Bild von einem Mann. Den zweiten Hauptpart spielt Salome Alt, jüngstes der sieben Kinder von Wilhelm und Magdalena Alt – aus altem Salzburger Bürgergeschlecht und dementsprechend biedersinnig und hochanständig, vor allem aber über die Maßen hübsch, kurz: ein Mädchen aus dem Märchen.

Ein Schloss als Brautgabe

Kennengelernt haben sollen sich die beiden, glaubt man den zeitgenössischen Chronisten, während eines Gastmahls in der Alten Stadtkneipe, und sie sollen einander auf der Stelle verfallen sein. Bald folgte, um dem Anstand zumindest ein wenig Genüge zu tun, die

Scheintrauung. Kaiser Rudolf erhob die ›Braut‹ in den Adelsstand. Fortan durfte sie sich ›von Altenau‹ nennen – nach dem kleinen Schloss gleichen Namens, das ihr Wolf Dietrich 1606 in der Andräer Vorstadt am rechten Salzachufer errichten ließ und das seine Nachfolger zur Sommerresidenz Mirabell ausbauten.

15 Kinder gebar Salome ihrem Wolf Dietrich. Die beiden lebten treu und brav zusammen. Doch obwohl – oder vielleicht gerade weil? – Wolf Dietrich nicht, wie viele seiner Amtskollegen, andere Frauen oder Buhlknaben in sein Bett zog, galt seine ›wilde Ehe‹ vielen Zeitgenossen als staatserschütternder Skandal. Erst die Nachwelt besang sie als romantisches Hohelied nichtehelicher Treue.

Trauriges Ende einer großen Liebe

Ihre endgültige Wendung ins Melodramatische nahm die Geschichte, als Wolf Dietrich seine politische Fortune verließ. Seine ganze Amtszeit über hatte er den Salzabbau in Hallein nach Kräften gefördert und damit Herzog Maximilian I. von Bayern, den Herrn über die Bad Reichenhaller Salinen, zur Weißglut gebracht. Die Kluft vertiefte sich durch Wolf Dietrichs strikte Weigerung, der 1609 gegründeten Katholischen Liga beizutreten, und durch die ziemlich inkonsequente Unterstützung Kaiser Rudolfs II. während der Türkenkriege. Im Oktober 1611 legte er sich mit Maximilian wegen des Salzhandels an. Als dieser sogar in Salzburg ein-

Selbst im Tode nicht vereint … In seinem Mausoleum in der Gabrielskapelle auf dem Sebastiansfriedhof ruht Erzbischof Wolf Dietrich ohne seine geliebte Salome.

W

WIE DAS ›DEUTSCHE ROM‹ ENTSTAND

Wolf Dietrich machte nicht nur durch sein unkonventionelles Privatleben, sondern auch als Bauherr Furore. Denn Salzburgs große urbanistische Erneuerung, jene Renovierung, die aus der mittelalterlichen Stadt das ›deutsche Rom‹ machte, setzte mit seiner Regentschaft ein. Der im Jahr 1587 in sein Amt ernannte Erzbischof wurde der Initiator eines barocken Gesamtkunstwerks schlechthin, inszeniert und gebaut zum Ruhme des absoluten Herrschers. Der Domneubau wurde in Angriff genommen, die große Stadtregulierung – deretwegen an die 100 Häuser abgerissen wurden – ließ neue Plätze und Straßenzüge entstehen. Für diese hochfliegenden Pläne wurden die Meister ihrer Kunst vorwiegend aus Italien geholt. Baumeister, Maler, Stuckateure und der Palladio-Schüler Vincenzo Scamozzi (1552–1616), der mit seinen Forderungen nach einer Idealstadt erheblichen Einfluss auf den Erzbischof ausübte. Santino Solari (1576–1646) vollendete als Hofbaumeister den neuen Dom (der als erster Barockbau im deutschen Kunstraum gilt), die Residenz, die Universität und die Villa suburbana in Hellbrun; die St.-Peters-Kirche erhielt durch ihn eine Kuppel und die ganze Stadt ihren damaligen Befestigungsgürtel.
Die intensive Bautätigkeit ging unter Wolf Dietrichs Nachfolgern ohne Unterlass weiter. Giovanni Antonio Dario (gest. 1702) vollendete den Dombezirk und übernahm die technische Planung für den Residenzbrunnen. Gaspare Zuccalli (1667–1717) brachte den italienischen Hochbarock nach Salzburg, musste seine unvollendeten Arbeiten an der Kajetankirche aber Johann Bernhard Fischer von Erlach (1656–1723) überlassen, zu dessen unvergleichlichen städtebaulichen Akzenten u. a. der Platz vor dem Hofmarstall mit der Pferdeschwemme, die Kollegienkirche sowie Planung und Anlage von Schloss Klessheim zählen.

marschierte, kam Wolf Dietrich fast niemand zu Hilfe. Er wurde gefangen genommen, zur Abdankung gezwungen und nach einem dubiosen Prozess bis zu seinem Tod im Jahr 1617 auf der Festung Hohensalzburg in Isolationshaft gehalten. Dabei hatte er anfänglich auf der Burg noch ein relativ bequemes Dasein genossen. Nachdem jedoch seine Bewacher diverse Versuche, mit der Außenwelt insgeheim in Kontakt zu treten, aufgedeckt hatten, wurden die Haftbedingungen drastisch verschärft. Wolf Dietrich sei, so beschied sein Nachfolger im Amt des Fürsterzbischofs, Markus Sittikus von Hohenems, als der Vatikan zugunsten des alternden Gefangenen intervenierte, nach wie vor »ein gefährlicher Unsicherheitsfaktor und würde bei Besuchserlaubnis das Risiko eines Aufruhrs der Untertanen gegen die jetzige Regierung erhöhen«.

Das Volk tat während dieser Endphase, was es mit Schwachen, Scheiternden, zum Tode Verurteilten gerne zu tun pflegt: Es verklärte Wolf Dietrich zum populären Helden. Seine letzte Ruhe fand der streitbare Geist in dem bereits zu Lebzeiten auf dem Sebastiansfriedhof erbauten Mausoleum, der Gabrielskapelle. Seine über alles geliebte Salome floh ins benachbarte Oberösterreich und starb in Wels anno 1633 vergrämt, jedoch in Frieden. ■

1971: Anlässlich der Salzburger Festspiele musiziert man von einem Karren herunter.

Reise durch Zeit & Raum

Geschichte kann auch unterhaltsam sein — Unparteiisch und didaktisch zeitgemäß ist die Vergangenheit von Stadt und Land im Salzburg Museum in der Neuen Residenz aufbereitet.

Unter Kelten
Vor der und um die Zeitenwende

Schon aus der Älteren Steinzeit sind vereinzelt Jagdstationen in Höhlen nachgewiesen, und aus der Jüngeren mehrere Dauersiedlungen auf sonnigen Terrassen und Inselbergen. In der Bronzezeit (1900–900 v. Chr.) wird der Salzburger Raum dank Vorkommen bei Bischofshofen und Mühlbach zum Zentrum der ostalpinen Kupfer- und Bronze-Produktion. In der nachfolgenden Eisen- oder Hallstattzeit führen der von Kelten bereits in vorindustrieller Intensität betriebene Salzabbau auf dem Dürrnberg bei Hallein sowie in Hallstatt in Kombination mit dem damit verbundenen Handel zu dichterer Besiedelung und wirtschaftlichem Aufschwung. Vor allem zwei keltische Stämme siedeln im Salzburgischen: die Alaunen (im Salzburger Becken) und die Ambisonten (im heutigen Saalachtal). Sie prägen ab dem 5. Jh. v. Chr. – von Adnet und Anif bis Gastein, Rauris und auch Pinzgau – viele der noch heute gültigen Orts-, Flur- und Gewässernamen. Und sie fabrizieren bereits, wie man eindrücklich im Keltenmuseum von Hallein bestaunen kann, kunstvoll verzierte Geräte, Waffen und Schmuck.

Zum Anschauen:
Pfahlbaumuseum in Mondsee, S. 136

Missionierung und kirchliche Karriere
Ab ca. 700 n. Chr.

Bereits um 470 lassen sich in Iuvavum erste Christen nieder. Bald beginnen Bajuwaren und Slawen zuzuwandern. Um 696 erhält der fränkische Missionar und Bischof von Worms, Rupert, vom Bayernherzog Theodo, den er in Regensburg zum Christentum bekehrt hat, große Ländereien und die Stadt Salzburg. In den Folgejahren baut er u.a. die Peterskirche und gründet auf dem Nonnberg ein Frauenkloster, als dessen erste Äbtissin er seine Nichte Erentrudis einsetzt. Das bereits existierende Peterskloster macht er zum Zentrum der Slawenmission und sich selbst zu dessen ersten Abt.

739 gründet der hl. Bonatius die Diözese Salzburg. Die Stadt, nunmehr Sitz eines Bischofs und zeitweilig der bayrischen Herzöge, gewinnt an Wohlstand und Bedeutung. In jenen Jahrzehnten organisiert Virgil, der iro-schottische Abt von St. Peter, erfolgreich die Mission in den Slawengebieten neu. Unter seiner bischöflichen Herrschaft wird Salzburg zu einem Zentrum der Kunst und Kultur im Ostalpenraum. 774 kommt es zur Weihe des ersten Doms, 777 zur Gründung von Kloster Mattsee. In der Bonifatius-Vita (755) fallen erstmals

die Bezeichnungen »Salzpurch« und »Salzach«. Kurz vor der Jahrhundertwende wird die Stadt auf Wunsch Karls des Großen, der sie später persönlich besuchen wird, Erzbistum und Metropole der bayrischen Kirchenprovinz. Letztere enthält vier Suffraganbistümer, darunter Regensburg und Passau. Bis Salzburg – durch Kaiser Otto III. – das Marktrecht, Maut- und Münzregal verliehen bekommt, sollen freilich noch zwei Jahrhunderte vergehen.

Zum Anschauen:
Stift Nonnberg, S. 42

Zwischen Kaiser und Papst

11. und 12. Jh.

Im Machtkampf zwischen Kaiser und Papst, dem Investiturstreit, stellt sich Erzbischof Gebhard auf die Seite Roms. Er lässt zum Schutz vor den kaiserlichen Heeren die Burgen Hohensalzburg und Hohenwerfen bauen, wird jedoch wenig später ins Exil gezwungen und es wird ein Gegenbischof eingesetzt. Zwei Generationen später verhängt Kaiser Friedrich Barbarossa, weil Salzburg erneut für den Papst Partei ergreift, über das Erzbistum die Reichsacht und lässt die Stadt samt Dom niederbrennen.

Erst nach dem Friedensschluss zwischen weltlichem und geistigem Oberhaupt in Venedig (1177) konsolidiert sich die Situation. Die Stadt wird wieder aufgebaut, ein neuer romanischer Dom errichtet. Die Kunst in der Salzachstadt erlebt, insbesondere dank einer berühmten Schreibschule, eine Blüte. Und nachdem die Herren von St. Peter (um 1190) den Salzbergbau auf dem Dürrnberg reaktivieren, überflügelt Hallein rasch die ältere Saline von Reichenhall. Es wird zur Geldquelle des geistlichen Fürstentums und zum Fundament seines politischen und kulturellen Aufstiegs. In der Folge wird das Gebiet des Bistums durch Tausche, Käufe, Schenkungen und Erbschaften arrondiert. 1249 erhält Salzburg sein erstes Stadtsiegel und 30 Jahre später, nach heftigen Bauernunruhen, erste Befestigungsanlagen.

Zum Anschauen:
Installation »Vanitas« in der Krypta des Salzburger Doms, S. 35, Domgrabungsmuseum, S. 21

Emanzipation von Bayern

Spätmittelalter

Seit der Schlacht bei Mühldorf (1322), in der Salzburg auf Seiten der Habsburger gegen Bayern gekämpft hat, ist das Erzbistum mit dem Mutterland verfeindet. Indem sein klerikales Oberhaupt eine eigene Landesordnung erlässt, beschleunigt er die sich durch das Entstehen der Landstände – Geistlichkeit, Adel und Stadtbürger – ohnehin abzeichnende Loslösung von Bayern. Salzburg wird zum weitgehend selbstständigen Staat innerhalb des Hl. Römischen Reiches. Als 1348/49 ein Drittel der Stadtbevölkerung einer Pestepidemie zum Opfer fällt, veröden weite Landstriche für mehrere Generationen. Dennoch wächst entlang der Salzach die Bürgerstadt. Und am Ende desselben Jahrhunderts erlangt das Land – für kurze Zeit – seine größte Ausdehnung, umfasst weite Teile Tirols, Bayerns, Kärntens und der Krain.

Zum Anschauen:
Durchgänge zwischen Gries- und Getreidegasse, S. 38

Die Protestantenvertreibung

1731/32

Nachdem seit den Bauernkriegen in den 1520er-Jahren auch im Salzburgischen reformatorisches Gedankengut rasch immer mehr Anhänger gefunden hat, sind bereits Ende des 16. Jh. Protestanten ausgewiesen worden. Doch die »Große Emigration«, ein ganz Europa erschütterndes Ereignis, geschieht erst 1731/32. Erzbischof Leopold Anton Freiherr von Firmian hat kurz zuvor bayerische Jesuiten zur Mission ins Gebirge geschickt.

Deren scharfes Vorgehen, die Bauern, die sich offen als Lutheraner bekennen, zum »rechten Glauben« zu zwingen, bringt das Erzstift in große Gefahr. Worauf sich Firmian zur Unterzeichnung des verhängnisvollen Emigrationspatentes entschließt. Es befiehlt die Ausweisung von gut 22 000 Protestanten aus dem Pongau und Pinzgau – ein Siebtel der gesamten Landbevölkerung. Sie übersiedeln vor allem nach Ostpreußen, Holland und Georgia/USA. Ihr Weggang verursacht in ihrer bisherigen Heimat einen akuten Mangel an Fachkräften. Die etwa 1800 verlassenen Anwesen werden »Glaubensunverdächtigen«, Bauern u. a. aus Tirol, Schwaben und Bayern, zugeteilt.

Zum Anschauen:
Entrische Kirche in Dorfgastein, S. 175

Steingewordenes Symbol der Gegenreformtion: der Dom zu Salzburg

Barocker Glanz des Absolutismus
Ende 16. bis frühes 18. Jh.

Salzburg ist nun endgültig ein Zentrum der Gegenreformation. In deren Geiste hat Wolf Dietrich von Raitenau schon lange davor, um 1600, eine radikale Umgestaltung und Barockisierung der Altstadt befohlen (s. Kasten S. 263). Seine Nachfolger führen das ungemein ehrgeizige Bauprogramm fort. Unter Erzbischof Markus Sittikus etwa entstehen bis 1619 die Residenz und Schloss Hellbrunn, unter Paris Lodron, dem es dank kluger Neutralitätspolitik gelingt, Salzburg aus dem Dreißigjährigen Krieg herauszuhalten, werden die Stadtbefestigungen ausgebaut, die Universität gegründet und der Dom eingeweiht. Johann Ernst von Thun, genannt der »Stifter«, beauftragt anstelle der bisher tätigen italienischen Künstler Johann Bernhard Fischer von Erlach mit weiten Groß-, vor allem Kirchenbauten. Und Franz Anton von Harrach (1709–27) lässt durch Lukas von Hildebrandt Schloss Mirabell prachtvoll umbauen.

Zum Anschauen:
Gabrielskapelle, S. 71

Napoleonische Wirren
Die Jahre nach 1800

Im ausgehenden 18. Jh. erlebt Salzburg unter dem beim Volk wenig beliebten Erzbischof Hieronymus Colloredo eine wirtschaftliche und geistige Blüte und wird zu einem Zentrum der süddeutschen Aufklärung. 1800 jedoch besetzen erstmals napoleonische Truppen die Stadt. Drei Jahre später wird im Rahmen des Reichsdeputationshauptschlusses, der die Aufteilung der geistlichen Gebiete im Deutschen Reich bedeutet, auch das Fürstentum Salzburg säkularisiert. Es fällt zunächst als Kurfürstentum an den in der Toskana entthronten Großherzog Ferdinand III. Aber schon 1805 marschieren die Franzosen erneut, und 1809 schließlich im Verbund mit den Bayern ein drittes Mal ein. Nun erheben sich, in Verbindung mit den von Andreas Hofer angeführten Tiroler Aufständischen, die Gebirgsgaue gegen die nach Süden, salzachaufwärts dringenden Invasoren. In opferreichen Schlachten, u. a. am Pass

Lueg, verhindern sie die Okkupation des Pinz- und Pongaus. Bald wird die französische Verwaltung aufgelöst und Salzburg zwischenzeitlich dem Königreich Bayern einverleibt. Durch die Beschlüsse des Wiener Kongresses jedoch kommt das Land, freilich ohne Berchtesgaden und dem Rupertiwinkel, endgültig zu Österreich. Im Jahr 1800 gelingt die Erstbesteigung des Großglockners.

Zum Anschauen:
Dauerschau »Faszination Berg« am Piffkar, Glocknerstraße, S. 203

Unter der Habsburgerkrone

Nach 1816

Als Teil der Habsburgermonarchie durchlebt Salzburg jahrzehntelang eine empfindliche wirtschaftliche Stagnation. Die meisten alten Handelshäuser sind erloschen, zahlreiche Kunstschätze dauerhaft nach Florenz bzw. Wien verschleppt. Der Anschluss an das im Aufbau begriffene europäische Eisenbahnnetz ist noch nicht vollzogen. Zudem ist Salzburg kein eigenständiger Teil des Kaiserreiches, sondern wird vorerst als Landkreis von Linz aus verwaltet. Eine gravierende Zäsur bedeutet ein Großbrand, der 1818 weite Gebiete der rechtsufrigen Stadt zerstört. Nach Besatzungen, Kriegen und Feuer zählt die Stadt bloß noch 12 300 Einwohner (Ende des 18. Jh. knapp 17 000). Erst als das einstige Fürsterzbistum 1850 innerhalb des österreichischen Kaiserreichs zum selbstständigen Kronland aufsteigt, konsolidiert sich die Lage und zeichnet sich ein neuer Aufschwung ab.

Zum Anschauen:
Gemälde vom Stadtbrand im Salzburg Museum, S. 20

Aufstieg zum Reiseziel

19. Jh.

Nun, da die Salzachstadt dank der Eröffnung der Kaiserin-Elisabeth-Westbahn von Wien nach München Anschluss an das internationale Bahnnetz erhält, setzt ein gründerzeitlicher Bauboom ein. Die Stadtbefestigungen werden geschleift, weite Flächen kultiviert, die Salzach reguliert. Am rechten Flussufer entstehen neue Wohnviertel.

Bereits im Biedermeier haben Künstler der Romantik wie Richter, Schinkel oder Waldmüller Salzburg als bevorzugte Wirkstätten entdeckt. 1825 hat Johann Michael Sattler das heute in der neuen Residenz befindliche Rundpanorama der Stadt gemalt und auf Europatournee geschickt. In den 1870er-Jahren erschließen die neuen Schienenstränge durch das Salzachtal nach Wörgl und von Attnang-Puchheim nach Stainach-Irdning sowohl das »Land innert Gebirg« als auch das Salzkammergut. Insbesondere Letzteres, das infolge konsequenter Industrialisierung des Salzbergbaus wirtschaftlich aufblüht, avanciert früh zur Ferienregion und zum Künstlertreff. Als Katalysator fungiert die Gründung des vom Kaiserhaus frequentierten Soleheilbades in Ischl, das daraufhin zum Kurort von europäischem Rang aufsteigt. Generell schwellen die Touristenströme nach Salzburg und in sein pittoreskes Hinterland unaufhörlich an.

Zum Anschauen: »Mythos Salzburg« im Obergeschoss des Salzburg Museum, S. 21, Stadtmuseum in Bad Ischl, S. 133

Von der Republik zum Reichsgau

1920–1945

Bereits im vorletzten Jahr des Ersten Weltkriegs gründen Richard Strauss, Max Reinhardt, Hugo von Hofmannsthal u. a. zwecks langfristiger Förderung des Friedens in Europa den Verein »Salzburger Festspielhaus-Gemeinde«. Drei Jahre später im August – inzwischen ist die k.u.k.-Monarchie zerbrochen und Salzburg zu einem von neun Bundesländern der Republik Österreich mutiert – beginnen mit einer Aufführung von Hofmannsthals »Jedermann« die ersten Salzburger Festspiele. Die Landeshauptstadt wird dank ihnen zur noblen Kulturmetropole von Weltrang. Der Fremdenverkehr boomt, wozu in der Folge auch die Eröffnung der 48 km langen Großglockner-Hochalpenstraße (1935; s. Tour S. 202) beträchtlich beiträgt. Der Blüte machen freilich der immer aggressivere Antisemitismus und die Tausend-Mark-Sperre, eine im Mai 1933 von der Regierung in Berlin gegen Österreich verhängte Wirtschaftssanktion, bald ein Ende.

Zum Nachlesen:
»Im Schatten der Mozartkugel« von Rolinek, Lehner und Straser, S. 233

Wiedergeburt und Boom

1945 bis heute

Anfang Mai 1945 marschieren amerikanische Truppen in Salzburg ein. Die Salzachstadt wird für zehn Jahre Hauptquartier der US-Streitkräfte in Österreich. Erst 1955 erlangt die Republik, nachdem sie zehn Jahre lang in vier Besatzungszonen – eine britische, französische, amerikanische und sowjetische – aufgeteilt war, ihre Unabhängigkeit zurück; und zwar de iure am 15. Mai dank dem Staatsvertrag und im Herbst desselben Jahres durch den Abzug der letzten alliierten Einheiten.

In der Zeit des Wirtschaftswunders entwickeln sich Stadt und Land zu einer der meistbesuchten Feriendestinationen des Kontinents. Erstere gewinnt zudem als Schul-, Handels- und Messestadt sowie auch als Industriestandort rasch (wieder) an Bedeutung und wird 1996 zum UNESCO-Weltkulturerbe geadelt. Zu den prägendsten Ereignissen jener Aufbruchsjahre zählen die Fertigstellung der Tauernkraftwerke in Kaprun (1952), der Bau des großen Festspielhauses anlässlich Mozarts 200. Geburtstags (1956), die Wiedereröffnung der Universität bzw. Gründung der Osterfestspiele durch Herbert von Karajan (1962/1967) und auch der Bau der Tauernautobahn von Salzburg ins kärntnerische Spittal an der Drau (fertiggestellt 1979).

Heute empfängt allein die Stadt, deren Umwelt sich unterm Strich, der zeitweilig überbordenden Verkehrslawine und den spürbaren Symptomen von Overtourism zum Trotz, als sehr intakt erweist, mehr als 1,9 Mio. Gäste pro Jahr. Tourismus und Kulturbetrieb brummen. Doch auch viele andere Wirtschaftszweige florieren und machen Salzburg zu einer der wohlhabendsten Regionen Mitteleuropas – ein Status, an dem sich angesichts der pragmatischen wie kreativen Art, mit der ihre Einwohner Herausforderungen anzupacken pflegen, in absehbarer Zeit wenig ändern sollte.

Zum Anschauen:
Initiative Architektur, S. 99

Hugo von Hofmannsthal war Schriftsteller, Librettist und Mitbegründer der Salzburger Festspiele.

Sound of Music

Der bei uns unbekannte Welterfolg — ist die Hollywood-Verfilmung des Musicals von Rodgers & Hammerstein. Auch noch zwei Generationen nach ihrer Entstehung lockt sie Romantiker aus aller Welt scharenweise ins Salzburger Land.

Drei Preisfragen für Salzburg-Kenner: Welcher an der Salzach gedrehte Film gewann 1965 gegen die Konkurrenz von »Doktor Schiwago« und »Das Narrenschiff« fünf Oscars? Welcher Film gehört bis zum heutigen Tag, neben »Terminator«, »Titanic« und »Avatar«, zu den meistgespielten Werken der Kinogeschichte? Und welcher Film hat jenes Lied namens »Edelweiß« als Titelmelodie, das sich – mit Ausnahme von Bing Crosbys »White Christmas« – so gut wie keine andere Single der Schallplattengeschichte verkaufte?

Ein Kassenschlager? Wo?

Machen Sie sich nichts draus, wenn Sie die Antwort nicht wissen! Als deutschsprachiger Kinobesucher und Fernsehzuschauer können Sie die Verfilmung des Musicals »The Sound of Music« von Robert Wise mit Julie Andrews in der Hauptrolle kaum kennen. Sie wurde in Mitteleuropa in den über 50 Jahren ihres Bestehens fast nie gezeigt. Wären Sie freilich Amerikaner, Australier, Brite, ja selbst Koreaner oder Einwohner Simbabwes – die Antwort fiele Ihnen leicht. Denn dort trällert jedes Schulkind die Songs, senden Fernsehstationen »The Sound of Music – Meine Lieder, meine Träume« (so der volle Wortlaut) bis heute regelmäßig um die Weihnachtszeit, werden Reisen zu den Originalschauplätzen dieses Welterfolgs organisiert.

Die Trapps als Touristenmagnet

Eine Umfrage hat ergeben, dass für drei von vier amerikanischen Touristen in Salzburg »The Sound of Music« einen Hauptgrund für ihre Reise nach Österreich darstellt. Warum dies so ist? Es dürfte klar sein, dass die – auf Tatsachen beruhende – Lebensgeschichte der Trapp-Familie, die Richard Rodgers (Musik) und Oscar Hammerstein (Text) in den späten 1950er-Jahren zu einem Musical verarbeiteten, alle süßlich-sentimentalen Ingredienzien enthält, die in den 1960ern das Rezept für einen Kassenschlager auf dem von Hollywood beherrschten Verleihmarkt vorschrieb. Da ist die perfekte Familienidylle, verkörpert durch Georg Freiherr von Trapp, einen K.u.k.-Marineoffizier der alten Schule, seine Frau und deren sieben Kinder. Da ist der Schicksalsschlag, der

Das amerikanische Filmplakat (1961)

E HAPPIEST SOUND IN ALL THE WOR
RODGERS HAMMERSTEIN'S
THE SOUND OF MUSIC
JULIE
ANDREWS
CHRISTOPHER
PLUMMER
HARD HAYDN
ELEANOR PARKE
BERT WISE
RICHARD RODGERS
OSCAR HAMMERSTEIN
ERNEST LEHMAN

Tod der jungen Mutter, und die neue Hoffnung in Person von Maria Auguste, einem Tiroler Waisenmädchen, das eigentlich Ordensschwester zu werden plant, dann aber Hauslehrerin und bald darauf Frau Trapp Nummer zwei wird.

Dramatisch angereichert ist das Geschehen durch die Wirtschaftskrise der 1930er-Jahre, in der die Trapps ihr gesamtes Vermögen einbüßen. Eine gehörige Portion Rührseligkeit steuert die Musik bei: Die nunmehr mittellose, singende Familie wird von der berühmten Operndiva Lotte Lehmann entdeckt, nimmt an einem Amateurmusikerwettbewerb teil, gewinnt ihn und verdient sich in der Folge ihren Unterhalt durch Konzerte.

Ein Neuanfang in den USA

Das Happy End im »real life« der Trapps folgte in der Neuen Welt: Dorthin flüchten sie 1938, um der ideologischen Vereinnahmung durch die Nazis zu entgehen. In den USA machen sie als Trapp Family Singers große Karriere; zu ihrem Repertoire zählen u. a. Volkslieder, Madrigale, Motetten und klassische Choräle, später auch Weihnachtslieder. Die Familie unternimmt über ein Dutzend Coast-to-Coast-Tourneen und ersammelt nach Kriegsende in rund 500 Konzerten 150 000 Pakete voll Kleidung und Lebensmittel für die notleidende Bevölkerung ihrer österreichischen Heimat.

Späte Ironie der Geschichte: Aus dem Welterfolg des Films über ihr Leben ziehen die Trapps so gut wie keinen finanziellen Nutzen. Denn Maria Auguste hat ihre 1949 geschriebenen Memoiren schon früh an eine deutsche Produktionsfirma verkauft. Die verarbeitet den Stoff Mitte der 1950er-Jahre nur zu zwei mäßig erfolgreichen Streifen (»Die Trapp-Familie« und »Die Trapp-Familie in Amerika«, jeweils mit Ruth Leuwerik als Baronin Trapp in der Hauptrolle). Später aber werden die Weltrechte direkt an Robert Wise weiterverkauft, den die Verfilmung des Musicals »West Side Story« bekannt gemacht hat und der nun Ruhm und Geld einfährt. ■

AUF DEN SPUREN DER TRAPPS

Sound-of-Music-Tours: Rundfahrten zu den Originalschauplätzen des Films in der Stadt und ihrem Umland, u. a. dem Mirabellgarten, Schloss Leopoldskron, Garten von Schloss Hellbrunn, Stift Nonnberg, Fuschl- und Wolfgangsee sowie die Hochzeitskirche in Mondsee: Salzburg Sightseeing Tours, Mirabellplatz 2, T 0662 88 16 16-0, www.salzburg-sightseeingtours.at; Salzburg Panorama Tours, Hubert-Sattler-Gasse 1, T 0662 883 21 10, www.panoramatours.com; Bob's Special Tours, Rudolfskai 38, T 0662 84 95 11, www.bobstours.com.
Sound of Music Shop: Wer sich dem Konsumismus hingeben will, kann im digitalen Sound of Musik-Shop stöbern. Unter www.soundofmusicworld.com kann man Postkarten, Kühlschrankmagnete, Trinktassen, Geldbörsen und Schürzen ebenso erstehen wie themenspezifische Bücher und DVDs oder auch Edelweiß-Schmuck.
Aktuell auf der Bühne: Das weltberühmte Broadway-Musical sowie die legendäre Verfilmung mit Julie Andrews stehen auch Pate für eine regelmäßig aufgeführte Puppenfassung von »The Sound of Music« im Marionettentheater (Details s. S. 65). Und auch das Salzburger Landestheater (s. S. 79) hat das Musical Anfang 2024 wieder in sein Repertoire aufgenommen.
Lektüre: »Trapp-Kochbuch« von Irmgard Wöhrl, Verlag Pustet, Salzburg 2011.

Von Kokoschka bis Ropac

Gegenwartskünstler und ihre Vorkämpfer — Klar, seinen Ruf als führender Schauplatz der Auseinandersetzung mit aktueller Kunst auf allerhöchstem Niveau verdankt Salzburg in erster Linie dem Geschehen auf seinen Konzertpodien und Bühnen. Doch eine Tour d'horizon durch die örtlichen Galerien und Museen offenbart, welch großen Anteil am Image der Stadt schon lange auch moderne Malerei und Bildhauerei haben.

In Salzburg hielt die moderne Kunst mit der Wassermann-Gruppe Einzug, die sich Anfang des 20. Jh. formierte. Für kurze Zeit gehörte ihr sogar Egon Schiele an. Initiator und Motor dieser sezessionistischen Vereinigung war der Salzburger Anton Faistauer, dessen Fresken heute im Eingang zur Felsenreitschule und in der Pfarrkirche Morzg am südlichen Stadtrand zu sehen sind. Nach dem Zweiten Weltkrieg brachten die amerikanischen Besatzer die Moderne erneut an die Salzach.

Kokoschkas »Schule des Sehens«

Einen Meilenstein setzte 1953 Oskar Kokoschka, indem er gemeinsam mit dem Galeristen Friedrich Welz die »Schule des Sehens« gründete, eine Sommerakademie für bildende Kunst, die bis heute besteht und während der Monate Juli und August in den verschiedensten Disziplinen – Malerei, Architektur, Video und Film, Fotografie, Bildhauerei und Bühnenbild – Kurse anbietet. Ende August sind die Resultate auf der Festung Hohensalzburg zu besichtigen. Allein die Namen der Lehrenden lohnen schon den Besuch. Sie lauteten in den letzten Jahren: Christian Ludwig Attersee, Sandro Chia, Markus Lüpertz, Hermann Nitsch, Nancy Spero, Karl Prantl, Daniel Spoerri, Hans Hollein, Wilhelm Holzbauer, Arata Isozaki, Valie Export, Marie-Jo Lafontaine, Günther Schneider-Siemssen u. v. a.

Rupertinum: Museum von Rang

Mit seiner 1939 gegründeten Galerie, in der er bis heute Werke der klassischen Moderne zeigt, setzte auch Friedrich Welz Akzente. Gleich ums Eck liegt das Museum der Moderne Rupertinum, das gemeinsam mit dem Namensvetter oben auf dem Mönchsberg einen Brennpunkt für Moderne Kunst bildet. Die Ausstellungen dokumentieren Klassisches vom Rang eines Klee, Nolde,

Picasso, Munch, Kirchner und Miró, aber auch aktuelle Tendenzen. Daneben werden ständig Teile der Grafik- und Gemäldesammlung präsentiert. Deren namhafteste Vertreter sind Kokoschka, Chagall, Kollwitz, Kubin, Klimt und Feininger. Die Österreichische Fotogalerie im Rupertinum besitzt mehr als 6000 Werke von über 100 Fotokünstlern. Sie vergibt alle zwei Jahre den renommierten Rupertinum-Preis.

Künstler- und Traklhaus

Zu einem viel beachteten Ort zeitgenössischen Kunstschaffens mauserte sich in den letzten Jahren auch das Künstlerhaus. Es beherbergt den Sitz des 1844 gegründeten Salzburger Kunstvereins sowie Ateliers für 22 Künstlerinnen und Künstler. Bei jährlich rund 25 Schauen wird nationale und internationale Kunst zur Diskussion gestellt. Das ambitionierte Programm präsentiert sowohl einzelne Künstler vom Schlage eines Hermann Nitsch, Bruce Nauman oder Hubert Scheibl als auch engagierte Sammelausstellungen – etwa zum Thema »Real sex« oder »Suture – Phantasmen der Vollkommenheit«. Vorträge, Diskussionen und Symposien ergänzen und vertiefen die gezeigte Arbeit. Eine ähnliche Funktion hat die Galerie im Traklhaus. Sie zeigt im Rahmen eines Förderprogramms in sechs Ausstellungen pro Jahr die Werke junger einheimischer Künstler.

Zehn Jahre lang, bis 1963, unterrichtete Kokoschka Malerei an der Sommerakademie.

Ropac – Weltläufigkeit als Programm

Eine Sonderstellung unter den Galeristen nimmt Thaddaeus Ropac ein. Sein Programm, mit dem er seit 1983 in Salzburg neue Standards setzt, umfasst Kunst aus den 1960ern (Warhol, Beuys) ebenso wie die Concept Art der 70er (etwa eines Joseph Kohout), die italienische Transavantgarde (Sandro Chia, Mimmo Paladino), neue expressive Deutsche (Baselitz, Lüpertz, Polke) und auch die aktuelle österreichische Kunst (Attersee, Brus, Obholzer, Rainer). Außerdem organisiert er immer wieder aufwendige Gruppenausstellungen wie etwa »Silent baroque« oder »Vertigo«. Er verstand es auf öffentlichkeitswirksame Weise geschickt, die finanziell potenten Festspielbesucher für die bildende Kunst zu begeistern. Er war auch eine treibende Kraft in der Diskussion um das von Hans Hollein geplante, in den Mönchsberg zu bauende, aber mittlerweile auf dem Ideenfriedhof begrabene Guggenheim-Museum. Übrigens betreibt Ropac auch eine Galerie in Paris und ein Büro in New York.

Der experimentellen Kunst haben sich zehn junge Salzburger Künstler mit der Galerie 5020 verschrieben, die sie selbstverwaltet führen und auch als Servicestelle verstehen, in der Interessenten bezüglich Ausschreibungen, Preisen, Stipendien etc. Beratung erhalten. Rund 90 Zunftkollegen werden zurzeit durch 5020 vertreten.

Der avancierten Fotokunst widmet sich die Galerie Fotohof. In ihr werden jährlich acht bis zehn Einzel- und Gruppenausstellungen gezeigt. Portfolios und eine eigene Buchreihe dokumentieren ihre Arbeit. Eine zugehörige Bibliothek birgt über 2000 Fotobände. ■

Christoph Santner

DIE SPANNENDSTEN GALERIEN SALZBURGS

galerie 5020: Residenzplatz 10, T 0662 84 88 17, www.galerie5020.at
Fotohof: Inge-Morath-Platz 1–3, Lehen, T 0662 84 92 96, www.fotohof.at
Galerie im Traklhaus: Waagplatz 1a, T 0662 80 42 21 49, www.traklhaus.at
Kunstverein: Künstlerhaus, Hellbrunner Str. 3, T 0662 84 22 94-0, www.salzburger-kunstverein.at
Museum der Moderne: Details s. S. 31 und S. 88
Ropac: Mirabellplatz 2, T 0662 88 13 93, und Vilniusstr. 13, T 0662 87 62 46, www.ropac.net
Sommerakademie für Bildende Kunst/Schule des Sehens: Michael-Pacher-Str. 27, T 0662 84 21 13, Mitte Juli–Ende Aug., Festung Hohensalzburg, T 0662 84 37 27, www.summeracademy.at
Welz: Sigmund-Haffner-Gasse 16, T 0662 84 17 71, www.galerie-welz.at
Leica Galerie Salzburg: Gaisbergstr. 12, T 0662 87 52 54, www.leica-galerie-salzburg.at
Ruzicska: Faistauergasse 12, T 0662 63 03 60, www.ruzicska.com
Thomas Salis: Mozartplatz 4, T 0662 84 445 23, www.thomassalis.com
Galerie Haas Gschwandtner: Neutorstr. 19, T 0662 24 34 91, ww.hg-art.at
Linzergasse Weihergut: Linzergasse 25, T 0662 87 91 19, www.weihergut-linzergasse.at
Salzburg Foundation/Würth: s. S. 32

Das zählt

Zahlen sind schnell überlesen — aber sie können die Augen öffnen. Nehmen Sie sich Zeit für ein paar überraschende Einblicke. Und lesen Sie, was in Salzburg zählt.

17

Mal hat der führende Fußballclub der Stadt die nationale Meisterschaft (mit dem Titel von 2023) gewonnen, davon neun Mal seit seiner 2005 erfolgten Umbenennung in FC Red Bull Salzburg. Auf dem internationalen Parkett schafften die Salzburger 1994 mit dem Einzug ins Finale der UEFA Champions League ihren bislang größten Erfolg.

141

Tage im Jahr schnürlt es im Durchschnitt vom Salzburger Himmel bzw. fällt Schnee – immerhin um fast 60 Prozent häufiger als in Wien.

22

Euro kostet es, einen Tag seinen fahrbaren Untersatz in der Altstadtgarage zu parken. Insgesamt stehen in und nahe dem Zentrum zehn Garagen mit 3384 Stellplätzen zur Verfügung und nochmals mehr als 4300 insgesamt an vier Park-&-Ride-Plätzen an der Peripherie, von wo man bequem mit Öffi-Bussen ins Stadtzentrum fahren kann.

3,6

Prozent betrug Mitte 2023, also nach Überwindung der coronavirusbedingten Wirtschaftskrise, im Land Salzburg die Arbeitslosenquote. Es war der nach Oberösterreich zweitniedrigste Wert unter den neun Bundesländern.

122

Beherbergungsbetriebe mit insgesamt etwa 14 100 Betten sorgten sich 2022 in der Stadt Salzburg um das Wohl der Übernachtungsgäste. Im ganzen Bundesland taten dies in etwa 11 400 Betriebe mit 227 000 Betten. Wobei ihre Zahl zuvor infolge der Corona-Krise nur moderat geschrumpft war.

8.000

Euro oder mehr muss man mittlerweile in Salzburg-Stadt für den Quadratmeter beim Kauf einer Luxuswohnung in bester Lage zahlen. Die Zahl der Obdach- und akut Wohnungslosen wurde von der örtlichen Caritas im Jahr 2023 auf rund 1.000 geschätzt.

22

Gramm bringt die einzig echte original Salzburger Mozartkugel auf die Waage, von der in der Konditorei Fürst jährlich rund drei Millionen Stück per Hand hergestellt werden. Die 1890 erfundene Spezialität zeichnet sich durch eine sehr dünne, cremige Schicht von Bitterschokolade aus, unter der eine leichte Nugatschicht liegt, die wiederum einen Pistazienkern birgt. Sie kleidet, wie ein Gourmetkritiker schwärmte, den Mundraum samtig aus: »Das Zartbittere und das Süße halten sich harmonisch die Waage, mit nur einem Biss wird man in eine schönere Welt versetzt.«

3.500

Mitarbeiter mindestens beschäftigen die Salzburger Festspiele, die 2020 ihr 100-jähriges Gründungsjubiläum feierten, im Jahr davor in den Monaten Juli/August. Ganzjährig sind für sie hauptberuflich über 250 Personen tätig.

207

Jahre war es im Mai 2023 her, dass Stadt und Land Salzburg nach den napoleonischen Wirren und der kurzzeitigen Einverleibung in das Königreich Bayern, politisch endgültig an Österreich fielen.

159.170

Einwohner zählte die Stadt Salzburg 2023 – fast 10 Prozent mehr als zum Millenium und rund 100 000 mehr als, nach heutigem Gebietsstand, vor 100 Jahren. Sieben von zehn haben die österreichische Staatsbürgerschaft. Die meisten Ausländer stammen aus Deutschland, Bosnien, Serbien, Rumänien, der Türkei, Kroatien, Syrien und Afghanistan.

55,7

Prozent aller abgegebenen Stimmen hat der alte, neue Bürgermeister Harald Preuner als Kandidat der ÖVP bei der Stichwahl 2019 auf sich vereint.

1.191

Millimeter beträgt die Gesamtjahresmenge an Niederschlägen in Salzburg – mit auch hier infolge des Klimawandels fallender Tendenz.

1.288

Meter überragt die höchste Erhebung, der Gaisberg, am östlichen Stadtrand von Salzburg das Meeresniveau. Der tiefste Geländepunkt findet sich mit 404 Metern an der Mündung der Saalach. Der höchste Gipfel des Bundeslandes Salzburg ist mit 3674 Metern der Großvenediger.

184

Kilometer misst Salzburgs innerstädtisches Radwegenetz. Seine Größe und die Ausstattung mit 900 Schildern, 6000 Abstellplätzen sowie etlichen kostenlosen Self-Service-Stationen führen dazu, dass der Anteil des Radverkehrs am Gesamtverkehr inzwischen über 20 Prozent beträgt.

Dirndl, Loden, Lederhosen

Erlesene Materialen – Textilien, Schmuckmetalle und Edelsteine – zeichnen auch die Accessoires traditioneller Trachten aus.

Renaissance gelungen — Die Salzburger Tracht ist nicht nur nicht unterzukriegen. Sie hat als »Austrian Look« sogar unter Städtern und in der internationalen Designermode einen festen Platz gefunden.

Eine einheitliche Salzburger Tracht existiert nicht und hat nie existiert. Jede Region, jede Schützenkompanie, jede Musikkapelle und auch jeder Heimatverein pflegt spezielle Eigenheiten.

Man werfe nur einmal einen Blick auf die rund 400 Blätter der sog. Kuenburg-Sammlung (oder besser gesagt auf deren Faksimiles), jene Kollektion aquarellierter Kostümbilder aus dem späten 18. Jh., die eindrucksvoll die damals innerhalb der streng hierarchisch gegliederten Bevölkerung gültigen Kleidungscodices dokumentiert. Und man wird erkennen, dass sich jeder Landstrich, ja fast jedes Tal hinsichtlich des Schnittes der Trachten, aber auch des verwendeten Materials und der Farbe von den Nachbarn unterscheidet. Eine ähnliche Erfahrung der Vielfalt macht, wer dem Salzburger Heimatwerk am Residenzplatz einen Besuch abstattet.

Sicherlich, gewisse Gemeinsamkeiten sind für sämtliche Modelle feststellbar. So tragen etwa Frauen ihre Tracht, das Dirndl, fast immer mit engem, meist kunstvoll geschnürtem Mieder, dazu mit einem in der Taille eng gefältelten Rock und darüber einer Schürze. Gemeinsames Merkmal fast aller Männertrachten ist ihre Dezenz, die sich für gewöhnlich in grauen (Leder-)Hosen und grünen Westen äußert.

Kostbare Accessoires

Große Unterschiede weisen hingegen die diversen Accessoires auf. Der Kopf-

T

TRACHTEN STUDIEREN UND KAUFEN

Faszinierende Einblicke in die Vielfalt traditioneller Gewandung im Salzburger Land bietet unweit der Hellbrunner Allee das sog. Gwandhaus. In dem Landsitz aus dem 17. Jh. betreibt die renommierte Trachtenschneiderei **Gössl** ihr Schauatelier samt Verkaufsräumen und einem Museum zum Thema Tracht; zugehörig: Café-Restaurant & Feinkostladen **Greisslerei,** Morzger Str. 31, tgl. 10–20 Uhr, T 0662 46 96 6-600 bzw. -456, www.goessl.com, www.gwandhaus.com.
Bekannteste Qualitätserzeuger von Trachtenkleidung:
Lanz: Stadt, Schwarzstr. 4 und Imbergstr. 5 (Maßschneiderei), T 0662 87 42 72; für Kinder: Kranzlmarkt 1/ Getreidegasse, T 0662 84 03 00, www.lanztrachten.at
Madl am Grünmarkt: Stadt, Getreidegasse 13, Universitätsplatz 12, T 0662 84 54 57, www.madl salzburg.at
Beurle: Stadt, Neutorstr. 23, T 0662 84 31 19, www.beurle trachten-salzburg.com
Salzburger Heimatwerk: Stadt, Residenzplatz 9, T 0662 84 41 10, www.salzburgerheimatwerk.at, s. S. 54
Jahn-Markl: Stadt, Elsbethen, Joh.-Herbst-Str. 42, T 0662 84 26 10, www.jahn-markl.at, Leinen- und Lodentrachten, auch Wildlederbekleidung aus eigener, 1408 (!) gegründeter Gerberei, Leder-Unterwäsche, handgestrickte Stutzen und Jacken u. v. m.
Tostmann: Seewalchen am Attersee, Hauptstr. 1, T 07662 23 04, www.tostmann.at

schmuck etwa reicht vom groben Filzhut über die Otter- und Ohrenhaube, den Bänderhut und das in die Haare geflochtene Garnierl bis zum Böndl, einem kunstvoll mit Goldborten verzierten Hütchen. Bayerischen Einflüssen verdankt, um beispielhaft ein im Raum Oberndorf gebräuchliches Spezifikum zu erwähnen, die mit kunstvoller Gold- und Silberstickerei verzierte Riegelhaube mit schwalbenschwanzähnlicher Schleife ihre Verbreitung. Und einen Siegeszug erlebte im 19. Jh. schon die mit ihrer Spielart der schwarzen Drahthaube so genannte Linzer Goldhaube. Um nichts weniger vielfältig sind die Formen und Materialien für all die Kropfketten und Florschnallen, Broschen, Haarpfeile, Miederhaken und Tücherlspangen.

Die Grundzüge des heutigen Alltagsgewandes lassen sich bis in die Prähistorie zurückverfolgen. So ist durch Funde auf dem Halleiner Dürrnberg belegt, dass schon die Kelten ärmellose Oberkleider, eine Art gegürteten Poncho, über langärmeligen Hemdgewändern trugen, die sie aus den Grundmaterialien Wolle, Leinen und Leder fertigten. Auch auf römischen Grabsteinen der Region fand man diese Urform des Dirndls dargestellt – eine Urform, die bis vor etwa 200 Jahren in ihrer Einfachheit erhalten blieb. Erst zur Zeit Maria Theresias entdeckte auch der vom modischen Luxus gelangweilte Adel die Vorzüge des rustikalen Tuchs.

Der Kaiser als Vorbild

Als Vorreiter betätigte sich der in der Bevölkerung überaus beliebte Sohn Kaiser Leopolds II., Erzherzog Johann, der zu Beginn des 19. Jh. das Tragen des grauen Anzugs der steirischen Jäger leidenschaftlich propagierte. Als dann wenig später Kaiser Franz Joseph hochderoselbst in Bad Ischl Loden und Lederhose anlegte, galt die

Festes, freilich kunstvoll besticktes Leder sowie feinste Stoffe, Seiden und Samte sind unverzichtbare Bestandteile der Trachtenkultur.

Tracht endgültig als salonfähig. Fortan trugen Aristokraten und Großbürger auf Sommerfrische begeistert den aus warmem und wasserabweisendem Loden geschneiderten Wetterfleck, den Hubertusmantel oder Lodenjanker bzw. Strickjacken oder -joppen. Klassiker unter all diesen bis heute hergestellten und benutzten Männertrachten war und ist der Kaiserjanker aus grauem Loden, gedoppelt auf tannengrünem Hochzeitstuch mit echten Hirschhornknöpfen.

Parallel wurden auch beim Dirndl feinere Formen für Röcke, Westen und Blusen entwickelt. Treibende Kraft war der Kunstmaler und Kostümbildner Carl Mayr, der in Henndorf am Wallersee um 1900 eine Vielzahl neuer Kostüme entwarf. In den 1920er- und 30er-Jahren galten Mayrs extravagante Modelle unter den Festspielgästen als *dernier cri*. Sogar Marlene Dietrich spazierte damals im ›flowery dirndl‹ durch die Getreidegasse. 1938 setzten allerdings das Verbot des Trachtentragens für Juden und die negative Einstellung der Nazis gegenüber der ›Maskerade‹, wie sie es nannten, dem bunten Treiben ein vorläufiges Ende.

Im bäuerlichen Alltag hatte die Trachtenkultur schon gegen Ende des 19. Jh. einen Niedergang erlebt. Doch noch während und vor allem nach dem Zweiten Weltkrieg bemühten sich Pioniere wie Kuno Brandauer und Tobi Reiser um eine behutsame Erneuerung. Mehrere Trachtenmappen wurden publiziert, Beratungsstellen eingerichtet. An einer Salzburger Fachschule für Frauenberufe wurde ein Speziallehrgang für Trachtenschneiderei eingeführt. Die Folge dieser Renaissance: Die Tracht wird von Einheimischen heute im Alltag und bei Festen wieder mit stolzer Selbstverständlichkeit getragen und hat es auch auf die internationalen Laufstege geschafft. ■

Zukunftsmodell für die Alpen

Natur pur in den Hohen Tauern — Im Hochgebirge südlich der Salzach setzte man lange auf Sommerskigebiete und Wasserkraftwerke. Durch die Errichtung des Nationalparks bewiesen die Salzburger gemeinsam mit ihren Kärntner und Osttiroler Nachbarn, dass die jahrhundertealte Kulturlandschaft der Bergbauern mit einem modernen Tourismus in Einklang zu bringen ist.

Es gab einmal eine Zeit, da sah die Zukunft für das Hochgebirge in Salzburg so aus wie noch heute für einen Großteil der Alpen, nämlich düster. Damals, es ist kaum mehr als 50 Jahre her, hatten die Landwirte sehr viele ihrer Almen bereits aufgegeben, Caterpillars und Autos die Täler erobert. Es herrschte die Hochblüte der Bettenburgen, Seilbahnen und Großkraftwerke. Bauern und Bürgermeister sorgten sich mehr um Arbeitsplätze und Übernachtungszahlen als um Umwelt und Tradition. Lebensqualität war Nebensache. Doch seither hat sich vieles zum Besseren gewendet.

Speziell in dem Gebiet der Hohen Tauern, zwischen dem Wildgerlostal im Westen und dem Lungauer Murwinkel im Osten, wird mittlerweile beispielhaft demonstriert, wie die Zukunft der Alpen aussehen könnte – wie die jahrhundertealten Bedürfnisse der Bergbauern mit jenen des Fremdenverkehrs in Einklang zu bringen sind und außerdem die Natur geschützt bleibt. Das Konzept, das man hierzu eigens entwickelt und seit 1971 Schritt für Schritt umgesetzt hat, folgt den Prinzipien des Sanften Tourismus. Die Grundidee dazu wurde in den Salzburger Bergen freilich bereits viel früher geboren.

Hundert Jahre von der Idee zum Beschluss

Schon der Alpenverein, der 1868 hier seine erste Hütte – die Rainerhütte im Kapruner Tal – schuf, propagierte den Schutz von Landschaft und Natur. 1916 schlug der Heimatforscher August Prinzinger der Jüngere öffentlich die Schaffung eines Naturschutzgebietes im Stubach- und Ammertal vor; als Vorbild dienten ihm die Mitte des 19. Jh. errichteten Nationalparks der USA. Wenig später kauften der Verein Naturschutzpark und der Alpenverein im erwähnten Gebiet Almregionen und alpines Ödland auf. Der Grundstein für einen Nationalpark war gelegt. Doch die nächsten konkreten Schritte erfolgten erst 1970, im Europäischen Naturschutzjahr. Sie führten zur sog. Vereinbarung von Heiligenblut: In dem malerischen Gebirgsdorf am Fuß des Großglockners trafen sich am 21. Oktober 1971 die Landeshauptleute von Kärnten, Salzburg und Tirol, um schriftlich die Absicht zu bekunden, in den Hohen Tauern gemeinsam einen Nationalpark zu schaffen.

Es folgte, wie bei solchen Vorhaben üblich, ein jahrelanges Paragrafen-Hickhack. Vor allem die Energiewirtschaftler, die die Bäche und Steilstufen des Oberpinzgaus für ihre Zwecke nutzen wollten, und die Naturschützer lagen einander in den Haaren. 1983 endlich erklärten die Salzburger per Gesetz große Flächen der Reichenspitz-, Venediger-, Granatspitz-, Glockner-, Schober-, Goldberg- und Ankogelgruppe zum Nationalpark. 1984 schlossen sich die Kärntner und 1992 schließlich auch die Osttiroler mit ihren Territorien an. Erklärte Absicht aller drei Bundesländer war, »diesen besonders eindrucksvollen und formenreichen Teil der österreichischen Alpen in seiner Schönheit und Ursprünglichkeit zu erhalten, ihre charakteristischen Tiere und Pflanzen zu bewahren und einem möglichst großen Kreis von Menschen ein eindrucksvolles Naturerlebnis zu ermöglichen«.

Gleichrangig neben den Schutz der Naturlandschaft wurde dabei die »Erhaltung, Pflege und Gestaltung der naturnahen Kulturlandschaft« gestellt. Deshalb gliederte man das insgesamt 1800 km²

Die gotische Nikolauskirche in Dienten vor dem Hochkönig wurde 1505 geweiht und vor einigen Jahren auf Hochglanz renoviert.

große Gebiet in drei Zonen, in denen jeweils unterschiedliche Kriterien des Schutzes gelten: in die ›Kernzone‹ – die grandiose Gipfelwelt des ewigen Eises, der steilen Felswände und glasklaren Gletscherbäche; in die ›Außenzone‹ – die Region der Almen und Wälder, Bergseen, Moore und Wasserfälle; und in die ›Kulturzone‹, welche die Dörfer draußen in den Haupttälern umfasst.

Aus für Skilifte und Kraftwerke

Das Nationalparkgesetz besiegelte das endgültige Ende für etliche Großprojekte. Die Pläne für die Erschließung des Großvenedigers als Gletscherskigebiet wurden ad acta gelegt, ebenso jene für den industriellen Goldabbau im Raurisertal. Die staatliche Elektrizitätsgesellschaft musste zähneknirschend versprechen, alle Aktivitäten für das geplante Großkraftwerk einzustellen. Außerdem wurden fortan keine neuen Skilifte, Seilbahnen und Hotels mehr gebaut.

Anstelle der technokratischen Projekte sind in der Zwischenzeit zahllose lokale Initiativen entstanden, die beweisen, dass Sanfter Tourismus weit mehr sein kann als eine Worthülse. Da

ALMEN- UND BIO-PARADIES SALZBURGER LAND

A

Traditionelle Landwirtschaft und Tourismus sind im Salzburger Land stark vernetzt und häufig die Basis für besonders authentische Angebote. Bestes Beispiel ist die österreichweit höchste Dichte an bewirtschafteten Almen (1800). Auf 550 von ihnen bekommen Gäste Speis und Trank kredenzt. Viele ihrer Betreiber tragen nicht nur durch die Landschaftspflege und das sorgsam kultivierte alpine Flair, sondern auch durch kulinarische Spitzenprodukte zum touristischen Erlebnis bei. Ob stallfrische Milchprodukte wie Joghurt, Topfen und pikant-würziger Käse oder frisch gepflückte Heidelbeeren in Buttermilch, ob selbst gebackenes Holzofenbrot mit Speck, leckere Bauernkrapfen oder Schnaps Marke Eigenbrenn: Oft lockt nicht zuletzt die Aussicht auf eine gesunde Brettljause Wanderer in lichte Höhen. Doch wie auf den Almen, so agieren Salzburgs Bauern auch drunten im Tal überaus naturnah: Deshalb haben Salzburgs Touristiker, um Gästen auch im Urlaub den Genuss biologischer Lebensmittel zu ermöglichen und das Thema gesunder Ernährung näherzubringen, die Angebotsgruppe »BioParadies SalzburgerLand« ins Leben gerufen. Unter **www.salzburgerland.com/de/bioparadies** finden sich all jene Hotels, Restaurants und Bauernhöfe im Land gelistet, die sich als Anbieter von Bio-Köstlichkeiten mit dem Schmetterlingslogo schmücken dürfen. **www.salzburgerlandwirtschaft.at** bietet einen Überblick auf sämtliche Hofläden, Bauern- und Wochenmärkte im Land. Über das reiche kulinarische und folkloristische Angebot im Rahmen des alljährlich Ende August bis Ende Oktober abgehaltenen Bauernherbstes informiert **www.bauernherbst.com,** und über die vielfältigen Wege, auf Almen genießerisch zu urlauben, **www.salzburgerland.com/de/almsommer** (Broschüre mit mehr als 160 ausgesuchten Hütten, in 120 von ihnen werden regionale Köstlichkeiten kredenzt; erhältlich über SalzburgerLand Tourismus). Auf 31 Etappen über insgesamt 350 km von Alm zu Alm führt der Salzburger Almenweg, **www.salzburger-almenweg.at.**

wurden etwa mit den überlieferten Materialien (Schindel-)Holz und Stein viele der Schutz- und Sennhütten renoviert oder zusätzliche, landschaftsgerecht gestaltete Wander- und Lehrwege angelegt. Ein Großteil der einst verwaisten Almen wird heute wieder bewirtschaftet. In den Seitentälern ist es noch ruhiger geworden, seit statt der vielen Urlauberautos dort nur einige wenige Zubringertaxis zugelassen sind, Hubschrauber für touristische Zwecke gar nicht mehr und Motorflugzeuge nicht tiefer als 5000 m fliegen dürfen.

Auch werden einheimische, beinah vergessene Tierrassen wie etwa das Pinzgauer Rind oder das Tauernlamm wieder vermehrt gezüchtet. In einem Seitental des Raurisertals hat der WWF gemeinsam mit der Frankfurter Zoologischen Gesellschaft und der VetMed-Uni in Wien sogar erfolgreich den vor Generationen ausgerotteten, ehemals größten Vogel der Alpen, den Bartgeier, wieder angesiedelt.

Ermutigende Zwischenbilanz

Hat sich also der Nationalparkgedanke durchgesetzt? Im Wesentlichen ja. Schließlich opponierten 1983, als das Gesetz erlassen wurde, noch über 70 % der Anrainer gegen das Projekt. Schon Anfang der 1990er-Jahre jedoch wünschten bereits neun von zehn direkt Betroffenen die Beibehaltung, ja sogar Ausweitung des Nationalparks. Auch Ökonomen und Ökologen waren mit der Entwicklung so zufrieden, dass im Südosten des Bundeslandes ein weiterer Meilenstein in Sachen Sanfter Tourismus gesetzt wurde: 2012 erhielt der Salzburger Lungau von der gleichnamigen UN-Behörde, gemeinsam mit den angrenzenden Nockbergen in Kärnten, die begehrte Auszeichnung eines UNESCO-Biosphärenparks verliehen. ■

S

STECKBRIEF NATIONALPARK HOHE TAUERN

Österreichs größter Nationalpark misst 1856 km². Davon gehören gut 805 km² zu Salzburg, rund 611 km² zu (Ost-)Tirol und 440 km² zu Kärnten. Das Kerngebiet bilden auf Salzburger Boden die Massive von Ankogel (3252 m), Großvenediger (3666 m) und dem mit 3798 m höchsten Berg der Alpenrepublik, dem Großglockner. In Salzburg haben u. a. folgende Gemeinden Anteil am Nationalpark: Krimml, Neukirchen am Großvenediger, Bramberg, Mittersill, Uttendorf/Weißsee, Niedernsill, Piesendorf, Kaprun, Bruck, Fusch, Taxenbach, Embach, Rauris, Bad Gastein, Grossarltal und Muhr im Lungau.
Die **Nationalparkwelten in Mittersill** bringen die einzigartige alpine Erlebniswelt rund um die insgesamt 267 Dreitausender, über 342 Gletscher und einen der mächtigsten Wasserfälle der Welt unter ein Dach. In acht Erlebnisstationen, die wie auf einer Wanderung durch den Nationalpark von einem Naturraum in den nächsten führen, lernt man die außergewöhnliche Vielfalt kennen und verstehen. Besonderes Highlight: das 360°-Kino (5730 Mittersill, Gerlosstraße 18, tgl. 9–18, Mitte Nov.–Ende Febr. 17 Uhr, Eintritt: 13 €). An derselben Adresse unterhält auch die Ferienregion **Nationalpark Hohe Tauern GmbH** ihr Büro. Dort erhält man alle nur erdenklichen Auskünfte und Prospekte (Details s. S. 193, geöffnet ebenfalls tgl. 9–18 Uhr, beide: T 06562 409 39, www.nationalparkzentrum.at).

Hält Leib und Seele zusammen

Vielseitig und bodenständig — Salzburgs Küche basiert auf zweierlei Traditionen: dem kulinarischen Raffinement am erzbischöflichen Hof und der kargen Kost der Bauern. Der Unterschied bestimmt die örtliche Gastronomie bis heute.

»Von Hallein bringt man da das Salz, / Aus dem Birg bringt man Käs und Schmalz, / Auch het man da ein guet kaltes Bier, / Auch het es um der Stadt Revier / Viel Weiher, See und Bächlein frisch, / Darin man liegt allerleigu Fisch, / Auch in Gebirgen fern und nahen / Ist Vogel und Wildpret zu fahen, / Auch in den Tälern Wunn und Waid; / Aus Bayern bringt man viel Getraid, / Auch Brot und Flaisch, daß ich dir's kuertz / Allerlei Spezerei und Wuertz / Findt man täglich in rechtem Kauf.«

Eine Küche der Kontraste

Auch wenn mittlerweile aus Hallein kein Salz mehr kommt und man des im Inland produzierten Überschusses wegen auch aus Bayern kein Getreide mehr importiert: Was der Nürnberger Dichter Hans Sachs anno 1549 in seinem »Lobspruch auf die Stat Salzburg« über das örtliche kulinarische Angebot schrieb, ist heute im Wesentlichen so gültig wie ehedem. Man besuche nur einmal den unter der Woche täglich auf dem Salzburger Universitätsplatz abgehaltenen Grünmarkt. Das Angebot an lokalen Spezialitäten ist überwältigend. Wer es freilich genauer unter die Lupe nimmt, kann noch Spuren der für die kulinarische Tradition Salzburgs ehemals so charakteristischen Gegensätzlichkeit erkennen. Da findet man einerseits viele – für unsere heutige Wohlstandsgesellschaft selbstverständliche – Ingredienzien jener feinen Küche, die sich bis vor zwei, drei Generationen nur eine verschwindend kleine Oberschicht leisten konnte und die dem erzbischöflichen Hof einst den Ruf eines barocken Schlemmerparadieses einbrachte. Andererseits aber stößt man auch auf viele Zutaten für jene Gerichte, aus denen man noch deutlich den harten, kräftezehrenden Alltag auf den Höfen der kargen Bergtäler herausschmeckt – Krautspatzn etwa (No-

Handgeschöpfter Topfen, Speck, Almbutter, Käse, dazu backfrisches Brot, fertig ist die zünftige Brettljause.

ckerln mit Sauerkraut), Fleischkrapfen oder Stinkerknödel (eine Kombination aus Kartoffeln und Graukäse).

Salzburger Hausmannskost

Höfisch-raffiniert und bergbäuerlich-deftig: Dieser Kontrast verhinderte jahrhundertelang die Entstehung einer spezifisch salzburgischen, bürgerlichen Küche. Er wurde zwar im 19. Jh., als das Erzbistum dem Habsburgerreich zufiel, von der wienerischen, also internationalen Küche überlagert, aber erst in der jüngeren Vergangenheit durch den Tourismus wirklich überbrückt. Noch 1984 bezeichneten die Kritiker von Gault Millau Salzburg – völlig zu Recht – als »Pommes-frites- und-Steak-Land«; damals strotzten die mehrsprachig vorgedruckten Speisekarten tatsächlich von Hawaiitoasts, Zwiebelrostbraten und Dosengemüse. Erst durch das ebenso katastrophale wie berufene Urteil fühlte man sich zu einer Generalsanierung der gastronomischen Infrastruktur bemüßigt. Plötzlich publizierte die Handelskammer (Sektion Fremdenverkehr) ein Büchlein, das den Köchen allerlei bäuerliche und bürgerliche Rezepte ans Herz legte und für diese sogar eigene Dialektnamen kreierte. Auch begann man ein Bewusstsein für den Wert der wenigen historischen Gaststätten zu schaffen, in denen sich noch alte Holztäfelungen, Kachelöfen oder Stuckdecken erhalten hatten.

1988 rief man die Aktion ›Salzburger Hausmannskost‹ ins Leben. Die Bevölkerung wurde landesweit um Bekanntgabe alter Rezepte gebeten, mit deren Hilfe in der Folge über 200 Wirte ihre Menüs ›rustikalisierten‹. Selbst in haubenbekrönten Gourmettempeln bekommt man seither wieder Bodenständiges, freilich verfeinert, kredenzt: Maissuppe mit Saurüssel etwa oder Blunzengröstl (Blutwurst mit Kartoffeln), Kitz mit Grammelknödeln, Kletzenpudding oder Rahmkoch (eine süße Mixtur aus Rahm, Mehl, Zimt, Anis, Zucker und Rosinen). Und, nicht zu vergessen, den schwer auszusprechenden Hoargneistnidei (eine Art gebratenes Kartoffel-Sauerkrautlaibchen). Eine sehr erfolgreiche Initiative: die 2010 unter dem Ehrenschutz Eckart Witzigmanns kreierte ›Via Culinaria‹. Sieben Genusswege (für »Feinspitze, Fischfans, Naschkatzen, Bier- und Schnapsfreunde, Käsefreaks, Fleischtiger und Hüttenhocker«) machen das Salzburger Land kulinarisch erlebbar. Ein 148 Seiten starker Genussführer präsentiert dazu über 210 einschlägige Top-Adressen (www.via-culinaria.com).

Ein Eldorado für Biertrinker

Bleibt noch zu klären, was man im Salzburgischen zu all diesen Köstlichkeiten

KLEINES ABC FÜR BIERFREUNDE

Bock-/Starkbier: stark, vollmundig, würzig, meist zu Weihnachten und Ostern verkauft, über 6,25 Vol.-%, bernsteinfarben
Dunkel: vollmundig, schwach gehopft, um 5 Vol.-%
Lager-/Märzenbier: malzig, mild, hopfenbitter, um 5 Vol.-%, gelb
Leichtbier: besonders leicht, max. 3,7 Vol.-%, sehr hell
Pils: erfrischend, leicht, wenig malzig, hopfenbitter, 4–5 Vol.-%, hellgelb
Schankbier: leicht, mild, hopfenbitter, um 4,3 Vol.-%, hellgelb
Weizen-/Weißbier: spritzig, kohlensäurereich, schwach gehopft, klar oder hefetrüb, 4,5–5,5 Vol.-%, hellgelb

zu trinken pflegt. Nun, gewiss brennt man auch hierzulande zwecks besserer Verdauung exquisite Schnäpse. Gewiss gönnt man sich, obwohl man ihn aus klimatischen Gründen nicht selbst anbaut, gerne guten zugekauften Wein. Und auch Kaffeehäuser nach Wiener Art gehören zum Fix-Inventar, mit dem man sich den Alltag möbliert. Aber das eigentliche Lebenselixier gewinnt man – schließlich ist Bayern ganz nah – aus Wasser, Hopfen und Gerstenmalz. Bereits 1158 war am Erzstift Salzburg von einem »Bierdienst« die Rede, einer Art Naturalsteuer, die Bauern in Form von selbst gebrautem Gerstensaft zu leisten hatten. Anfang des 13. Jh. enthielt die Schenkungsurkunde für St. Peter die Verpflichtung zu einer Bierspende für die Armen. 1486 schließlich betrieben die Erzbischöfe in Kaltenhausen ihr erstes Hofbräuhaus. Ihm folgten bald weitere, u. a. in Zell am Ziller, Lofer, Henndorf und Lueg bei St. Gilgen.

»Im Sommer saß man dort unter alten Kastanien auf einer mächtigen, mehrere hundert Holztische mit Bänken fassenden Freiterrasse, holte sich das unvergleichlich frische Bier in Tonkrügen [...] selbst vom Fass und den Leberkäs, das Geselchte, die Gurken und den Liptauer und die immer knusprigen Brote oder Salzstangen von den Verkaufsständen in dem gewölbten Säulengang.« Solch eine klassische Biergarten-Atmosphäre, wie sie Carl Zuckmayer in den 1920er-Jahren anlässlich eines Ausflugs in das Müllner Bräustübl beschrieb, lässt sich noch heute erleben; beispielsweise in dem nach wie vor existierenden Müllner alias Augustiner Bräu (Kloster Mülln, Augustinergasse 4) oder in der sog. Weißen, einer erst um 1900 gegründeten Gasthausbrauerei (Rupertgasse 10), in der man ausschließlich obergäriges Weißbier braut und in altmodischen Bügelverschlussflaschen vergärt und ausschenkt.

»Von Hallein bringt man da das Salz, / Aus dem Birg bringt man Käs und Schmalz ...«

Weitere Authentizität verheißende Adressen mit entsprechendem Ambiente sind der über den Dächern der Altstadt gelegene Stieglkeller (Festungsgasse 10), das Sternbräu (Griesgasse 2), die bereits erwähnte Kaltenhausener Brauerei (Hallein, Salzachtal-Bundesstraße Nord 37) und die weithin für ihr Pils gerühmte Trumer Privatbrauerei in Obertrum (Brauereigasse 2) – womit die Empfehlungsliste nach Meinung gestrenger Bier-Puristen freilich schon wieder ziemlich ihr Ende erreicht hat.

Süßes Finale

Natürlich darf jene süße Spezialität nicht unerwähnt bleiben, die man mit der Salzburger Küche zuallererst assoziiert – die legendären Nockerln. Wer dieses aus Eischnee, Dotter und Vanillezucker fabrizierte, luftig geschlagene Omelette soufflée noch nie probiert hat, möge es getrost ordern. Immerhin ist es, so verspricht zumindest das Klischee, »süß wie die Liebe und zart wie ein Kuss«, also eo ipso unwiderstehlich. Außerdem ist seine Zubereitung diffizil und langwierig, gibt also dem Koch Gelegenheit, seine Kunst zu beweisen und sein Selbstbewusstsein zu steigern. Und obendrein liefert es, zu Mittag verspeist, einen guten Grund für eine ausgedehnte Siesta. ■

5fingers 146

A
Abenteuersport 165
Abramovic, Marina 33
Abtenau 164
Adlhart, Jakob 91
Adnet 162
Adneter Marmor 162
Aicher, Anton 65
Aigen, Schloss 43
Altaussee 149
Altausseer See 155
Altmünster 140
Altomonte, Martino 23
Alt, Salome 64, 261
Andrews, Julie 270
Annaberg 165
Anreise 221
Anthering 118
Apotheken 229
Arnim, Bettina von 246
Arnsdorf 117
Attersee 138
Augstsee 152
Ausseerland 148
Auto 221

B
Bad Aussee 148
Baden 201, 222
Bad Gastein 177
Bad Goisern 145
Bad Hofgastein 176
Bad Ischl 132
Bad Vigaun 162
Bahn 221, 240
Balkenhol, Stephan 35
Barbarossa, Kaiser Friedrich 27, 40, 266
Barock 267
Bauernhofurlaub 238
Baumbauer, Frank 254
Bechtolf, Sven-Eric 254
Beduzzi, Antonio 23
Behinderte 234
Benatzky, Ralph 129
Bernhard, Thomas 248
Bevölkerung 245
Beyond Recall 36
Biber, Heinrich Ignaz Franz 39
Bier 288
Bikepark Leogang 217
Bischofshofen 168
Bluntautal 163
Böckstein 179
Bodenhaus 199
Bogenschießen 208
Böhm, Karl 92
Boltanski, Christian 26, 35
Brahms, Johannes 151
Bruck 197
Bucheben 193
Bundschuh, Hochofen-Museum 184
Burggrabenklamm 139
Burgstaller, Gabi 245
Bürmoos 118
Bus 240

C
Camesina, Alberto 23
Campingplätze 237, 238
Canyoning 148
Castello, Elia 71
Colloredo, Hieronymus 23
Craggs, Anthony 33
Cumberland, Schloss 141

D
Dachstein 146
Danreiter, Franz Anton 64
Dario, Giovanni Antonio 21
Daten und Fakten 244
Dienten 169
Dietrich, Marlene 281
Diplomatische Vertretungen 236
Dirndl 279
Dorfbeuern 117
Dorfgastein 174
Dürrnberg 160

E
Ebensee 142
Ebenzweier, Schloss 141
Eberhard II., Erzbischof 259
Edelweißspitze 204
Einreisebestimmungen 228
Einwohner 277
Eispalast 146
Ennsradweg 183
Erlebnispark Straßwalchen 111
Erlebniswelt Strom & Eis 207
Essen und Trinken 286

F
Fahrrad 223, 240, 241
Faistauer, Anton 273
Faistenau 122
Feiertage 228
Ferdinand III., Großherzog 267
Ferienwohnungen 237
Ferleiten 203
Festivals 225
Feuerkogel-Seilbahn 143
Fiaker 239
Fischer von Erlach, Johann Bernhard 27, 37, 69, 91, 96
FKK 148
Flachgau 104, 244
Floßbau 148
Flugzeug 221
Franz Joseph, Kaiser 132, 280
Freeski 182
Freilichtmuseum von Großgmain 96
Fürberg 126
Fürther Moaralm 207
Fuschertal 197
Fuscher Törl 204
Fuschl 122
Fuschlsee 122, 124
Fußball 223

G
Gainfeld-Wasserfall 169
Gaisberg 100, 277
Gaisberg-Rundwanderweg 100
Galerien (Salzburg) 275
Gamsgrubenweg 197
Gassel-Tropfsteinhöhle 143
Gasteinertal 174
Gegenreformation 267
Geiereck 96
Geografie 244
Georgenberg 162
Gerlhamer Moor 139
Gerling 216
Gesundheit 229
GipfelLiner Königsleiten 213
Gipfelwelt 3000 201
Gletscherstraße 204
Glocknerstraße 197
Gmunden 140
Goethe, Johann Wolfgang von 246
Gold 198
Goldberggletscher 199
Goldegg 171
Goldwaschen 193
Golf 137, 173, 200, 201, 223
Golling 163
Göriacher Bienenlehrpfad 186
Gosautal 145
Graf Kuenburg, Max Gandolf 24
Graf von Thun, Guidobald 24, 92
Graf von Thun, Johann Ernst 96
Grasmayr, Alois 88
Großarltal 173
Großglockner-Hochalpenstraße 197, 202, 269

Großgmain 96
Großvenediger 208, 211
Gruber, Franz Xaver 118, 159
Grünberg-Seilbahn 143
Grundlsee 152
Gut Aiderbichl 110

H
Habachtal 208
Habsburger 268
Haffner, Sigmund 27
Hallein 158
Hallstatt 144
Hallstätter See 144
Hammerstein, Oscar 270
Harnoncourt, Nikolaus 92
Harrach, Franz Anton von 23, 267
Haunsberg 116
Haus der Steinböcke 204
Haydn, Johann Michael 258
Heiligenblut 204
Heilstollen im Böckstein 179
Heimatmuseum Köstendorf 111
Hellbrunn, Schloss 46
Henndorf 108, 110
Hieronymus Colloredo, Erzbischof 267
Hildebrandt, Johann Lukas von 23, 64
Hintersee 122
Hochkönig-Gebiet 169
Hochmoorgebiet Egelsee 139
Hochseilpark Hinterglemm 215
Hochseilpark Seeham 116
Hochtor 204
Hochzeitskreuz 127
Hoflehner, Rudolf 94
Hofmannsthal, Hugo von 268
Hohenwerfen, Burg 166
Hohe Tauern, Nationalpark 173, 177, 193, 244, 248
Holzmeister, Clemens 91, 93
Hotels 236

I
Informationsquellen 229
Internet 230
Irrsdorf 111

J
Johann, Erzherzog 280
Jugendherbergen 238

K
Kaiser-Franz-Josefs-Höhe 204
Kammer, Schloss 138
Kammersee 138, 152
Kanufahren 148, 217
Kaprun 200
Karajan, Herbert von 269
Karl der Große 266
Katrin-Seilbahn 135
Kelten 265
Kerry, Christl 151
Kiefer, Anselm 34, 37
Kinder 231
Kitzlochklamm 192
Kitzsteinhorn 200, 201
Kleidung 232
Klessheim, Schloss 96
Klettern 222
Klima 231, 244, 248
Knappenweg 213
Kokoschka, Oskar 273
Kolm-Saigurn 193
Konsulate 236
Koppenbrüllerhöhle 146
Köstendorf 111
Krankenhaus 229
Kräutergarten Hollersbach 209
Krimml 212
Krimmler Achental 210, 212
Krimmler Wasserfälle 212
Krumltal 194
Küche 286
Kur- und Kneippbehandlungen 154

L
Lammertal 164
Lamprechtshausen 117
Lamprechtshöhle 218
Lederhosen 279
Lederwasch, Christoph 92
Lehár, Franz 133
Leihwagen 240
Lend 174
Lenzing 216
Leogang 216
Leopold Anton Freiherr von Firmian, Erzbischof 266
Leopold II., Kaiser 280
Leopoldskron, Schloss 43
Lesetipps 233
Liechtensteinklamm 173
Limberg-Sperre 206
Litzlberg 138
Lodron, Paris 23
Lofer 218
Loser 152
Lungau 156, 183, 244
Lungötz 165
Lüpertz, Markus 32

M
Mahler, Gustav 138
Mammuthöhle 146
Manzù, Giacomo 21, 61
Maria Alm 169
Mariapfarr 185
Maria Plain, Basilika 95
Mattsee 112, 113
Mattsee, Stift 113
Mauterndorf 184
Maximilian, Kurfürst 256
Mayr, Carl 109, 281
Mayr, Richard 69
Merz, Mario 33
Michaelbeuern, Benediktinerabtei 117
Mietwagen 240
Mittersill 208
Mitwohnen 237
Mohr, Joseph 72, 117, 181
Mondsee 135
Mondsee, Kloster 136
Moosham, Schloss 184
Mosto, Ottavio 61
Mountain Bike Park Wagrain 182
Mozartkugel 277
Mozart, Leopold 66, 71, 256
Mozart, Wolfgang Amadeus 31, 66, 252, 256
Mühlbach 169
Mülln 95
Mur 184
Museum Alpine Naturschau 203

N
Nationalpark Hohe Tauern 282, 285
Naturlehrpfad am Buchberg 139
Naturpark Riedingtal 186
Neukirchen 211
Neukomm, Sigismund von 258
Neumarkt 111
Niederschläge 277
Notfall 236

O
Oberalm 162
Oberender, Thomas 254
Oberndorf 117
Obersulzbachtal 211
Obertauern 183
Obertraun 146
Obertrum am See 116
Obertrumer See 115
Ochsenkreuz 127
Öffentliche Verkehrsmittel 17, 238

Ökowanderweg, Hintersee 125
Orff, Carl 258
Ort, Seeschloss 140

P
Parken 239
Pasterze 197
Paumgartner, Bernhard 258
Pensionen 237
Pferdekutschen- und -schlittenfahrten 168, 180
Piesendorf 205
Piffkar 203
Pillstein-Rundwanderweg 129
Pinzgau 190, 244
Plensa, Jaume 36
Politik 244
Pongau 156, 166
Porsche, Ferdinand 114
Postalm 126
Postalmstraße 126, 164
Prebersee 187, 189
Preise 234
Preuner, Harald 245, 277
Prinzinger der Jüngere, August 282
Protestanten 266

R
Radfahren 223
Radstadt 182
Radstädter Tauern 183
Radtouren 112, 150
Radwegenetz 277
Rafting 217
Ramingstein 187
Rauchen 234
Rauris 192
Raurisertal 192, 194, 198
Rauriser Talmuseum 199
Rauriser Urwald 193, 196
Reinhardt, Max 21, 44, 93, 252, 268
Reiseplanung 234
Reiser, Tobi 258
Reiten 223
Religion 245
Richter, Eduard 88
Richter, Hans 252
Rieseneishöhle 146
Rodgers, Richard 270
Rojacher, Ignaz 198
Roller, Alfred 252
Ropac, Thaddaeus 275
Roßbrand 182
Rottmayr, Johann Michael 17, 23, 42, 69, 92
Rußbach 165

S
Saalachtal 213
Saalbach-Hinterglemm 214
Saalfelden 216
Salz 145, 149, 158, 259
Salzach 118
Salzachtal, Oberes 192
Salzburg Card 241
Salzburger Dolomitenstraße 164
Salzburger Festspiele 252, 269, 277
Salzburger Kunstverein 274
Salzburg (Stadt) 16
– A.E.I.O.U. 34
– Alte Residenz/ DomQuartier 17, 22
– Alter Markt 16
– Altes Borromäum 68, 69
– Altstadt 14
– Caldera 33
– Carabinierisaal 23
– Connection 36
– Dom 21
– Domdechantei 41
– Domgrabungsmuseum 21
– Dommuseum 24
– Domplatz 21
– DomQuartier 17, 22
– Dreifaltigkeitskirche 68, 69
– Edmundsburg 88
– Emslieb 46
– Erhardkirche 43
– Franziskanerkirche 25, 26
– Frau im Fels 35
– Freyschlössl 88
– Fürsterzbischöfliche Hofapotheke 16
– Furtwänglerpark 31
– Getreidegasse 38
– Glockenkonzert 40
– Grasmayr-Villa 88
– Großes Festspielhaus 93
– Grünmarkt 31
– Gurken 36
– Hangar-7 96
– Haus der Natur 37, 55
– Haus für Mozart 91
– Hellbrunn 46
– Hettwer Bastei 72
– Hofmarstallschwemme 37
– Hohensalzburg 80
– Hohensalzburg, Festung 82, 89
– Hommage à Mozart 32
– Initiative Architektur 99
– Internationale Sommerakademie 99
– Johannesschlössl 95
– Johannesspitalkirche 95
– Judengasse 39
– Kaiviertel 41
– Kajetanerkirche 42
– Kapellhaus 27
– Kapellhausstöckl 88
– Kapitelhaus 42
– Kapitelschwemme 42
– Kapuzinerkloster 72
– Kollegienkirche 27
– Kunst- und Wunderkammer 24
– Landschloss Frohnburg 46
– Lange Galerie 25
– Langenhof 27
– Loretokirche 69
– Makartplatz 65
– Marionettentheater 65, 67
– Markuskirche 37
– Mirabellgarten 60
– Mirabell, Schloss 60, 67, 68
– Monatsschlössl 47
– Mönchsberg 80, 82, 89
– Mozart-Denkmal 41
– Mozarteum 65, 67, 258
– Mozartplatz 40
– Mozart-Wohnhaus 65, 66
– Müllner Kirche 95
– Museum der Moderne Mönchsberg 88
– Museum der Moderne Rupertinum 31
– Museum St. Peter 25
– Neue Residenz 17, 20, 41
– Nonntal 42
– Periscope 71
– Pfarrkirche zum kostbaren Blut 72
– Rathaus 38
– Rentmeisterstöckl 41
– Residenzbrunnen 17
– Residenzgalerie 24
– Residenzplatz 17
– Ritzerbogen 27
– Robinighof 68
– Romanischer Keller 40
– Salzach 58, 71
– Salzburger Kunstverein 44
– Salzburger Landestheater 65, 67
– Salzburger Puppenwelt 96
– Salzburg Museum 20, 41
– Sattler-Panorama 64
– Schatz-Durchhaus 31
– Schiffsrundfahrten 55
– Schlösschen Emsburg 46
– Schloss Hellbrunn 46
– Schloss Leopoldskron 43

- Schloss und Park Aigen 43
- Sebastiansfriedhof 68, 70, 71
- Sebastianskirche 71
- Skulptur Awilda 36
- Sky-Space 34
- Sommerreitschule 92
- Sphaera 35
- Spielzeug Museum 37
- Spirit of Mozart 33
- Standseilbahn 83
- Stefan Zweig Centre 94
- Steingasse 72
- Stift Nonnberg 42
- Stiftskeller St. Peter 30
- Stiftskulinarium 30
- St. Johann am Imberg 72
- St. Peter 26, 28
- Tierpark 47
- Trakl-Haus 39
- Universität 31
- Universitätsplatz 27
- Vanitas 35
- Volkskundemuseum 47
- Waagplatz 40
- Walk of Modern Art 32
- Wasserschloss Freisaal 46
- Wasser.Spiegel 85
- Weihnachtsmuseum 40
- Würth Skulpturen Garten im Schloss Arenberg 32
- Zauberflötenhäuschen 65, 67
- Ziffern im Wald 33
- Zoo 47

Salzburg Super Ski Card 224
Salzkammergut 120, 244
Salzkammergut-Therme 135
Sattler, Johann Michael 268
Scamozzi, Vincenzo 26
Schafberggipfel 128
Scheffau 164
Schiele, Egon 273
Schiff 239
Schloss Goldegg 172
Schloss Hellbrunn 46
Schloss Leopoldskron 43
Schloss Lerchen, Heimatmuseum 182
Schloss Moosham 184
Schloss und Park Aigen 43
Schmittenhöhe 200, 213
Schubert, Franz 258
Schwanthaler, Ludwig 41
Schwarzach 171
Schwarz, Freiherr von 65
Seeham 116
Seekirchen 107
Seetaler See 187
Seewalchen 138
Segelfliegen 200, 223
Segeln 137, 200, 222
Seisenbergklamm 218
Sicherheit 235, 236
Sigmund-Thun-Klamm 201
Sittikus von Hohenems, Markus 64
Skifahren 181, 200, 214, 224
Skischaukeln 175, 177
Skischule, St. Margarethen 186
Slacklines am Hochkönig 171
Snowboard 182
Snowpark am Hochkönig 171
Snow Space Salzburg 181, 240
Solari, Santino 26, 47
Soleweg 148
Söllheim 107
Sommerrodelbahn
- Bad Dürrnberg 163
- Fuschl am See 125
- Saalfelden 217
- Strobl 129

Sound of Music 270
Souvenirs 236
Sport 200
Sprache 245
Stadtbusse 238
Steckbrief 245
Steinernes Meer 169
Stein, Peter 254
Stelzhamer, Franz 109
St. Gilgen 126, 127
St. Johann 171, 180
St. Martin 165, 218
St. Michael 185
Straßwalchen 111
Strauss, Richard 268
Strubklamm 123
Stubachtal 205
Stubnerkogel 180
St. Wolfgang 127, 129
Surfen 222

T

Talsperre Mooserboden 206
Tamsweg 187
Tandemflüge 168
Tannberg-Radrundweg 112
Tauchen 200, 222
Tauerngold-Erlebnisweg 199
Tauerngold-Rundwanderweg 193, 198
Tauernkraftwerk Kaprun 206
Tauern-Radweg 213
Taurach 184
Taurachbahn 184
Taxi 238
Tennengau 156, 158, 244
Thalgau 122, 125
Theodo, Bayernherzog 265
Thermalbäder 176, 225
Thorak, Josef 61
Thun, Johann Ernst von 267
Toplitzsee 152
Torberg, Friedrich 151
Tourismus 245, 251, 268, 269
Tourismus, Sanfter 282
Tracht 279
Trakl, Georg 29, 69
Trapp-Familie 270
Traunkirchen 140
Traunsee 140
Traunsee, Schloss 141
Triefen Hinterthal 170
Turrell, James 34

U

Übernachten 236
Übernachtung 276
Unken 218
Untersberg 96
Untersulzbachtal 211
Uttendorf 205

V

Via Artis 149, 150
Via Salis 149
Villa Toscana 141
Virgil, Bischof von St. Peter 26, 265
Vorderkaserklamm 218

W

Waggerl, Karl Heinrich 181
Wagrain 180
Waldmoos 118
Wallersee 107, 112
Wallfahrtskirche Maria Kirchental 218
Wandern 100, 108, 124, 127, 150, 155, 175, 194, 198, 211, 219, 224
Wartstein 113
Wassermann, Jakob 151
Wassersport 137, 139, 143, 188, 219, 222
Wasserweg Leissnitz 186
Wasserwelt Amadé, Wagrain 181
WasserWunderWallersee 111
Weber, Carl Maria von 258
Weißbach 218
Weißpriachtal 186
Weißsee-Gletscherwelt 208

Wellness 176, 225
Welz, Friedrich 273
Werfen 167
Werfener Eisriesenwelt 166
Wetter 232
Wintersport 224
Wirtschaft 245, 249
Wise, Robert 270
Wolf Dietrich von Raitenau, Erzbischof 17, 20, 22, 64, 71, 90, 260, 261, 267, 270
Wolfgangsee 126
Wölfl, Joseph 258
Wörth 193

Z

Zell am See 200
Zenzmaier, Josef 91
Zuccalli, Johann Caspar 42, 43
Zuckmayer, Carl 108
Zweig, Stefan 72, 246

MIX
Papier | Fördert gute Waldnutzung
FSC® C018236

Walter M. Weiss, der im zweieinhalb Bahnstunden entfernten Wien lebt, kennt Salzburg von unzähligen Aufenthalten wie seine Westentasche und hat – seit bald 40 Jahren als freier Autor mit den Themenschwerpunkten mitteleuropäische Kultur und islamische Welt tätig – viel über Stadt und Land geschrieben. Insgesamt veröffentlichte er weit über 100 Reise- und Sachbücher, für den DuMont Reiseverlag u. a. über Wien, Niederösterreich, Kärnten, Venedig, Prag, Syrien und Iran. Details unter: www.wmweiss.com.

Noch mehr aktuelle Reisetipps von Walter M. Weiss und News zum Reiseziel finden Sie auf www.dumontreise.de/salzburg.

Abbildungsnachweis
DuMont Bildarchiv, Ostfildern: S. 6, 7 li., 7 re., 8, 11 li., 11 re., 14 li., 14 re., 20, 38, 46, 51, 56, 58 li., 59 M., 59 re., 61, 78, 80 li., 80 re., 81 M., 93, 102/103, 104 re., 105 re., 114, 120 li., 121 li., 121 re., 128, 131, 134, 141, 144, 147, 156 li., 156 re., 157 li., 157 re., 161, 167, 173, 174, 178, 185, 190 li., 200, 209, 212, 219, 220, 251, 255, 267, 278/279, 281 o., 283, 287 o., 287 u. (Christina und Toni Anzenberger); 12/13 (laif/Luigi Caputo); 29 (Paul Trummer); 104 li., 110 (Stefan Spath) **Fremdenverkehrsamt Maria Alm,** Mühlbach (AT): S. 10 re., 170 (Region Hochkönig) **laif,** Köln: 257 (Guenter Standl); 253 (Samuel Zuder); 15 M., 22 (Sebastian Arlt); 264 (SZ Photo/Alfred Strobel) **Huber-Images,** Garmisch-Partenkirchen S. 26 (Reinhard Schmid) **Lookphotos,** München: Titelbild (age fotostock); S. 242/243 (Andreas Strauß) **Mauritius Images,** Mittenwald: S. 58 re., 70 (age fotostock/Peter Schickert); 101 (Hiroshi Higuchi); 2/3 (imagebroker/Hans Blossey); 81 re., 97 (imagebroker/Martin Moxter); 73 (Josef Kuchlbauer); 191 re., 195 (Saverio Gatto); 269 (TopFoto/Personalities); 105 M., 119 (Wolfgang Weinhäupl) **Michael Riehle,** München: S. 120 re., 151, 155, 189, 190 re., 191 M., 196, 199, 207, 210 **picture-alliance,** Frankfurt a. M.: S. 271 (dpa/Photoshot/Bandphoto); 274 (Imagno/Barbara Pflaum); 262 (Imagno/Oskar Anrather); 89 (picturedesk.com/Franz Pritz) **Salzburg Foundation,** Salzburg (AT): S. 15 re., 35 (Manfred Siebinger) **Shutterstock.com,** Amsterdam (NL): S. 77 (Chamois huntress); 281 u. (Foxys Forest Manufacture); 215 (mRGB); 43 (Simlinger); 248 (Zhecho Planinski) **Tourismus Salzburg,** Salzburg (AT): S. 247 **Walter Weiss,** Wien (AT): S. 295

Umschlagfoto
Titelbild: Blick auf die Festung Hohensalzburg

Kartografie
© KOMPASS-Karten GmbH, A-6020 Innsbruck; DuMont Reiseverlag, D-73751 Ostfildern

Autor: Walter M. Weiss **Redaktion/Lektorat:** Anne Winterling, Susanne Pütz **Bildredaktion:** Anne Winterling, Titelbild: Carmen Brunner **Grafisches Konzept und Umschlaggestaltung:** zmyk, Oliver Griep und Jan Spading, Hamburg

Hinweis: Autor und Verlag haben alle Informationen mit größtmöglicher Sorgfalt geprüft. Gleichwohl erfolgen alle Angaben ohne Gewähr. Bitte schreiben Sie uns! Über Ihre Rückmeldung und Ihre Verbesserungsvorschläge freuen wir uns: DuMont Reiseverlag, Postfach 3151, 73751 Ostfildern, info@dumontreise.de, www.dumontreise.de

2., aktualisierte Auflage 2024

Printed in Poland

Offene Fragen*

Ein Mini-Manhattan in den Hohen Tauern – echt jetzt?

Seite 177

Welcher Salzburger Erzbischof vertrieb die meisten Protestanten?

Seite 266

Kann das Barockjuwel Salzburg auch Gegenwartskunst?

Seite 32

Bilder von Michelangelo & Co. im Bergwerksstollen – wie das?

Seite 152

Sind Dirndl und Lederhose jetzt salonfähig?

Seite 279

Wie heißt die älteste noch existierende Gaststätte Europas?

Seite 30

Welchen Beruf übte der Komponist von »Stille Nacht« aus?

Seite 117

Wo erholte sich Kaiserin Sisi von Hof und Gemahl?

Seite 133

Wo haben Seilbahnen und Bettenburgen für immer ausgedient?

Seite 282

Pistazie oder Haselnuss: Was steckt im Kern der original Salzburger Mozartkugel?

Seite 54

Wieso gab es einen Goldrausch im Raurisertal?

Seite 198

** Fragen über Fragen – aber Ihre ist nicht dabei? Dann schreiben Sie an info@dumontreise.de. Über Anregungen für die nächste Ausgabe freuen wir uns.*